설계 제도 활용을 위한

AutoCAD

정상태저

A.T. AUTOTECH
오토테크

머리말

CAD라고 불리는 전산설계 제도는, 컴퓨터를 이용해서 제도나 설계를 하는 것을 말하며 Computer Aided Design (컴퓨터를 이용한 설계), 혹은 Computer Aided Draft (컴퓨터를 이용한 제도) 라고도 말합니다. 일반적으로 2차원 CAD 는 제도라는 기법을 통해 2차원 상의 공간에 선, 원을 그리고 이어붙이고 배치하여 다각형의 형상으로 만들어 내어 설계자의 원하는 의미를 표현합니다. 전산 설계(CAD)에 대한 중요도와 필요성은 이미 오래 전부터 대두가 되어왔고 오늘 날 까지 오랜 시간 동안 산업 현장에서 설계 작업이 이루어지고 있습니다.

2차원 CAD S/W 중 오토캐드(AutoCAD)는 오늘 날 전 세계 수많은 기계 설계 부서와 산업현장에서 주요 S/W로 사용이 되어지는 범용적인 소프트웨어로 자리 잡았습니다. 이 시간에도 현장의 많은 설계자가 이 프로그램으로 설계 작업을 하고 있습니다. 그러한 이유로 이공계 대학생들과 이공계열 설계 초보자들이 CAD를 이용하여 기계 설계 제도의 실무를 익히고 활용을 하고자 하는 경향이 높습니다. 그리고 CAD를 이용한 국가 기술자격증 획득을 목적으로 삼기 위해 공부를 하고 싶어 하기도 합니다. 하지만 CAD 프로그램의 학습만 마친다고 소프트웨어의 활용만 할 줄 안다고 설계를 잘 한다거나 구성요소들의 집합체인 장치디자인을 대비를 할 수 없는 한계가 있습니다.

AutoCAD는 시중에 나와 있는 이미지 편집 프로그램들과는 확연한 차이가 있습니다. 기계 제도의 개념과 공차, 그로 인한 공작기계의 가공 범위, 작업 방법과 표현 등의 선수학습이 필요합니다. 그리고 기계 제도와 기계 설계의 사전 지식까지 반드시 익혀야만 관련된 국가기술자격증을 취득할 수 있으며 또한 본연의 목적인 기계 장치 설계에 대한 대비를 할 수 있습니다. 참고로 전산 설계와 관련된 국가기술자격증은 전산 응용 기계제도 기능사나, 기계설계 산업기사, 일반기계기사, 건설기계기사 등이 있습니다. 기계 설계의 방법은 각 기계요소들의 외력, 관성, 내력, 물리적인 변형률 등을 계산하고 이에 가장 적합한 재료를 골라 안전율을 고려한 기계요소의 형상과 치수를 결정하여 성능을 발휘 할 수 있도록 합니다.

이런 제품 설계를 하기 위해 기계공작법에 대한 내용도 필요하며, 기계설계에 필요한 기구학적 지식과 역학적 지식, 재료와 기계를 제작하는 방법에 대한 내용도 필요합니다. 완성된 설계치는 다시 도면으로 정확히 표현을 할 수 있도록 표현 기법도 학습을 해야만 합니다. 표면 조도에 대한 개념과 끼워 맞춤, 치수기입과 약속된 도면 표현 방법에 대한 내용도 선수 학습이 되어야 하는 어려움이 있습니다.

전산설계를 시작하려는 모든 사람들이 쉽고 배우기 용이하게 산업현장에서 필수적으로 사용되는 기계제도에 대한 이론과 설계에 대한 필요한 지식을 AutoCAD 한 권의 교재 속에 담았습니다. 대학교 1, 2학년 교과과정에서 배우는 수준의 교재를 위주로 한 맞춤형 실용전산설계 교재(AutoCAD로 배우는 기계설계 제도)를 만들게 된 이유는 처음 설계를 접하는 공과대학교 새내기 학생들에게 현장에서 수많은 경험을 통해 얻어진 경험치를 알려주어 시행착오를 줄이고 쉽게 설계를 배우도록 하는데 목적이 있습니다. 그리고 설계 도면은 그냥 단순한 그래픽 툴이 아닌 설계자와 작업자 간의 소통수단이며 국제규격의 약속된 기호이기 때문에 정확히 숙지하는 것이 중요합니다.

기계 설계 업무 종사자들이 현업에서 사용하는 AutoCAD의 특징을 살펴보면 1982년 처음 출시가 된 이후 30년 이상 고객의 디자인 프로세스 효율성 극대화에 중점을 두었습니다. 전 세계 수많은 사용자를 보유하고 있는 AutoCAD는 세계 최고의 디자인 및 문서화 소프트웨어 솔루션 중의 하나입니다. 빠른 도면화로 개념 단계 (Concept Design)부터 완료까지 프로젝트 속도를 단축시킬 수 가 있습니다. 협업 커무니케이션으로 원활한 의사소통을 보장하고 중대한 디자인 데이터를 공유하며 효율성, 정확성을 보장합니다. AutoCAD 플랫폼의 다양성은 혁신적인 방법으로 사용자 정의 및 구성을 할 수 가 있습니다. 설정 구성, 사용자 정의 워크플로우 구축, 기존 응용프로그램 활용 등 유연성과 성능 모두를 보장하는 소프트웨어입니다.

이 교재는 맨 앞장의 기계제도 이론 편은 전산 친화적인 용어들을 배제하고 기계설계 제도에 필요한 공과대학교 새내기 학생수준의 지식의 설명으로 시작됩니다. 그리고 3장부터는 프로그램의 각 메뉴와 기능들의 소개로 순차적으로 접근을 하는 입문 편, 기능 설명보다 직접 따라 하도록 포맷을 형성하여 쉽게 배우고 접근하게 구성을 하였습니다. 그리고 세부 실기 파트에서는 기초도안 작성 의 수준을 시작으로 형상 수정, 치수 입력 등 점차적으로 수준을 상향 조절하였습니다. 최종적으로는 현업에서 재교육(O.J.T) 없이 이 교재 학습만으로 기계제도 도면을 표현하고 설계를 해 나가는데 어려움이 없도록 하였고 궁극적으로는 국가기술자격증을 취득까지 실제 실습을 하면서 배우는 형식을 취하였습니다.

기계제도 기초부분을 삽입하여 실무적인 입장에서 도면을 보고 이해하며, 초보 설계자와 입문자들이 쉽게 배울 수 있게 구성을 하고자 하였습니다. 그리고 기계제도의 개념단계에서부터 AutoCAD 프로그램의 실행, 작성, 편집, 수정 단계를 거쳐 설계를 완성하고, 치수입력 과정을 통하여 KS 및 ISO 등 국제규격에 맞는 도면을 만들어 내도록 전체 구성을 하였습니다. 이 과정을 마치고 나면 보다 더 나은 기계설계를 하고 싶은 설계자들을 위한 심화 과정의 교재 편찬도 진행되고 선보일 예정입니다.

끝으로, 이 책이 나오기 까지 기초에서 실무까지 물심양면으로 도와주신 포항공과대학교(POSTECH) 가속기연구소 김창균 CAD실 전임 실장님께 감사를 드립니다. 그리고 나의 사랑하는 가족, MJ, 종욱, 윤주, 그리고 출판에 도움을 주신 SN 님과 이미지와 삽화를 도와준 한국승강기 대학교 정밀기계학과의 이종석군, 김아현양, 이승환군, 원고를 출판하여 후학에 가르침을 주게끔 도와주신 오토테크 출판사 관계자 분들에게 진심으로 감사드립니다. 이제 출간이 끝나면 여행지에서 만난 그래서 늘 가고 싶었던 안목항의 이름모를 커피숍에서 여유롭게 차나 한 잔 했으면 합니다.

글쓴이 정 상태

목 차
Index

제 1 장

기계제도의 이해

이 장에서는 도면에 대한 내용과 기계설계의 방법, 기계제도 에 대한 지식을 배우고 일반 기계 기초개념을 익혀 봅니다.

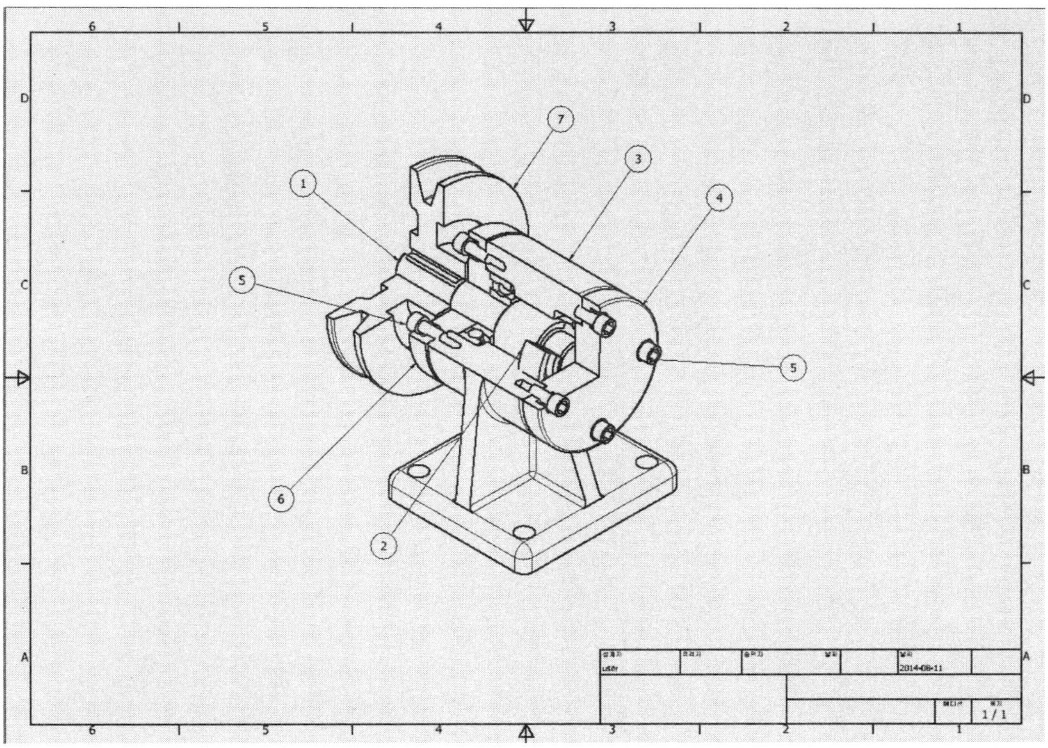

학습 목표

기계 설계 제도에 관한 전반적인 지식을 습득합니다.

학습 개요

도면에 대한 일반 적인 내용과 기계 설계의 방법, 기계 제도에 대한 지식을 배우고 일반 기계기초 개념을 익혀 봅니다.

일반 목표

도면의 정의, 제도의 규칙과 규격, 기계 설계ehaus 작성 요령과 도형 작성, 각종 치수의 기입 그리고 공차, 표면 처리 기입, 표제란 완성에 이르는 전체적인 이해도를 완성합니다.

세부 목표

도면의 구분, 크기, 구성, 척도, 도면 스케치를 배우고 각종 투상법에 대해서 공부합니다. 선과 문자, 치수 기입을 통해 치수의 구성내용을 배우고 단면 도시법을 통해서 도면의 이해를 증진시키며 각종 제도의 규칙과 규격을 배우게 됩니다.

제 1 장
기계 제도의 이해

1 도면의 개요

1-1 도면 이란? (Drawing)

도면은 특정 형상의 기계 장치의 구조나 설계 내용 등을 기하학적으로 나타낸 그림들로 설계자와 장치 제작자 사이에 규격으로 정해진 약속입니다. 인간에게도 의사를 표현하기 위해 언어가 있듯이, 어떤 필요한 형상을 제작하고자 할 때는 그 것의 모양 및 크기를 일정한 규격과 약속에 따라 규칙을 정한 것이 제도 통칙이라고 합니다. 이것은 1966년 KSA 0005로 제정이 되었으며 점, 선, 숫자, 문자, 부호 등을 사용하여 도면위에 규칙을 나타내는 것을 제도라고 합니다. 즉 설계자와 제작자 사이에서 그 물체의 모양이나 치수, 재료, 표면 조도, 공정, 주석 등을 간단하고 정확하게 약속되어진 표준 규격으로 나타는 것을 말하는데 일정한 규칙이 바로 제도 규격입니다.

도면의 작성은 정확한 기계 기구 설계에 대한 표현 기법입니다. 기계 설계는 각 요소들의 외력, 관성, 내력, 물리적인 변형률 등을 계산하고 이에 가장 적합한 재료를 골라 표기를 해주어야 합니다. 아울러 안전율을 고려한 각 기계요소의 형상과 치수를 결정하여 성능을 발휘 할 수 있도록 합니다. 정확한 설계 도면을 만들기 위해서는 기계공작법에 대한 이해도 필요하며, 기구학적 지식과 역학적 지식, 재료와 기계를 제작하는 방법에 대한 이해도 필요합니다. 중요한 것은 완성된 설계 데이타를 작업자에게 정확히 소통 될 수 있도록 표현 기법을 알아야만 합니다.

도면은 귀중한 재산이며 생산 활동의 기본이 됩니다. 도면은 해당 제품의 신뢰도를 나타내는 원천이며 기술의 축척은 도면으로서 구체화 되어 표현됩니다. 도면을 작성할 때 먼저 제품의 공작 상 고려해야 할 사항을 잘 검토하여 고려해야 합니다. 표시하고자 하는 도면의 배치나 투상, 척도를 잘 고려하여 적절한 척도 선택을 해야 합니다. 치수 기입 및 공차 끼워 맞춤 등의 가공 기호를 적절히 기입할 줄 알아야 합니다. 치수와 병기하여야 할 기호의 누락이 없어야 하며 필요한 모든 치수가 기입되고, 잘 못 기입되는 일이 없도록 합니다. 적절한 가공 공차와 표면 거칠기 등의 표면 처리 기호를 잘 기입해야 하며 열처리, 재료의 선택, 요목표 작성, 표제란, 지시사항, 주석 등을 기입이 완벽해야 합니다.

우리가 이 교재에서 배우고자 하는 AutoCAD는 도면을 그리기 위한 전산 환경을 배경으로 하는 도구 일 뿐, 그 것을 활용하고 정확히 표현하기 위해서는 도면의 작성 요령과 규칙을 배워야 합니다. 이러한 도면 작성에 대한 기본 원칙과 기초 지식부터 전문적인 도면의 모든 내용을 이번 장에서 배워 보도록 합니다.

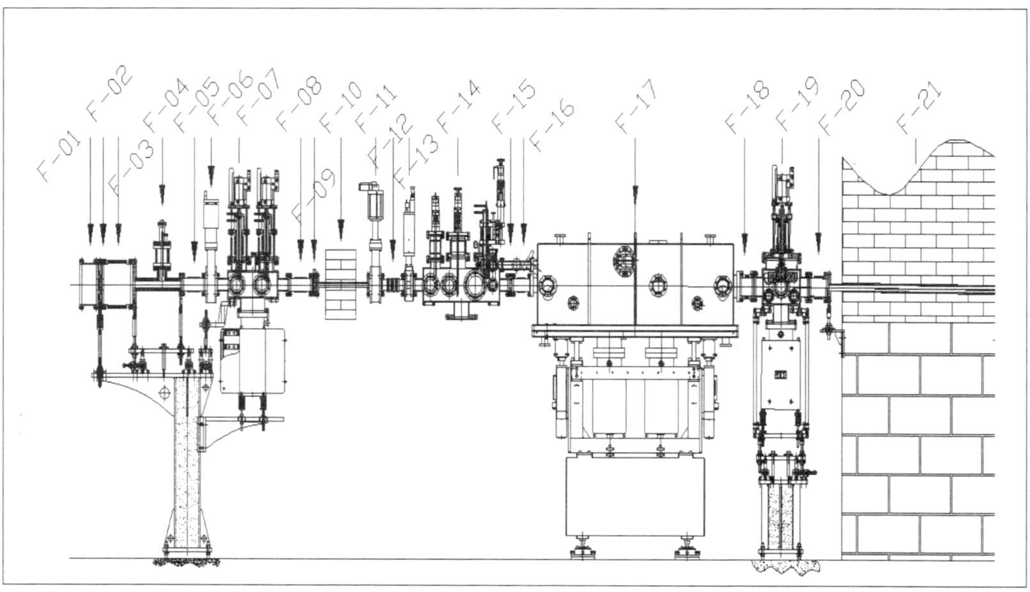

[Fig.1 설계 도면의 예]

1-2 도면 의 구분 (Classification)

① 용도에 따른 분류 : 계획도, 제작도, 주문도, 견적도, 설명도, 승인도

② 내용에 따른 분류 : 조립도, 부분조립도, 상세도, 공정도, 배선도, 회로도, 장치도, 전개도 특허도면, 검사도면, 구조선도, 곡면선도, 접속도, 계통도 등이 있습니다.

③ 성질에 따른 분류 : 원도, 사도, 스케치도가 있으나 요즘은 거의 구분하지 않습니다.

1-3 도면 의 크기 (Size)

도면의 크기는 제도용지의 크기를 말하는데 제도용지는 A 계열이고, 사무용지는 B 계열입니다. 번호가 커짐에 따라 작아지며 폭과 길이의 비는 가로 x 세로 (1: $\sqrt{2}$)로 나타냅니다. 도면은 짧은 쪽을 가로, 긴 쪽을 세로방향으로 놓고 호칭을 합니다. 단 A4 용지만 짧은 쪽을 가로방향으로 놓고 사용합니다. 이것은 여러 가지 설이 있지만 인쇄 출력을 위해 프린터의 가로 x 세로 방향에 의한 것이 주된 이유라고 보여 집니다. 아래 그림에서는 A4 사이즈 2개를 겹쳐 놓으면 A3로 표시를 하였으나, 정확하게는 A4 x 1.414 ($\sqrt{2}$)의 크기로 배율이 커짐을 알 수가 있습니다.

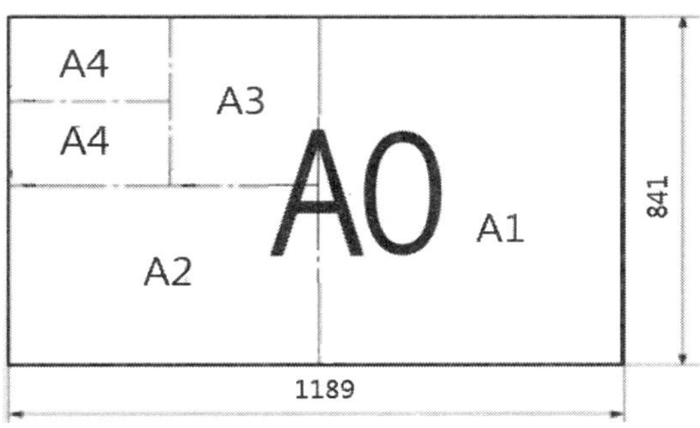

분류	도면의 크기
A0	841 x 1189
A1	594 x 841
A2	420 x 594
A3	297 x 420
A4	210 x 297

[Fig.2 도면의 크기 및 분류]

1-4 도면 의 구성 (Composition)

도면에 반드시 있어야 할 사항으로는 윤곽선, 표제란, 중심 마크가 있습니다. 도면에는 치수에 따라 굵기가 0.5mm 이상의 윤곽선으로 그려줍니다. 도면 우측 아래에는 표제란 을 그리고, 표제란 에는 도번과 도명, 척도와 투상법, 설계자, 확인자, 도면 작성일 등을 기입합니다. 도면 외곽선은 도면 윤곽선으로 부터 약 10mm를 띄어서 그려 줍니다. 하지만 A0, A1 사이즈의 대형 도면은 외곽선을 약 20mm 띄어서 그려줍니다.

1-5 척도 (Scale)

도면의 그림을 실물과 비교하여 도면을 축소, 또는 확대하여 그리는 길이의 비율을 척도라고 합니다. 작은 도면 안에 긴 축이나 저장용 탱크를 넣을 수 가 없으며, 또한 아주 작은 시계의 태엽을 큰 도면에 표기할 수 없으므로 적정한 크기로 비율을 줄이거나 크게 하여 도면 내에 표기하는 것을 말합니다.

① 현척 (혹은 실척) : 실물과 같은 크기로 작성된 척도 (1:1)

② 축척 : 실물보다 작게 그려 작성된 척도 (1:2, 1:5, 1:10 .... 혹은 1/2, 1/5, 1/10...)

③ 배척 : 실물보다 크게 그려 작성된 척도 (2:1, 5:1, 10:1 .... 혹은 2/1, 5/1, 10/1...)

④ NS (Non Scale) : 비례척이 아님. 임의로 그려진 척도, 치수 밑에 밑 줄 로 표시합니다. (예: NS, 혹은 30)

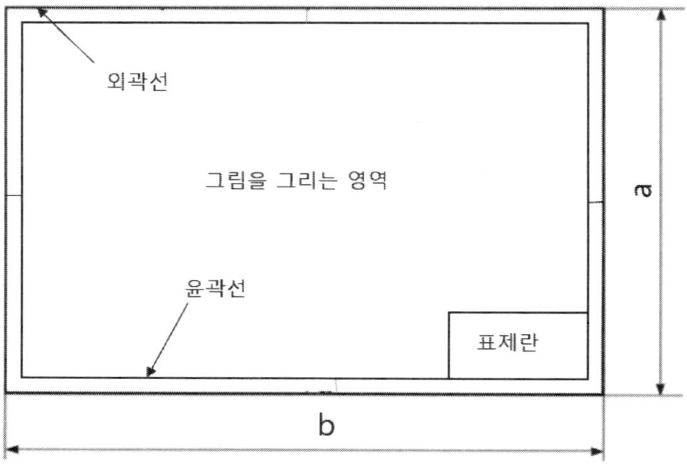

[Fig.3 설계도면의 모습]

1-6 도면 스케치 (Sketch)

아이디어를 구체화 하거나 원하는 물체의 형상을 잘 나타내기 위해서는 종이에 먼저 그 내용을 옮긴 후 도면으로 구체화 시키는 작업을 해 나가야 합니다. 이러한 작업을 하기 위해 몇 가지 도면스케치에 대한 종류와 기법을 알아봅니다.

① **프린트 법** : 부품의 표면에 잉크나 광명단을 발라 기름걸레로 문지른 다음, 종이를 대고 눌러서 탁본처럼 실제 모양으로 스케치하는 방법입니다.

② **모양 뜨기** : 불규칙한 곡선 등을 가진 부품의 윤곽을 스케치할 때 쓰는 방법. 윤곽선에 따라 연필로 그리거나 납 선으로 모양을 떠서 종이위에 놓고 연필로 모양을 뜨는 방법입니다.

③ **사진 촬영** : 기계의 복잡한 모습을 여러 각도에서 촬영, 조립 상태, 구성 등을 파악한 후 도면을 그리는 방법입니다.

④ **프리핸드법** : 물체의 형상을 잘 나타내는 위치를 잡아 프리핸드로 스케치를 해나가거나, 가상의 아이디어를 구상할 때 효과적으로 종이위에 나타내는 방법입니다. 정 투상도법에 의한 스케치와 경사 투상도법에 의한 스케치로 나누어 작성할 수 있습니다.

1-7 투상도법 (Projection Drawing)

투상법은 물체가 있는 공간에서 그 물체의 모양이나 크기를 하나의 평면상에 정확히 표현하기 위해 사용하는 방법입니다. 4개의 공간, 즉 사분면으로 공간을 나누어 물체를 해당하는 공간 분면에 놓고 투상을 하여 투영되는 형상을 그려주는 것을 말합니다. 투상법의 분류로는 평면도법과 정 투상도법이 있으며 정 투상도법에서는 주로 제 1 각 법과 제 3각 법이 주로 사용됩니다.

1) 투상각 : 서로 직교하는 투상면의 공간을 4등분한 것을 투상각이라고 하고, 누워있는 면을 평화면, 세워져 있는 면을 입화면이라고 합니다. 오른 쪽 위를 제 1 각이라고 하며 반시계 방향으로 제2각, 제3각, 제4각으로 구분합니다. 기계 제도에서는 제 1 각과 제 3 각만 사용합니다.

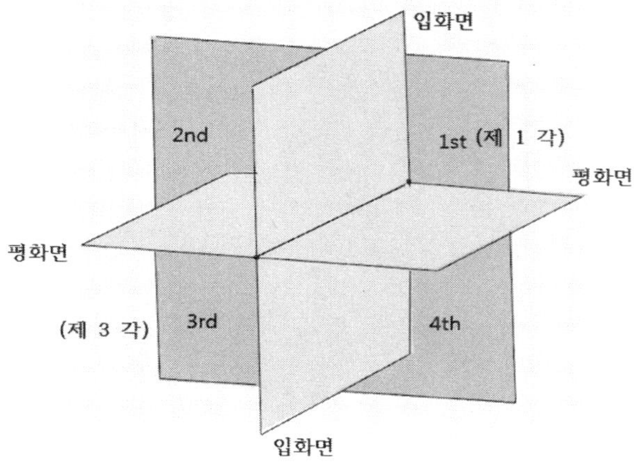

[Fig.4 투상법]

2) 투상법 (Projection View)

① **정 투상도** (Orthographic Drawing): 물체를 표면으로부터 평행한 위치에서 물체를 바라보며 도면에 투상 하는 것으로 투상도의 크기는 실물과 똑 같은 크기로 나타납니다. 대개 정면도, 평면도, 측면도를 강조하는 일반적인 투상법입니다.

② **등각투상도** (Isometric Drawing) : 정면, 측면, 평면을 하나의 투상면 위에서 동시에 볼 수 있도록 그려진 투상도입니다. 300의 각을 이룬 두 축과 900를 이룬 수직축의 세 축이 투상면 위에서 1200의 등각이 되도록 물체를 놓고 투상 한 것입니다.

③ **사투상도** (Oblique Drawing) : 물체의 주요 면을 투상 면에 평행하고 놓고 수직보다 다소 옆 면에서 보고 물체를 입체적으로 나타낸 투상도입니다. 편의상 300, 450, 600 만 그립니다.

④ **보조 투상도** (Auxiliary Drawing) : 특수 투상도 중에서 물체가 경사진 면에 있는 경우, 모양의 크기가 변형 또는 축소되어 나타나는데, 경사져 있는 면과 나란히 각도에서 투상 하는 투상도를 말합니다.

3) 제 1 각 법

제1각법은 물체를 제1각 안에 놓고 투상을 한 것을 말합니다. 눈 ⇨ 물체 ⇨ 투상순서입니다.

아래 그림처럼 눈에서 제일 먼저 물체를 만나고, 그 다음 우측면도는 물체의 좌측에, 평면도는 물체보다 아래에 위치하게 됩니다. 주로 선박 설계 제도에 사용되는 투상법입니다.

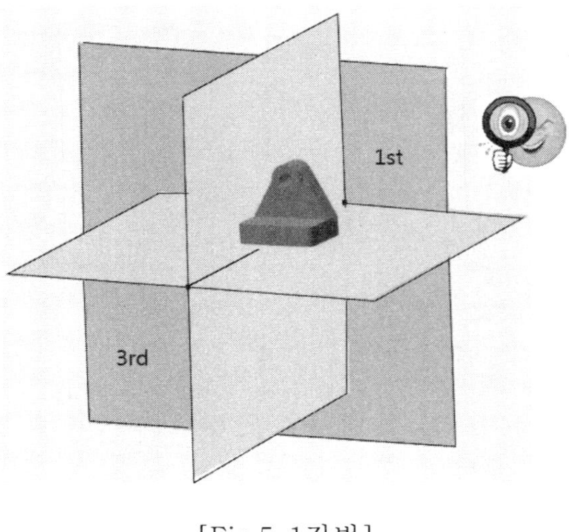

[Fig.5 1각법]

4) 제 3 각 법

제 3 각 법은 물체를 제 3 각 안에 놓고 투상을 한 것을 말합니다. 투상순서는 눈 ⇨ 투상 ⇨ 물체 순서입니다. 물체는 정면, 즉 정면도에 위치하고 평면도는 정면도의 위에 위치합니다. 좌측면도는 정면도의 좌측에 우측면도는 정면도의 우측에 위치합니다. 배면도는 정면도의 아래에 위치하는 도면표현에 합리적인 투상법입니다. 마치 전개도면과 같고 비교 대조가 용이하므로 치수기입이 합리적인 특징이 있습니다. 아래 형식은 제3각법을 도시화한 것입니다.

⇨

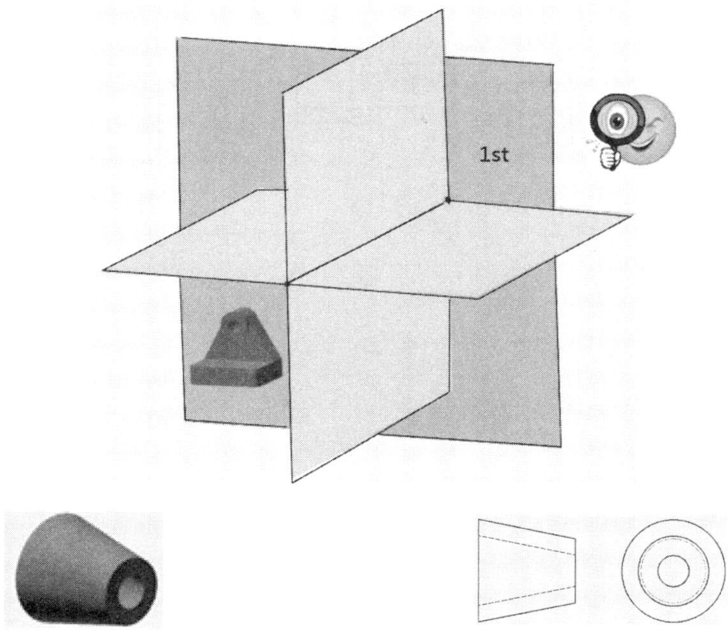

[Fig.6 3각법]

1-8 선과 치수 (Line & Dimension)

(1) 선의 구분과 종류

기계 제도를 위한 도면에 사용되는 선의 종류는 크게 실선, 파선(은선), 쇄선으로 나눕니다. 외형선은 굵은 실선으로 표시를 하며 물체의 보이는 부분의 모양을 표시하는데 쓰이며 가는 실선은 치수를 기입하기 위한 곳에 사용됩니다. 숨은선은 가는 파선 또는 굵은 파선으로 나타내는데, 대상물의 보이지 않는 부분의 모양을 표시하는데 쓰입니다.

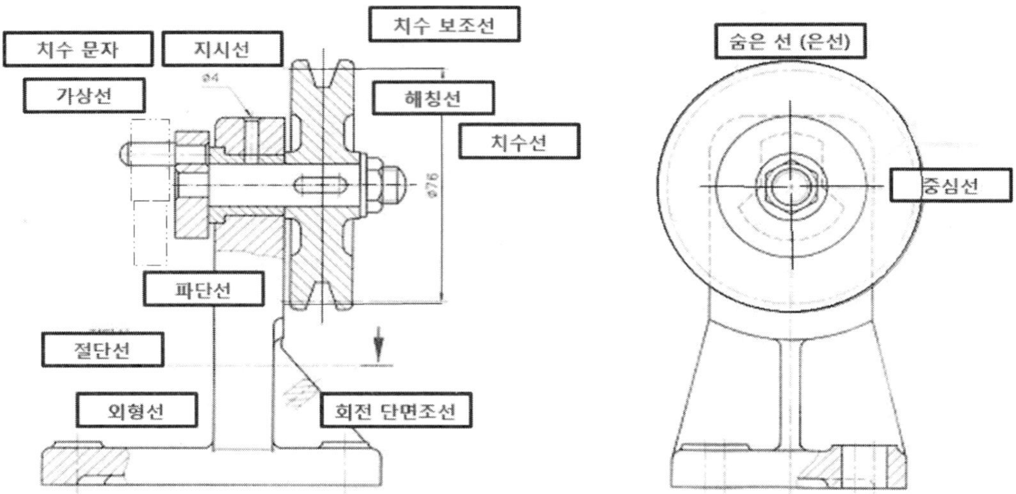

[Fig.7 선의 구분과 종류]

(2) 선을 그리는 법

① 도면에서 2 종류이상 선이 같은 곳에 겹쳐지게 되는 경우에는 외형선을 우선으로 숨은선 그리고 절단선, 중심선, 치수, 치수 보조선 등으로 그리게 됩니다.

(순서: 외형선 → 숨은선 → 절단선 → 중심선 → 치수 → 치수 보조선)

② 선과 원호를 그리는 방법은 작은 원호를 먼저 그리고 큰 원호, 수평선, 수직선, 경사선 순으로 제도를 합니다. (순서: 작은 원호 → 큰 원호 → 수평선 → 수직선 → 경사선)

③ 도면에서 2 종류이상 선이 같은 곳에 겹쳐지게 되는 경우에는 외형선을 우선으로 숨은선 그리고 절단선, 중심선, 치수, 치수 보조선 등으로 그리게 됩니다.

(3) 문자 기입

문자는 도면의 기호나 치수로서 알리지 못한 내용이 있을 경우, 표준서체의 문자로 표기를 하여 정확한 전달을 하기 위해 사용합니다. 문자크기의 조합은 대개 가로: 세로의 비율이 1:1.4 로 되어있습니다. 문자의 작성요령은 읽기 쉽고 간결하고 균일하게 작성을 해야 합니다.

그리고 AutoCAD 에서의 문자 작성요령은 TEXT, QTEXT, DDEDIT, MTEXT 등으로 구분하여 기입이 가능합니다. 그리고 특수 문자를 삽입하여 기호로 사용할 수 있으며 각도 기호, 플러스, 마이너스, 지름기호, 문자 공백의 박스 공란, 유니 코드 문자표 등으로 표기가 가능합니다. 각 각의 기능과 하부 부 메뉴의 설명은 뒷장의 기능 설명 문자 편에서 다시 하겠습니다.

선의 구분			용도	선의 종류
종류	모양			
실선	굵은 실선		외형선	물체의 보이는 부분을 나타내는 외곽선
	가는 실선		치수선 치수보조선 지시선	치수·각도·기호·참고 사항 등을 나타내는 선
			해칭	단면도에서 물체의 절단면을 나타내는 선
			파단선	부분 생략 또는 부분 단면의 경계를 나타내는 선
파선	굵은 파선 또는 가는 파선		숨은선	물체의 보이지 않는 부분을 나타내는 선
1점 쇄선	가는 1점 쇄선		중심선	물체 및 도형의 중심을 나타내는 선
2점 쇄선	가는 2점 쇄선		가상선	물체가 움직인 상태를 가상하여 나타내는 선

[표.1 선의 구분과 종류]

(4) 치수 기입

① 치수는 도면 작성 시 꼭 표기가 되어야 하는 측정값을 말합니다. 도면은 객체의 기하학적 모습 이외에도 측정값을 데이터를 나타내는 치수가 필요합니다.

② 치수는 도면에 그려진 부품이나 형상을 생산과정에서 가공하여 제품으로 구현하기 위한 꼭 필요한 요소입니다.

③ 뿐만 아니라 도면에서 설계자가 표현하고자 하는 의도를 회의나 토론 시 상대방에게 정확하게 표현하기 위한 하나의 중요한 방법입니다.

④ 치수 기입은 도면 부품의 치수나 상대 부품과의 거리, 각도, 원과 호의 지름 및 반지름의 크기를 알려주는 역할을 합니다.

⑤ 수평, 수직 방향의 치수기입으로 미처 표기하지 못한 부분은 450나 600의 경사선으로 이루어진 지시선이라는 방식으로 상대방에게 제품 사이즈의 의사를 전달할 수 있습니다.

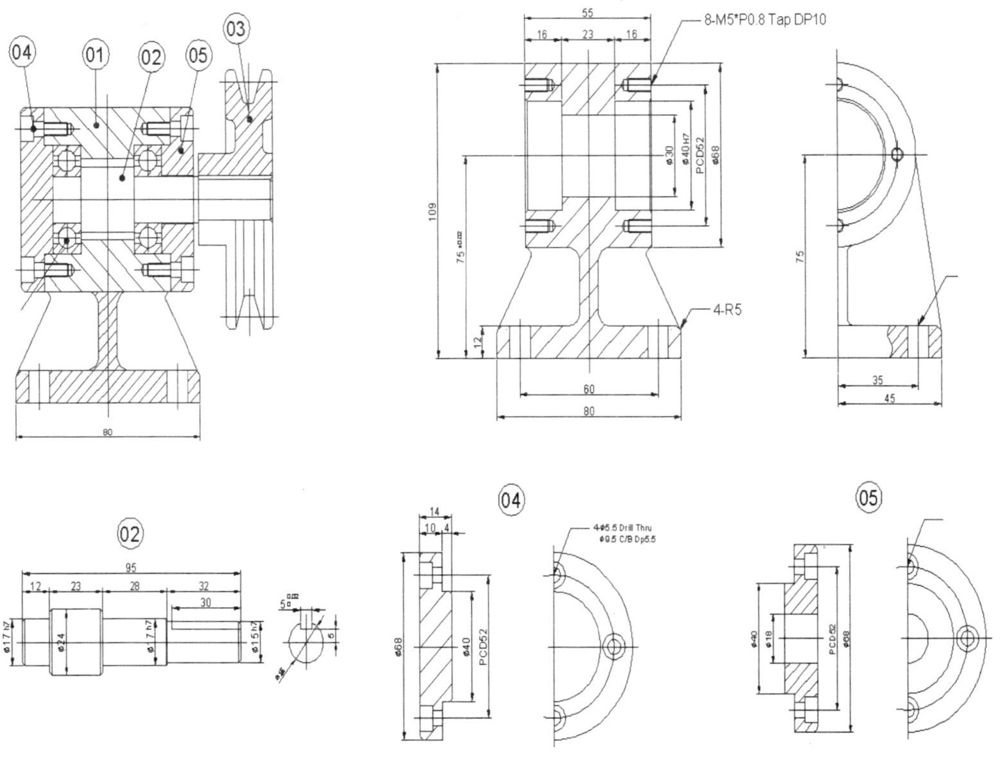

[Fig.8 치수 기입의 예]

(5) 치수의 구성 내용

치수 기입 시 구성을 살펴보면 치수선과 치수 보조선, 화살표, 지시선, 문자 등으로 크게 나눌 수 있습니다. 각각의 내용을 살펴보면 다음과 같습니다.

① 치수선(Dimension Line): 계산된 치수가 표시된 선, 맨 끝 화살표가 있는 선을 말합니다.

② 치수보조선(Extension Line): 치수선의 양 끝에 나타나 치수를 보조하는 선을 말합니다.

③ 화살표(Arrow): 치수를 나타내는 선 끝에 표시되는 기호, 화살 이외에도 점(Dot), 선(Tick) 등이 있다. 선은 치수기입 범위가 좁을 경우 화살표를 대신하여 사용합니다.

④ 치수 문자(Dimension Text): 실제 형상의 계산된 치수가 문자로 나타너지는 값. 데이터.

⑤ 지시선(Leader): 치수로 표기할 수 없는 주석문을 쓰는 경우에 사용합니다.

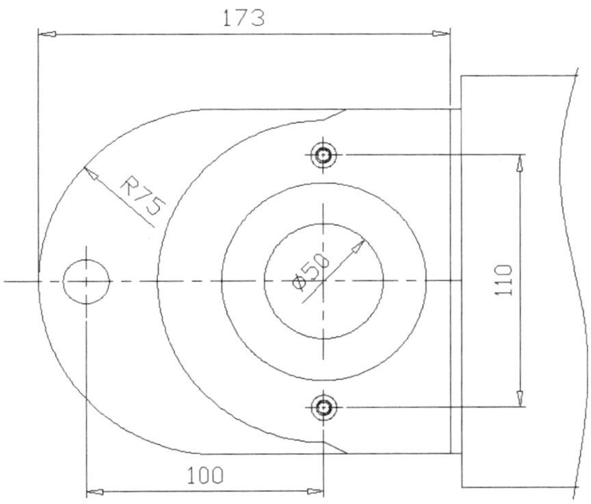

[Fig.9 치수 기입의 예]

1-9 단면 도시법 (Section)

물체를 표시하면서 눈에 보이지 않는 내부의 모습이라든지, 회전체의 오해의 소지가 있는 부분을 명확하게 도시할 필요가 있는 부분을 절단을 한다든지, 파단을 하고 회전을 시켜 단면으로 표시하여 물체의 내부가 보이도록 도시한 것을 말합니다. 절단면은 해칭이나 스머징을 하는데 해칭은 450 각도로 일정한 간격으로 가는 실선이나 기타 여러 가지 규격이 정하는 형상으로 표기하는 것을 말합니다. 스머징은 색을 칠하거나 외곽 면과 달리하여 표시하는 방법을 말합니다.

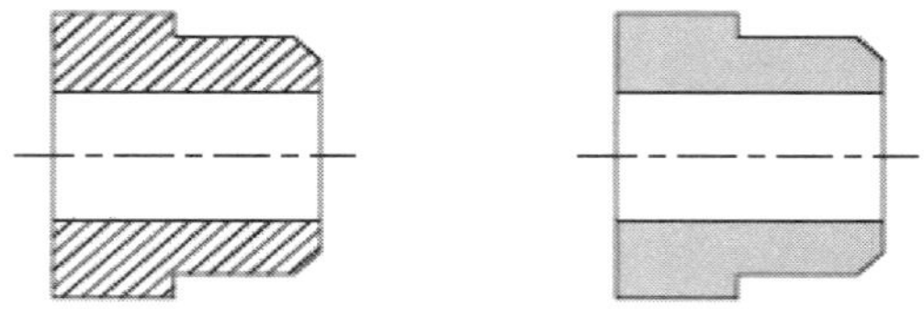

[Fig.10 해칭과 스머징]

이러한 단면도의 경우도 한국공업규격 (KS)의 제도총칙으로 각 공업 부문 전반에 적용되는 기본적인 제도법에 의해 규정되고, 분류되어 지는데 그 종류는 전단면도, 한쪽 단면도, 부분 단면도, 계단 단면도, 그리고 회전단면도 등이 있습니다. 그리고 단면 표시를 해서는 안 되는 것들에 대한 기계요소도 존재합니다. 단면도의 상세 내용을 살펴보면 다음과 같습니다.

1) 전단면도 (Full Section View)

온 단면도 혹은 전단면도 라고 말하며, 물체를 절반 (1/2)로 절단하여 도면 전체를 하나의 단면으로 표시한 것을 말합니다.

[Fig.11 전단면도]

2) 한 쪽 단면도(Half Section View)

한 쪽 단면도 혹은 반 단면도라고 말하며, 대칭인 물체를 1/4로 절단하고 도면의 반쪽은 단면도로, 또 다른 도면의 반쪽은 외형도로 표시하여 이해를 돕기 위한 단면도를 말합니다.

[Fig.12 한쪽 단면도]

3) 부분 단면도

형상의 일부분만을 단면도로 간략하게 표시하여 이해를 돕게 만든 것입니다. 단면은 파단선을 그어 단면부의 경계만을 표시하고 내부를 해칭 하여 표시합니다.

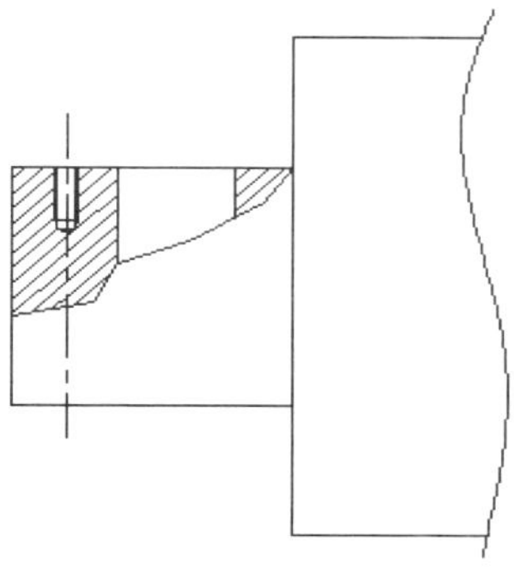

[Fig.13 부분 단면도]

4) 계단 단면도 (Half Section View)

필요한 부분을 선택적으로 하나의 단면이 아닌 두 개 이상의 절단면을 그린 단면도입니다. 절단 방향을 정확히 하기 위해 1점 쇄선으로 절단 선을 표시하고 문자를 입력하여 절단된 부분을 명확히 합니다.

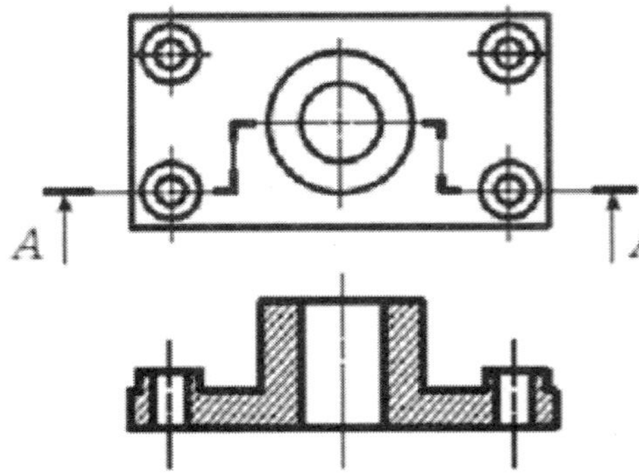

A-A

[Fig.14 계단 단면도]

5) 회전 단면도 (Half Section View)

기차의 레일, 선형 가이드, 핸들, 벨트, 풀리, 훅, 갈고리 등 의 단면을 효율적으로 표기할 때 사용합니다. 회전단면도는 투상된 면에 절단 단면의 모양을 900 회전시켜 투상의 안 밖을 같은 방법으로 표기합니다.

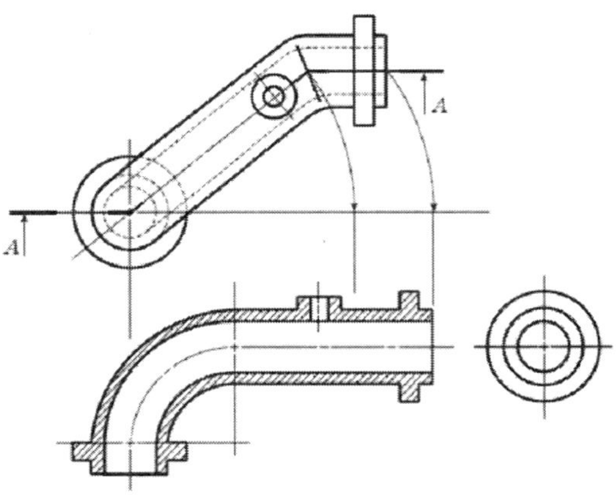

[Fig.15 회전 단면도]

5) 단면표시를 하지 않는 기계요소

단면을 나타내고자 하더라도 작업자가 이해하기 어려운 경우, 또한 단면표시를 하더라도 크게 의미가 없는 것들은 단면을 절단하여 표시하지 않습니다.

이런 경우의 기계요소들을 살펴보면 바퀴 등의 리브, 아암, 기어의 치차, 횡축의 핀, 코터, 축, 볼트, 너트, 와셔 등이 이에 포함됩니다. 특수한 부위를 표시하고 싶을 때는 그 부위의 단면을 특정, 인출하여 표기하기도 한다.

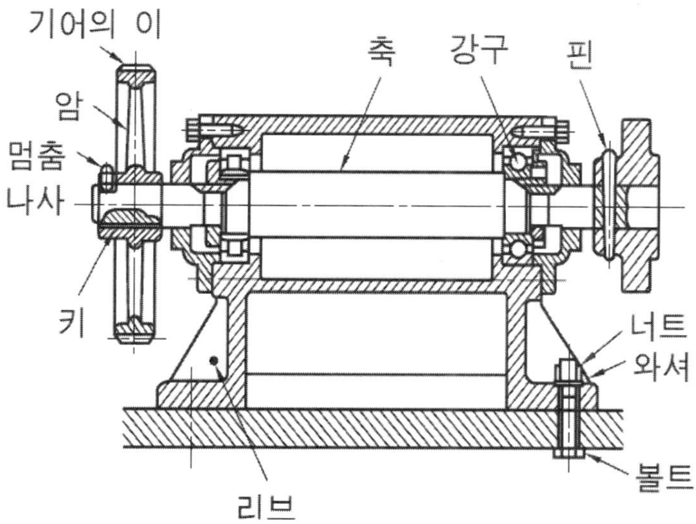

[Fig.16 단면 표시 않는 기계요소]

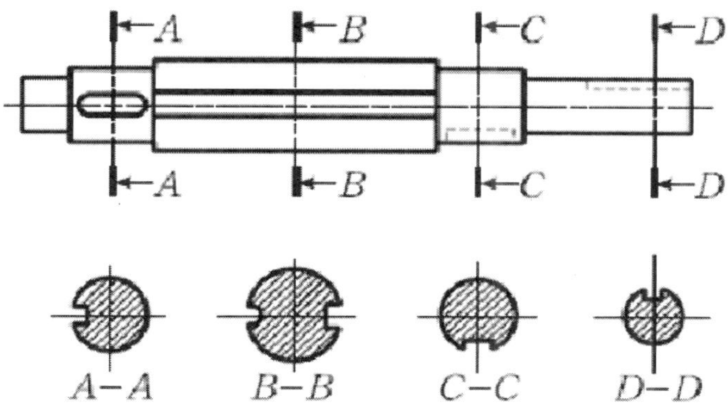

[Fig.17 인출 단면도]

2 제도의 규칙과 규격

2-1 제도의 규칙

도면은 기계 장치의 구조나 설계 등을 기하학적으로 나타낸 그림들로 설계자와 장치 제작자 사이에 쓰는 언어와도 같습니다. 아무리 잘 설계가 된 도면도 제작자가 잘 못 해석하면 아무 소용이 없습니다. 이러한 중요한 이유 때문에 도면은 항상 정확히 설계, 작성해야 하며 특히 제도는 2차원 범주 내에서 표현을 완성하여야 하는 특징으로 인하여 형상이 복잡하고 어렵습니다. 그러므로 약속대로 표현하여 물 체를 제작하는 사람에게 설계자의 의사가 정확히 전달되도록 소통을 없애기 위해 만든 것이 규칙이며 규격입니다.

2-2 제도의 규격

(1) 표준규격 (Industrial Standard)

우리나라는 1966년에 한국 공업규격 (KS, Korean Industrial Standard)dl 제도 통칙(KSA 0005)로 제정이 되었고 1967년에 기계 제도 통칙(KS B 0001)에 제정, 공포되어 일반 기계 제도로 규정이 되었습니다. 기계 제작도를 그릴 때에는 기계 제도 통칙에 규정된 사항 이외에도 기어, 나사, 베어링, 스프링, 용접 기호, 표면 거칠기 및 치수 공차 및 끼워 맞춤, 모양 및 위치의 정밀도 허용치 도시 방법에 의한 표시 규격에 의해 그려져야 합니다.

규격번호	표시 규격
KS B 0002	기어 제도
KS B 0003	나사 제도
KS B 0052	용접 기호
KS B 0161	표면 거칠기
KS B 0401	치수 공차 및 끼워 맞춤
KS B 0608	모양 및 위치 정밀도 허용치

[표.2 KS 표준 규격]

(2) 각국의 공업 표준규격

① 국제 표준규격 : ISO (International Standardization Organization)

② 한국 공업규격 : KS (Korean Industrial Standards)

③ 일본 공업규격 : JIS (Japanese Industrial Standards)

④ 영국 공업규격 : BS (British Standards)

⑤ 독일 공업규격 : DIN (Deutsche Industrie Normen)

2-3 도면의 규격화의 장점

① 도면이 정확하고 간단한 장점이 있다.

② 제품 상호 호환성을 가질 수 있는 이점이 있다.

③ 제품의 원가 절감과 생산의 능률화, 효율화를 가져올 수 있다.

④ 제품 품질의 향상을 도모하고 최적화된 데이터를 얻을 수 있다.

⑤ 설계자와 작업자 간의 제품에 대한 이해도를 공유한다.

3 설계 도면 작성하기

3-1. 도면 작성 요령 (Regulation)

(1) 도면의 준비와 도형 작성

① 도면의 양식은 KS 규격에 맞는 것으로 준비 합니다. (A4, A3, A2, A1, A0 사이즈)

② 조립도와 부품도를 구분해서 이해하기 쉽게 그렸는가를 검토합니다.

③ 기계제도의 경우 3각법이 원칙이므로, 그것에 의한 투상이 이루어졌는지 확인합니다.

④ 선의 용도에 따른 종류(실선, 은선, 쇄선)와 굵기는 잘 이루어졌는지 확인합니다.

⑤ 기타 각종 투상도, 단면의 표시 등 보조 도면의 작성은 되었는지 확인합니다.

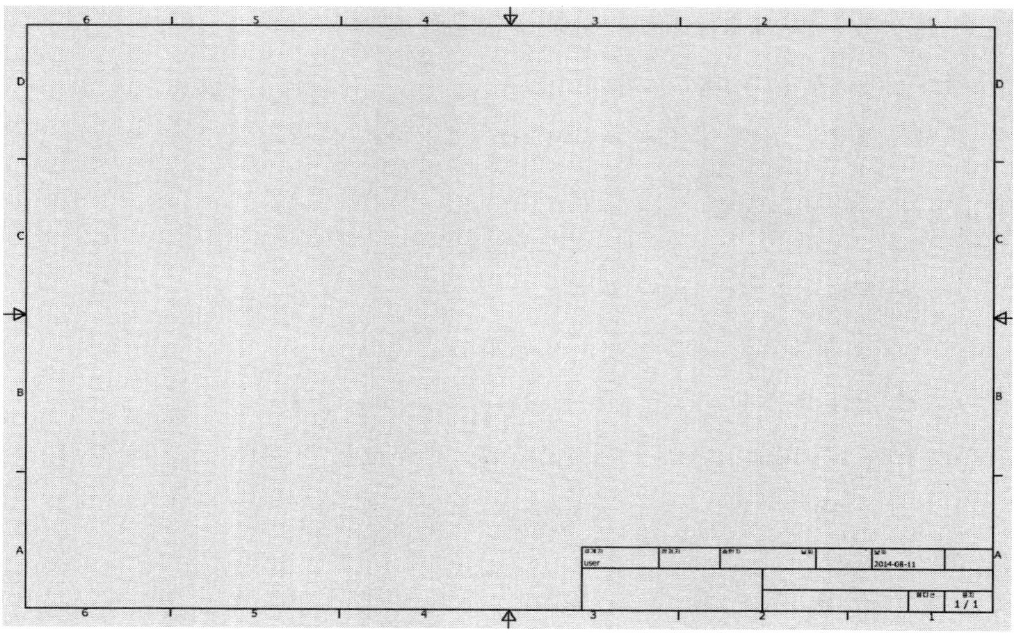

[Fig.18 도면 템플릿]

■ 도면의 작성 : 도면 템플릿의 초기 화면 모습. 마치 미술에서 초기 캔버스와 같습니다.

■ File ➡ New (새로 만들기) 를 클릭하여 화면 (템플릿)을 준비합니다.

■ 도형의 작성 : 그리기(Draw) ➡ 선, 원, 사각형 / 수정(Modify) ➡ 간격띄우기(offset), 자르기(trim)등

(도면 템플릿에서 형상에 대한 배치를 고려하여 정면도, 측면도 등 3각 투영 표현기법에 의해 도면을 그려나갑니다)

(2) 각종 치수의 기입

① 누락된 치수는 없는지 확인합니다. 그리고 중복 치수는 가급적 자제를 합니다.

② 조립부의 치수를 상호 확인하여 조립 가능 여부를 확인합니다.

③ 작업자가 계산을 해야 하는 불편을 주는 치수는 없는지 확인을 합니다.

④ 가급적 연관 치수는 한 곳에 모아 해독을 쉽게 합니다.

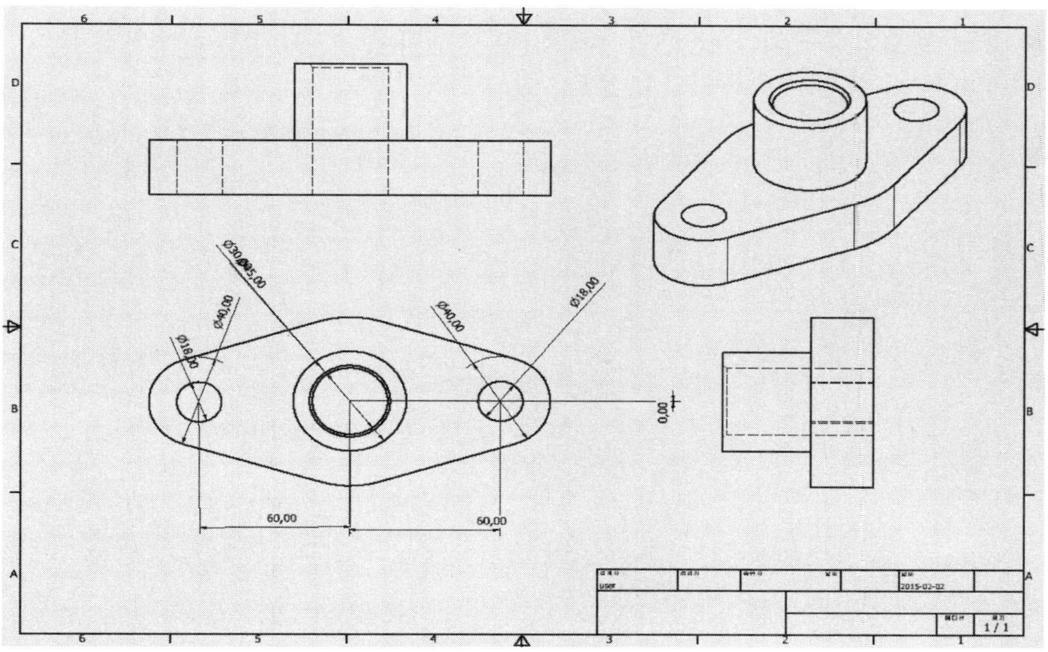

[Fig.19 치수 기입]

■ 주석 ➡ 치수(Dimension) ➡ 선형, 각도, 지름 / ➡ 문자(Text), 단일행 (Qtext) 여러자 문자 (Mtext) 선택 사용

■ 뷰 배치, 단면을 만들어 보이지 않는 부분의 내부까지도 해칭을 이용해서 표현합니다.

그리기 (Draw) ➡ 해칭, 점 선택, 객체 선택

(3) 공차, 표면처리 기입, 표제란 작성

① 상대 부품과의 상호 조립을 위한 적정한 공차의 기입을 합니다.

② 공차는 치수공차와 기하학 공차 끼워 맞춤 공차 등을 구분하여 정확히 표기를 합니다.

③ 그 외 지시선, 텍스트, 정밀도 (표면 거칠기)를 입력하여 도면을 완성해 나갑니다.

④ 제작 상 필요한 지시사항이나 주석 등의 내용은 적절하고 누락된 것이 없는지 확인합니다.

⑤ 재질 별 열처리, 표면처리 표시와 표제란, 부품란에 날짜, 설계자 등 정보를 입력합니다.

⑥ 문자, 기호, 부품번호 등을 입력 한 후 도면을 완성시키고 저장을 합니다.

■ 파일(File) ➡ 저장 (Save) / 다른 이름으로 저장을 할 때에는 다른 이름으로 저장 (Save as) 을 선택합니다.

■ 기본적으로 저장되는 확장자의 기본값(default)은 dwg로 저장이 됩니다. 아래의 완성된 도면처럼 ring(도면이름).dwg라는 확장자를 가지고 저장됩니다.

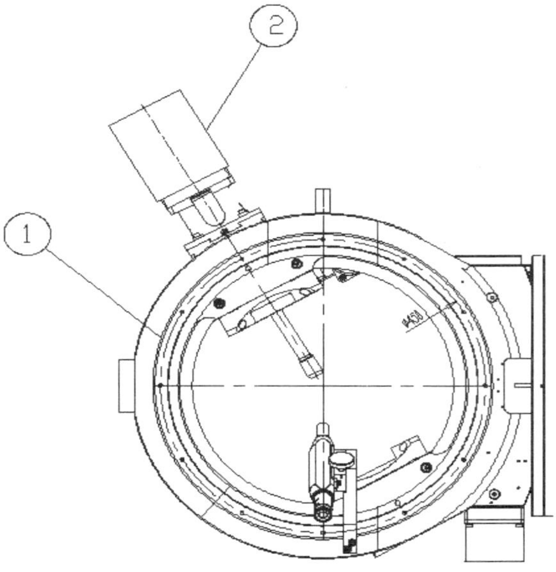

[Fig.20 ring.dwg]

제 2 장

공차론

이 장에서는 도면에 표기되는 기계 가공 방법과 표면 거칠기 에 대한 내용과 가공 및 조립의 공차 개념을 익혀 봅니다.

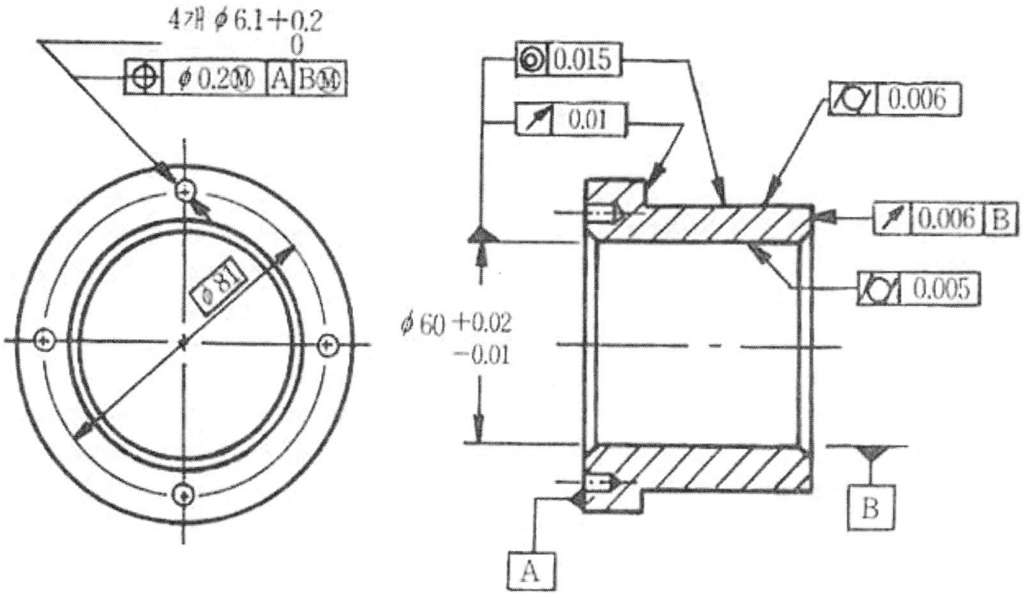

학습 목표

기계 설계 도면의 공차에 관한 전반적인 지식을 습득합니다.

학습 개요

기계 가공과 공차에 대한 일반 적인 내용과 공차의 표기 방법, 표면 거칠기에 대한 지식을 배우고 일반 기계 가공 및 조립의 기초 개념을 익혀 봅니다.

일반 목표

공차 중 IT 일반 공차와 기하 치수 공차에 대한 개념을 배우고, 표면 거칠기, 다듬질 기호와 다듬질 기호 기입법에 대해 학습을 합니다.

세부 목표

공차의 개요와 IT 일반공차에서 끼워 맞춤 공차와 구멍과 축 기준 허용공차를 배웁니다. 기하 치수 공차용어와 종류, 표면거칠기의 종류와 다듬질 기호와 그 적용에 대해 배우게 됩니다.

제 2 장
공차론

1 공차(Tolerance)

1-1 공차의 개요

공차는 상대되는 두 부품의 원활한 조립을 위하여 기계 가공 정도를 허용하는 범위를 말하는데, 그 최대로 허용하는 치수 값과 최소로 허용하는 치수 값의 차이를 단순히 공차라고 합니다. 세상에서 어떤 기계장치로도 정확히 오차 없이 기계가공을 하는 것은 불가능합니다. 따라서 물품 사이의 사용 목적에 따라 사실 상 허용할 수 있는 오차의 범위를 미리 정해 주어 그 오차 범위 내에서 가공과 조립을 원활히 하기 위해서 허용하는 것을 공차(Tolerance) 라고 부릅니다.

설계 계산에 의해 정해진 이상적인 치수는 호칭치수라고 하며, 이 기준 치수에서 실제 허용되는 최대값을 최대 허용치수, 최소값을 최소 허용치수라고 부릅니다. 공차는 이들을 모두 다 포용하는 허용 한계 치수를 공차(Tolerance)라고 합니다. 기계제도에서 크게 일반 IT 기본 공차와 기하학적 치수 공차 그리고 표면 거칠기 등이 있는데 이는 설계에서 매우 중요한 요소입니다. 일반적으로 공차라고 하면 일반 IT 기본 공차를 주로 말하지만 최근에는 기하학적 형상공차와 위치 공차도 중요하게 다루고 있습니다.

예를 들면 일반 공차 $\varnothing 30^{+0.021}_{\ \ 0}$, 한계 치수 공차 $\varnothing \begin{matrix}30.021\\30\end{matrix}$ 그리고 끼워맞춤 공차 $\varnothing 30\,H7$ 모두 같은 의미로 구멍 기준 가공 IT7급 규격 집에 의거 가공을 하라는 의미입니다.

본 교재에서는 기계 제도를 수행함에 있어서 도움이 되고 활용이 될 수 있도록 한 곳에 모아 정리를 했습니다.

1-2 IT 일반 공차

(1) 끼워 맞춤의 종류

상호 조립되는 부품들 사이에서 기능적인 역할을 위해 알맞은 끼워 맞춤의 적용은 매우 중요하다고 말 할 수 있습니다. 이제 이러한 끼워 맞춤의 개념을 익히고 활용 사례에 대해 배워 보도록 합니다.

IT 일반 공차에는 헐거운 끼워 맞춤과 중간 끼워 맞춤, 억지 끼워 맞춤의 3 종류가 있습니다.

① 억지 끼워 맞춤의 경우 - 조립을 할 때 부품을 가열하거나 냉각 후 조립, 분해 불가능.

② 중간 끼워 맞춤의 경우 - 망치나 프레스 등의 압력을 가해 조립, 때려 박음이라고 함.

③ 헐거운 끼워 맞춤의 경우 - 보통급, 회전틈새, 정밀급이 있으나 상대 운동이 가능한 조립.

대분류	상세분류	결합의 특징	상대운동
헐거운 끼워 맞춤	보통급	자유 상태 하에서 특정한 힘이 없이 조립 분해 가능. 조립 시간 단축, 적정틈새 확보	상대 운동 가능
	회전틈새	적당한 틈이 있어 윤활제 이용, 상대적인 회전운동 가능, 약간의 힘으로 분해 가능	
	정밀급	위치 정렬 후 손으로 힘을 주어 조립가능. 부품 정렬이 안되면 조립이 불가한 상태의 조립대부분 정밀기계 조립에 사용됨	상대 운동 불가능
중간 끼워 맞춤	때려박음	망치나 프레스 같은 공구가 필요한 조립	
억지 끼워 맞춤	열박음	부품을 가열하거나 냉각 후 조립, 상온으로 복귀시켜 조립. 분해가 영구적으로 불가능	

[표.1 끼워 맞춤의 종류와 특징]

(2) IT 기본 공차

끼워 맞춤에는 IT 기본 공차라는 것이 있는데, 500mm 이하 치수를 13구분으로 나누고 각 구분에 대해서 01급부터 시작하여, 0급, 1급, 2급 ~ 16급 까지 총 18등급으로 나누어집니다.

▲ IT 01(01급)~ IT 4(4급)은 주로 게이지 같은 정밀기계 류의 치수 공차에 적용이 됩니다.

▲ IT 5(5급)~ IT 10(10급)은 주로 끼워 맞춤 부분의 치수 공차에 적용이 됩니다. 주로 사용하는 등급이고 그 중에서도 축은 IT 6급, 구멍은 IT 7급을 주로 사용합니다.

▲ IT 11(11급)~ IT 16(16급)은 주로 끼워 맞춤이 필요 없는 부분의 치수 공차에 적용이 됩니다.

기준치수의 구분 [mm]		IT 등급 (정밀도 공차등급)							
		IT 1급	IT 5급	IT 6급	IT 7급	IT 8급	IT 9급	IT 10급	IT 18급
초과	이하	단위 [μm] (1μm = 0.001 mm)							[mm]
-	3[1)]	0.8	4	6	10	14	25	40	1.40
3	6	1	5	8	12	18	30	48	1.80
6	10	1	6	9	15	22	36	58	2.20
10	18	1.2	8	11	18	27	43	70	2.70
18	30	1.5	9	13	21	33	52	84	3.30
30	50	1.5	11	16	25	39	62	100	3.90
50	80	2	13	19	30	46	74	120	4.60
80	120	2.5	15	22	35	54	87	140	5.40
120	180	3.5	18	25	40	63	100	160	6.30
180	250	4.5	20	29	46	72	115	185	7.20
250	315	6	23	32	52	81	130	210	8.10
315	400	7	25	36	57	89	140	230	8.90
400	500	8	27	40	63	97	155	250	9.70
500	630	9[2)]	30[2)]	44	70	110	175	280	11.0
630	800	10[2)]	35[2)]	50	80	125	200	320	12.50
800	1000	11[2)]	40[2)]	56	90	140	230	360	14.00
1000	1250	13[2)]	46[2)]	66	105	165	260	420	16.50
1250	1600	15[2)]	54[2)]	78	125	195	310	500	19.50
1600	2000	18[2)]	65[2)]	92	150	230	370	600	23.00
2000	2500	22[2)]	77[2)]	110	175	280	440	700	28.00
2500	3150	26[2)]	93[2)]	135	210	330	540	860	33.00

[표.2 IT 공차표]

(3) 구멍과 축 기준 허용 공차

기호는 구멍 공차의 경우 대문자를 사용하며 A부터 Z 까지 표시를 합니다. 아울러 축은 소문자를 사용합니다. 기준 공차는 주로 구명을 기준으로 사용합니다. 이는 곧 끼워 맞춤의 적용 시 대체적으로 먼저 구명의 종류를 결정하고 조립이 되는 상대 축을 적절하게 선택하면 된다는 말입니다. 대개 구멍공차 H7 급이 주로 사용되는 이유는 기준 구멍인 H 구멍은 치수 허용차가 0, 즉 최소 허용치수와 기준치수가 일치한다는 뜻입니다.

예를 들어 구멍 30mm 치수에 공차가 H7급으로 되어 있고, 축이 30mm에 g6 급으로 되어있는 경우, IT 공차표의 치수를 찾아보면 $\varnothing 30H7$은 (+0.021, 0), 그리고 $\varnothing 30g6$ (-0.007, -0.020) 이 됩니다. 그래서 최소 허용치수는 +0.041 그리고 최소 허용치수는 0.007 이 됩니다. 이 말은 구멍은 조금 더 크게 가공하고, 축은 조금 더 작게 가공하는, 즉 구멍 기준 끼워 맞춤으로 헐거운 끼워 맞춤을 요하는 조립입니다.

단위 (μ =0.001mm)

호칭직경 (mm)	F6	G6	H6	H7	H8	H10	Js5	Js6	Js7	K6	M6	M7	N7	P7
- ~ 3	+12 +6	+8 +2	+6 0	+10 0	+14 0	+40 0	±2	±3	±5	0 -6	-2 -8	-2 -12	-4 -14	-6 -16
3 ~ 6	+18 +10	+12 +4	+8 0	+12 0	+18 0	+48 0	±2.5	±4	±6	+2 -6	-1 -9	0 -12	-4 -16	-8 -20
6 ~ 10	+22 +13	+14 +5	+9 0	+15 0	+22 0	+58 0	±3	±4.5	±7.5	+2 -7	-3 -12	0 -15	-4 -19	-9 -24
10 ~ 18	+27 +16	+17 +6	+11 0	+18 0	+27 0	+70 0	±4	±5.5	±9	+2 -9	-4 -15	0 -18	-5 -23	-11 -29
18 ~ 30	+33 +20	+20 +7	+13 0	+21 0	+33 0	+84 0	±4.5	±6.5	±10.5	+2 -11	-4 -17	0 -21	-7 -28	-14 -35
30 ~ 50	+41 +25	+25 +9	+16 0	+25 0	+39 0	+100 0	±5.5	±8	±12.5	+3 -13	-4 -20	0 -25	-8 -33	-17 -42
50 ~ 80	+49 +30	+29 +10	+19 0	+30 0	+46 0	+120 0	±6.5	±9.5	±15	+4 -15	-5 -24	0 -30	-9 -39	-21 -51
80 ~ 120	+58 +36	+34 +12	+22 0	+35 0	+54 0	+140 0	±7.5	±11	±17.5	+4 -18	-6 -28	0 -35	-10 -45	-24 -59
120~ 180	+68 +43	+39 +14	+25 0	+40 0	+63 0	+160 0	±9	±12.5	±20	+4 -21	-8 -33	0 -40	-12 -52	-28 -58
180~ 250	+79 +50	+44 +15	+29 0	+46 0	+72 0	+185 0	±10	±14.5	±23	+5 -24	-8 -37	0 -46	-14 -60	-33 -79
250~ 315	+88 +56	+49 +17	+32 0	+52 0	+81 0	+210 0	±11.5	±16	±26	+5 -27	-9 -41	0 -52	-14 -66	-36 -88

[표.3 축의 끼워 맞춤 공차표 (KS B 0401)]

단위 (μ =0.001mm)

호칭직경 (mm)	F6	G6	H6	H7	H8	H10	Js5	Js6	Js7	K6	M6	M7	N7	P7
- ~ 3	+12 +6	+8 +2	+6 0	+10 0	+14 0	+40 0	±2	±3	±5	0 -6	-2 -8	-2 -12	-4 -14	-6 -16
3 ~ 6	+18 +10	+12 +4	+8 0	+12 0	+18 0	+48 0	±2.5	±4	±6	+2 -6	-1 -9	0 -12	-4 -16	-8 -20
6 ~ 10	+22 +13	+14 +5	+9 0	+15 0	+22 0	+58 0	±3	±4.5	±7.5	+2 -7	-3 -12	0 -15	-4 -19	-9 -24
10 ~ 18	+27 +16	+17 +6	+11 0	+18 0	+27 0	+70 0	±4	±5.5	±9	+2 -9	-4 -15	0 -18	-5 -23	-11 -29
18 ~ 30	+33 +20	+20 +7	+13 0	+21 0	+33 0	+84 0	±4.5	±6.5	±10.5	+2 -11	-4 -17	0 -21	-7 -28	-14 -35
30 ~ 50	+41 +25	+25 +9	+16 0	+25 0	+39 0	+100 0	±5.5	±8	±12.5	+3 -13	-4 -20	0 -25	-8 -33	-17 -42
50 ~ 80	+49 +30	+29 +10	+19 0	+30 0	+46 0	+120 0	±6.5	±9.5	±15	+4 -15	-5 -24	0 -30	-9 -39	-21 -51
80 ~ 120	+58 +36	+34 +12	+22 0	+35 0	+54 0	+140 0	±7.5	±11	±17.5	+4 -18	-6 -28	0 -35	-10 -45	-24 -59
120~ 180	+68 +43	+39 +14	+25 0	+40 0	+63 0	+160 0	±9	±12.5	±20	+4 -21	-8 -33	0 -40	-12 -52	-28 -58
180~ 250	+79 +50	+44 +15	+29 0	+46 0	+72 0	+185 0	±10	±14.5	±23	+5 -24	-8 -37	0 -46	-14 -60	-33 -79
250~ 315	+88 +56	+49 +17	+32 0	+52 0	+81 0	+210 0	±11.5	±16	±26	+5 -27	-9 -41	0 -52	-14 -66	-36 -88

[표.4 구멍의 끼워 맞춤 공차표 (KS B 0401)]

(4) 공차의 적용

주로 사용되는 도면 치수 뒤에 표기되는 H7은 KS 제도 규격집에 나오는 IT 7급에 의거 구멍의 끼워 맞춤 공차표 (KS B 0401)를 찾아 해당되는 구멍의 크기 기준으로 가공을 하되 중간 끼워 맞춤의 영역에서 가공을 하라는 뜻입니다. 그리고 상대가 되는 축의 경우, g6 라고 가정한다면, (1) ~ (3) 절에서 설명했듯이 헐거움 끼워 맞춤이 되고, 구멍 기준으로 축을 작게 만들고 구멍을 공차 영역 범위 내에서 조금 더 크게 가공을 해도 된다는 의미입니다.

○ H7 급은 구멍 기준 중간 끼워 맞춤을 말합니다. 이것이 기준이 됩니다. 정리하면....

○ 헐거운 끼워 맞춤 (구멍기준) - 축을 공차 영역 내에서 작게 가공합니다. (a 쪽 방향)

(축은 a 방향으로 갈수록 헐거운 끼워 맞춤, 공차범위 내에서 작게 가공을 합니다)

○ 억지 끼워 맞춤 (구멍기준) - 축을 공차 영역 내에서 크게 가공을 합니다.(z 쪽 방향)

(축은 z 방향으로 갈수록 억지 끼워 맞춤이 됩니다. 공차범위 내에서 크게 가공을 합니다)

■ 도면표기 ∅30H7 g6 인 경우의 가공 (헐거운 끼워 맞춤)

○ IT 구멍기준 끼워 맞춤 공차표에서 호칭 직경 18~30를 찾아 H7과 만나는 공차를 입력. (+) 방향으로 0.021, (-) 방향으로 0 의 값을 입력합니다. $\varnothing 30^{+0.021}_{\ \ 0}$ 이 됩니다.

○ IT 축 기준 끼워 맞춤 공차표에서 호칭 직경 18~30를 찾아 g6와 만나는 공차를 입력. (+) 방향으로 -7, (-) 방향으로 -20 의 값을 입력합니다. 이 값은 마이크로미터(μm)로 환산하면 $\frac{1}{1,000}$ 이 되므로 -0,007, -0.020 의 값이 되어 $\varnothing 30^{-0.007}_{-0.020}$ 이 됩니다.

○ 축을 조금 더 (-) 방향으로 가공하는 헐거운 끼워 맞춤의 가공 방식입니다.

○ 구멍은 중간 끼움, 축은 헐거운 끼움을 하라는 뜻의 도면 표기입니다.

단위 (μ=0.001mm)

호칭직경 (mm)	F6	G6	H6	H7	H8	H10	Js5	Js6	Js7	K6	M6	M7	N7	P7
- ~ 3	+12 +6	+8 +2	+6 0	+10 0	+14 0	+40 0	±2	±3	±5	0 -6	-2 -8	-2 -12	-4 -14	-6 -16
3 ~ 6	+18 +10	+12 +4	+8 0	+12 0	+18 0	+48 0	±2.5	±4	±6	+2 -6	-1 -9	0 -12	-4 -16	-8 -20
6 ~ 10	+22 +13	+14 +5	+9 0	+15 0	+22 0	+58 0	±3	±4.5	±7.5	+2 -7	-3 -12	0 -15	-4 -19	-9 -24
10 ~ 18	+27 +16	+17 +6	+11 0	+18 0	+27 0	+70 0	±4	±5.5	±9	+2 -9	-4 -15	0 -18	-5 -23	-11 -29
18 ~ 30	+33 +20	+20 +7	+13 0	+21 0	+33 0	+84 0	±4.5	±6.5	±10.5	+2 -11	-4 -17	0 -21	-7 -28	-14 -35
30 ~ 50	+41 +25	+25 +9	+16 0	+25 0	+39 0	+100 0	±5.5	±8	±12.5	+3 -13	-4 -20	0 -25	-8 -33	-17 -42

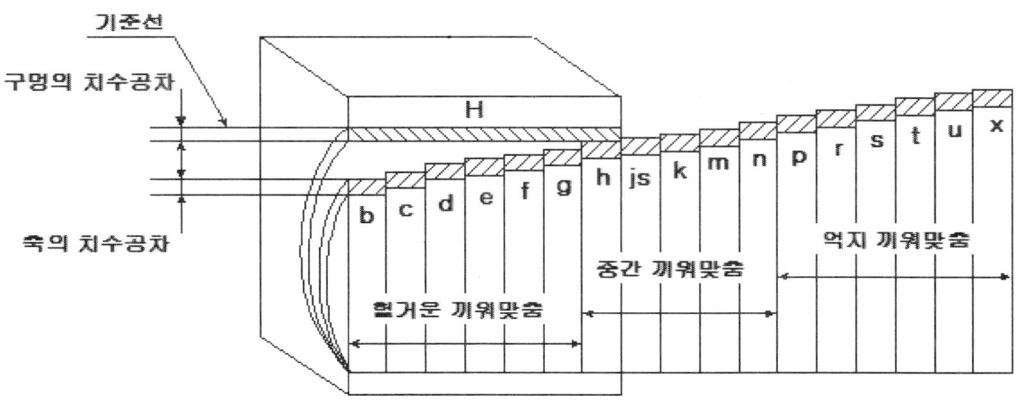

[Fig.1 구멍 기준 끼워 맞춤 (KS B 0401)]

■ 도면표기 ∅30H7 p6 인 경우의 가공 (억지 끼워 맞춤)

○ IT 구멍기준 끼워 맞춤 공차표에서 호칭 직경 18~30를 찾아 H7과 만나는 공차를 입력.(+) 방향으로 0.021, (-) 방향으로 0 의 값을 입력합니다. $\varnothing 30^{+0.021}_{\;\;0}$ 이 됩니다.

○ IT 축 기준 끼워 맞춤 공차표에서 호칭 직경 18~30를 찾아 p6와 만나는 공차를 입력. (+) 방향으로 +35, (-) 방향으로 +22 의 값을 입력합니다. 이 값은 마이크로미터 (μm)로 환산하면 $\frac{1}{1,000}$ 이 되므로 +0.035, +0.022 의 값이 되어 $\varnothing 30^{+0.035}_{+0.022}$ 이 됩니다.

○ 축을 조금 더 (+) 방향으로 가공하는 억지 끼워 맞춤의 가공 방식입니다.

단위 (μ=0.001mm)

호칭직경 (mm)	g5	g6	h5	h6	h7	js5	js6	js7	k5	k6	m5	m6	n6	p6	r6
- ~ 3	-2 -6	-2 -8	0 -4	0 -6	0 -10	±2	±3	±5	+4 0	+6 0	+6 +2	+8 +2	+10 +4	+12 +6	+16 +10
3 ~ 6	-4 -9	-4 -12	0 -5	0 -8	0 -12	±2.5	±4	±6	+6 +1	+9 +1	+9 +4	+12 +4	+16 +8	+20 +12	+23 +15
6 ~ 10	-5 -11	-5 -14	0 -6	0 -9	0 -15	±3	±4.5	±7.5	+7 +1	+10 +1	+12 +6	+15 +6	+19 +10	+20 +15	+28 +19
10 ~ 18	-6 -14	-6 -17	0 -8	0 -11	0 -18	±4	±5.5	±9	+9 +1	+12 +1	+15 +7	+18 +7	+23 +12	+29 +18	+34 +23
18 ~ 30	-7 -16	-7 -20	0 -9	0 -13	0 -21	±4.5	±6.5	±10.5	+11 +2	+15 +2	+17 +8	+21 +8	+28 +15	+35 +22	+41 +28
30 ~ 50	-9 -20	-9 -25	0 -11	0 -16	0 -25	±5.5	±8	±12.5	+13 +2	+18 +2	+20 +9	+25 +9	+33 +17	+42 +26	+50 +34

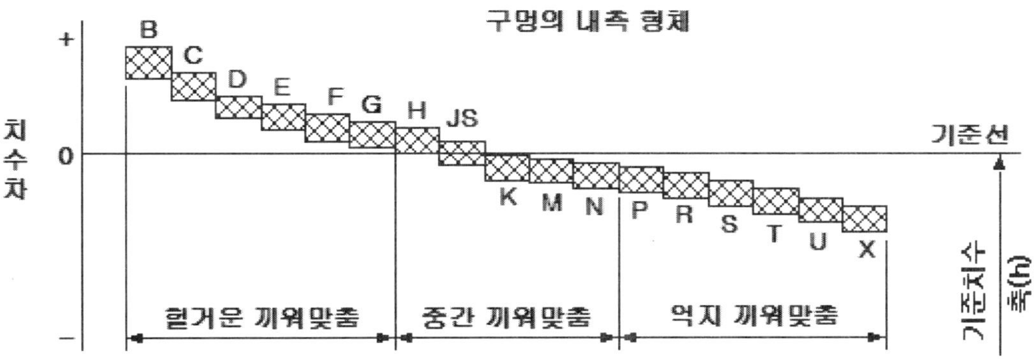

[Fig.2 축 기준 끼워 맞춤 (KS B 0401)]

1-3 기하 치수공차

(1) 개요

아무리 3각 도시법에 의한 부품의 제도적 표현과 치수기입, 주석, IT 일반 공차, 열처리의 표기 등을 잘하였다 하더라고 부품의 기하공차나 표면 거칠기를 적절하게 기입하지 않았다면 훌륭한 도면이라고 할 수가 없습니다. 이 장에서는 기하공차의 개념과 종류에 대한 이해와 데이텀, 기하공차의 표기방법 및 적용, 기하공차의 공차 값에 대해 배워봅니다.

(2) 기하 치수공차란

IT 일반 공차는 치수공차란 말이 있고, 기하공차는 형상공차라는 말이 있습니다. IT 일반 공차는 치수에 대한 공차를 두어 가공에 대한 규제를 하는 것에 비해, 기하공차는 정해진 공차 영역 안에서의 완벽한 형상과 위치를 가진 부품의 가공에 대한 규제를 말합니다. 이 기하공차는 부품 가공 시 치수 공차만으로 형의 틀림을 규제[하지 못하고 제품의 호환성에 문제가 있는 어려움이 있어 제품에 형상 및 위치공차를 부여하여 설계자의 의도를 보다 쉽고 명확하고 간결하게 전달하여 효율적인 생산이 가능하기 위해 사용합니다.

표시하는 내용		기호
공차붙이 형태	직접 표시하는 경우	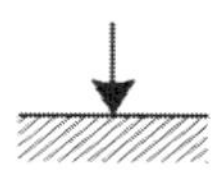
	문자기호에 의하여 표시하는 경우	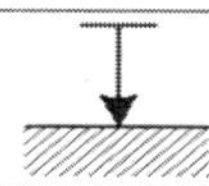
데 이 텀	직접 표시하는 경우	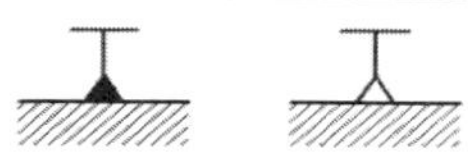
	문자기호에 의하여 표시하는 경우	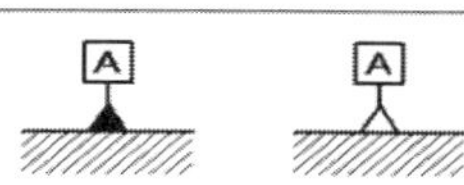

[Fig.3 기하 치수공차 작성 요령]

기하학 공차란 KS에 규제된 치수 공차만으로는 형상 및 위치에 대한 기하학적 특성을 규제 할 수가 없습니다. 이에 따라 부품이 요하는 기능 및 결합 조건에 맞는 형상 및 위치에 대한 기하학적 특성을 KS에 규제된 치수 공차와 아울러 규제하는 것을 말합니다.

일반적으로 치수공차가 기하공차도 규제한다고 혼동을 하고 있지만 사실은 치수 공차와 기하 공차는 서로 독립적으로 적용이 됩니다. 실제로 산업현장에서 치수 공차역 내에서 가공이 되었으나 기하공차의 누락으로 두 개의 부품이 조립 불가능하고 부품 결합에 애로가 많이 발생하는 경우도 있습니다. 이러한 문제점을 방지하기 위해 특정 면을 기준으로 위치도나 직각도에 의한 공차를 두어 규제함으로서 기능상 결합을 보증하는 방식으로 기하 공차가 널리 사용되고 있습니다.

(3) 기하 공차의 이점

① 간단명료한 공차의 표기법으로 설계자의 의도를 상대방에게 쉽게 전달 할 수가 있습니다.

② 결합 부품 상호간에 호환성을 주어 제품의 경제적이고 효율적인 생산이 가능하게 합니다.

③ 생산의 원가를 줄이고, 최대 제작 공차를 통하여 생산성을 향상 시킬 수 있습니다.

④ 값비싼 다량의 불량품을 방지하고 정밀한 기하학적 형상을 쉽게 얻을 수 있습니다.

⑤ 검사 방법이 용이해서 설계, 생산, 검사 로 이어지는 공정에서 일관된 해석이 가능합니다.

⑥ 기능 게이지를 적용하여 효율적으로 검사, 측정 이 가능합니다.

⑦ 도면의 안정성 및 통일성을 기해 일률적인 해석을 할 수 가 있습니다.

(4) 기하 공차의 용어

① 기준 치수 : 치수의 기준이 되는 치수. 형상의 정확한 이론적인 치수로서 공차가 없는 치수입니다. 도면상에 기준 치수를 나타낼 때는 "기준" 혹은 "BSC" 의 문자를 치수 아래에 기입 하던가 치수에 굵은 실선의 테두리를 둘러 표시합니다.

② 데이텀 (Datum) : 서로 관계되는 두 형체 중에서 기준이 되는 것을 말하며 상관관계가 없는 독립 형체에서는 사용하지 않습니다. 치수를 얻거나 다른 형체의 기하학적 형상 및 위치를 결정하는 이론적인 형태이며 점, 선, 면, 원통, 축심 등이 해당됩니다. 데이텀의 선정은 직사각형의 테두리 속에 알파벳의 대문자로 표시하며 필요에 따라 알파벳 순으로 선택합니다.

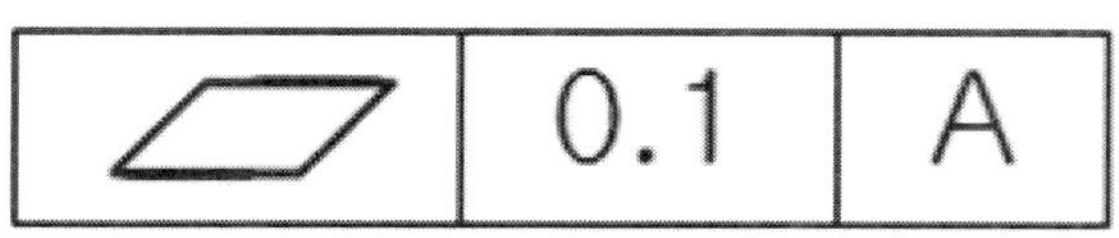

그림 설명: 데이텀 A 를 기준으로 평면부의 평면도가 기하공차 공차범위 0,1mm 이내로 제한하는 경우를 표현합니다.

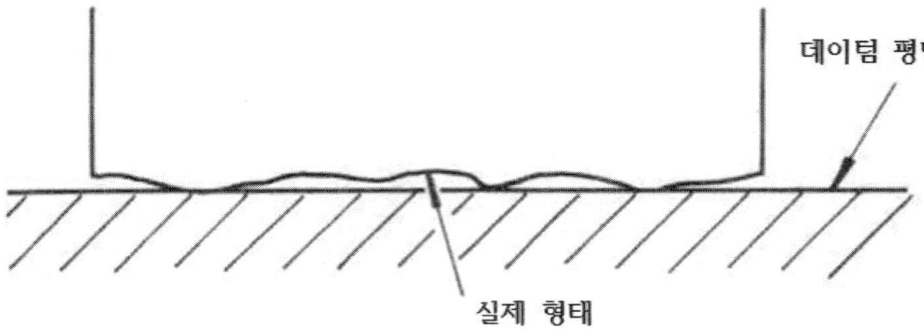

[Fig.4 기준면과 실제면 (데이텀)]

③ 최대 실체 조건 (MMC : Maximum Material Condition)

부품의 모양이 최대의 질량을 갖는 상태를 말하며 기호로는 Ⓜ 으로 표기를 합니다.

$\varnothing 30^{+0.03}_{-0.02}$ 인 경우 ⌀30.03인 상태를 말합니다.

④ 최소 실체조건 (LMC : Least Material Condition)

부품의 모양이 최소의 질량을 갖는 상태를 말하며 기호로는 Ⓛ 로 표시를 합니다.

$\varnothing 30^{+0.03}_{-0.02}$ 인 경우 ⌀29.98인 상태를 말합니다.

⑤ 형체 치수 무관계 (RFS : Regardless of Feature Size)

모양이 치수공차 내에 있든지 말든지 관계없이 물체의 위치나 형상이 엄수되어야 할 조건을 말하며 기호로는 Ⓢ 로 표기를 합니다.

⑥ 돌출 공차역 (PZT : Project Tolerance Zone)

핀이나 볼트 등이 삽입되는 구멍에 적용되는 공차역으로서, 결합 부품의 틈새와 관계되는 구멍의 직각도를 규제하는 것을 말하며 기호로는 Ⓟ로 표시합니다.

⑦ 실효치수 (VS : Virtual Size)

규제된 치수공차와 형상 위치 공차에 의하여 허용되는, 부품과 부품이 가장 억지스러운 상태로 결합되는 극한의 상태에 있는 치수를 말합니다.

⑧ 기하공차의 기준

실무현장에서의 기하공차 일반적 기준	
거친 급 공차	0.1 ~0.2 (100 ~ 200 μm 혹은 $\frac{1}{10}$~$\frac{2}{10}$)
일반 급 공차	0.03~ 0.05 (30 ~ 50 μm 혹은 $\frac{3}{100}$~$\frac{5}{100}$)
정밀 급 공차	0.01~ -0.02 (10 ~ 20 μm 혹은 $\frac{1}{100}$~$\frac{2}{100}$)
초정밀 급 공차	0.002 ~ 0.005 (1 ~ 2 μm 혹은 $\frac{2}{1,000}$~$\frac{5}{1,000}$)

[표.5 실무현장에서 기하공차의 일반적 기준]

○ 실무현장에서 기하공차의 일반적 기준에 의해서 도면을 판독하면 아래의 기계부품의 정밀도를 알 수 가 있습니다. 그리고 설계 시 실무현장의 기준에 의해 정밀도를 선택하여 정할 수 도 있습니다. 아래 제품의 도면, 하우징을 살펴보면 데이텀 B 면을 기준으로 원통도와 동축도, 원주 흔들림 공차를 중요시 함을 알 수 있습니다. 초정밀급 공차인 5 ~ 6 μm 의 공차를 두고, 상대적으로 위치도의 공차는 0.2mm의 거친급 가공을 위한 기하공차가 적용 됨을 알 수 가 있습니다.

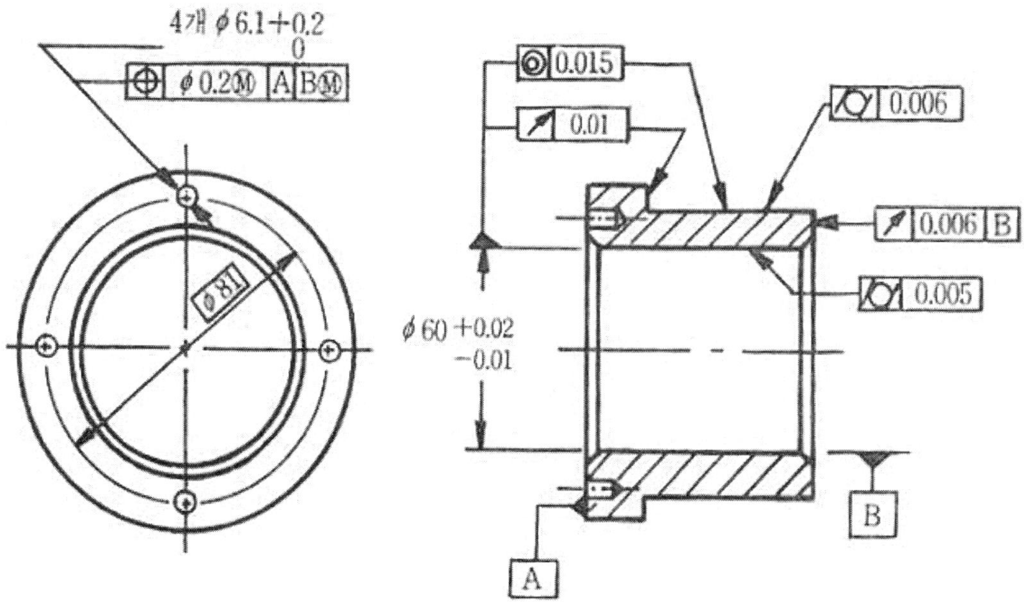

[Fig.5 기하공차 적용의 예]

(5) 기입 방법

① 맨 앞 칸에는 기하공차의 기호를 입력합니다.

② 두 번 째 칸은 기하공차 값/지정길이 (지정 넓이)의 값을 입력합니다.

③ 세 번 째 칸은 기준직선 (기준평면)의 부호를 입력합니다.

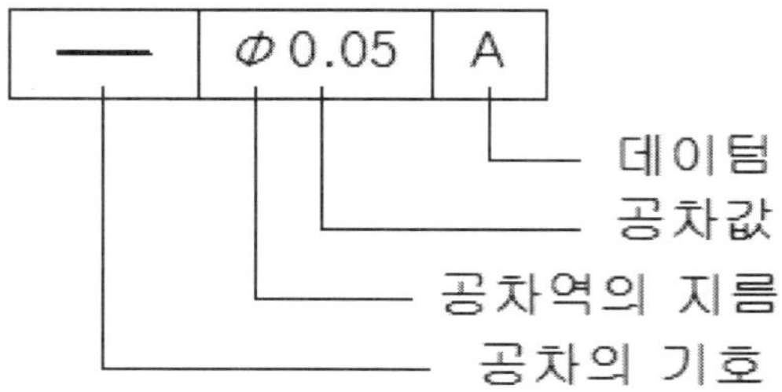

[Fig.6 기하공차 기입 방법]

기하공차 기호	기하공차 값/지정길이(지정넓이)	기준직선(기준평면)의 부호

[Fig.7 기하공차 기입의 예]

좌 측 직선부의 진직도가 기하공차 공차범위 0,02mm 이내로 제한하는 경우를 표현합니다.

우 측 평행도가 기준면 B에서 지정길이 100mm에 대하여 0.05mm 이내로 제한합니다.

(6) 기하학 공차의 종류

① 형상 특성 : 형상의 모양에 의해 구분을 하는 공차의 종류입니다.

진직도, 평면도, 진원도, 원통도, 선의 윤곽도, 면의 윤곽도 등이 있습니다.

② 위치 특성 : 형상의 자세(방향)에 관한, 위치, 진도에 의한 구분을 하는 공차 종류입니다.

평행도, 직각도, 경사도, 위치도, 동심도, 대칭도, 원주 흔들림, 온 흔들림 등이 있습니다.

적용하는 형체	구 분	기 호	공차의 종류
단독 형체	모양공차	⏤	진직도 공차
		⏥	평면도 공차
		○	진원도 공차
		⌭	원통도 공차
단독 형체 또는 관련 형체		⌒	선의 윤곽도 공차
		⌓	면의 윤곽도 공차
관련 형체	자세공차	//	평행도 공차
		⊥	직각도 공차
		∠	경사도 공차
	위치공차	⌖	위치도 공차
		◎	동축도 공차 또는 동심도 공차
		⌯	대칭도 공차
	흔들림공차	↗	원주 흔들림 공차
		⌰	온 흔들림 공차

[표.6 기하공차의 종류]

1-4 표면 거칠기

(1) 표면 거칠기의 정의

① 기계 가공된 표면에 절삭 공구의 날이나 연마된 숫돌의 입자 등에 의해 표면에 남게 되는 거칠기, 즉 높낮이 기복의 차를 표면 거칠기라고 합니다. 혹은 표면조도(表面粗度)라고도 하며 그 높낮이의 차이는 마이크로 (μ) 로 표기를 합니다.

② 거칠기의 정도를 나타내는 단위인 마이크로미터는 마이크로(10-6, 즉 $\frac{1}{1,000,000}$ 의 단위)라는 단위에 미터(1 x 103, 즉 1,000 mm)를 곱한 것입니다. 마이크로미터를 밀리미터(mm)로 환산을 하면 대개 $\frac{1}{1,000}$ mm 의 값을 가지게 됩니다.

③ 그래서 예를 들어 흔히들 50마이크로미터(μm) 혹은 50미크론 (μ) 이라고 호칭을 하는 경우 대개 $\frac{50}{1,000}$의 값을 가지므로 0.05mm 의 높낮이를 갖게 되는 것입니다.

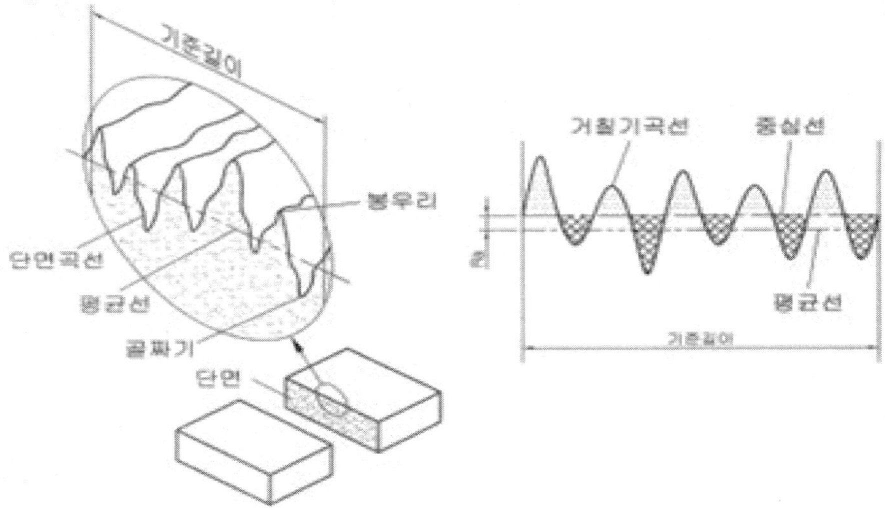

[Fig.8 표면 거칠기]

(2) 표면 거칠기의 종류

1999년에 측정기기가 아날로그 식에서 디지털식으로 변경되는 것을 계기로 표면 거칠기에 관한 ISO 468 표준 규격에 준거하여 KS 규격도 대폭 개정이 되었습니다. 이러한 개정에 따라 표면 거칠기의 종류도 6개로 확장이 되었고 명칭도 일부 변경이 되었습니다. 이 개정된 규격에 따르면 표면 거칠기 6 종은 다음과 같습니다.

① 최대 높이 거칠기 (Ry)

단면 곡선에서 기준길이 L(mm)를 채취하여 그 부분의 가장 높은 산봉우리와 가장 낮은 골 사이의 높이를 마이크로 (μ) 단위로 나타낸 것을 말합니다.

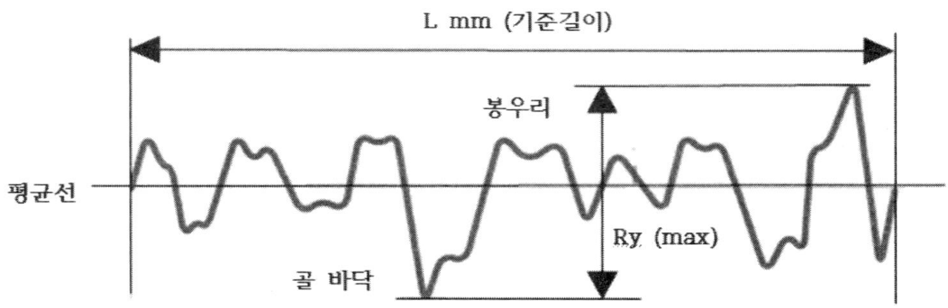

[Fig.9 최대 높이 거칠기]

② 산술 평균 거칠기 (Ra)

거칠기 곡선에서 평균선 방향으로 기준길이 L 만큼의 방향을 X축으로 합니다. 그리고 높이 방향을 Y 축으로 하여 거칠기 곡선을 함수 Y=f(x) 로 표현 하여 구해지는 값을 말합니다.

즉 Ra = $\frac{1}{L}\int_0^L |f(x)|dx$ 로 표현할 수 가 있습니다.

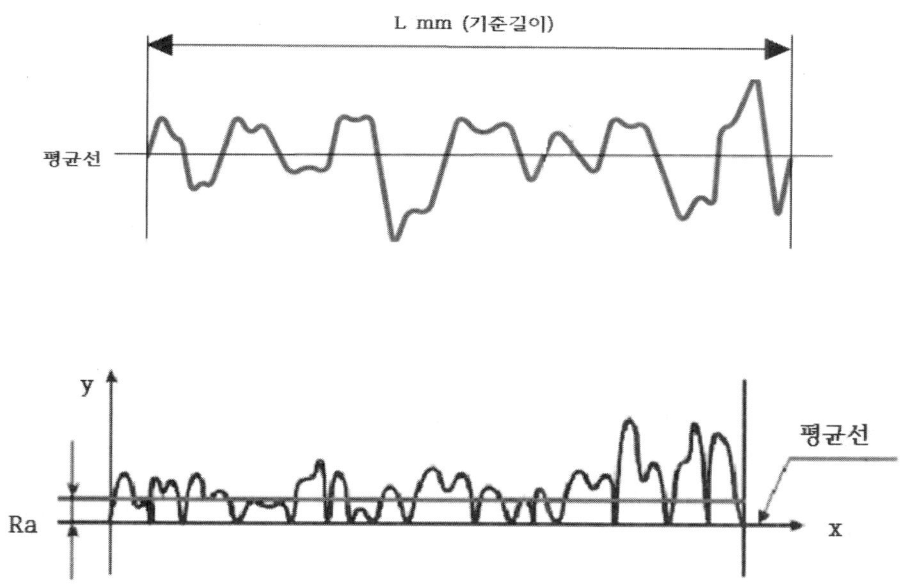

[Fig.10 산술 평균 거칠기]

③ 10점 평균 거칠기 (Rz)

거칠기 곡선에서 평균선 방향으로 기준길이 L 만큼의 방향을 X축으로 합니다. 그리고 높이 방향을 Y 축으로 하여 거칠기 곡선을 가장 높은 산봉우리 5번 째 까지의 높이 평균값과 가장 낮은 골 바닥에서 5 번 째 까지의 평균값의 합을 구해 마이크로 (μ) 단위로 나타낸 것을 말합니다.

즉 Rz = $\frac{(P1+P2+P3+P4+P5)+(V1+V2+V3+V4+V5)}{5}$ 로 표현이 가능합니다.

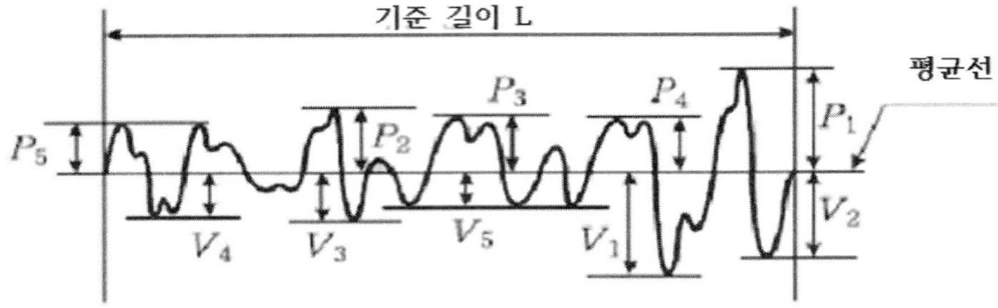

[Fig.11 10점 평균 거칠기]

④ 요철 평균 간격 (Sm)

하나의 산이나 골이 평균선과 교차하는 점에서 이웃하는 산이나 골의 대응점까지 거리의 합을 산술 평균한 값을 mm 단위로 나타낸 것을 말합니다.

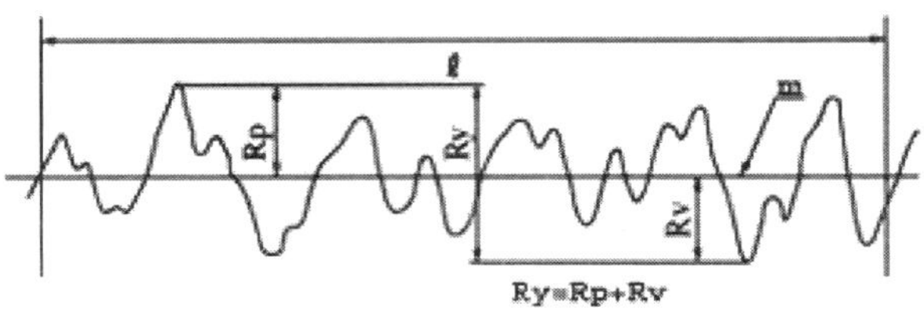

[Fig.12 요철 평균 간격]

⑤ 국부 산봉우리 평균 간격 (S)

서로 이웃하는 국부 산봉우리 사이의 수평거리의 합을 산술 평균한 값을 mm 단위로 나타낸 것을 말합니다.

⑥ 부하길이 율 (tp)

거칠기 곡선의 산봉우리를 평균선과 평행한 특정 높이로 잘라냈을 때, 모든 절단면의 길이의 합을 기준 길이에 대한 백분율(%)로 나타낸 것입니다.

(3) 다듬질 기호

다듬질 기호는 표면의 가공 정도를 식별을 용이하게 함으로써 제품 검사 및 생산성 향상을 위해 단순한 기호로 나타낸 것입니다. 다듬질 기호는 삼각기호 (▽)와 파형기호 (~) 로 구분이 되며 삼각기호 (▽)는 표면에 다듬질 가공을 하는 것을 나타내고, 파형기호 (~) 는 표면을 가공하지 않는 것을 나타내는 것입니다. 다듬질 기호의 모양은 아래와 같습니다.

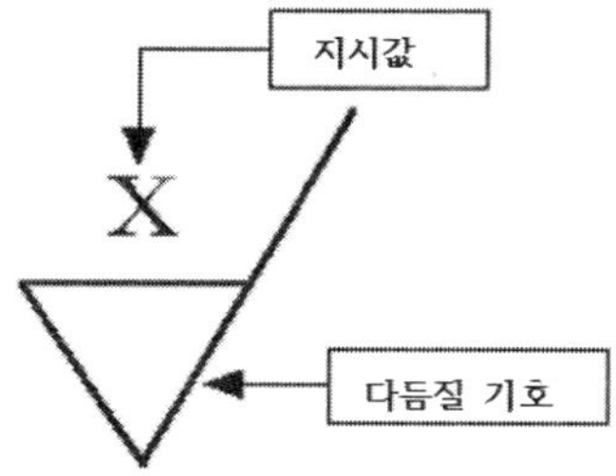

[Fig.13 다듬질 기호]

다듬질 기호의 종류별 정도 표시를 살펴보면 다듬질 기호가 많을수록 그 가공 정도는 높아지고 고급 다듬질이 됨을 알 수 가 있습니다. (~, ▽, ▽▽, ▽▽▽, ▽▽▽▽) S는 Surface Symbol의 약자로 표면처리의 상태를 말하며 혹은 표면조도 (表面粗度)라고도 하며 마이크로미터(μm)로 취급합니다. 마이크로미터는 1 x 103, 즉 1,000 mm를 곱한 것으로 대개 $\frac{1}{1,000}$ mm 의 값을 가지게 됩니다.

기호	정도	다듬질 가공 적용의 예
~	140S ~ 560S	표면을 가공하지 않는 면. 가공정도가 사실상 의미없음.
▽	35S ~ 100S	줄, 그라인더에 의한 가공 (황삭). 흔적이 남을 정도
▽▽	12.5S ~ 25S	일반 공작 기계(선삭)을 마쳤을 때의 가공 정도
▽▽▽	1.6S ~ 6.3S	연마, 정밀 그라인딩 등 그 흔적이 남지않을 평활한 면
▽▽▽▽	0.1S ~ 0.8S	래핑, 버핑, 슈퍼피니싱의 가공, 광택이 날 정도의 가공

[표.7 다듬질 기호]

일반적으로 공작기계에서 가공된 표면 거칠기 정도는 12.5S ~ 25S의 범위를 가진 (▽▽) 가공입니다. 도면 설계 시 중 다듬질인 표면거칠기 x 와 다듬질 기호 (▽▽) 가 가공의 기본이 될 수 있습니다. 그 가공 정도를 기준으로 해서 접촉이나 운동부위, 그리고 끼워 맞춤을 요하는 곳에는 상다듬질, 유밀, 수밀, 기밀을 요하는 폴리싱(Polishing) 개념의 정밀 가공은 정밀 다듬질 그리고 줄이나 거친 가공은 거친 다듬질로 정하여 도면을 설계

할 때 참고로 정하면 됩니다. 실무 현장에서 표면 거칠기와 다듬질 기호에 관한 내용을 상호 비교해서 적용해 보면 뒷 장의 그림과 같습니다.

표면 거칠기 / 다듬질 기호

명 칭	기호	거칠기 정도 (R_a)	적 용	종래의 기호	
-	◇/	-	▶ 절삭가공 등 가공을 하지 않은 표면 ▶ 주물의 표면	～	주물 모래 표면
거친다듬질	w/▽	약 25 ~ 100 µm	▶ 일반 절식가공만하고 끼워맞춤이 없는 표면 ▶ 드릴구멍, 선삭가공부 등	▽	줄, 거친 가공
중다듬질	x/▽	약 6.3 ~ 25 µm	▶ 끼워맞춤만 있고 상대운동은 없는 표면 ▶ 커버와 몸체의 끼워맞춤부, 키홈, 축과 회전체의 결합부 등	▽▽	가공의 기본 - 접촉없음 (선반,밀링,드릴)
상다듬질	y/▽	약 0.8 ~ 6.3 µm	▶ 끼워맞춤이 있고 상대운동이 있는 표면 ▶ 베어링, 씰 등 정밀 축 기계요소 등이 끼워지는 표면, 정밀가공이 요구되는 표면 ▶ 연삭 가공	▽▽▽	접촉+운동+끼워맞춤
정밀다듬질	z/▽	약 0.1 ~ 0.8 µm	▶ 대단히 매끄러운 표면을 의미함 ▶ 게이지류, 피스톤, 실린더 표면 등 ▶ 호닝 등 정밀입자가공	▽▽▽▽	유밀, 수밀, 기밀을 요함 (Polishing 의 개념)

[Fig.14 다듬질 기호와 거칠기 정도]

거친 다듬질은 단조품이나 일부 소재 표면가공 그리고 드릴 등의 가장 일반적인 절삭가공에만 사용하고 끼워 맞춤이 필요가 없는 표면에 적용이 됩니다. 중 다듬질은 컵와 몸체 끼워맞춤, 키홈, 축 회전체의 결합부에 주로 이용이 되고, 상다듬질은 베어링 조립부위, 밀봉을 요하는 씰(Seal), 정밀 축 기계요소 와 정밀 가공이 요구되는 연삭가공에 적용이 됩니다. 마지막으로 정밀 다듬질은 대단히 매끄러운 표면, 게이지류 정도의 정밀도를 요하는 가공부위, 피스톤, 실린더 표면 등에 적용이 되며 가공은 호닝, 슈퍼 피니싱, 폴리싱 등 정밀 입자 가공이 필요한 부분입니다.

그리고 가급적이면 중다듬질부터 상다듬질까지의 표면 거칠기의 정도는 익혀놓는 것이 좋고, 그 내용에 상응하는 표면 거칠기 기호나 다듬질 기호를 같이 배워두는 것이 좋습니다.

참고로 각 기계 장치 별 가공이 가능한 표면 정도나 다듬질 기호에 맞는 가공정도를 살펴 보겠습니다. 도면을 그리거나 해독을 할 때 표면 거칠기 기호나 다듬질 기호가 가지는 의미를 잘 파악하여 가장 정확한 적용을 하여 원가 절감과 제품 성능 향상에 적용을 하여야 하겠습니다.

단위 : 마이크로미터(μm)

표면 거칠기의 표시	0.1-S	0.2-S	0.4-S	0.8-S	1.5-S	3-S	6-S
범위(μ)	0.1이하	0.2이하	0.4이하	0.8이하	1.5이하	3이하	6이하
삼각기호	▽▽▽▽				▽▽▽		
가공기계	버어니싱, 슈퍼피니싱, 버핑, 랩핑,호오닝, 액체호닝, 사포다듬질, 정밀연삭				정밀보오링, 정밀밀링, 선삭, 정밀 리이머가공, 정밀 브로우치절삭		

표면 거칠기의 표시	12-S	18-S	25-S	35-S	50-S	70-S	100-S
범위(μ)	0.1이하	0.2이하	0.4이하	35이하	50이하	70이하	100이하
삼각기호	▽▽			▽			
	정면커터, 플레이너, 세이퍼, 밀링, 보오링, 브로우치, 거친연삭			거친정면커터, 플레이너절삭, 세이퍼절삭, 밀링절삭, 보오링, 드릴링			

표면 거칠기의 표시	140-S	200-S	280-S	400-S	560-S
범위(μ)	140이하	200이하	280이하	400이하	560이하
삼각기호	~				
	주물, 모래표면, 단조, 다이캐스팅, 압연, 인발, 압출, 전도 등의 면				

[표.8 표면 거칠기의 표시]

(4) 다듬질 기호 기입법

① 다듬질 기호를 도면에 기입할 때는 부품의 전체면에 기입합니다.

② 부품 전체를 동일하게 가공할 때는 부품번호옆에 기입하고 다듬면에는 기입하지 않습니다.

③ 전체 기입과 달리 특정부위의 다듬정도가 다를 때는 괄호를 해서 별도 표기를 합니다.

[Fig.15 다듬질 기호 기입 예]

④ 홈 또는 좁은 구멍에 기호를 기입할 때는 치수선의 연장선에 기입을 합니다.

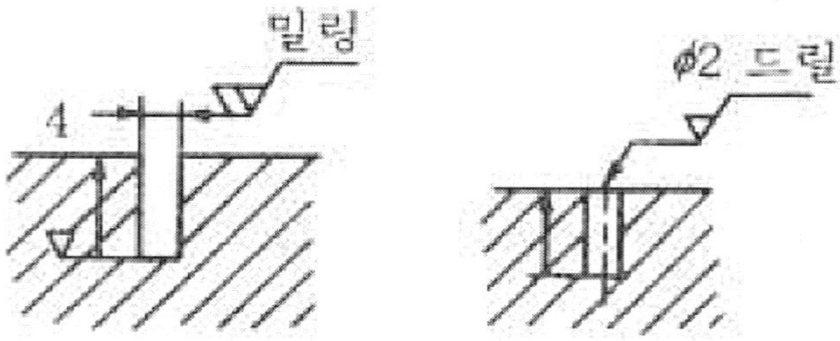

[Fig.16 다듬질 기호 기입 예]

⑤ 주물면이나 그밖의 단조, 압연, 인발 등 소재 가공의 면에는 파형기호(~)를 기입 합니다.

⑥ 단면 가공에서 절단면의 다듬질 기호 기입은 절단면의 외형선에 기입을 합니다.

⑦ 일면 기입의 원칙: 각면의 다듬질 정도가 동일 할 때는 한 면만 기입을 합니다.

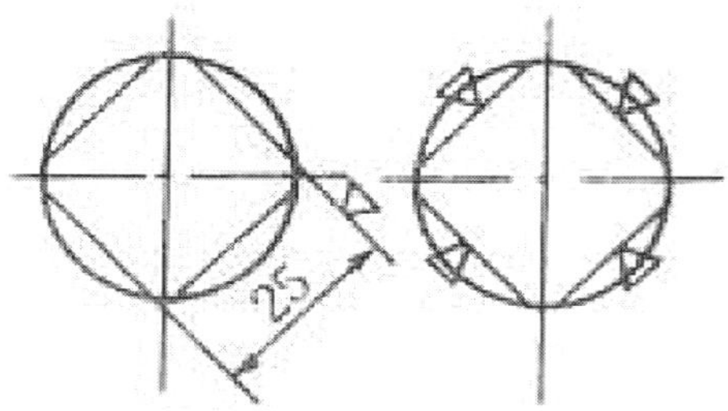

[Fig.17 다듬질 기호 기입 예]

제 3 장

오토캐드 시작하기

이 장에서는 오토캐드 시작에 대한 내용과 환경설정의 방법, 단축키, 레이어 등에 대한 지식과 기초개념을 익혀 봅니다.

학습 목표

AutoCAD와 그 S/W을 이용한 기계 설계 제도에 관한 전반적인 지식을 습득합니다.

학습 개요

전산설계의 개념과 AutoCAD의 소개, 템플릿의 초기화면 구성 등 프로그램에 대한 전반적인 개념을 익혀 실무에 적용해 봅니다.

일반 목표

AutoCAD와 그 S/W을 이용한 기계 설계 제도에 관한 전반적인 지식을 습득합니다.

세부 목표

AutoCAD 초기화면의 탬플릿 선택, 명령어의 구분과 입력, 옵션에 따른 환경설정과 영역 한계의 설정과 도첨층의 개념을 배우게 됩니다. 그 외 도면 설계 표기를 위한 선의 굵기 및 색상을 설정하고 좌표와 차원, 파일의 생성과 종료에 대해 배웁니다.

제 3 장
오토캐드 시작하기

1 AutoCAD

1-1 전산설계(CAD)의 개념

산설계, 캐드란 (CAD: Computer Aided Design 혹은 Computer Aided Drafting) 컴퓨터를 이용하여 기계 설계나 디자인을 하는 시스템을 말합니다. 통칭 넓은 의미에서의 "컴퓨터를 이용한 설계" 또는 좁은 의미의 "컴퓨터를 이용한 제도" 라고도 불려 집니다.

이 번 장에서는 컴퓨터를 이용하여 설계하는 기법을 배우기 위해 미국의 오토데스크 (Autodesk) 사에서 출시된 오토캐드 (AutoCAD)의 기능과 시스템의 필요성을 배웁니다.

CAD를 이용하게 되면 도면 작성과 설계 도면의 작성과 수정, 분석에 탁월한 효과를 볼 수 있습니다. 그리고 생성된 데이터의 DB 구축이 가능하고 생산성의 향상, 자료의 표준화, 품질의 향상, 협업이 가능하며 원가 절감과 이로 인한 신뢰성 향상에 경쟁력을 강화할 수 있습니다. 그러나 결국은 도면을 설계하거나 관리를 하는 것은 사람이므로 기계 제도에 관한 지식을 먼저 습득을 하여 표현하는 능력을 키워야 합니다. 다만 설계 시 컴퓨터를 이용하여 좀 더 쉽고 편리하게 수정과 편집이 가능하게 하여 능률적인 작업을 도와주는 보조 도구로서의 역할로 인식을 하는 것이 바람직합니다.

수많이 출판이 되어있는 AutoCAD 관련 교재에서 볼 수 있듯이 전산설계를 위해 AutoCAD라는 소프트웨어는 거의 완벽하며 수많은 명령어들로 구성이 되어 있습니다. 그리고 모든 교재에서 프로그램의 설치 단계에서부터 시스템의 사양, 제품 등록 및 명령어 설명 등의 정보를 담고 있어 너무 자료가 방대한 장점이자 단점이 있습니다. 본 교재는 기존의 대부분 교재에서 채택하는 사전식으로 나열된 AutoCAD의 정보 제공 방식에서 탈피하여, 현업에서 실무자나 CAD를 처음 접하는 분들께서 꼭 필요하고 유용한 명령어 우선 학습 방식을 택하였습니다.

이로 인해 창의적 아이디어를 컴퓨터를 활용하여 체계적으로 도면으로 표현할 수 있는 기본적인 설계 능력을 갖추게 되도록 하였습니다. CAD 의 이용 분야를 살펴보면, 가장 대표적인 자동차 나 항공기, 내연기관 등의 기계 설계 분야나 건축 토목 설계분야, 반도체나 전자 설계 분야, 금형 설계 분야, 지도나 지형 등의 지리 설계분야, 의류 디자인이나 홈 인테리어 분야, 군사 과학 분야 등 여러 장르에서 이용이 되고 있습니다. Autodesk 사의 오토캐드는 설계 시간을 단축하고 보다 우수한 제품을 신속하게 시장에 출시하여 경쟁력을 유지해야 하는 기계 설계자 및 엔지니어를 위한 Adaptive Technology와 같은 최신의 기술을 모태로 사용자의 설계 편의성을 최대한으로 고려한 기계 설계 전용 솔루션입니다.

참고로 컴퓨터를 이용한 설계와 연관된 Tool이나 용어들을 살펴보면 다음과 같습니다.

○ CAM (Computer Aided Manufacturing)

컴퓨터를 이용한 제작과 관련된 생산계획, 제품 생산 등 관련 일련의 작업을 말합니다.

○ CAE (Computer Aided Engineering)

컴퓨터를 이용한 구조해석 등 엔지니어링 부분 등 설계에 대한 해석 및 분석을 말합니다.

○ CAP (Computer Aided Planning)

컴퓨터를 이용한 계획 등, NC 가공과 관련된 정보, 생산 검사를 위한 계획 등을 말합니다.

○ CAT (Computer Aided Testing)

컴퓨터를 이용한 제조공정에서의 검사 자동화를 말합니다.

○ FA (Factory Automation)

컴퓨터에 의한 공장 자동화, 생산 시스템, 공장 무인화를 구축 실현하는 것을 말합니다.

1-2 AutoCAD 소개

AutoCAD는 1982년 12월 Version 1.0 (Release 1)이 미국 라스베가스 CDMAX Show에서 첫 선을 보였습니다. 그 후 1997년 6월까지 계속해서 버전이 업그레이드 되면서 Window 95 & NT version, 작업속도의 향상, Auto Snap 기능을 추가한 Release 14 버전이 출시가 되었습니다. 2000년대에 들어서면서 작업과정을 보다 효율적으로 수행할 수 있는 지능형 설계 환경을 제공하면서 파일 및 객체 처리 기능의 향상을 도모하고, AutoCAD Design center 기능 제공과 멀티 테스킹 환경을 제공하는 AutoCAD 2000이 출시되었고 현재 버전 2015 까지 발표가 되고 있습니다.

○ AutoCAD는 1982년 처음 출시 이후 30년 이상 고객의 디자인 프로세스 효율성 극대화에 중점을 두고 있습니다. 전 세계 수많은 사용자를 보유하고 있는 AutoCAD는 세계 최고의 디자인 및 문서화 소프트웨어 솔루션 중 하나입니다. 견고한 3D 프리폼 디자인 도구부터 강력한 제도 및 문서화 기능까지 모두 갖추고 있는 AutoCAD는 계속해서 디자인 기술 혁신을 주도해 나가고 있습니다.

(1) 빠른 도면화

AutoCAD의 강력한 도면화 도구를 사용해 컨셉부터 완료까지 프로젝트 속도를 단축시킬 수 있습니다. 자동화, 관리 및 편집 도구로 반복적 작업을 최소화해 작업 속도를 높이고, 프로젝트 규모나 범위에 상관 없이 AutoCAD로 문제를 해결할 수 있습니다. AutoCAD는 30년간 도면화를 주도하며 혁신시키고 있습니다.

(2) 협업 커뮤니케이션

AutoCAD는 원활한 의사소통을 보장합니다. 중대한 디자인 데이터를 공유할 때 안전성, 효율성, 정확성을 보장합니다. 가종 폭넓게 사용되고 있는 디자인 데이터 형식 DWG TM를 지원하기 때문에 언제나 모두가 의사결정에 참여할 수 있습니다. 프리젠테이션급 그래픽, 렌더링 도구, 최고의 플로팅 기능을 이용해 아이디어를 발전시킬 수 있습니다. 또한 최신의 클라우드 서비스를 통하여 언제 어디서든 도면 검토와 협업이 가능합니다.

(3) 아이디어 탐구

AutoCAD는 거의 모든 형태로 아이디어를 탐구하도록 지원합니다. 상상 속의 아이디어를 AutoCAD를 이용하여 실제 형태화하고 구현할 수 있습니다. AutoCAD는 컨셉을 실현할 수 있는 직관적인 도구를 바탕으로 2D와 3D에서 모두 디자인 아이디어를 탐구할 수 있는 유연성을 보장합니다.

(4) 사용자화

전혀 가능할 거라 생각하지 못한 혁신적 방식으로 AutoCAD를 사용자 정의 및 구성할 수 있습니다. 작업은 매번 다르기 마련이며, 소프트웨어도 이런 다양성을 반영해야 합니다. 고유한 요건에 맞게 AutoCAD를 손쉽게 사용자 정의할 수 있습니다. AutoCAD는 설정 구성, 소프트웨어 확장, 사용자 정의 워크플로우 구축, 고유한 응용프로그램 개발, 기존 응용프로그램 활용 등 다양한 혜택을 제공합니다. 혹자는 유연성과 성능 중 어느 한 쪽을 택해야 한다고 생각하겠지만, AutoCAD는 모두 보장합니다.

1-3 시스템의 구성

■ 본체 : CPU (프로세스), RAM(주 기억장치), Video Card (그래픽 카드)

■ 입력장치 : 마우스, 디지타이저, 스타일러스펜, 도면 스캐너, 벡터라이징 프로그램

■ 출력장치 : 플로터, 프린터, 모니터, 파일 (dwg, jpg, dxf, iges, stl, pdf)

■ 장치 고려사항 : 그래픽 카드 > RAM > CPU 순으로 시스템을 준비하기를 바랍니다.

[Fig.1 본체의 주요 부품]

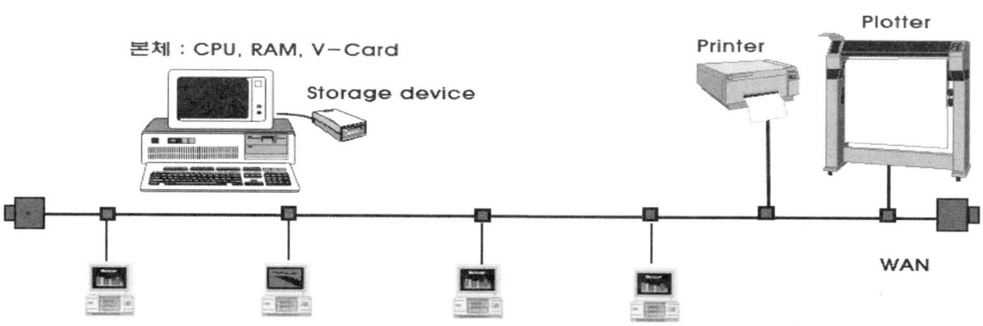

[Fig.2 시스템의 구성]

1-4 AutoCAD의 시작

(1) 프로그램의 실행

① 시작 ▻ 모든 프로그램 ▻ Autodesk ▻ Autodesk Inventor 2013

▻ Autodesk Inventor 2013 한국어 (Korean) ▻ 클릭 (Click)

② 혹은 바탕화면의 인벤터 아이콘을 2 클릭 (Click)하여 프로그램을 실행 시킵니다.

[Fig.3 프로그램의 실행]

1-5 초기화면

(1) 템플릿의 선택

프로그램이 실행이 되면 다음과 같은 작업을 할 도면 템플릿이 첫 화면에 나타납니다. 이 들의 초기 화면은 작업을 하고자 하는 파일의 기본값을 설정하는 인터페이스입니다. 새로운 파일을 작성하기 위해 작업 도면 파일에 대한 유형으로 도면 템플릿이 있고 여러 가지 파일 중 하나를 선택할 수 있습니다. (dwt, dwg, dws)

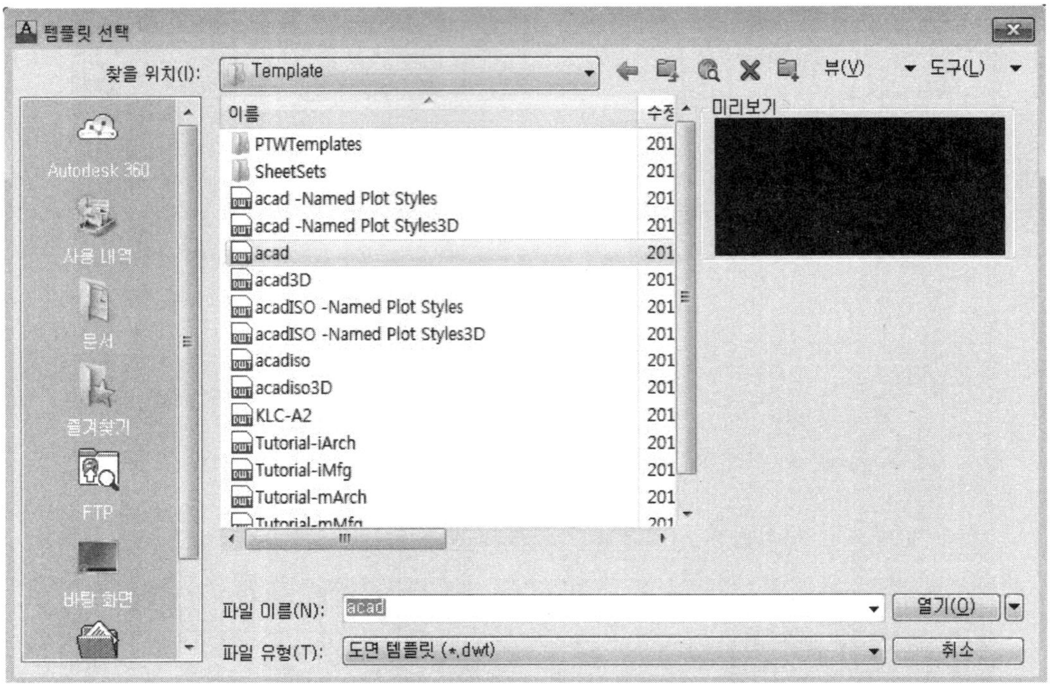

[Fig.4 템플릿의 선택]

① dwt (Drawing Template) : 도면 템플릿 파일의 확장자. 일정한 도면 틀을 설정한 파일.

② dwg (Drawing) : AutoCAD 의 대표적인 파일 확장자. 저장의 기본값.

③ dws (Drawing Standard) : 도면을 관리할 때 사용하는 파일 형식. 도면 작성의 기준이 되는 특성을 부여하고 그 특성에 맞게 되었는지 확인하는 파일 형식.

■ 초기 화면의 기본값 설정을 위한 인터페이스는 도면 템플릿 (dwt)형식의 대표 acad 파일을 열어 도면의 작성을 시작합니다. 작업이 완료되면 필요에 따라 원하는 용도에

맞는 확장자로 저장을 하면 됩니다. 기본적으로 오토캐드 (AutoCAD)에서의 기본 확장자는 dwg 파일입니다.

(2) 메뉴의 설명

프로그램이 실행이 되면 다음과 같은 작업을 할 도면 템플릿이 첫 화면에 나타납니다. 이 들의 주요 구성은 아래 그림처럼 배치가 되어 있습니다.

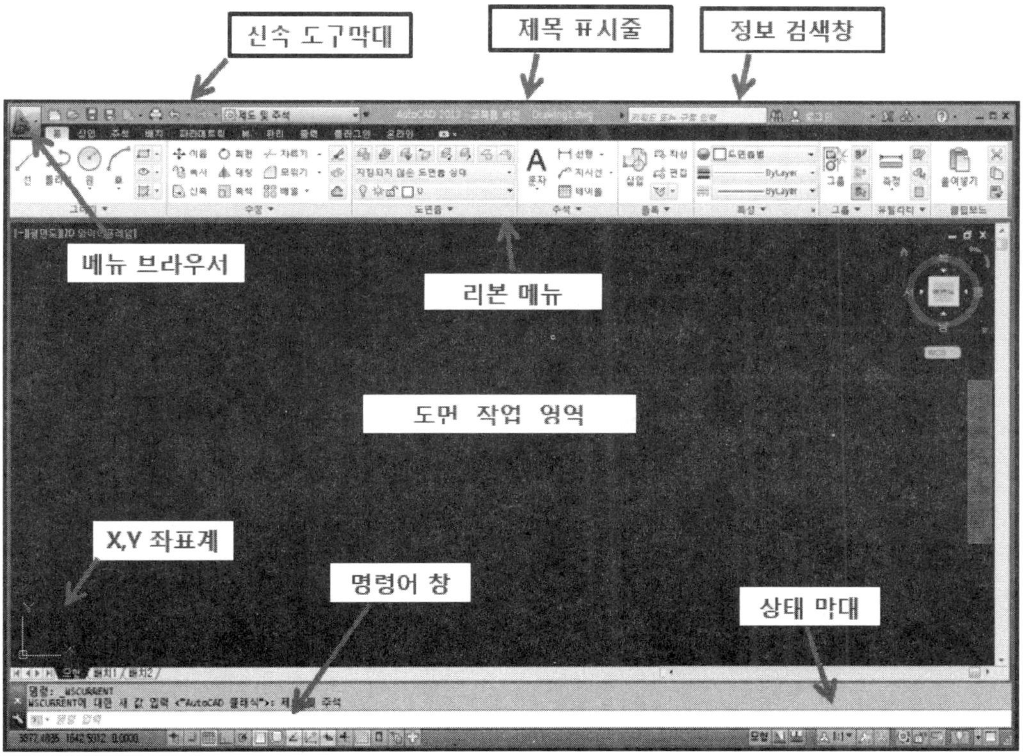

[Fig.5 AutoCAD 초기 화면]

① 제목 표시줄 : 현재 사용하는 프로그램과 버전 및 확장자의 이름 표시

② 정보 검색창 : 원하는 정보를 신속히 검색하고 찾을 수 있는 검색 창

③ 신속 도구 막대 : 기본으로 사용하는 표준 도구 막대

④ 메뉴 브라우저 : 기본 메뉴와 하위 메뉴가 들어있는 브라우저 막대

⑤ 리본 메뉴 : 도면 작성에 필요한 각종 명령어나 도구 등을 모아 놓은 곳

⑥ X,Y 좌표계 : 2D에서 현재 그리기 위치 상태를 표시

⑦ 명령어 창 : 작업하고자 하는 명령어를 영문으로 입력 (중요, 영문인지 꼭 확인)

⑧ 상태 막대 : 현재 그리기 상태를 표시

⑨ 도면 영역 작업 : 현재 도면을 작성 할 수 있는 작업 공간

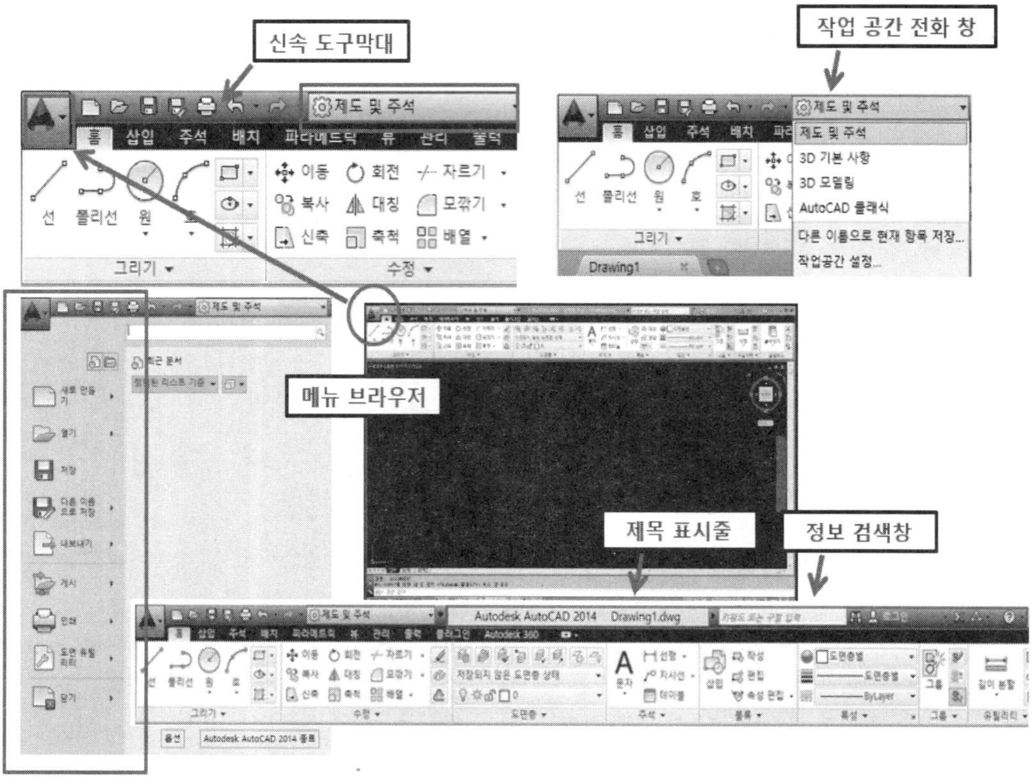

[Fig.6 AutoCAD 초기 화면 드롭 메뉴]

① 화면의 상단 : 많이 사용하는 프로그램의 기본 부분이 주로 배치되어 있으며 표준 도구나 풀 다운메뉴, 특성 도구 모음 등 자주 사용하는 메뉴들로 배치되고 구성되어 있습니다.

② 화면의 중앙 : 도면을 그리는 영역으로 도면의 크기 조정과 바탕색은 사용자의 기호에 따라 변경이 가능합니다. (도구→ 옵션→ 화면 표시→ 색상 / 혹은 단축 명령어 op 입니다)

③ 화면의 좌, 우 : 도구 막대 (tool bar)는 일반적으로 화면의 좌, 우측에 배치하나 버전 2010 부터는 리본메뉴가 도입이 되어 화면의 잠식이 없이 작업을 할 수가 있게 되었습니다.

④ 화면의 하단 : 명령어의 입력과 현재 커서의 위치 등 도면 작성의 현 상태를 나타내 주는 곳이며 명령어 는 반드시 영문으로 입력을 해야 합니다.

■ 많은 경우 키보드기 한글로 입력이 되어있어 명령이 실행되지 않는 경우가 많습니다. 명령어를 실행 할 때는 반드시 영문인지 확인을 하고 입력을 해야 합니다.

1-6 명령어

(1) 명령어의 구분

도면 작업 시 반드시 필요한 어떤 기능을 수행하기 위한 구동장치입니다. 입력의 방법은 마우스를 이용한 직접 입력법과 키보드를 이용한 단축 키이의 사용 등으로 입력이 가능합니다.

사용자와 컴퓨터와의 약속된 동작입니다. 진행 중인 작업을 종료없이 새로운 명령입력이 불가능합니다. 명령의 구성은 구동 명령, 명령의 옵션, 보조기능 등으로 세분화 됩니다.

① 구동 명령 : 주 명령어(Primary Command) line, circle, erase, move, mirror, text 등

② 명령 옵션 : 부 명령어 (Auxiliary Command) 원(circle) 경우 → ttr, 3P, 2P, Diameter

③ 보조 기능 : Object snap, Grid, Orthogonal, Zoom 등 직접적인 명령어와 관계 없음.

(2) 명령어 입력 방법

① 마우스를 이용한 방법

1 번의 Pick Button (선택버튼)을 사용합니다. 이것은 명령과 객체의 선택 시 사용됩니다.

2 번의 마우스는 명령의 수행과 종료, 명령 수행 도중 다음 옵션으로 넘어 갈 경우 사용

키보드상의 Enter, Space Bar와 동일하므로 사용자가 편리한 방법으로 사용하면 됩니다.

3 번의 휠 마우스는 화면의 크기를 조절합니다. (Zoom In과 Out, Panning에 사용됩니다)

윈도우 작성 시 좌(상)에서 우(하)로 이동 선택은 화면 내 형상만 선택합니다. 반면 반대인 우(하)에서좌(상)으로 이동하는 선택은 화면에 접촉되는 형상 모두 선택이 됩니다.

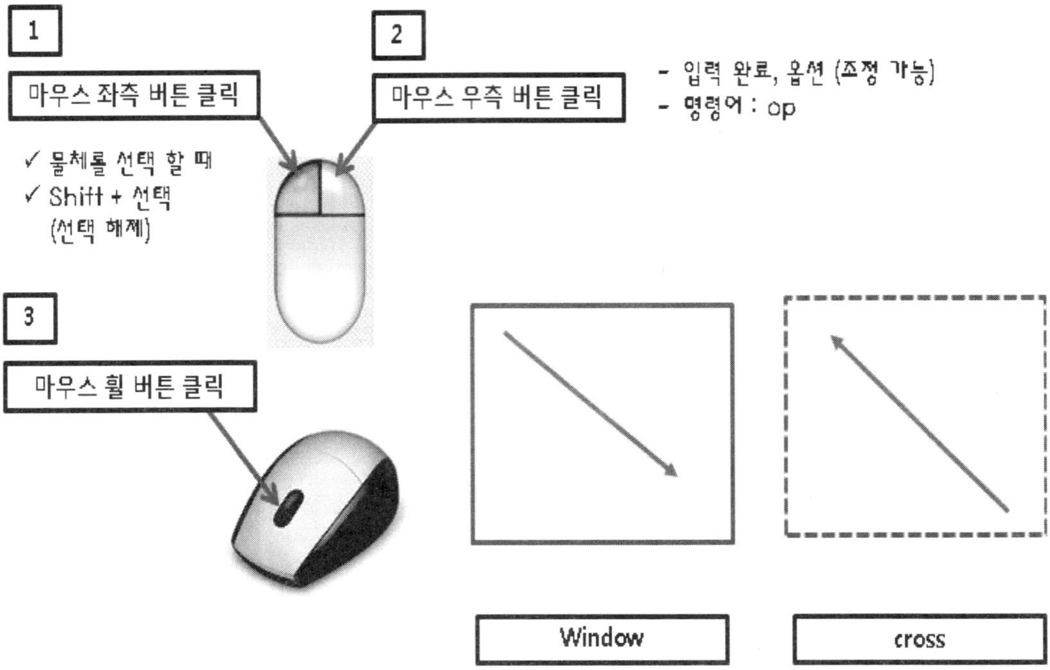

[Fig.7 마우스의 기능]

도면의 초점 이동(Panning) 마우스 휠을 누른 채 이동. 이동(Move) 의 역할과 동일합니다.

실시간 줌(Zoom) 모형의 확대와 축소. 아래는 줌의 확대, 위는 춤의 축소

② 키보드 입력

사용자가 AutoCAD 명령을 직접 입력할 수 있는 곳으로 항상 프롬프트 (Command 창)를 보여줍니다. 명령이나 명령의 옵션, 수행 흐름, Error Message 등을 보여주는 곳입니다.

그리고 단축 키를 통해서 쉽고 빠르게 보조 명령어를 실행 할 수 있습니다. 대표적인 것으로 F1 도움말, F3 객체스냅 (OSNAP), F7 모눈(GRID), F8 직각 그리기 (ORTHO), F9 모눈 간격 (SNAP) 등이 있습니다.

F1.................................... 도움말

F2.................................... 문자 윈도우 (420 Line)

F3.................................... 객체 스냅(OSNAP)의 ON/OFF Toggle

F7.................................... Grid ON/OFF Toggle

F8.................................... 직교(ORTHO)의 ON/OFF Toggle

F9.................................... SNAP 커서의 움직이는 거리 폭 조정

F10.................................. 극좌표(Polar)의 ON/OFF(Setting에서 45°에 놓는다)

[Fig.8 키보드의 단축키]

③ 단축 키 입력

키보드에 의한 명령어 입력 중에서 단축 키에 대한 여러 가지의 내용이 있습니다. 주요 단축 키의 내역은 아래의 그림과 같습니다.

A. 도면 명령키

Zoom (확대, 축소), Limits (도면범위), Pan (미세 이동), Ortho (직교 좌표), Osnap (객체스냅), Dist (거리), Area (면적), Savetime (자동 저장)

B. 작도 명령키

Line (선 그리기), Arc (호그리기), Circle (원 그리기), Pline (폴리선), Pedit (폴리선 편집), Ellipse (타원 그리기), Donut (도우넛 그리기), Rectang (사각형 그리기), Linetype (선 종류), Ltscale (선 종류)

❖ 키보드에 의한 명령어 입력

단축키 (보충 자료)

1. 도면 명령키

ZOOM (줌)................................(Z)..도면이 화면에 보여지는 크기조절
LIMITS(한계)..................................작업범위를 정한다.
PAN (초점 이동).........................(P)..도면을 상하좌우로 움직인다.
ORTHO (직교)...........................(F8).수평이동과 수직이동을 통제한다.
OSNAP (Object Snap 객체스냅).........(OS)(F3)객체스냅을 조절한다.
DIST (거리).............................(DI) 두 점 사이의 거리를 알려 준다.
AREA (면적).............................(AA) 다각형의 각 꼭지점을 입력하여 면적 산출
SAVETIME (자동저장).............(1~5분마다)자동저장기능을 조절한다.초기값120

2. 작도 명령

LINE (선)...............................(L)..선을 그린다.
CIRCLE (원)............................(C)..원을 그린다.
PLINE (폴리선).........................(PL).폴리선을 그린다.
PEDIT (폴리선 편집)....................(PE).폴리선을 편집한다.
ELLIPSE (타원).........................(EL).타원을 그린다.
DONUT (도넛)...........................(DO).도넛과 점을 그린다.
RECTANG (직사각형)......................(REC)사각형을 그린다.
LINETYPE (선종류).......................(LT).선종류를 불러온다.
LTSCALE (선 종류 축척).................(LTS)선의 축척을 조절한다.

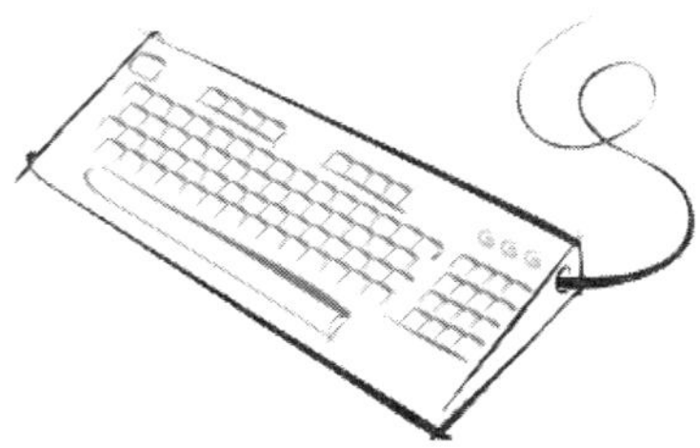

[Fig.9 키보드의 단축키 (도면, 작도)]

C. 편집 명령키

Erase (지우기), copy (복사하기), Move (이동), Rotate (회전), Mirror (대칭), Array (배열), Scale (축척), Stretch (신축), Properties (특성), Matchprop (특성일치)

Trim (자르기), Extend (늘이기), Fillet (모깍기), Offset (간격 띄우기), Explode (분해), Divide (분할), Align (정렬), Undo (명령 취소)

❖ 키보드에 의한 명령어 입력

단축키 (보충 자료)

3. 편집에 관한 명령

ERASE (지우기)..........................(E)..객체를 지운다.
COPY (복사)............................(CO).복사하기
MOVE (이동)............................(M)..이동하기
ROTATE (회전)..........................(RO).회전하기
MIRROR (대칭)..........................(MI).대칭하기
ARRAY (배열)...........................(AR).가로세로나 원형으로 한꺼번에 복사하기
SCALE (축척)...........................(SC).객체의 크기 변화하기
STRETCH (신축선).......................(S)..선을 늘이고 줄이기
PROPERTIES (특성)..................(CH)(MO).객체의 특성(색,레이어,선종류등)을 변경하기
MATCHPROP(특성일치)....................(MA).객체의 특성 닮기
TRIM (자르기)..........................(TR).교차된 선 자르기
EXTEND (연장)..........................(EX).선을 연장하기
FILLET (모깍기)........................(F)..모서리를 둥굴게 깍기(R=0으로하면 각지게)
OFFSET (간격 띄우기)...................(O)..평행선 그리기
EXPLODE (분해).........................(X)..결합된 객체 분해하기
DIVIDE (등분할)........................(DIV)선을 같은 간격으로 분할하기
ALIGN (정렬)...........................(AL).객체를 이동시키고 회전시켜 붙이기
Undo(명령 취소)........................(U). 명령 취소 기능, 반대는 Redo. 한 차례 복귀만 가능.

[Fig.10 키보드의 단축키 (편집)]

D. 블록 명령키

Block (블록), Wblock (블록 쓰기), Insert (삽입)

E. 도면층 명령키

Layer (도면층)

F. 치수 명령키

Dimlinear (선형치수), Dimcontinue (연속 치수), Dimbaseline (기준선 치수), Dimcenter (치수 중심), Dimstyle (치수 유형 관리, ddim), Dimedit (치수편집), Leader (지시선)

G. 해칭 명령키

Bhatch (바운더리 해치)

❖ 키보드에 의한 명령어 입력

단축키 (보충 자료)

4. 블록에 관한 명령

BLOCK (블록)............................(B)..현재의 도면내에 블록 만들기
WBLOCK (블록 쓰기)......................(W)..하드나 플로피에 블록 만들기
INSERT (삽입)............................(I)..만들어진 블록 삽입하기

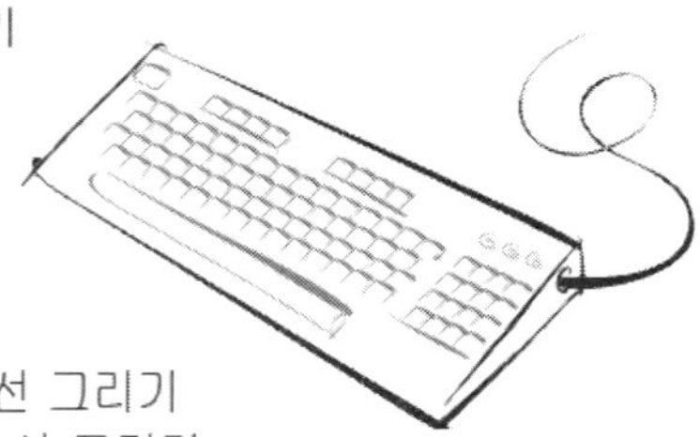

5. 도면층에 관한 명령

LAYER (도면층)..........................(LA)..도면층 만들기

6. 치수에 관한 명령

DIMLINEAR (선형 치수)..................(DLI).수평 수직 치수선 그리기
DIMCONTINUE (연속 치수)................(DCO).연속된 치수선 그리기
DIMBASELINE (기준선 치수)..............(DBA).치수선과 평행한 치수선(전체치수선)그리기
DIMCENTER (치수 중심)..................(DCE).원의 중심 표시하기
DIMSTYLE (DDIM)(치수유형 관리자).......(D)..치수선, 치수보조선, 치수의 모양 정하기
DIMEDIT (치수 편집)....................(ED).문자나 치수 고치기
LEADER (지시선)........................(LE).지시선 그리기

7. 해칭에 관한 명령

BHATCH (Boundary Hatch, 경계 해치).....(H)..해칭선 채우기

[Fig.11 키보드의 단축키 (블록, 도면층, 치수, 해징)]

H. 문자기입 명령키

Style (유형), Dtext (단일행 문자), Mtext (다중행 문자), ddedit (편집 대화 상자)

Mtext (다중행 문자) 만들기는 단축키 T 를 입력합니다. 도면에 들어갈 각종 문자나 기호, 숫자 등을 규격과 형식에 맞도록 기입하는데 이용하는 명령어입니다.

I. 기타 명령키

Mvsetup (용지 설정), UCS (사용자 좌표계)

❖ 키보드에 의한 명령어 입력

단축키 (보충 자료)

8. 문자 기입 명령

STYLE (유형)...........................(ST)..글자의 유형 만들기
DTEXT (Dynamic Text 단일행문자)........(DT)..글자의 입력
MTEXT(Multy Text 다중행 문자)........(MT)(T).글자의 입력
DDEDIT (편집 대화상자)................(ED)..글자 고치기

9. 기타 명령
MVSETUP (용지설정)....................A3용지 크기- 420 ×297mm
UCS (사용자 좌표계).......주로 3D에서 사용. X,Y의 좌표를 변경(2D에서 OB사용)

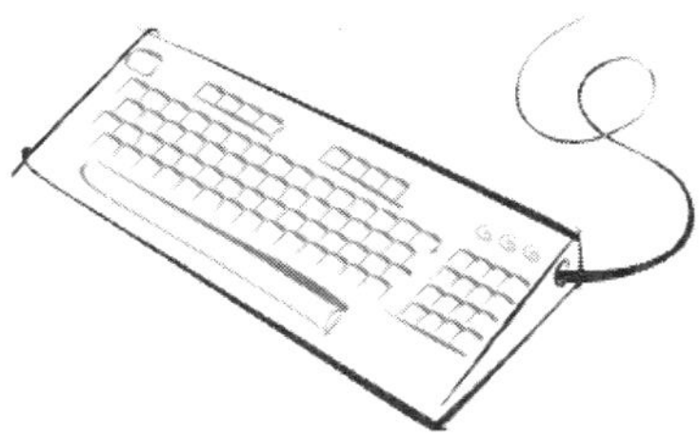

[Fig.12 키보드의 단축키 (문자기입, 기타)]

J. 명령의 취소

U (Undo) : 가장 최근의 명령을 한 번에 한 개씩 거슬러 올라가면서 취소하는 명령어

R (Redo) : 단일 Undo 나 명령의 결과를 취소합니다. 단 한 번의 기회만이 주어집니다.

Oops : Erase나 Block 설정으로 가장 최근에 삭제 또는 사라진 객체를 다시 나타나게 함.

1-7 환경설정

(1) 설정의 구분

도면 작업 시 도면 환경에 맞는 설정값을 두면 작업을 편리하게 할 수 가 있습니다. 대표적인 것으로 옵션 (단축키 op)과 스냅값 (단축키 os) 가 있습니다. 지금부터 옵션으로 AutoCAD 의 환경 설정과 필요에 따라 Object Snap을 선택하여 사용할 수 있도록 살펴 보도록 합니다.

■ 옵션 (Option - 단축키 op, 마우스 우측버턴)

■ 객체 스냅 (Object Snap, 단축키 os, 키보드 F3)

(2) 옵션 설정

① 화면 표시 - 키보드 입력 (op)

도면 환경에 맞는 화면 설정값을 모아 둔 곳으로 파일과 화면 요소, 화면의 색상, 글꼴, 십자선의 크기, 열기 및 저장, 사용자 기본 설정 등의 명령어 등을 모아 둔 곳입니다. 이 중에서 많이 사용되는 옵션값을 살펴보면 화면표시의 색상과 글꼴, 십자선 크기등 을 들 수 있습니다.

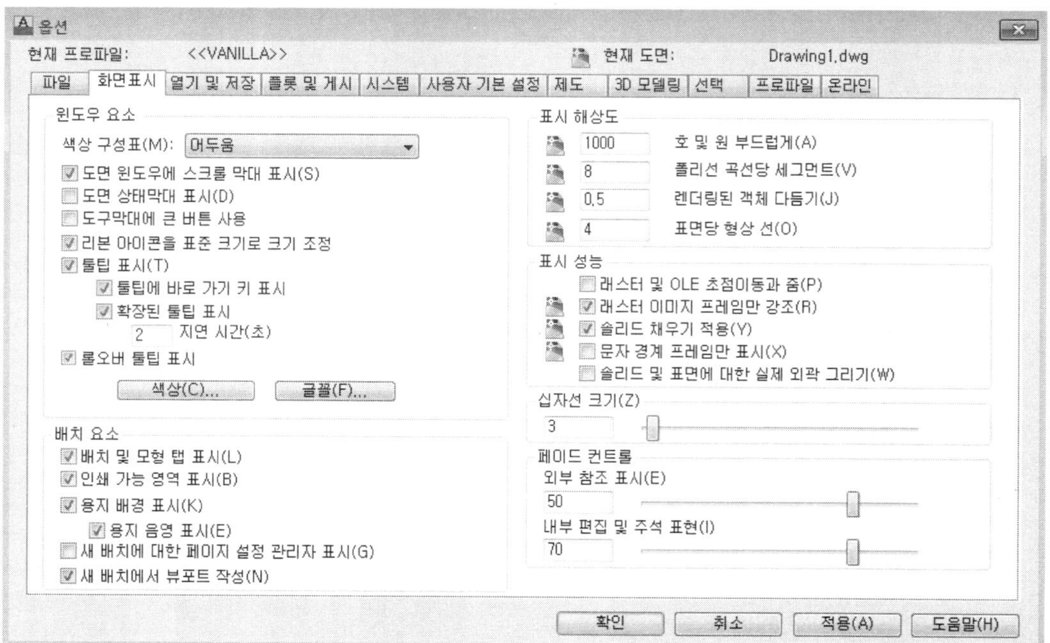

[Fig.13 옵션 설정 탭]

○ 도면 윈도우 색상 - AutoCAD에서 배경 화면이 되는 색상을 설정 할 수 있는 탭입니다. 컨텍스트와 인터페이스 요소, 그리고 색상 등을 설정할 수 있는데 색상은 검은색을 비롯하여 여러 가지 색상을 선택하여 설정할 수 있습니다.

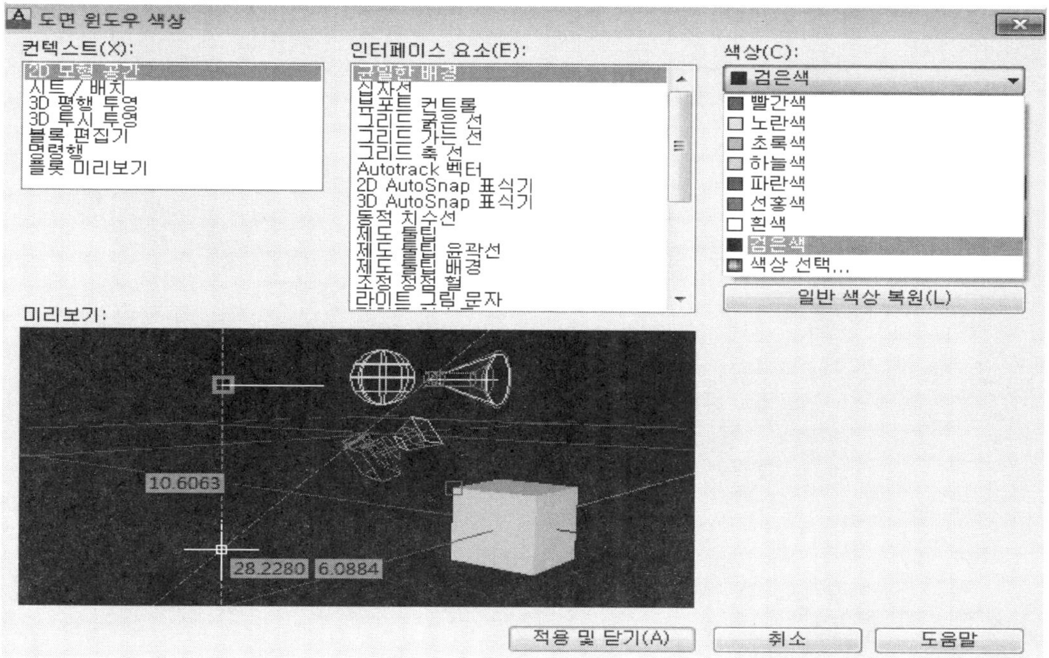

[Fig.14 도면 윈도우 색상 설정 탭]

○ 명령행 윈도우 글꼴 - 명령 입력행에서 사용될 문자에 대한 글꼴을 선택, 설정할 수 있습니다. 글꼴에 대한 스타일과 크기 등을 설정하기 위해 사용되는 탭입니다.

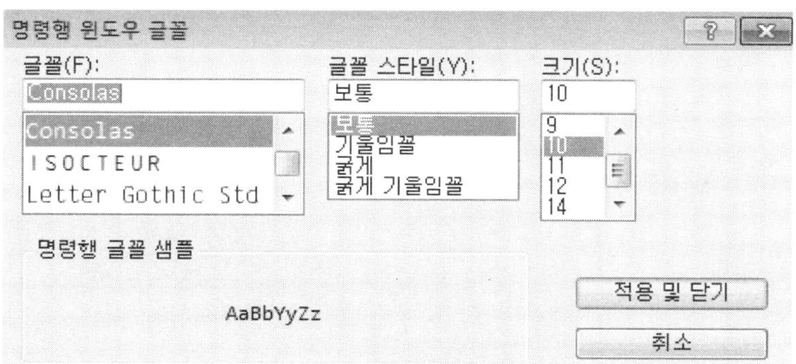

[Fig.15 명령행 윈도우 글꼴 설정 탭]

② 화면 표시 - 마우스 입력

키보드 입력과 마찬가지로 마우스로도 옵션의 설정이 가능하며 방법은 다음과 같습니다.

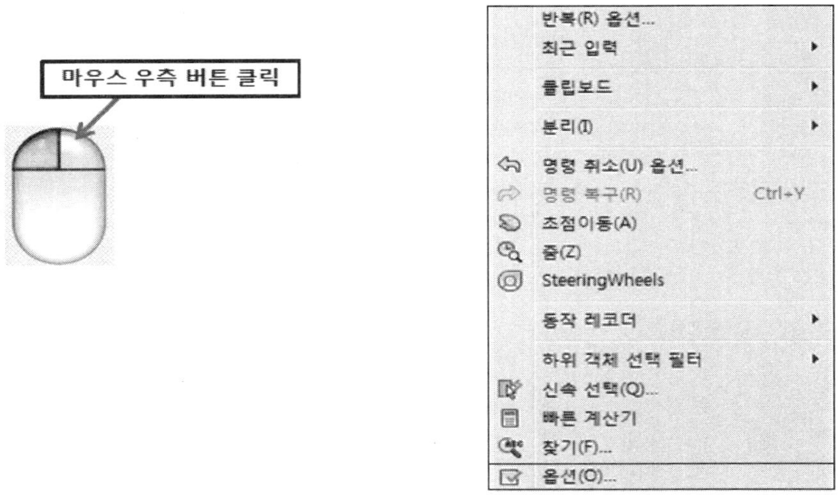

[Fig.16 마우스에 의한 옵션 설정]

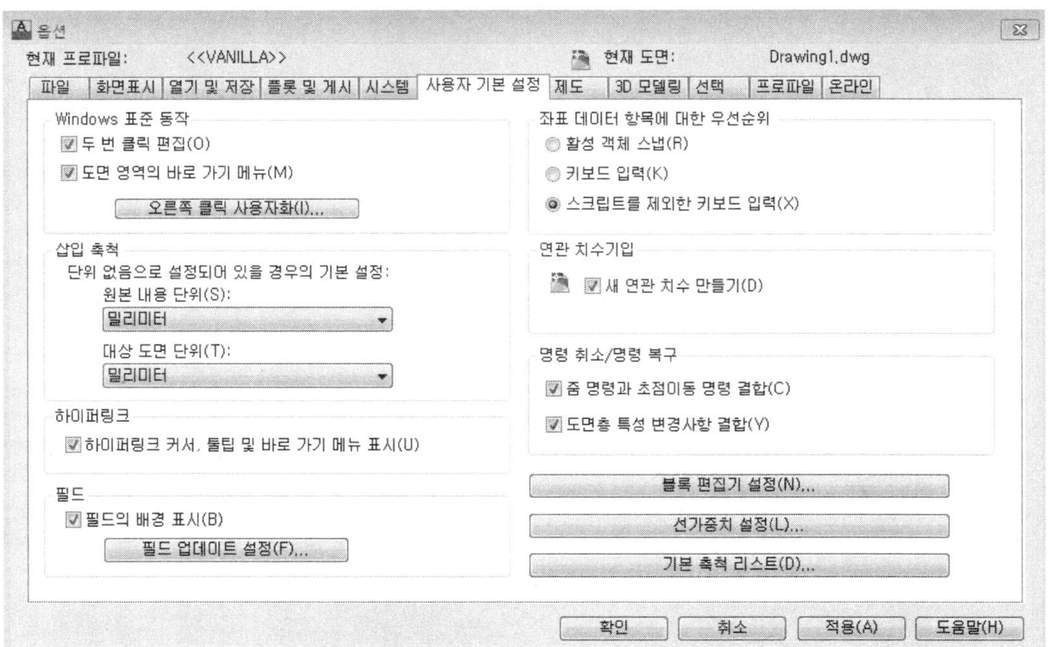

[Fig.17 사용자 기본 설정 탭]

○ AutoCAD의 마우스 이용법

A. 마우스가 작업 창에 위치하면 십자선, 그래픽 영역을 벗어나면 화살표, 문자 작성 시 I 자로 표시가 됩니다.

B. 마우스가 이동할 때 화면 아래 상태막대 표시 숫자가 움직이는 것을 볼 수 있는데, 이는 마우스가 좌표 값을 따라 변경되는 것을 의미합니다.

C. 객체 선택은 일반적으로 마우스의 왼쪽 버튼을 눌러 선택합니다. 그리고 '입력' 즉 Enter↵ 는 마우스 오른 쪽 버튼이 사용됩니다.

○ 2 버튼 왼쪽 마우스의 이용법

A. 2 버튼 왼쪽 버튼은 위치를 지정합니다.

B. 객체를 선택해서 편집을 의미합니다.

C. 메뉴 옵션, 대화 상자 버튼 및 영역을 선택할 수 있습니다.

○ 2 버튼 오른 쪽 마우스의 이용법

A. 진행 중인 명령을 종료합니다. '입력' 즉 Enter↵를 의미합니다.

B. 단축 메뉴를 표시합니다.

C. 객체 스냅 메뉴를 표시합니다.

D. 도구 막대 대화 상자를 표시합니다.

○ 휠 마우스의 이용법

A. Zoom 이나 초점 이동을 용이하게 할 수 있습니다.

B. 기본 값으로 Zoom 의 비율은 10%로 설정이 되어있습니다.

C. 휠이 회전 할 때마다 줌 단계가 10%씩 증, 가감 합니다.

D. Zoomfactor 시스템 변수는 증분 변화를 조정합니다.

E. 줌 확대는 휠을 앞으로 전진시킵니다.

F. 줌 축소는 휠을 뒤로 후진 시킵니다.

G. 도면 범우 (Zoom Extend)는 휠 버튼을 두 번 누릅니다.

H. 초점 이동 (Pan) 은 휠 버튼을 누른 상태에서 마우스를 끕니다.

I. 조이스틱 기능은 Ctrl 키이와 휠 버튼을 누른 상태에서 마우스를 끕니다.

○ 사용자 기본설정 - 윈도우즈 표준 동작과 관련된 내용과 단위에 대한 삽입 축척 및 기타 명령 취소/ 명령 복구 명령에 대한 내용들을 설정 할 수 가 있습니다. 그리고,

블록 편집기의 설정과 선 가중치, 기본 축척 리스트를 설정할 수 있는 탭(Tab) 입니다.

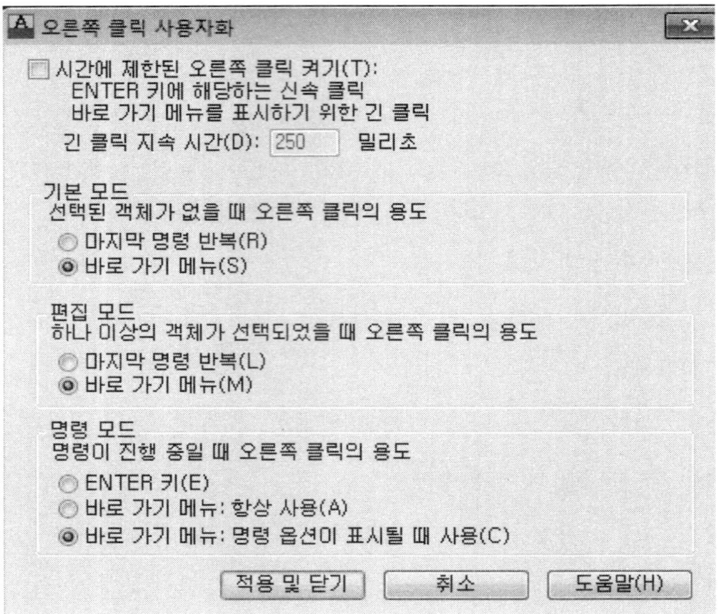

[Fig.18 오른쪽 클릭 사용자화 탭]

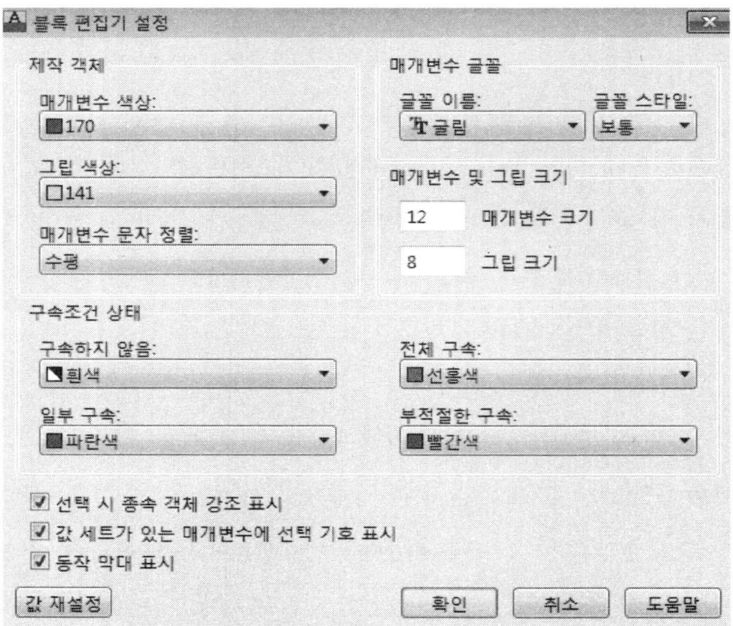

[Fig.19 블록 편집기 설정 탭]

○ 선 가중치 설정 - 사용자 기본 설정에서 선 가중치값을 정하고 선의 굵기도 선택할 수 있습니다. 선 가중치는 Layer 값에 따른 것과 Block 에 따른 값, 그리고 직접 기본 값을 선택하여 조절 할 수 있는 기본 값의 가중치 선택이 있습니다.

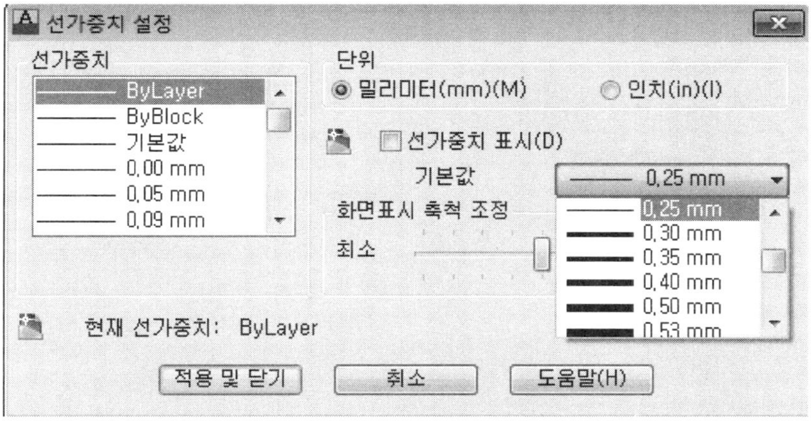

[Fig.20 선 가중치 설정 탭]

○ 기본 축척 리스트 - 도면을 작성하면서 용지 단위와 도면 단위에 대한 축척을 설정할 수 있는 탭입니다. 1:1 은 현척, 즉 도면과 용지 단위가 같은 값이고 1:2는 축척, 2:1은 배척으로 설정값을 정할 수 있는 탭입니다.

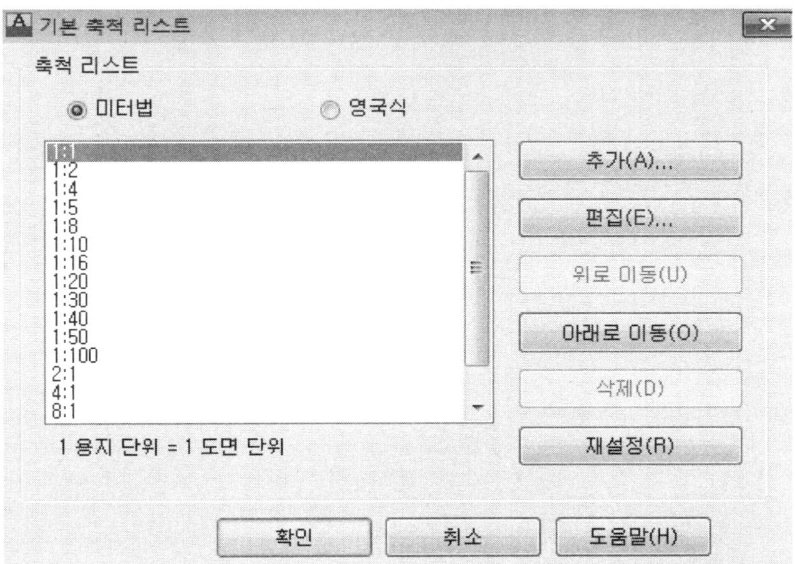

[Fig.21 기본 축척리스트 설정 탭]

○ 플롯 및 게시 탭 - 도면의 출력을 담당하는 탭으로서 기본 출력장치에 대한 설정과

파일에 대한 환경값을 설정 할 수 있는 탭입니다. 기본 출력 장치에 대한 설정이 끝이나면 plot 이라는 명령어를 통해 도면의 출력이 가능합니다.

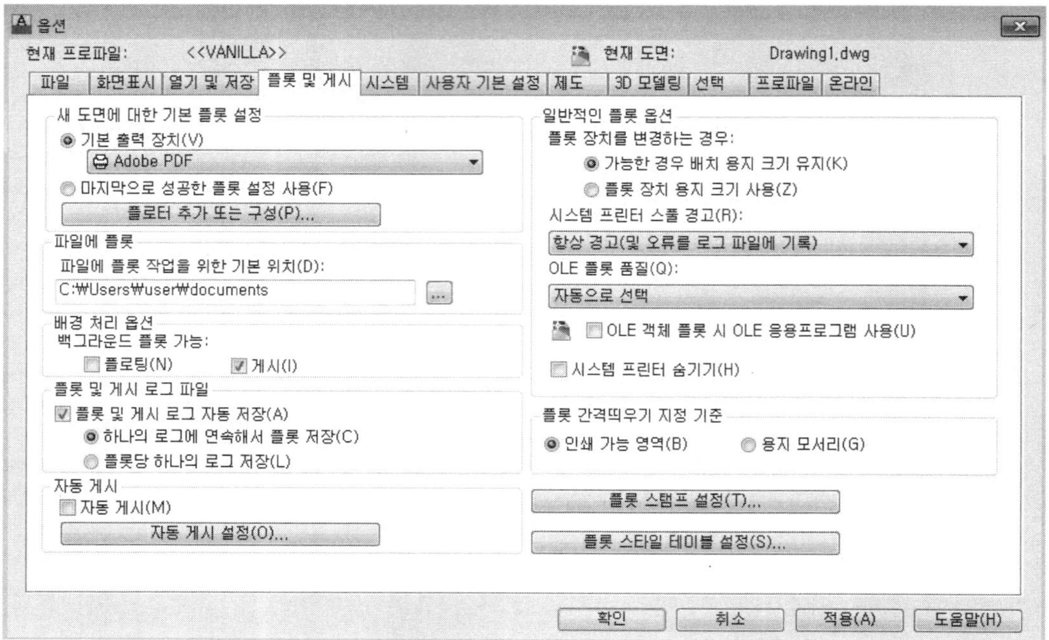

[Fig.22 선 가중치 설정 탭]

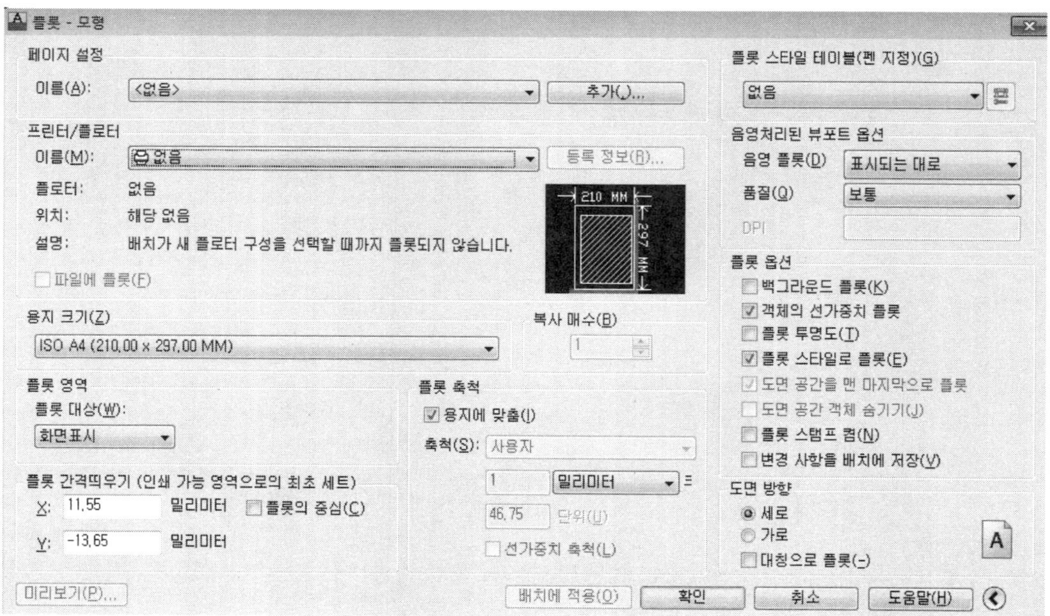

[Fig.23 플롯 - 모형 탭]

○ 제도 탭 - Auto Snap 설정이나, 스냅 표식기의 크기, 그리고 조준창의 크기 등을 설정하는 데 사용되는 유용한 탭입니다. 십자선 크기의 설정, 객체 스냅 옵션을 지정합니다.

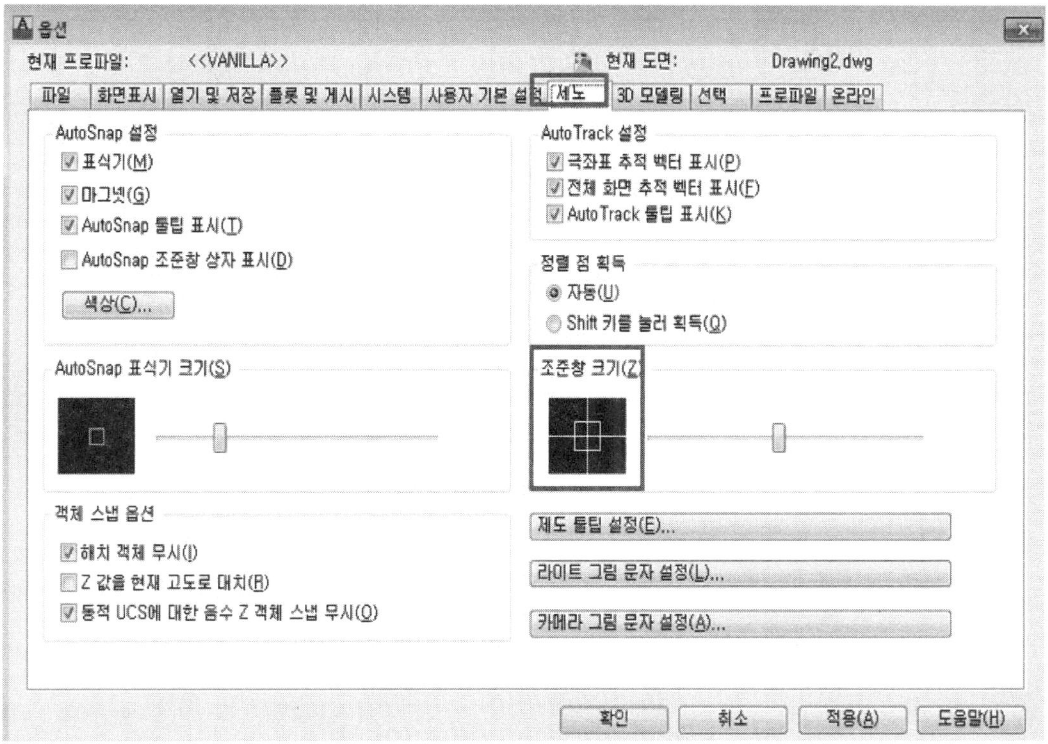

[Fig.24 제도 탭]

(3) 객체 스냅 설정

① 객체 스냅의 개요

모든 도면의 요소는 고유의 스냅(Snap)값이 존재한다. 객체 스냅(Object Snap)의 약어로서 사용자가 화면에 좌표를 입력할 때 대상 물 간의 상관관계를 입력, 포인터로 활용하는 것을 말합니다.

② 화면 표시 단축키 (os : Object Snap), 키보드 F3 입력.

③ 객체 스냅의 종류와 명칭

객체 스냅을 선별적으로 선택을 해서 사용해야 하는 이유는 다음과 같습니다. 만약 객체 스냅(osnap)을 모두 활성화 해서 사용하는 경우, 특히 여러 가지 선과 도형, 원들이 겹쳐지고 복잡한 도면일 때, 원하는 포인트에 대한 지정이 아닌 설정된 시스템에 의해 다른 포인트를 선택하게 됨으로서 작업성이 현저히 떨어지는 단점이 있습니다. 그래서 선별적으로 선택을 하는 것이 유리하므로 각각의 명칭과 기능을 익히는 것이 좋습니다. 주로 많이 사용하는 기능은 끝점, 중간점, 중심점, 수직, 근처 점 등이 많이 사용됩니다.

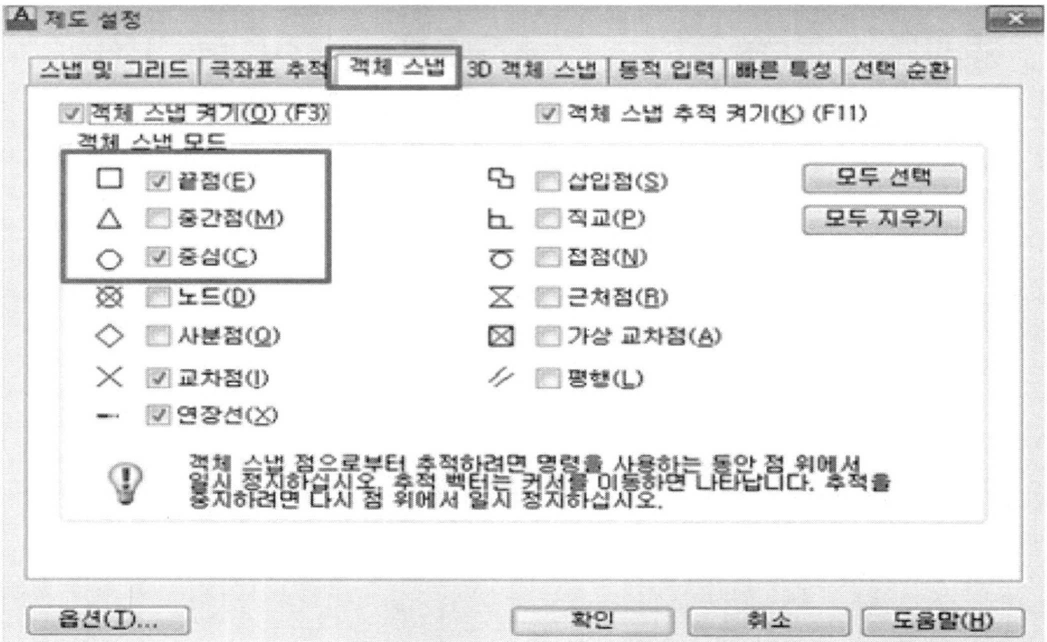

[Fig.25 객체 스냅의 종류]

④ 스냅 및 그리드

화면 상에서 X,Y 좌표 상에 있는 모눈 (Grid)들을 켜거나 끌 수 가 있고, 그리드 상의 스냅에 대한 간격을 설정할 수 있는 탭입니다. 스냅켜기, 끄기, 유형, 동작 등을 설정합니다.

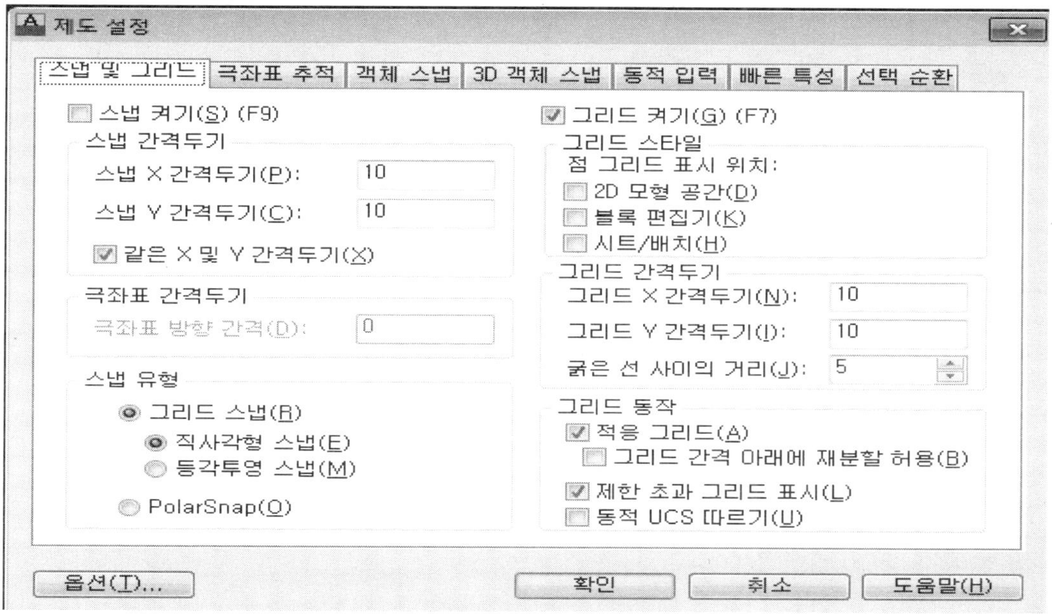

[Fig.26 스냅 및 그리도]

1-8 영역 설정

(1) 한계 (Limits)

도면 의 크기 및 작업 환경을 설정하는 명령어로 출력할 도면용지(KS 규격)의 크기 설정, 소프트 웨어 타블릿 상에서의 작업 영역 설정을 합니다. 일반적으로 도면을 작성하는 용지의 크기는 알파벳으로 A와 B로 시작되는 계열의 것으로 각각의 크기는 아래와 같습니다.

분류	도면의 크기	분류	도면의 크기
A0	841 x 1189	B0	1030 x 1456
A1	594 x 841	B1	728 x 1030
A2	420 x 594	B2	515 x 728
A3	297 x 420	B3	364 x 515
A4	210 x 297	B4	257 x 364

[표.1 도면의 크기 (A계열)]

■ 한계 (Limits) 설정 배경 : CAD 초기에 시스템의 속도 개선이나 용량 등의 문제로 보다 더 효율적인 시스템 환경 구축을 위해서 도입이 되었습니다. 하지만 요즈음 하드웨어 상황이 많이 좋아졌고 현장 실무에서는 거의 사용하지않는 명령어가 되어 버린지 오래입니다. 대신 기본적으로 각 현장, 회사마다 고유의 도면 포맷을 만들어 저장해 둔 후, 호출해서 사용하는 실정입니다. 하지만 국가 자격 시험응시를 위해서는 필히 익혀두고 숙지를 해야만 하는 사항이므로 미리 그 내용을 학습해 두도록 합니다.

① 화면의 상단 : 프로그램의 기본 부분이 주로 배치되어 있으며 표준 도구나 풀 다운 메뉴, 특성 도구 등 자주 사용하는 메뉴들로 구성되어 있습니다.

② 화면의 중앙 : 도면을 그리는 영역으로 도면의 크기 조정과 바탕색의 설정이 가능합니다.

③ 화면의 하단 : 명령어의 입력과 커서의 위치 등 현재 상황을 나타내는 곳으로 영문으로 명령어를 입력해야 합니다.

(2) 한계 (Limits) 설정법

■ 한계를 설정할 때는 위에서 언급한 도면 여러 가지를 감안하여 도면의 크기를 설정합니다.

① 명령어 입력 란에 "limits" 를 입력하고 Enter를 칩니다.

② 도면의 왼 쪽 하단부 초기값 (0.00 , 0.00) 이 맞으면 Enter를 쳐서 확인을 합니다.

이 때의 값이 대개 초기값 (Default)이라고 합니다. 초기 값은 시스템에서 정해진 값으로 사용자의 의도대로 변경이 가능합니다.

③ A3 사이즈 크기의 도면을 설정하고 싶은 경우, 오른 쪽 위 상단부를 지정하여 도면영역을 표시합니다. <420.00 , 297.00> 이 A3 사이즈 이므로 이 값을 입력하고 Enter키이를 칩니다.

④ 설정을 올바로 하였다면 도면 영역 X.Y 좌표값은 (0.00 , 0.00)에서 (420.00 , 297.00)으로 입력이 되어 A3 용지인 직사각형의 면적을 작업공간으로 사용하게 됩니다.

⑤ 설정값을 컴퓨터가 기억을 하기 위해 보조 명령어 "Zoom" 후 "All" 후 Enter키를 실행합니다. 화면상에는 아무런 변화가 없지만 컴퓨터가 이 영역을 기억하고 설정을 마칩니다.

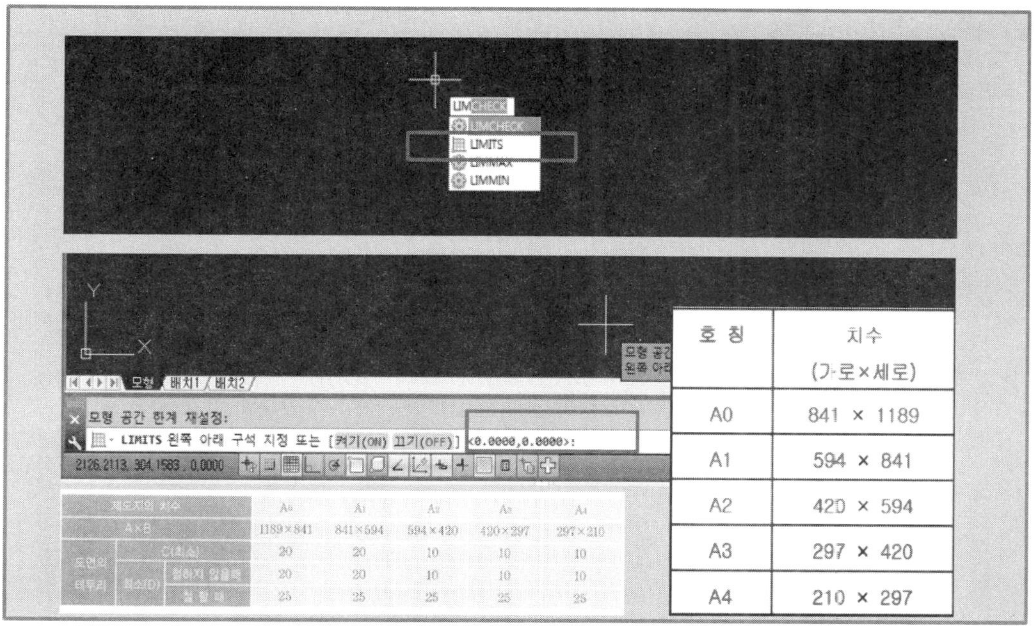

[Fig.27 한계 (limits) 설정 도면]

1-9 선 굵기 및 색상 설정

(1) 선의 굵기 및 색상 (Line Type)

항상 일정하지는 않지만 제도 기초이론에 의거하여 구분되고, 국지 표준규격(IS)에 따라 제도에 사용하는 선이 세분화되어 명시되어 있습니다. 국가 자격 시험을 위한 준비나 기업체에서 자신들의 규칙에 따라 선의 굵기 및 색상 등을 사용하고 있으므로 그 기준에 맞게 사용하면 됩니다.

선의 굵기	선의 색깔	선의 용도	선종류
0.5mm	Cyan	도면 윤곽선	실선 (Continuous)
0.5mm	Green	외형선, 품번	실선 (Continuous)
0.35mm	Yellow	은선, 숨은선	점선 (Hidden)
0.35mm	Yellow	치수, 문자	실선 (Continuous)
0.25mm	White	해칭선, 파단선	실선 (Continuous)
0.18mm	Red	치수선, 치수보조선	실선 (Continuous)
0.18mm	Red	중심선, 절단선, 가상선	일점쇄선

[표2. 선의 종류와 색상]

(2) 선의 굵기에 대한 설명

○ 굵은선 : 물체의 외형선처럼 직접 표현하거나, 한눈에 들어오게 구분이 쉬운 선을 말합니다. 일반적으로 0.5mm 이상의 굵기를 가지게 됩니다.

○ 중간선 : 점선이나 숨은 선, 치수나 문자처럼 물체를 간접적으로 표현하는 선을 말합니다. 일반적으로 0.35mm 이상의 굵기를 가지게 됩니다.

○ 가는 선 : 중심선, 절단선, 가상선, 치수선 등 굵은 선과 중간선을 제외한 선을 말합니다.

1-10 좌표, 거리, 정밀도 설정

(1) 차원 (Dimension)

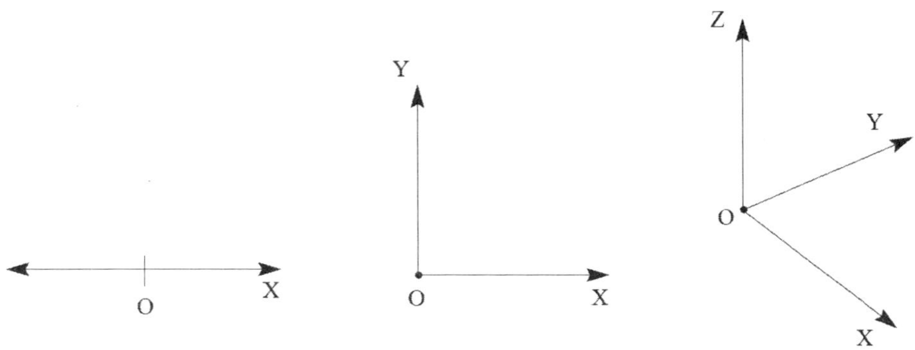

[Fig.28 차원 (Dimensions)]

대수 기하학에서 사용된 용어로서 일반량의 측정값의 길이, 시간, 질량 등 기본적인 물리적 측정값에 영향을 미치는 지수로서, 역학적인 양은 기본량을 이용하여 표현이 모두 가능합니다. 일반량의 측정값이 길이. 시간. 질량 등 기본량의 측정값에 어떻게 관계하는지를 나타내는 지수입니다. 역학량은 길이. 질량. 시간을 기본량으로 하고 각각을 L,M,T 라 하여 일반적으로 나타내고, x,y,z를 각각의 기본량의 차원이라 합니다.

(2) 스칼라와 벡터 (Scalar and Vector)

a. 스칼라 (Scalar) : 이동거리. 물체가 실제로 이동한 경로의 길이로 Magnitude(크기)입니다.

b. 벡터 (Vector) : 변위. 물체의 위치 변화를 나타내는 것으로, Magnitude & Direction

(크기 및 방향)입니다. CAD 상에서는 점들로 이미지를 이루는 방식을 비트맵이라고 하며, 데이터로 이미지를 이루어지는 방식을 벡터라고 합니다.

▲ 크기란 물체의 운동 시작점과 끝점을 이은 직선의 길이입니다.

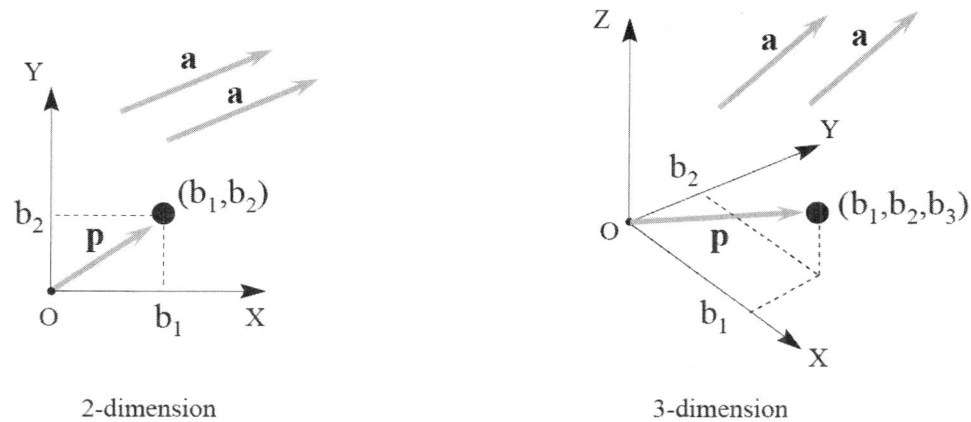

[Fig.29 스칼라와 벡터]

▲ 방향이란 물체의 운동 시작점에서 끝점으로 그은 화살표의 방향입니다.

3) 좌표계 (Coordinate System)

① 직교 좌표계 (Cartesian Coordinate System)

프랑스의 수학자 데카르트가 발견하여 그 의 이름을 따 데카르트 좌표계(Cartesian coordinate System)이라고 부릅니다. 직교좌표계, 혹은 좌표평면(Rectangular Coordinate System)은 임의의 차원의 유클리드 공간 (내적공간)을 나타내는 좌표계의 하나입니다. 직교좌표계는 극좌표계와 달리 임의의 차원으로 쉽게 일반화 할 수 있습니다. 통상적으로 가장 흔한 2차원 혹은 3차원의 경우, 직교좌표를 라틴문자 x,y,z로 적습니다.

② 2차원 직교 좌표계

오늘 날 사용하는 2차원 직교 좌표계는 xy 평면을 이루는 서로 직교하는 x축(수평방향)과 y축(수직방향)으로 통상적으로 정의하고, 이 x,y 가 만나는 점을 원점이라고 부릅니다.

③ 3차원 직교 좌표계

3차원 좌표계는 xy, xz, yz 평면으로 이루어지는데, 이 세 평면은 서로 직교하며, 평면을 이루는 x축(수평방향), y축(수직방향), 그리고 z축 또한 서로 직교합니다. 이때 3

차원 직교 좌표계에서는 x,y,z 축이 만나는 점을 원점이라 부릅니다.

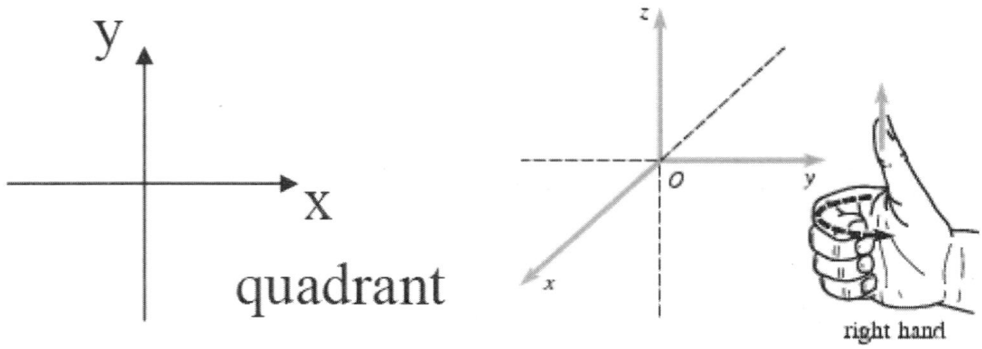

[Fig.30 좌표계 (Coordination)]

④ 원통 좌표계(Cylindrical Coordinate System)

3차원 공간을 나타내기 위해 평면 극좌표계에 평면에서 부터의 높이를 더해 이루어지는 좌표계입니다. 이 좌표계는 한 축을 중심으로 대칭성을 갖는 경우에 유용합니다.

⑤ 구형 좌표계 (Spherical Coordinate System)

구형좌표는 구 좌표계, 구면좌표계라는 이름으로도 불린다. 3차원 공간상의 점들을 나타내는 좌표계 의 하나로 보통 나타냅니다. 원점에서의 거리부터 좌표 까지, 양의 방향의 z축과 이루는 각도 0부터 좌표까지, z축을 축으로 양의 방향의 x축과 이루는 각은 0부터 좌표까지의 값을 갖습니다. 위치는 위도로, 경도로 표현되는 경우도 있습니다. 이 세 수치를 보고 공간의 점을 찾을 수 있습니다. 원점 에서 만큼 z축을 따라 갑니다.

⑥ 극 좌표계 (Polar Coordinate System)

임의 의 점의 위치를 원점으로 부터의 거리와 방향으로 정하는 좌표계입니다. 즉 거리와 각도를 기준으로 설정하는 좌표개념입니다. 동쪽 방향을 기준0도로 하여 반시계 방향으로 증가하는 각도와 절대값 거리를 기준으로 설정합니다. 극좌표는 "<" 를 써서 표시합니다.

⑦ 절대좌표 WCS (World Coordinate System)

좌표계의 원점으로부터 측정된 좌표 값. 표준 시스템이라고도 하고 글로벌 좌표라고도 합니다. 좌표축 x,y,z 의 값이 0,0,0 인 장소에서부터 시작된 값으로, 0,0,0에서 부터의 증분에 해당하는 좌표를 의미하며 불변의 값을 가집니다. 2D AutoCAD 에서 절대 직교좌표와 절대 극좌표로 그 내용과 의미를 파악할 수 있습니다.

▲ 절대 직교좌표 - x,y,z 의 값을 바로 입력하는 좌표계. x,y,z 의 값은 왼손 법칙을 따릅니다. 왼손을 십자로 편 상태에서 (+) 방향을 알아볼 수 있습니다.

X축 : 화면의 가로방향으로 왼쪽에서 오른 쪽으로 값이 증가합니다.

Y축 : 화면의 세로 방향으로 아래 쪽에서 위로 값이 증가합니다.

Z축 : 화면이 보이는 방향으로 화면의 뒷면에서 앞면으로 값이 증가합니다.

▲ 절대 극좌표 - 거리와 각도를 기준으로 설정하는 좌표개념으로 동쪽 방향을 기준0도로 하여 반시계 방향으로 증가하는 각도와 절대값 거리를 기준으로 설정합니다. 형식은 @거리 < 각도 로 표시합니다.

⑧ 사용자 상대좌표 UCS (User Coordinate System)

절대 좌표의 원점이 아닌 주어진 시작점으로 부터의 거리로 정의된 좌표. 즉 이전 좌표에 대해 상대적으로 지정된 좌표를 말합니다. CAD 에서는 기존에 만들어진 객체나 엔티티(Entity), 평면(Plane) 등을 이용해서 설정이 가능한 가변적인 값을 가집니다. AutoCAD에서는 @를 입력하여 상대 좌표 값을 입력합니다. 맨 아래 그림37. 의 값으로 도면을 그려보시기 바랍니다.

1. 지역좌표계

- 각 작업면마다 갖고있어서 작업의 방향을지시해줌
- 정방향(U , V , W) 부방향(-U , -V , -W)
- 각방향마다 우나사법칙의 회전방향을갖고있음

2. 전역좌표계

- 공간상의 위치를X , Y , Z 방향으로표시
- 모델를바라보는시각에따라 변화됨
- 정방향(X , Y , Z) 부방향(-X , -Y , -Z)
- 오른손 법칙에 기준함

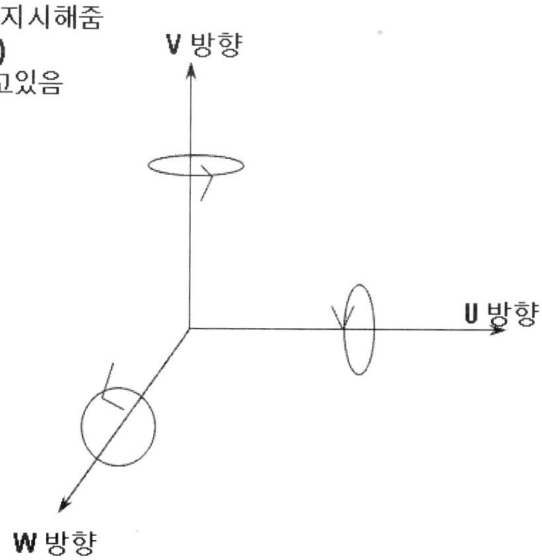

좌표 구분	범례	기준점	실제 예
절대 좌표	X,Y 좌표 값 입력	절대 값 (0,0)	20,60 (실습)
상대 좌표	@X거리, Y거리	마지막 기준점	@20,60 (실습)
극 좌표	@거리 < 방향	마지막 기준점	@20<60 (실습)

[표.3 좌표 구분 연습 문제]

1-11 화면의 축소와 확대

(1) 화면 조정 (Zoom)

단축키 (Z) / 마우스 우측 버턴 줌 (Z)

① 화면 조정의 필요성

AutoCAD에서 도면을 작성할 때는 정확한 치수에 의해서 도면을 그려 나갑니다. 정해진 테블릿에서 특정 작은 치수와 큰 도면을 번갈아 기입하거나 복잡한 부분을 미세하게 살펴 볼 필요가 있습니다. 이 경우, 화면을 확대하거나 줄여서 도면을 작성한다면 쉽고 비교적 보다 정확하게 도면 설계를 수행 할 수가 있습니다.

② 화면 조정의 실체

화면 조정(Zoom)을 하여 스크린의 뷰 크기를 조정하는 경우 Zoom 기능은 실제의 도면 사이즈를 조절하는 것이 아니라 화면상에서 화면의 사이즈를 크고 작게 당기고 밀어서 도면을 보다 더 정밀하게 보게 해 주는 보조 명령어입니다.

③ 화면 조정의 종류

가. 줌 축척 (S) - 2x (2배 확대), 0.5x (0.5배, 즉 1/2 로 축소를 합니다)

나. 전체 (A) - 작업 중인 전체 (All) 도면이나 Limit 전체를 보여줍니다.

다. 중심 (C) - 중심점(Center) 및 높이에 의해 지정된 윈도우를 표시합니다.

라. 창 (W) - 직사각형 윈도우(Window)로 지정된 영역을 확대합니다.

마. 동적 (D) - 도면의 생성(Dynamic)된 부분을 Zoom 하여 표시합니다.

바. 범위 (E) - 개체 요소 (Entity)가 차지하는 부분을 화면 크기에 맞게 표시.

사. 직전 (P) - 바로 직전(Previous)에 작업하던 윈도우로 돌아갑니다.

(2) 화면의 실시간 초점 이동 (PAN)

- 단축키 (pan) / 마우스 휠 누른 채 이동

PAN 은 Zoom 의 일종으로 화면의 확대, 축소 조절 없이 단지 화면을 상, 하, 좌, 우 로 이동 시킬 수 있는 명령어입니다. 이 휠을 조작하는 명령은 'MBUTTONPAN' 이라는 기능을 통해 휠의 옵션을 조정할 수 가 있습니다. 0으로 설정 시 초점이동이 안되므로 꼭 1로 설정합니다.

0 : 휠 버튼을 누를 때 Shift + 오른 쪽 버턴

1 : 휠 버튼을 누를 때 PAN 기능

[Fig.31 휠 버턴 옵션]

(3) 전체 다시 그리기 (Redraw All)

- 단축키 (r)

○ 화면상의 모든 도면 요소들을 다시 그려주는 명령어입니다. 또한 도면상의 잔상, 십자 형 부호 같은 작업 흔적들의 제거로 인한 화면 청소를 하는 명령어입니다. 단지 화면만 깨끗하게 만드는 명령어입니다.

○ Grid ON/ OFF (기능키 F7) 를 하면 '전체 다시그리기' 의 효과와 같은 역할을 합니다.

○ 다른 명령어를 실행 중일 때도 '전체 다시 그리기' 가 실행이 되고, 본디 명령어 수행에는 아무런 영향을 주지 않습니다.

(4) 재계산 (Regen)

- 단축키 (re)

○ 화면상의 모든 도면 요소들을 다시 그려주는 명령어인 '전체 다시그리기' 의 효과

와 달리 재 계산(Regen) 은 다시 계산하여 다시 그려주는 역할을 합니다. 즉 '전체 다시그리기' 는 화면만 깨끗하게 만드는 명령어이지만 재 계산(Regen) 명령어는 재 생성 (Regeneration)을 하기 위한 명령어입니다.

○ 화면상에서 원의 모습이 찌그러들어 마치 다각형의 모습을 띄고 있어도 재 계산(Regen) 명령어로 원의 모습을 본래의 모습으로 되돌려 놓습니다. 그러나 재 계산으로 인해 컴퓨터의 처리 속도가 떨어지는 약점이 있으므로 재 계산(Regen) 의 횟수가 증가하면 작업능률이 저하가 됩니다.

(5) 공중 뷰 (Aerial View)

- 단축키 (av)

○ 공중 뷰 (Aerial View) 는 Zoom 명령어를 대시하여 사용합니다. 그래서 새의 눈 일명 버드 아이(Bird Eyes)라고 합니다. 공중 뷰 (Aerial View) 는 특정 영역을 쉽게 찾고 또한 찾은 영역으로 갈 수 있도록 도면의 한 화면을 분리된 윈도우에 표시합니다.

① Auto Viewport (자동 뷰포트) : 현 도면의 변화를 자동으로 공중 뷰에도 보여줍니다.

② Dynamic Update (동적 업데이트) : 현 도면이 갱신되면 공중 뷰에도 반영합니다.

③ Realtime Zoom (실시간 줌) : 실시간 줌 때 공중 뷰에도 반영을 합니다.

(6) 고속 줌 (Viewres)

○ 화면상에 원을 하나 그려놓고 이것을 계속 당겨 Zoom In을 계속하다 보면 원이 다각형으로 나타나게 됩니다. 이것은 원래 원이나 호등 곡선을 그릴 때 많은 수의 짧은 직선으로 그려지는데 이 직선의 수가 많아지면 곡선부가 매끄러워지고, 반대로 직선의 수가 작아지면 다각형의 형상으로 나타내어 매끄럽지가 않습니다

○ 하지만 원이나 호 등 곡선부를 매끄럽게 하기 위해 직선의 수를 많이 주면 그려지는 속도가 아주 느려지게 됩니다.

○ Circle Zoom 에 대한 비율은 1 ~ 20,000 까지 이며 대개 기본 값(Default)은 100으로 셋팅이 되어 있습니다.

1-12 단위 설정 (UNIT)

(1) 단위 (Unit)

○ 도면 작업 시 도면 환경에 맞는 설정값을 정하는 것으로 좌표와 거리, 각도와 입력 단위 그리고 정밀도를 설정할 수 있는 명령어입니다.

○ 명령어는 ddunit 와 units 입니다.

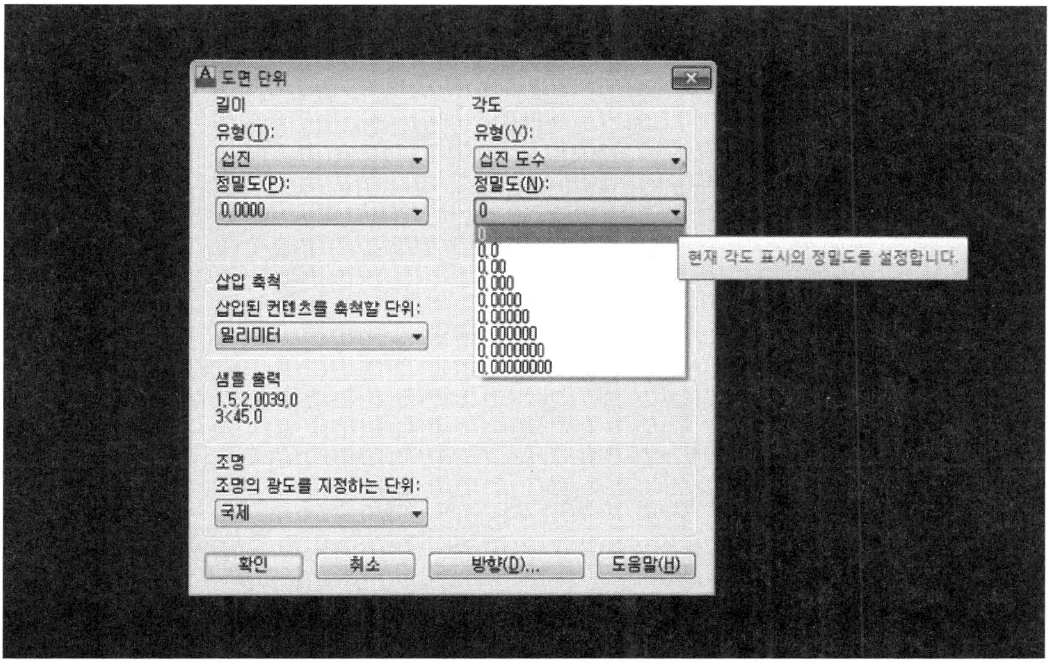

[Fig.32 단위 의 설정]

○ 도면 단위는 크게 길이에 대한 유형과 각도에 대한 유형으로 나뉘어 지고, 정밀도와 축척에 관한 내용이 있습니다. 길이에 대한 유형은 십진, 건축, 과학, 공학, 분수의 세부 조정 메뉴가 있습니다.

○ 각도에 대한 유형은 다시 십진도수, 그래드, 라디안, 도/분/초, 측량사 단위 등으로 세부 조정 메뉴가 있습니다.

○ 기타 삽입 축척에서 삽입된 컨텐츠를 축척할 단위가 0 ~ 0.00000000 까지 세분화하여 정할 수 있도록 합니다.

(2) 치수 스타일 (Dimension Style)

○ 도면 작업 시 치수와 치수 스타일 설정, 형식을 설정하는 명령어입니다.

○ 명령어는 ddim 입니다

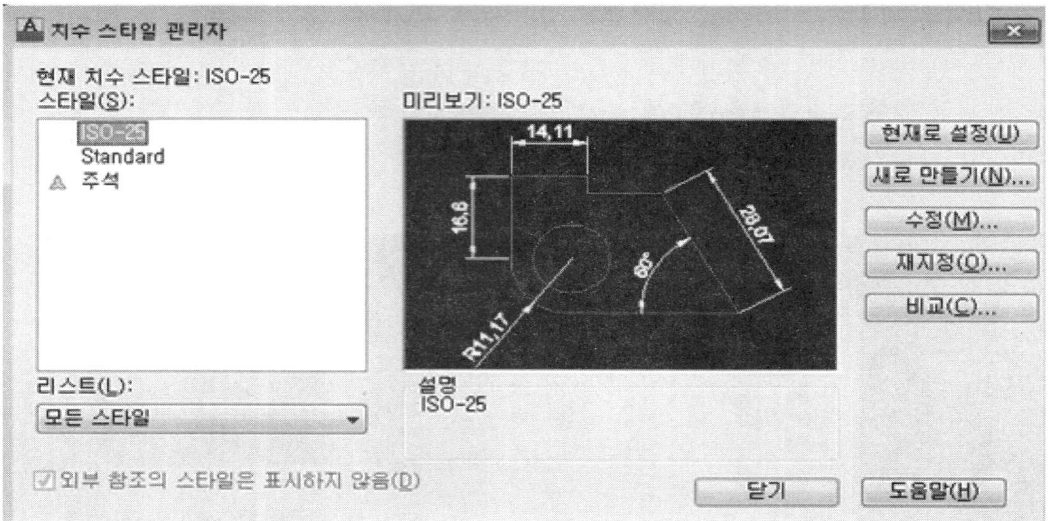

[Fig.33 치수 스타일 관리자]

○ 치수선과 치수보조선에 대한 색상과 선종류, 가중치 등을 설정할 수 가 있습니다.

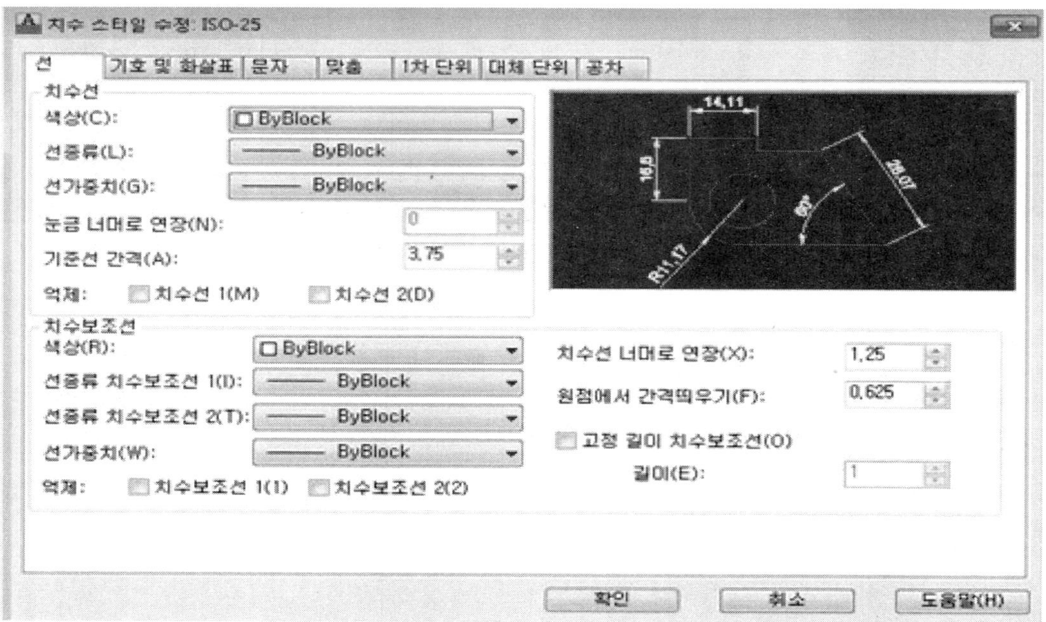

[Fig.34 치수 스타일 (선)]

1-13 저장 및 종료

(1) 파일 생성과 종료

파일을 생성하고 종료하는데 사용되는 명령어들을 살펴보면 크게 아래와 같이 나눠어 집니다.

① 새로 만들기 - 선택한 도면 템플릿 파일로 새 도면을 시작합니다.

② 열기 - 기존의 도면 파일을 엽니다. 그리고 기존 도면을 Autodesk 360계정에서 바로 열거나 시트 세트에서 그리고 DGN 파일의 데이터를 DWG 파일로 가져 옵니다.

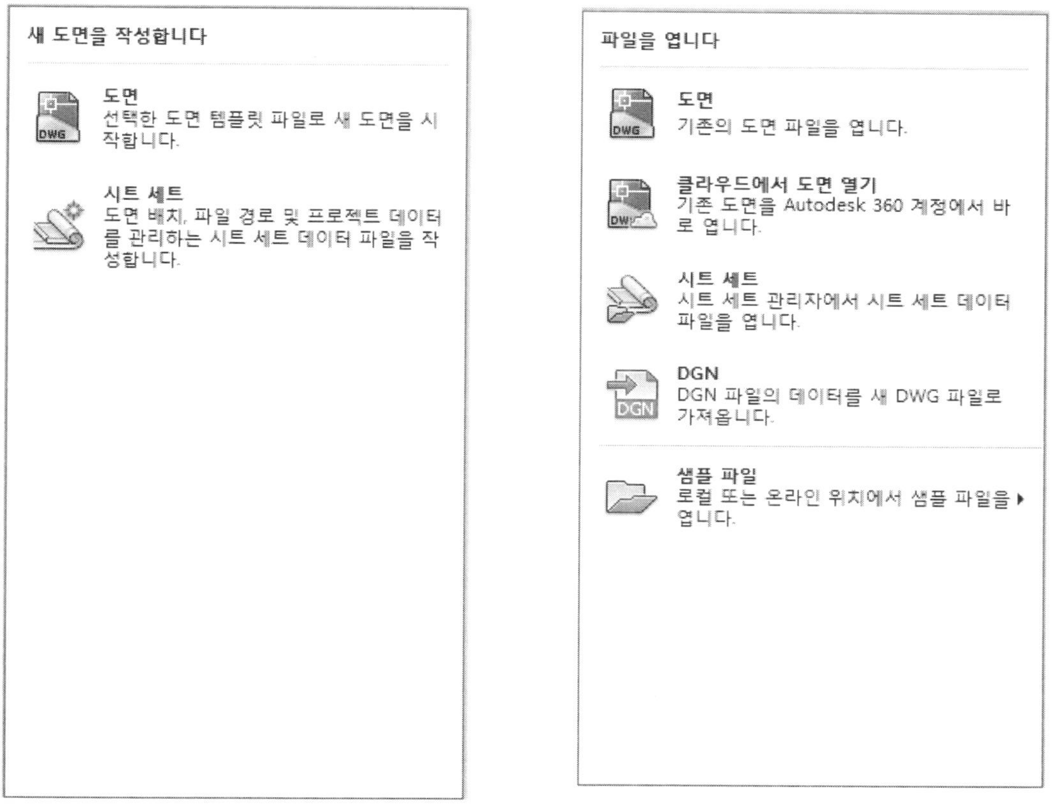

[Fig.35 파일 생성과 종료]

③ 저장 -기존의 작성 중인 도면을 저장 기록을 할 때 사용합니다.

④ 다른 이름으로 저장 - DWG파일 형식과 기타 다른 이름으로 도면을 저장 기록 할 때 사용합니다.

⑤ 내보내기 - 오토캐드 포맷 (DWG) 가 아닌 PDF등 다른 형식으로 저장이 가능합니다.

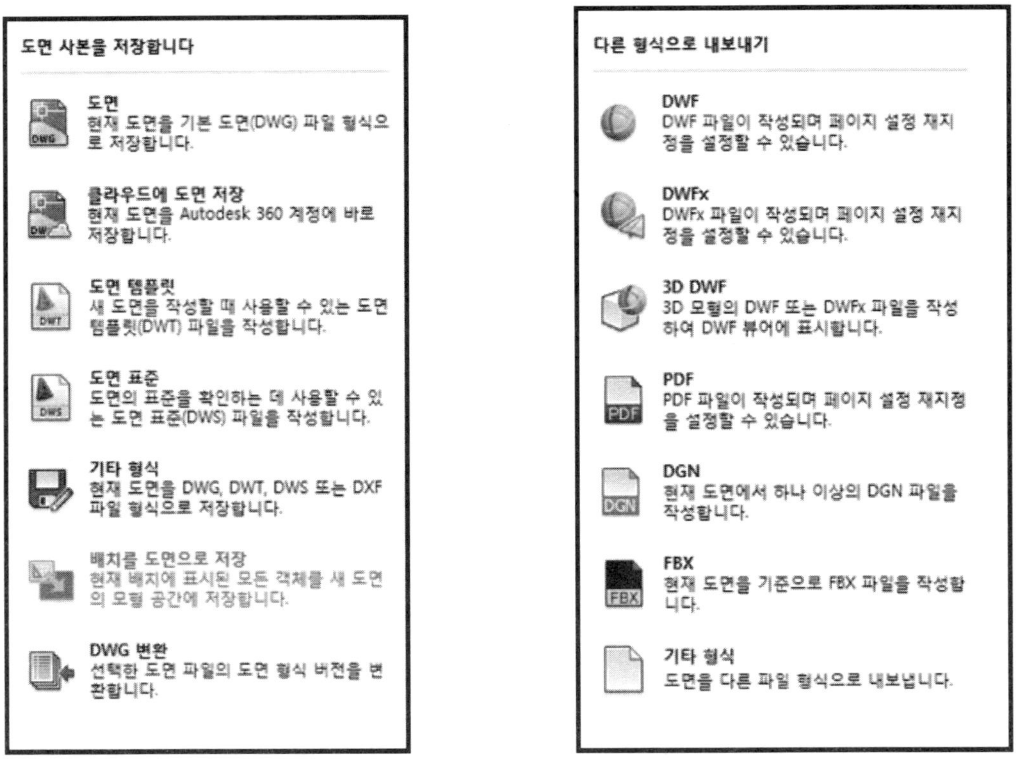

[Fig.36 파일 생성과 종료]

⑥ 인쇄 - 도면을 플로터나 프린터로 출력을 할 때 사용하는 명령어입니다. 플로, 배치 플롯, 미리보기, 플롯보기, 페이지 설정, 플로터 관리, 스타일 관리 등이 있습니다.

⑦ 종료 - 현재 도면의 종료와 열린 모든 도면을 닫는 명령으로 나뉘어 집니다.

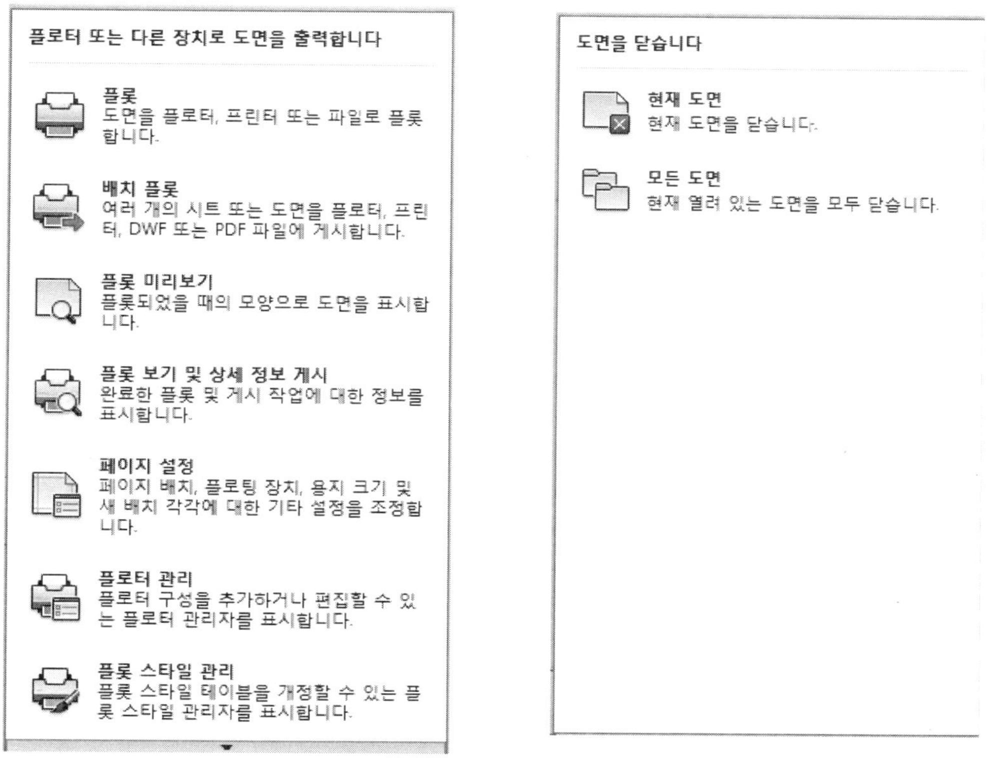

[Fig.37 파일 생성과 종료]

과제 1

(1) 도면층(Layer)를 이용한 작업의 일환으로 한계 (Limits)와 선의 종류 및 색상 (Line Type)을 이용하여 표제란을 만들어 보시오.

(2) 표제란 작성 시 문자의 크기와 색상도 그려 넣고 보통 공차 양식을 기입하여 완성하시오.

(3) 부품의 번호와 명칭, 척도, 학번, 성명을 기입하여 창의적인 표제란을 만들어 보시오.

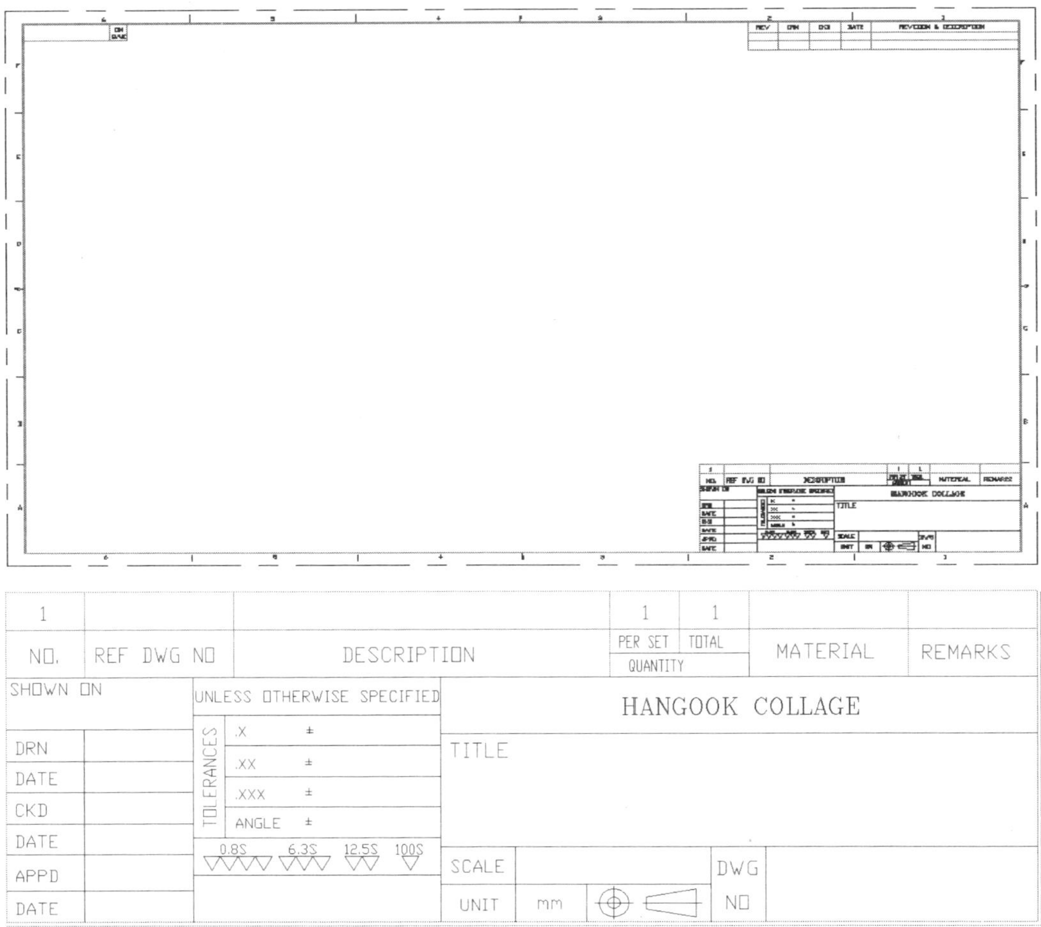

[Fig.38 표제란 양식]

제 4 장

그리기 명령어

이 장에서는 오토캐드 그리기에 대한 내용으로 선과 원, 호, 다각형, 등 도면 그리기에 대한 지식과 개념을 익혀 봅니다.

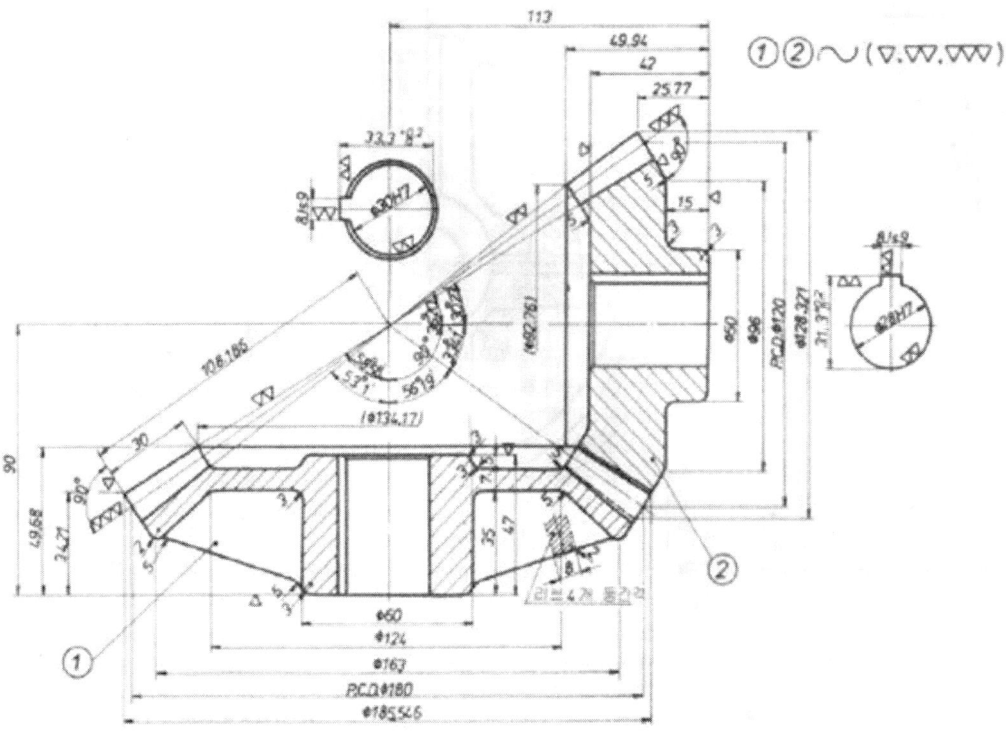

학습 목표

AutoCAD에서 객체를 작성하고 편집하며 도형의 기본을 이해합니다.

학습 개요

AutoCAD에서 원리에 기초한 객체 작성과 기계 제도에 관한 전반적인 지식을 습득합니다.

일반 목표

선, 폴리선, 다중선, 원, 타원, 호, 다각형 등 도형의 작성에 대한 전반적인 개념을 익혀 실무에 적용해 봅니다.

세부 목표

AutoCAD 그리기의 선의 작성과 선택, 폴리선과 다중선의 구분과 입력, 원과 타원의 작도 방법, 호 및 다각형의 작성요령을 배우게 됩니다. 그 외 제도상 표기를 용이하게 하기 위한 해칭 및 그리기의 일반적인 메뉴에 대해 배웁니다.

제 4 장
그리기 명령어

1 그리기(Draw)

■ 도면의 시작은 그리기로 시작이 되고 그리기 명령어에는 여러 가지 다양한 옵션들이 구성이 되어있습니다. 그리기 옵션은 다시 기능 별로 세부적으로 분류가 되어 있어 일목요연하게 효율성이 높은 작업이 가능하게 구성 되어있습니다. 그리기의 명령어에 대한 세부적인 설명은 아래에 보이는 리본 메뉴에 나타나 있는 순서대로 그리기 인터페이스와 수정 인터페이스 도면층, 주석과 블록 인터페이스, 특성과 그룹 유틸리티 및 클립보드와 관련된 인터페이스 순으로 설명을 합니다.

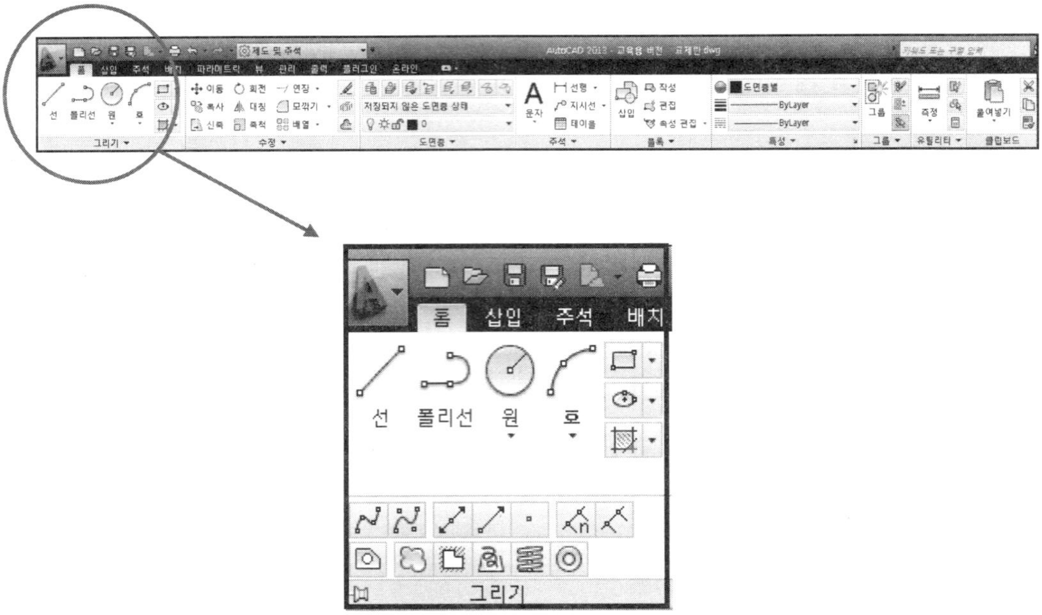

[Fig.1 리본 메뉴에서의 그리기 명령어]

■ 선 (Line)의 개념

앞 선 제 1 장 제도의 이해에서 언급한 대로 AutoCAD에서의 작도는 좌표 입력 방식입니다. 좌표의 간격을 정하는 것이 스냅(Snap)이고 CAD 상에서 무 의식중에 그려나가는 선이나 원도 사실상 좌표간의 거리를 더하고 빼서 측정하는 입력방식으로 컴퓨터가 인식을 하게 됩니다. AutoCAD 에서는 명령 라인에 직접 선(Line)이라는 명령어를 입력하고 화면에 직접 입력하는 방법과 좌표계를 입력하는 방법 그리고 수치를 입력하여 선을 그을 수 있는 방법이 있습니다.

1-1 선 (Line)

선이라고 하는 것은 두 점을 잇는 최단거리 점들의 집합입니다. 선분의 두 점을 점과 끝 점으로 구분하여 좌표와 몇 개의 속성(Properties)들로 정의가 됩니다. CAD 에서는 X.Y 값의 점의 변위를 입력하는 방식이라기 보다는 길이와 각도 의 입력 방식으로 이루어지는 극 좌표 (@길이 <각도) 의 성격이 강합니다.

(1) 선 그리기 (Line)

① 직접 명령 입력 창에 line 이라는 명령어를 입력하거나, 단축 키 엘(l)을 입력합니다.

② 혹은 리본 메뉴에서 그리기 패널을 클릭합니다. 메뉴 중에서 선을 선택합니다.

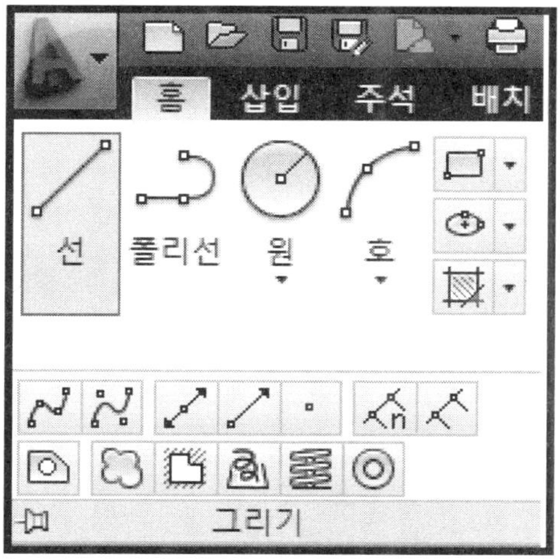

[Fig.2 선 그리기 명령어]

(2) 선 그리는 방법

○ **명령어 창 이용**

△ 명령 : Line

△ 첫 번 째 점 지정 : 첫 번 째 점을 입력합니다.

△ 다음 점 지정 또는 [명령취소(U)] :두 번 째 점을 입력합니다.

△ 다음 점 지정 또는 [닫기(C), 명령취소(U)] : 선택 입력합니다.

○ **마우스 이용**

△ 명령 : 그리기 탭 → 선

△ 첫 번 째 점 지정 : 화면 상의 첫 번 째 점을 입력합니다.

△ 다음 점 지정 또는 [명령취소(U)] : 원하는 좌표계를 입력합니다.

△ 다음 점 지정 또는 [명령취소(U)] : 원하는 좌표계를 입력합니다.

△ 다음 점 지정 또는 [명령취소(U)] : C (종료)를 입력합니다. (C = Close)

△ 키보드의 F8 키를 눌러 직교 (Orthogonal On)을 실행한 다음 마우스를 좌, 우, 상, 하 쪽으로 이동하여 적당히 배치 한 후 선분의 마지막 점을 입력하고 엔터를 합니다.

○ **좌표계 입력 방법 이용**

△ 명령 : 그리기 탭 → 선

△ 첫 번 째 점 지정 : 0, 0 의 좌표값을 입력합니다.

△ 다음 점 지정 또는 [명령취소(U)] : 두 번 째 점을 입력합니다.

■ 절대 좌표 : 입력하고자 하는 점의 정확한 좌표값이나 각도를 알고 있을 경우의 좌표.

■ 상대 좌표 : 맨 마지막에 입력한 좌표로부터 다음 좌표까지의 거리를 입력하는 좌표

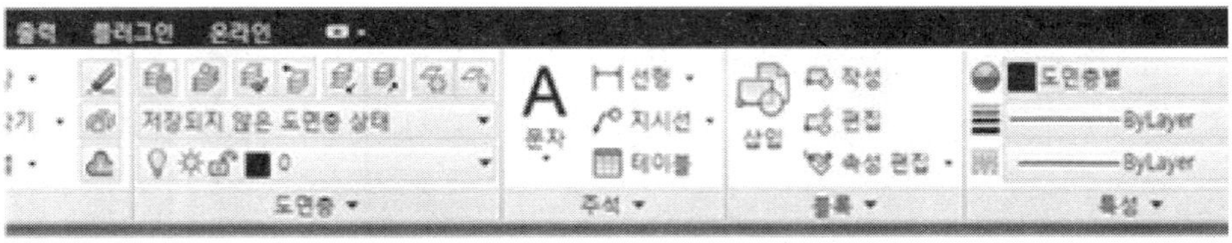

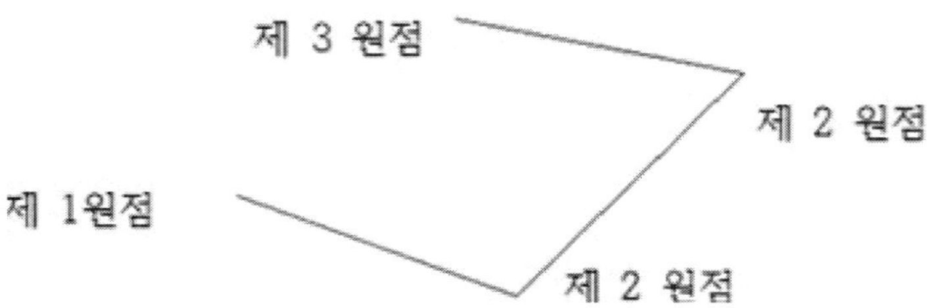

[Fig.3 좌표로 선 그리기]

연습문제

■ 예제 - 선긋기 연습 1

▶ 그리기 도구의 선을 선택, 좌표값을 이용하여 아래의 그림을 완성하시오.

▶ 경로 : 그리기 패널 → 선

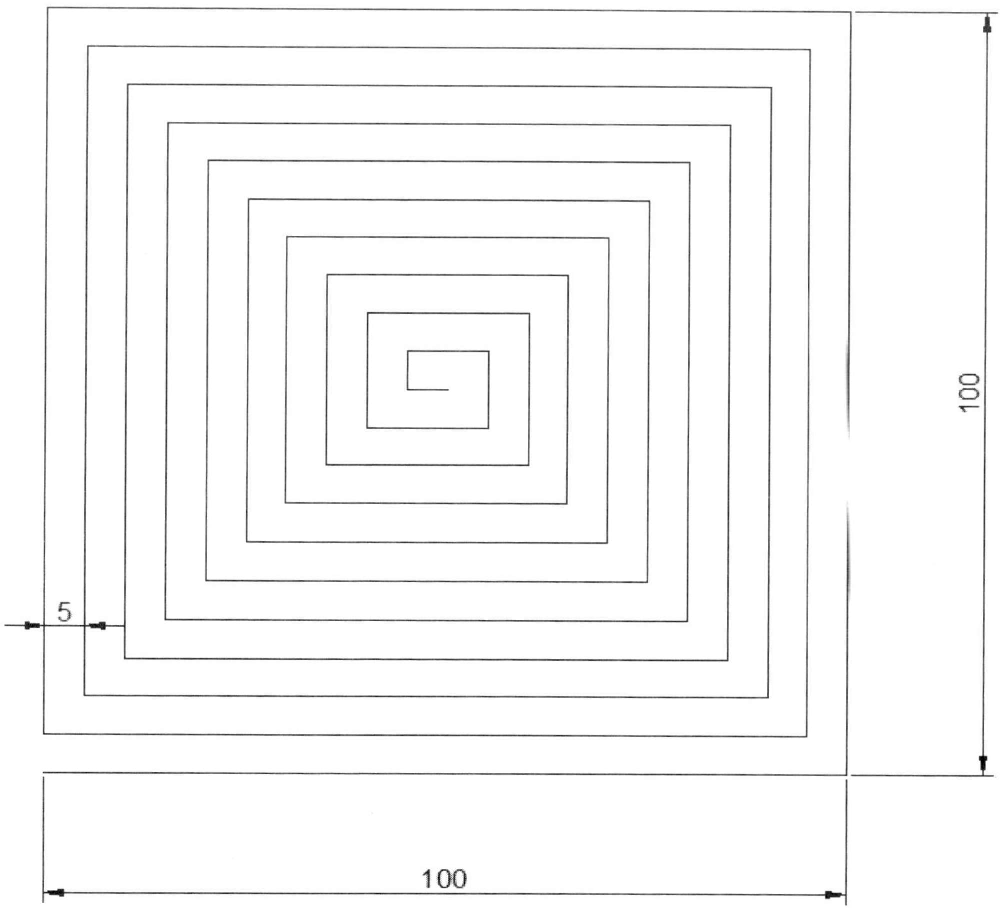

연습문제

■ 예제 - 선긋기 연습 2

▶ 그리기 도구의 선을 선택하여 아래의 그림을 완성하시오.

▶ 경로 : 그리기 패널 → 선

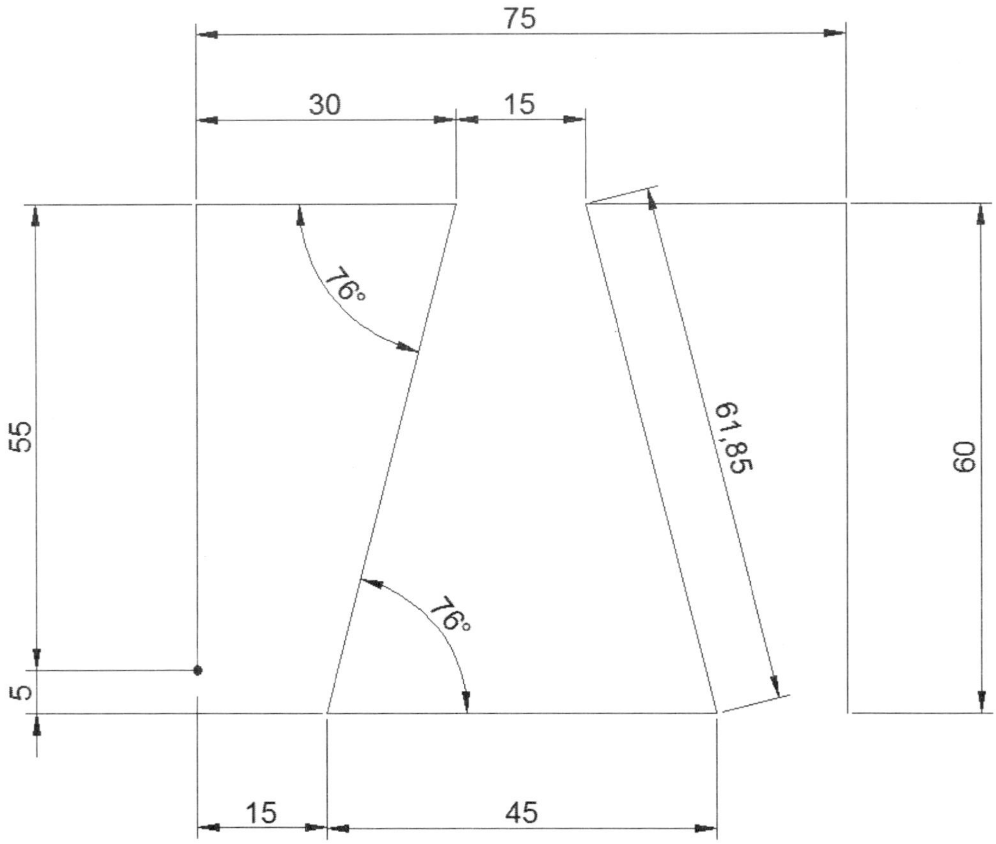

1-2 폴리선 (Polyline)

폴리선은 객체를 작성하는 과정에서 사용자에게 보다 더 다양한 표현의 선택을 주기 위해 전체가 하나의 객체로 인식이 되는 선입니다. 명령을 시작해서 끝날 때까지 작성한 객체가 한 번의 클릭으로 선택되는 명령어 이므로 면적 계산을 위한 보조선이나 해칭을 위한 테두리 객체를 만들 때 주로 사용합니다. 직선과 곡선 및 각각의 개체에 두께를 조절할 수 있고 시작점에서 끝점까지 점차적인 두께 변화도 가능한 잇점이 있습니다. 폴리라인 작성 방법은 Line 명령어의 방법과 동일합니다. PEDIT 명령어로 편집이 가능하고 EXPLODE 로 분해도 가능합니다.

(1) 폴리선 그리기 (Pline)

① 직접 명령 입력 창에 pline 이라는 명령어를 입력하거나, 단축 키 피엘(pl)을 입력합니다.

② 혹은 리본 메뉴에서 그리기 패널을 클릭합니다. 메뉴 중에서 폴리선을 선택합니다.

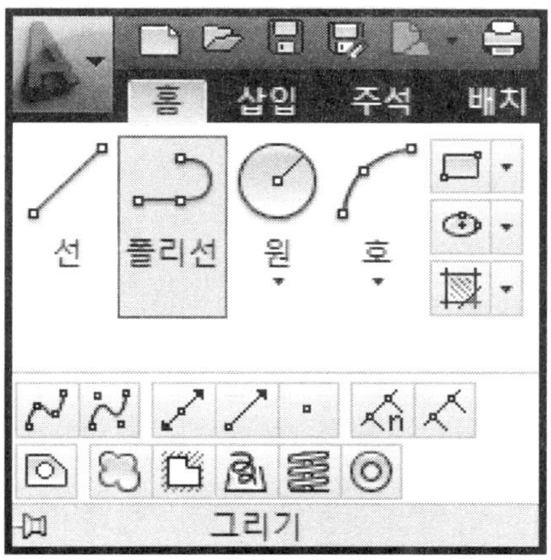

[Fig.4 선 그리기 명령어]

(2) 선 그리는 방법

△ 명령 : Pline

△ 첫 번 째 점 지정 : 첫 번 째 점을 입력합니다.

△ 다음 점 지정 또는 [호(A), 반폭(W), 길이(L), 명령취소(U), 폭(W)] : W를 입력합니다.

△ 폴리선 시작 폭 지정 <0.0000> : 3 을 입력합니다.

△ 다음 점 지정 또는 [명령취소(U)] :두 번 째 점을 입력합니다.

△ 다음 점 지정 또는 [호(A), 반폭(W), 길이(L), 명령취소(U), 폭(W)] : W를 입력합니다.

△ 폴리선 시작 폭 지정 〈3.0000〉 : 다시 6을 입력합니다.

△ 다음 점 지정 또는 [명령취소(U)] :세 번 째 점을 입력합니다.

△ 다음 점 지정 또는 [호(A), 반폭(W), 길이(L), 명령취소(U), 폭(W)] : W를 입력합니다.

△ 폴리선 시작 폭 지정 〈6.0000〉 : 다시 9를 입력합니다.

△ 다음 점 지정 또는 [명령취소(U)] :네 번 째 점을 입력합니다.

△ 다음 점 지정 또는 [호(A), 반폭(W), 길이(L), 명령취소(U), 폭(W)] : W를 입력합니다.

△ 폴리선 시작 폭 지정 〈9.0000〉 : 다시 3를 입력합니다.

△ 다음 점 지정 또는 [명령취소(U)] :C 입력하여 종료합니다.

♣ 나머지 호, 반폭, 길이도 폭의 입력방식과 동일합니다.

♣ 해체 (Explode) 명령어를 사용하여 폴리선(Pline)의 속성을 선(Line)의 속성으로 변경시킬 수 있습니다.

연습문제

■ 예제 - 도형 그리기 연습

▶ 그리기 도구의 폴리 선을 선택하여 아래의 그림을 완성하시오.

▶ 경로 : 그리기 패널 → 폴리선

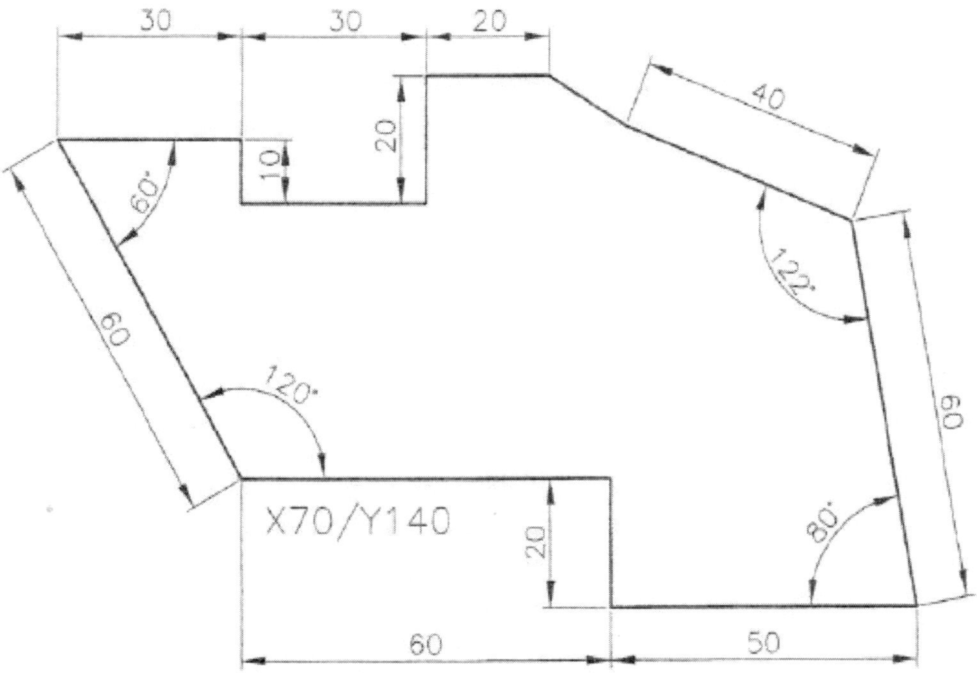

▣ MEMO

1-3 원 (Circle)

원 (Circle)은 선과 더불어 가장 기초적이고 중요한 그리고 사용빈도가 매우 높은 주 명령어입니다. 주 구동 명령어로 원 (Circle)을 입력하고 명령의 옵션으로 중심점, 반지름과 중심전, 지름, 그리고 2점, 3점, 접선, 접선, 반지름 (TTR) 등이 있습니다. 접선, 접선, 접선이 있습니다.

(1) 원 그리기 (Circle)

① 직접 명령 입력 창에 circle 이라는 명령어를 입력하거나, 단축키 C를 입력합니다.

② 혹은 리본 메뉴에서 그리기 패널을 클릭합니다. 메뉴 중에서 원을 선택합니다.

[Fig.5 원 그리기 명령어]

(2) 보조 명령어

원을 그리기 위해서 직접 명령 입력 후 원하는 원의 세분화를 위해 구성된 보조명령어입니다.

① 중심점, 반지름 : 중심점 선택 후 원하는 원의 반지름을 입력합니다.

② 중심전, 지름 : 중심점 선택 후 원하는 원의 지름을 입력합니다.

③ 2점 : 두 점에 대한 원을 그리는 보조 명령어입니다.

④ 3점 : 세점을 입력해서 원을 그리는 보조 명령어입니다.

⑤ 접선, 접선, 반지름 : 두 모서리를 선택 후 그 사이에 원하는 치수에 대한 원을 그립니다.

⑥ 접선, 접선, 접선 : 세 원의 모서리를 선택, 원을 그리는 보조 명령어입니다.

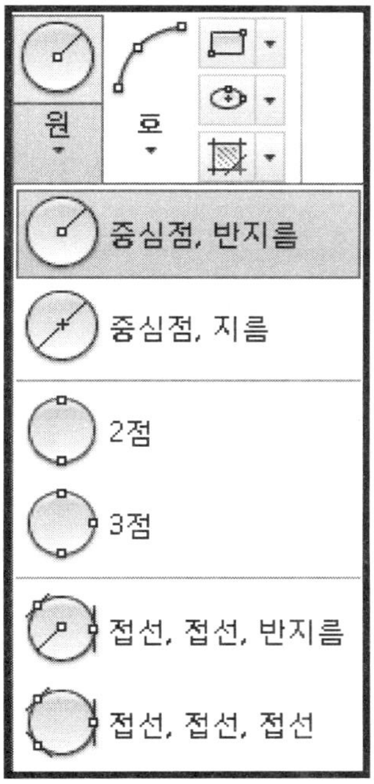

[Fig.6 원 그리기 명령어 세부명령어]

(3) 원 그리는 방법 (명령 창 이용)

① **명령** : circle **(반지름, 지름값 입력)**

△ 원에 대한 중심점 지정 또는 첫 번째 점 지정 [3점(3P), 2점(2P), TTR] : 중심점을 입력합니다.

△ 원의 반지름 지정 또는 [지름(D)] : 반지름 값을 입력합니다. 혹은 D를 눌러 지름값 입력으로 바꾼 후 지름 값을 입력합니다.

② **명령** : circle **(3점 입력)**

△ 원에 대한 중심점 지정 또는 첫 번째 점 지정 [3점(3P), 2점(2P), TTR]: 3P를 입력합니다.

△ 원의 첫 번째 점 지정 : 마우스로 화면의 첫 번째 점을 지정합니다.

△ 원의 두 번째 점 지정 : 마우스로 화면의 두 번째 점을 지정합니다.

△ 원의 세 번째 점 지정 : 마우스로 화면의 세 번째 점을 지정합니다.

△ 명령 : circle (2점 입력)

△ 원에 대한 중심점 지정 또는 첫 번째 점 지정 [3점(3P), 2점(2P), TTR]: 2P를 입력합니다.

△ 원의 첫 번째 점 지정 : 마우스로 화면의 첫 번째 점을 지정합니다.

△ 원의 두 번째 점 지정 : 마우스로 화면의 두 번째 점을 지정합니다.

③ **명령** : circle (**접선 접선 반지름 입력**)

△ 원에 대한 중심점 지정 또는 첫 번째 점 지정 [3점(3P), 2점(2P), TTR]: T를 입력합니다.

△ 원의 첫 번째 접점에 대한 객체위의 점 지정 : 마우스로 접선의 첫 번째 점을 지정합니다.

△ 원의 두 번째 접점에 대한 객체위의 점 지정 : 마우스로 접선의 두 번째 점을 지정합니다.

△ 원의 반지름 지정 <100.00> : 원하는 반지름 값을 입력합니다.

④ **명령** : circle (**접선 접선 접선 입력**)

△ 원에 대한 중심점 지정 또는 첫 번째 점 지정 [3점(3P), 2점(2P), TTR]: T를 입력합니다.

△ 원의 첫 번째 접점에 대한 객체위의 점 지정 : 마우스로 접선의 첫 번째 점을 지정합니다.

△ 원의 두 번째 접점에 대한 객체위의 점 지정 : 마우스로 접선의 두 번째 점을 지정합니다.

△ 원의 세 번째 접점에 대한 객체위의 점 지정 : 마우스로 접선의 세 번째 점을 지정합니다.

연습문제

■ 예제 - 원 그리기 연습

▶ 원 그리기 도구를 이용하여 아래의 그림을 완성하시오.

▶ 경로 : 그리기 패널 → 원

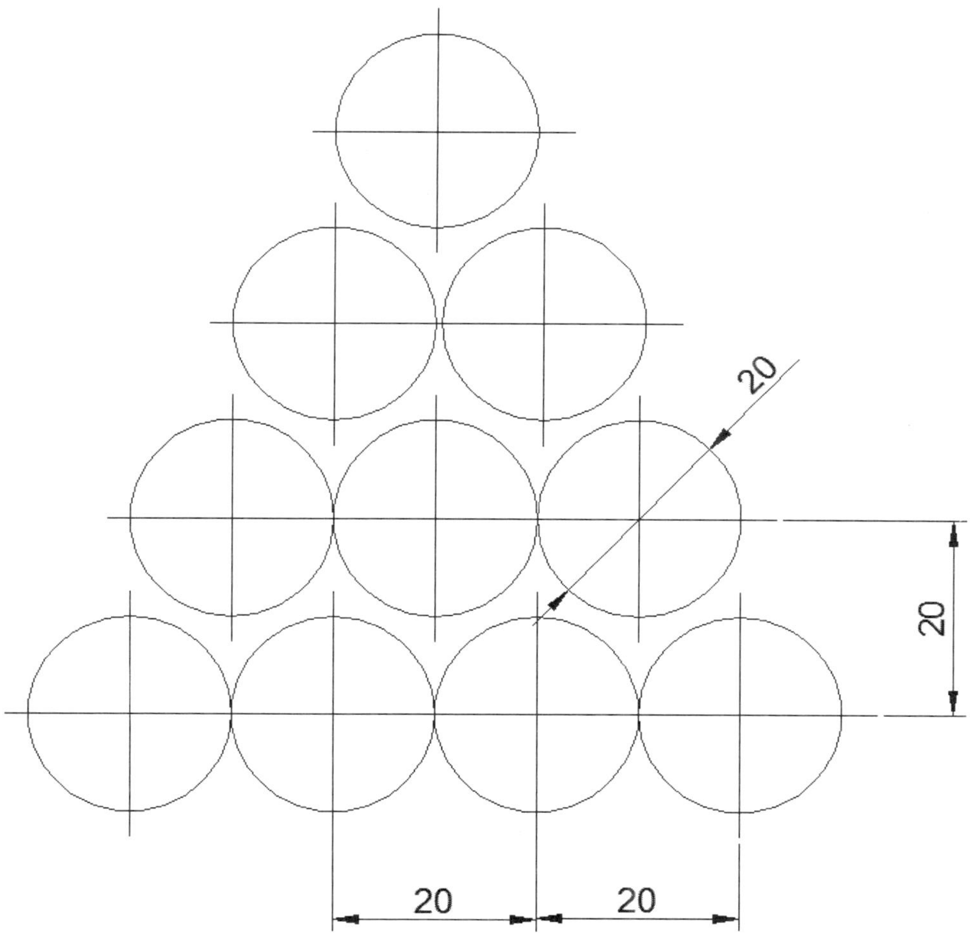

연습문제

■ 예제 - 선긋기 연습 2

▶ 원 그리기 도구를 이용하여 아래의 그림을 완성하시오.

▶ 경로 : 그리기 패널 → 원

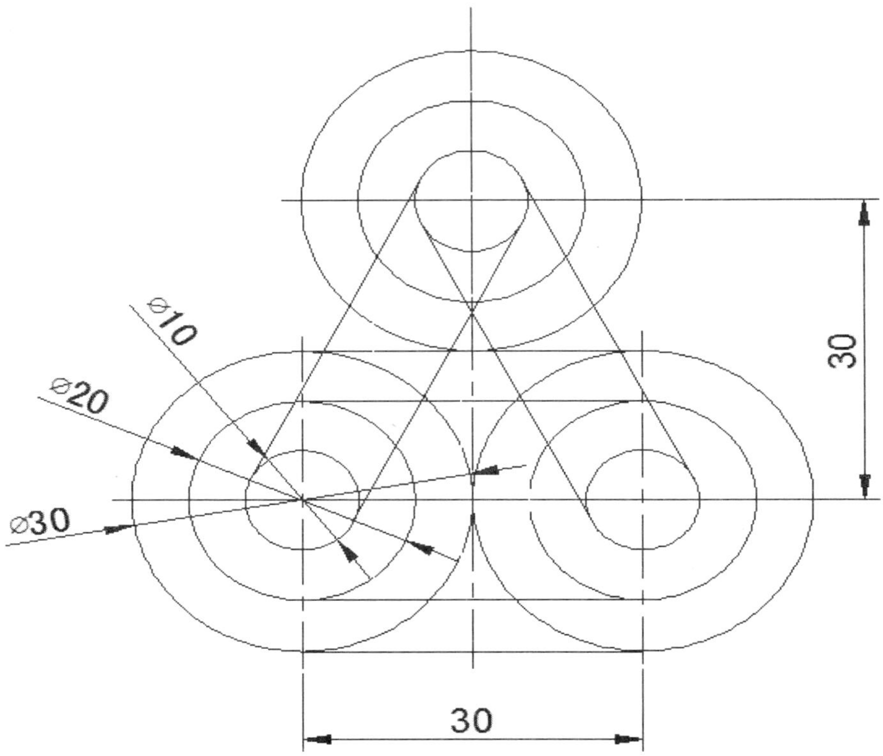

▣ MEMO

1-4 호 (Arc)

호(Arc)는 원 (Circle)의 원주 상에 두점으로 한정되어지는 일 부분을 말합니다. 호는 형상의 일부로 사용되므로 원과 호의 쓰임새만 놓고 비교하자면 호의 비중이 다소 높습니다. 명령의 옵션으로 중심점, 반지름과 중심전, 지름, 그리고 2점, 3점, 접선, 접선, 반지름 (TTR) 등이 있습니다. 접선, 접선, 접선이 있습니다.

(1) 호 그리기 (Arc)

① 직접 명령 입력 창에 circle 이라는 명령어를 입력하거나, 단축키 A를 입력합니다.

② 혹은 리본 메뉴에서 그리기 패널을 클릭합니다. 메뉴 중에서 호를 선택합니다.

[Fig.7 호 그리기 명령어]

(2) 보조 명령어

호를 그리기 위해서 직접 명령 입력 후 원하는 호의 세분화를 위해 구성된 보조명령어입니다.

① 3점 : 원하는 곳에 3점을 찍어 호를 그리는 보조 명령어입니다.

② 시작점, 중심점, 끝점 : 시작점과 중심점, 그리고 끝점을 이어 호를 그리는 보조명령어.

③ 시작점 중심점, 각도 : 시작점과 중심점, 그리고 각도를 입력, 호를 그리는 보조명령어.

④ 시작점, 중심점, 길이 : 시작점과 중심점, 그리고 길이를 입력, 호를 그리는 보조명령어.

⑤ 시작점, 끝점, 각도 : 시작점과 끝점, 그리고 각도를 입력하여 호를 그리는 보조명령어.

⑥ 시작점, 끝점, 방향 : 시작점과 끝점, 그리고 방향을 입력하여 호를 그리는 보조명령어.

⑦ 시작점, 끝점, 반지름 : 시작점과 끝점, 그리고 반지름을 입력, 호를 그리는 보조명령어.

⑧ 중심점, 시작점, 끝점 : 중심점과 시작점, 그리고 끝점을 입력, 호를 그리는 보조명령어.

⑨ 중심점, 시작점, 각도 : 중심점과 시작점, 그리고 각도를 입력, 호를 그리는 보조명령어.

⑩ 중심점, 시작점, 길이 : 중심점과 시작점, 그리고 길이를 입력, 호를 그리는 보조명령어.

⑪ 연속 : 마지막으로 입력된 호의 끝에서 연결해서 연속 입력, 호를 그리는 보조명령어.

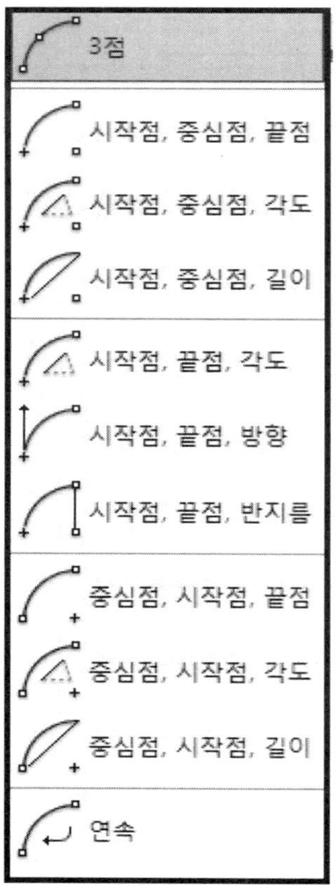

[Fig.8 호 그리기 세부 명령어]

(3) 호 그리는 방법

① **명령 : a (반지름, 지름값 입력)**

△ 호의 시작점 지정 또는 [중심(C)] : 호의 시작점을 지정합니다.

△ 호의 두 번 째점 또는 [중심(C), 끝(E)] : 호의 두 번째 점을 지정합니다.

△ 호의 끝점 지정 : 호의 마지막 점을 지정합니다.

연습문제

■ 예제 - 호 그리기 연습 1

▶ 호 그리기 도구를 이용하여 아래의 그림을 완성하시오.

▶ 경로 : 그리기 패널 → 호

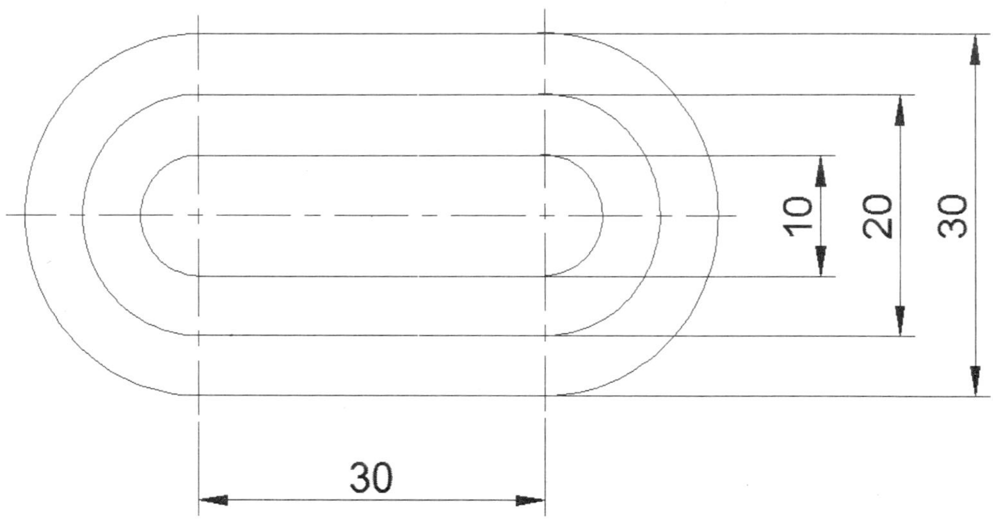

▣ MEMO

연습문제

■ 예제 - 호 그리기 연습 2

▶ 호 그리기 도구를 이용하여 아래의 그림을 완성하시오.

▶ 경로 : 그리기 패널 → 호

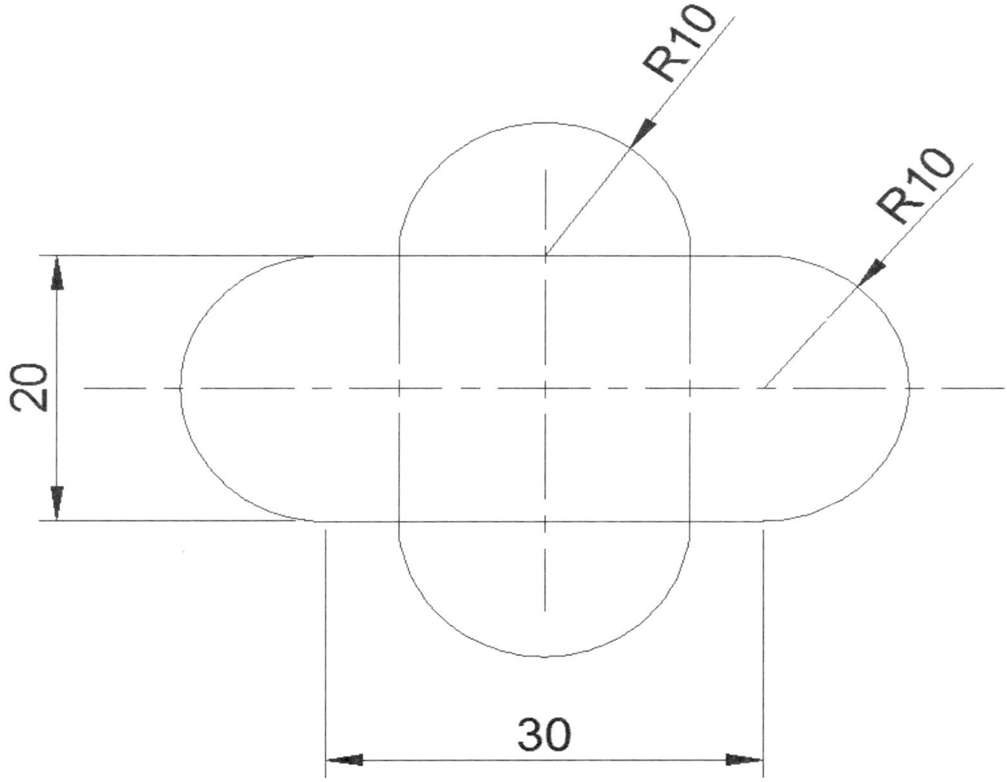

▣ MEMO

1-5 직사각형 (Rectangle)

직사각형(Rectangle)은 평면기하에서 4 내각의 크기가 모두 같은 사각형 부분을 말합니다. 4 내각의 크기는 모두 900가 됩니다. 한 내각의 크기가 900인 평행사변형을 직사각형이라고 합니다.

(1) 직사각형 (Rec) 그리기

① 직접 명령 입력 창에 REC 라는 단축 명령어를 입력합니다.

② 혹은 리본 메뉴에서 그리기 패널을 클릭합니다. 메뉴 중에서 사각형을 선택합니다.

[Fig.9 직사각형 그리기 명령어]

(2) 직사각형 그리는 방법

① **명령** : rec **(두 점 입력)**

△ 첫 번째 구석점 지정 또는 [모따기(C) 고도(E) 모깍기(F) 두께(T) 폭(W)] : 화면 상에서 마우스를 이용하여 원하는 사각형 의 시작점을 지정합니다

△ 반대 구석 지정 또는 [영역(A) /치수 (D) / 회전(R)] : 화면 상에서 마우스를 이용하여 반대 구석을 지정, 입력을 마칩니다.

○ 보조 명령어인 모따기(C)와 모깍기(F) 두께(T)와 폭(W)을 이용하여 선택적으로 지정할 수 있습니다. 역시 반대 구석 지정 시 영역(A), 치수(D), 회전(R)을 선택 할 수 있습니다.

연습문제

■ 예제 - 직사각형 그리기 연습 1

▶ 직사각형 그리기 도구를 이용하여 아래의 그림을 완성하시오.

▶ 경로 : 그리기 패널 → 직사각형

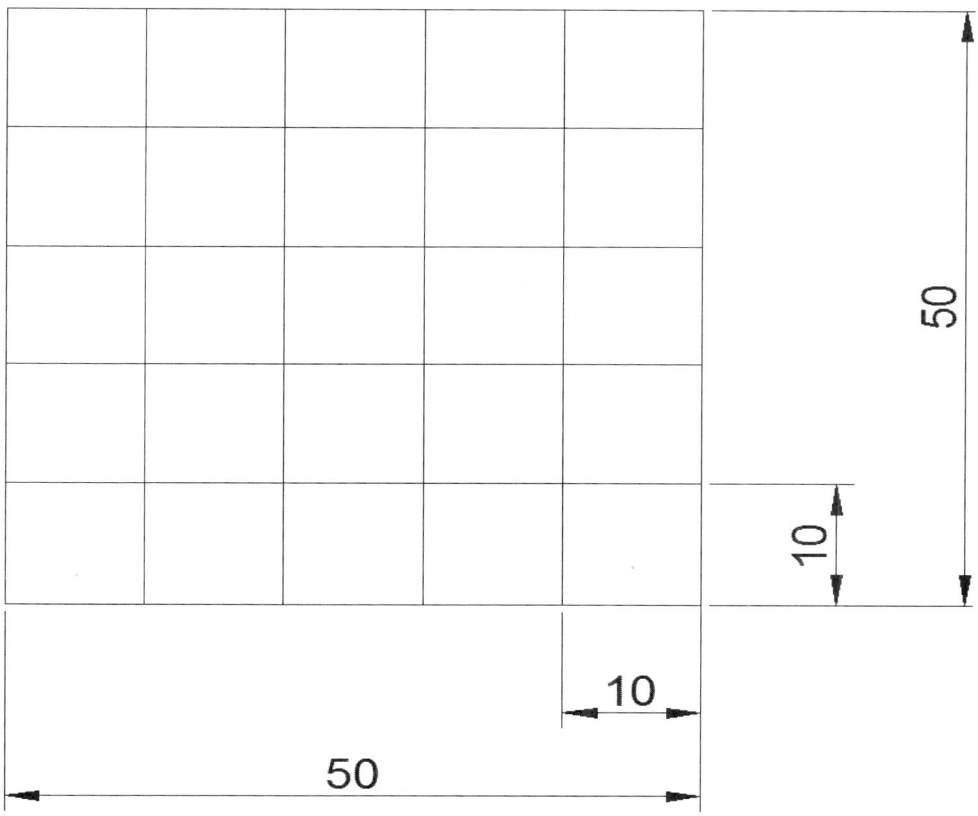

연습문제

■ 예제 - 직사각형 그리기 연습 2

▶ 직사각형 그리기 도구를 이용하여 아래의 그림을 완성하시오.

▶ 경로 : 그리기 패널 → 직사각형

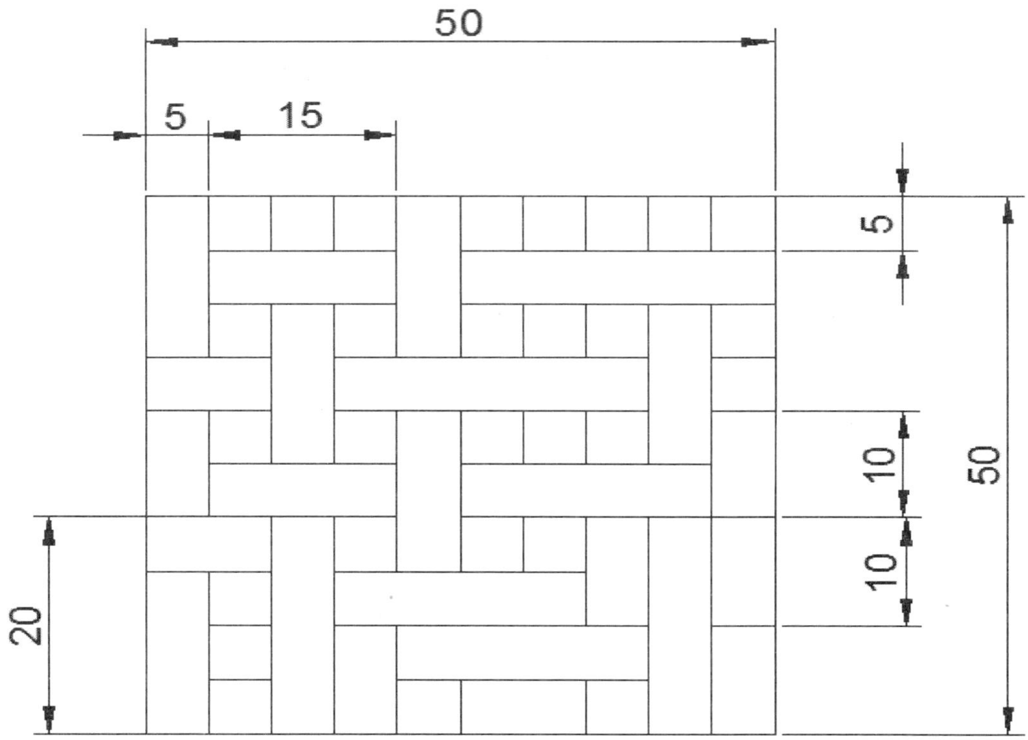

▣ MEMO

1-6 다각형 (Polygon)

다각형(Polygon)은 3개에서 1024개의 변으로 구성된 닫힌 폴리선을 그릴 수 있으며 가상의 원 안에 다각형을 내접시키거나 외접 시켜서 다각형의 한 모소리 끝점들을 지정하는 방법으로 그릴 수 있습니다. 참고로 다각형의 변들의 길이는 항상 동일하기 때문에 Polygon 명령을 사용하면 간단한 방법으로 정사각형이나 정삼각형 그리고 정육각형 등을 그릴 수가 있습니다.

(1) 다각형 (Polygon) 그리기

① 직접 명령 입력 창에 POL 라는 단축 명령어를 입력합니다.

② 혹은 리본 메뉴에서 그리기 패널을 클릭합니다. 메뉴 중에서 다각형을 선택합니다.

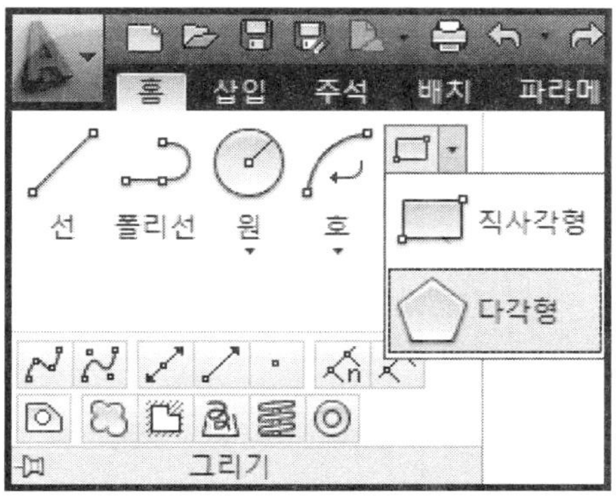

[Fig10 다각형 그리기 명령어]

(2) 다각형 그리는 방법

① 명령 : pol (다각형 입력)

△ 다각형 면의 수 입력 〈4〉 : 원하는 각형의 수를 기입합니다. 예: 엔터는 4각형

△ 다각형의 중심 또는 [모서리 (E)] : 원하는 위치에 클릭합니다.

△ 옵션을 입력 [원에 내접(I) / 원에 외접(C)] : I 를 눌러 내접을 선택합니다.

△ 원의 반지름 입력 : 원하는 반지름 값을 입력합니다.

○ '면의 수 입력' 이란 몇 각형으로 그릴 것인가를 숫자로 결정하여 입력합니다.

연습문제

예제 - 다각형 연습 1

▶ 다각형 그리기 도구를 이용하여 아래의 그림을 완성하시오.

▶ 경로 : 그리기 패널 → 다각형

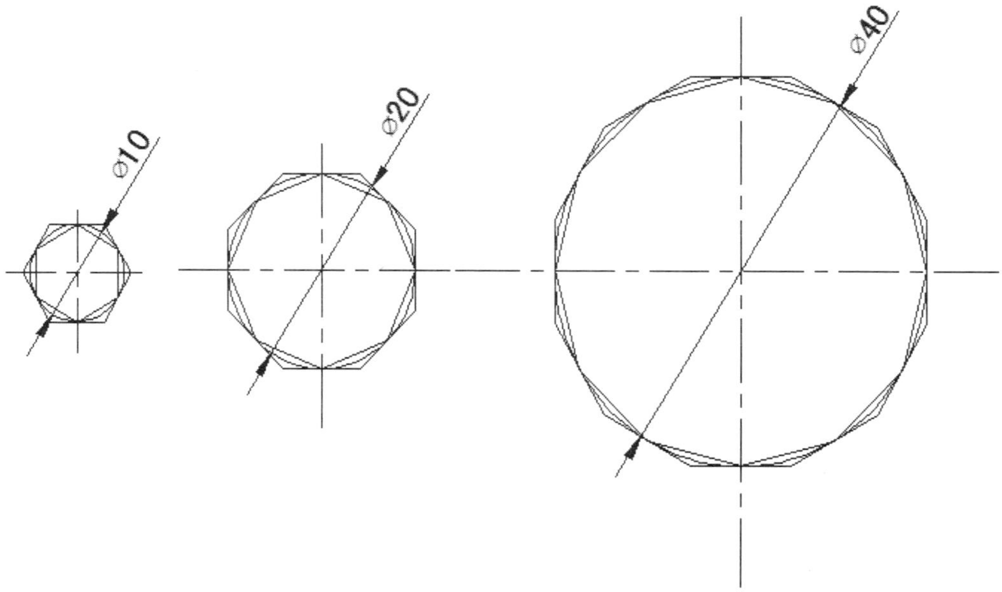

▣ MEMO

연습문제

■ 예제 - 다각형 연습 2

▶ 다각형 그리기 도구를 이용하여 아래의 그림을 완성하시오.

▶ 경로 : 그리기 패널 → 다각형

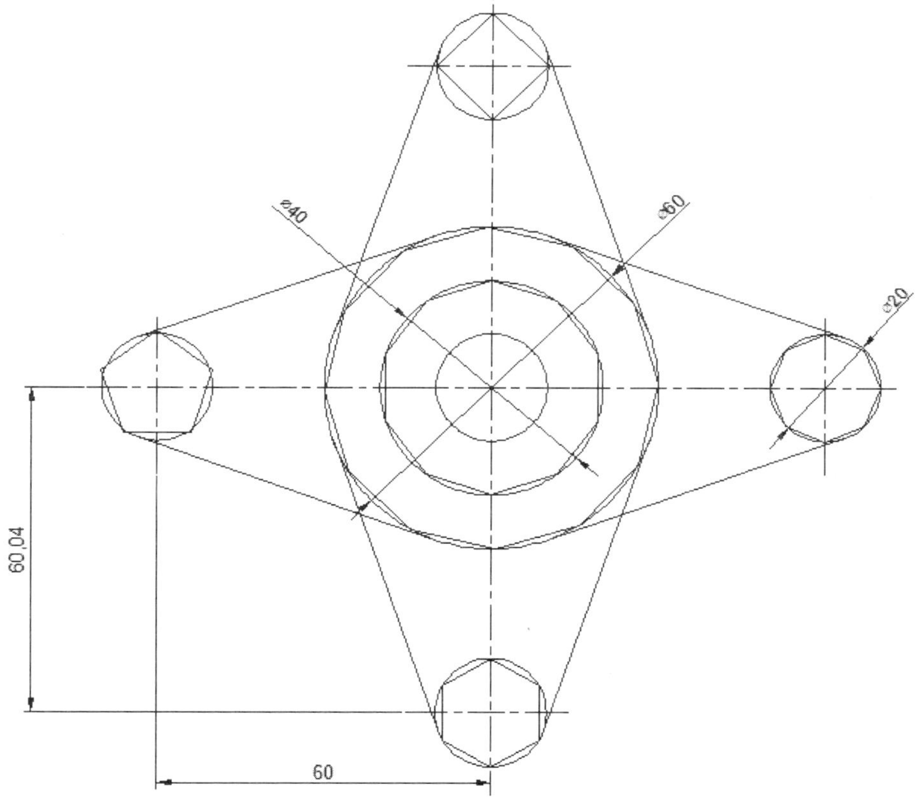

▣ MEMO

1-7 타원 (Ellipse)

타원 (Ellipse)은 명령어를 사용하여 타원을 그리려면 우선 Ellipse를 입력하고 호나 중심점을 선택한 후, 축의 끝점이나 중심을 입력하여 완성합니다. 즉, 타원의 축 끝점을 지정하고 중심을 정하거나 축의 다른 끝점, 혹은 거리를 지정하여 완성을 합니다.

(1) 타원 (Ellipse) 그리기

① 직접 명령 입력 창에 ELL 라는 단축 명령어를 입력합니다.

② 혹은 리본 메뉴에서 그리기 패널을 클릭합니다. 메뉴 중에서 타원을 선택합니다.

[Fig.11 타원 그리기 명령어]

(2) 타원 그리는 방법

① 타원 중심 : 임의의 한 점을 중심으로 선택하고 축의 끝점, 그리고 거리를 입력합니다.

② 축, 끝점 : 축의 끝 점을 선택하고 또 다른 축의 끝점, 그리고 거리를 입력합니다.

③ 타원형 호 : 타원형 호의 끝 점을 선택하고 또 다른 축의 끝점, 그리고 거리를 입력합니다.

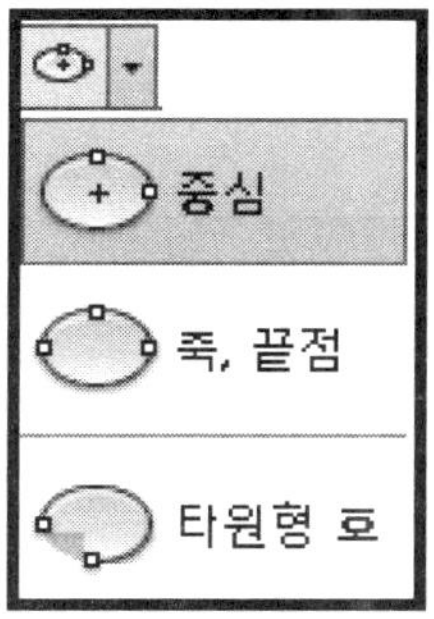

[Fig.12 타원 그리기 세부 명령어]

1-8 해치 (Hatch)

해치 (Hatch)는 닫힌 영역이나 선택한 객체를 해치패턴 또는 채우기로 채우는 명령어 입니다.

(1) 해치 (Hatch) 그리기

① 직접 명령 입력 창에 H 라는 단축 명령어를 입력합니다.

② 혹은 리본 메뉴에서 그리기 패널을 클릭합니다. 메뉴 중에서 해치를 선택합니다.

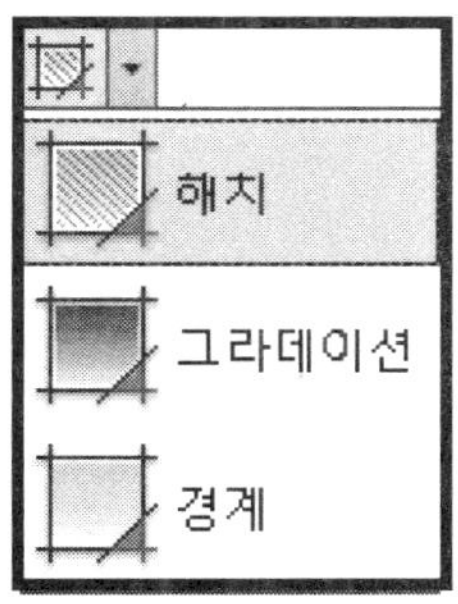

[Fig.13 해치 그리기 명령어]

(2) 해치 그리는 방법

① 객체에 의해 닫힌 영역 내의 한 점을 지정합니다.

② 영역을 둘러싸고 있는 객체를 지정합니다.

③ 해치 그리기 옵션을 사용하여 경계점을 지정합니다.

④ 도구 팔레트나 디자인 센터에서 해치 패턴을 끌어 닫힌 영역에 넣습니다.

⑤ 세부 명령어로서 Solid, Angle, ANSI31과 ANSI32 등의 패턴이 있습니다.

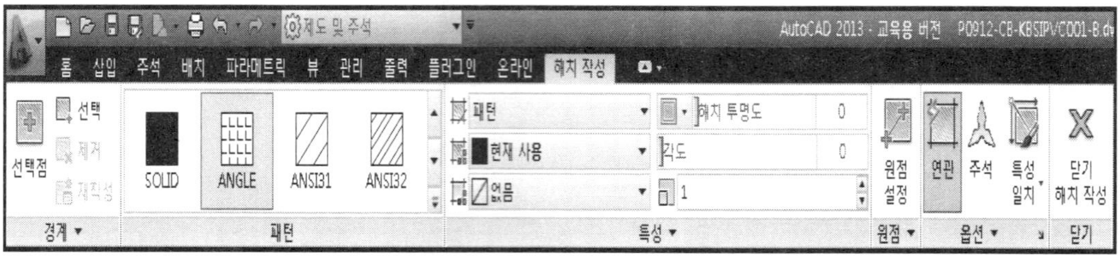

[Fig.14 해치 그리기 세부 명령어]

연습문제

■ 예제 - 해치 연습

▶ 해치 그리기 도구를 이용하여 아래의 그림을 완성하시오.

▶ 경로 : 그리기 패널 → 해치

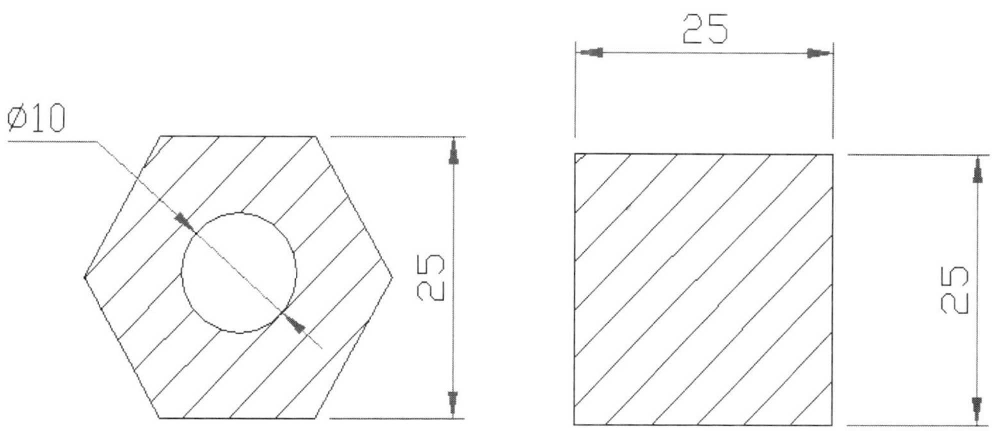

▣ MEMO

연습문제

■ 예제 - 해치 연습 2

▶ 해치 그리기 도구를 이용하여 아래의 그림을 완성하시오.

▶ 경로 : 그리기 패널 → 해치

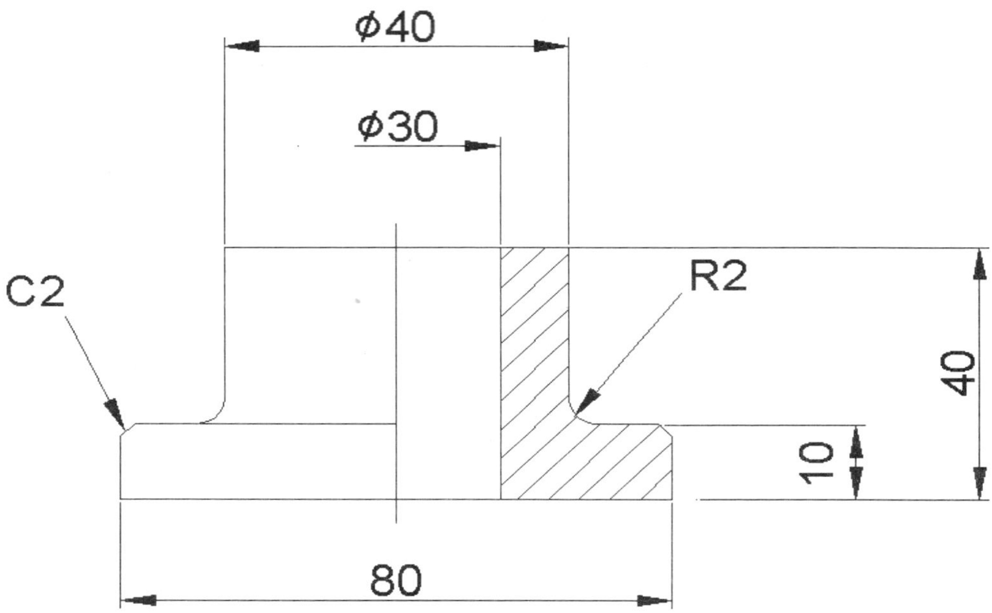

▣ MEMO

1-9 스플라인 (Spline)

스플라인 (Spline)은 NURBS (비균일 유리 B-스플라인 곡선)이라는 부드러운 곡선을 작성하는 명령어입니다. 이러한 곡선을 간단하게 스플라인이라고 지칭을 합니다.

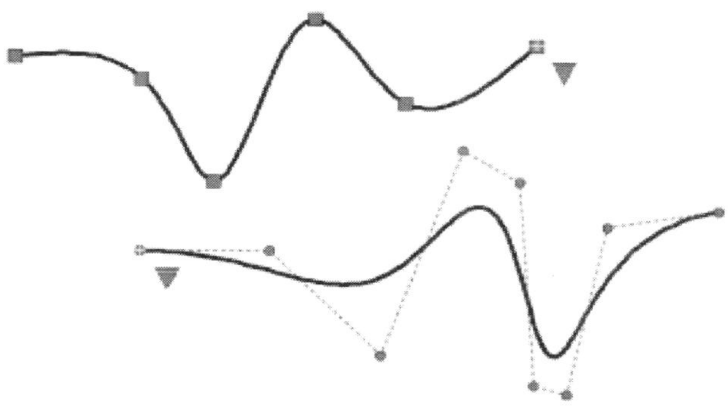

[Fig.15 스플라인]

(1) 스플라인 (Spline) 그리기

① 직접 명령 입력 창에 SPL 이라는 단축 명령어를 입력합니다.

② 혹은 리본 메뉴에서 그리기 패널을 클릭합니다. 메뉴 중에서 스플라인을 선택합니다.

[Fig.16 스플라인 그리기 명령어]

(2) 스플라인 그리는 방법

① 스플라인의 첫 번째 점을 지정합니다.

② 다음 점의 엔터 키를 누를 때까지 스플라인 세그먼트를 추가로 작성합니다.

③ 마지막 점이 첫 번째 점과 일치하도록 하여 스플라인을 닫습니다.

1-10 구상선 (Xline)

구상선 (Xline)은 길이가 무한한 선을 일컫는 말이며, X 선과 같이 무한대로 연장되는 선을 사용하여 구성선 및 참조선을 작성합니다. 경계(Limits)와 관계없는 명령어입니다.

(1) 구상선 그리기

① 점　선이 통과할 두 점을 사용하여 무한선의 위치를 지정합니다.
지정한 점을 통과하는 X선이 작성됩니다.

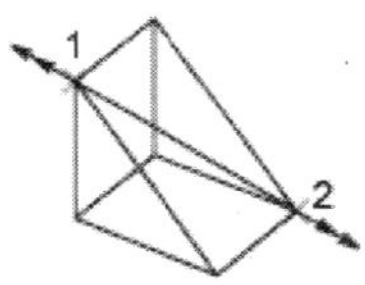

② 수평　지정한 점을 통과하는 수평 X선을 작성합니다.
X 축에 평행한 X선이 작성됩니다.

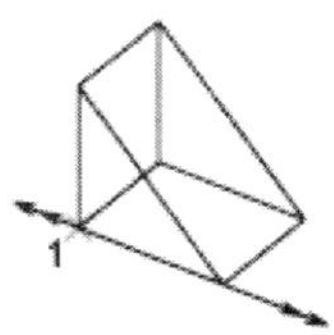

③ 수직　지정한 점을 통과하는 수직 X선을 작성합니다.
Y 축에 평행한 X선이 작성됩니다.

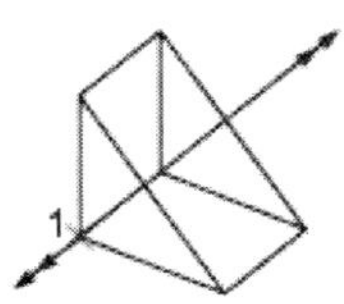

④ 각도 지정한 각도로 X선을 작성합니다.

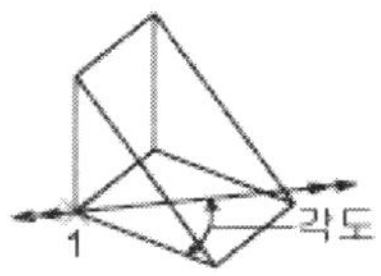

X선의 각도

선을 배치할 각도를 지정합니다.

(2) 구상선 (Xline) 그리는 방법

① 직접 명령 입력 창에 XL 이라는 단축 명령어를 입력합니다.

② 혹은 리본 메뉴에서 그리기 패널을 클릭합니다. 메뉴 중에서 구상선을 선택합니다.

③ 화면 상에 원하는 부위에 클릭을 합니다. 수평은 H (Horizontal), 수직은 V (Vertical) 이라는 보조 명령어를 입력하면 수직, 수평에 관련된 구상선을 그릴 수 있습니다.

④ 각에 의한 무한 선은 A (Angle)을 입력합니다.

⑤ 정점과 두 점에 대한 이등분선을 작성할 때는 B (Bisect)를 입력합니다.

⑥ 사용자가 지정한 요소에 대하여 평행하게 무한선을 작성할 때는 O(Offset)을 입력합니다.

[Fig.17 구상선 그리기 명령어]

1-11 광선 (Ray)

사용자가 지정한 점에서 시작해서 한 쪽 방향으로 무한하게 연장되는 반무한선을 작성할 때 사용하는 명령어입니다.

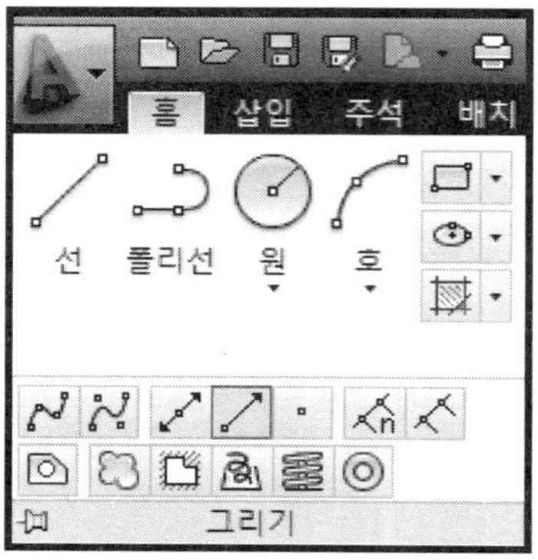

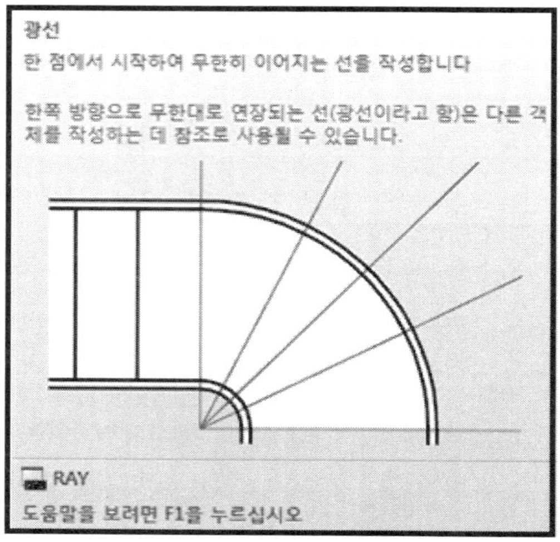

[Fig.18 광선 그리기 명령어]

1-12 점 (Point)

○ 도면 점(Point) 을 표현할 때 사용하는 명령어입니다.

○ 여러 모양의 점(Point) 을 생성하려면 시스템 변수 PDMODE를 이용하여 조절을 합니다.

○ 아래 그림은 점(Point)의 모드 번호입니다. 원하는 점(Point)의 값을 입력하여 설정합니다. 점(Point) 1은 아무 점도 표시하지 않는다는 의미입니다.

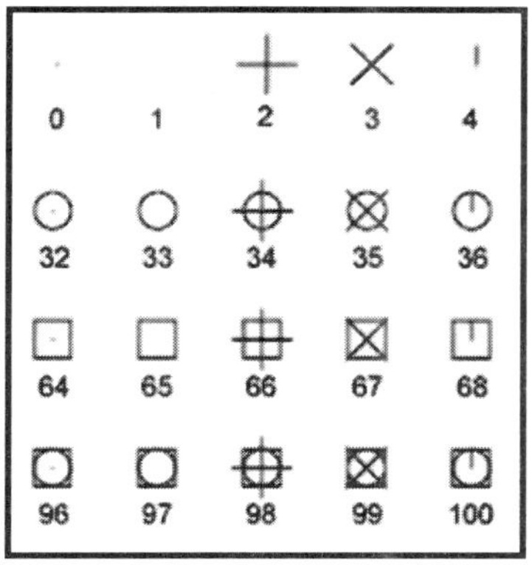

[Fig.19 점 설정]

○ 시스템 변수 PDSIZE 는 점의 크기를 조절하는 역할을 합니다.

1-13 등분할 (Divide)

○ 등분할 (Divide)는 객체의 길이 또는 둘레를 따라 점 객체, 블록을 일정한 간격으로 분할할 때 사용하는 명령어입니다. 약 2 ~ 32767 개로 분할이 가능합니다.

○ 블록을 선택된 객체에 균일하게 배열하는 기능도 있습니다.

○ 등분할 설정을 하는 명령어는 DDPTYPE이며, 도면에 있는 모든 점 객체의 스타일과 크기를 설정합니다.

(1) 등분할 (Divide) 그리기

① 직접 명령 입력 창에 DIV 이라는 단축 명령어를 입력합니다.

② 혹은 리본 메뉴에서 그리기 패널을 클릭합니다. 메뉴 중에서 등분할을 선택합니다.

[Fig.20 등분할 명령어]

(2) 등분할 그리는 방법

① 등분할 객체를 지정합니다.

② 분할하고자 하는 만큼 세그먼트를 입력합니다. 예를 들어 3을 입력하여 3등분을 합니다.

③ 치수를 입력하여 객체가 똑 같은 길이로 3등분 됨을 확인합니다.

1-14 길이 분할(Measure)

○ 등분할 (Divide)는 객체의 길이 또는 둘레를 따라 점 객체, 블록을 측정된 간격으로 분할할 때 사용하는 명령어입니다. 입력한 길이로 측정하여 표시를 합니다.

○ 등분할 설정을 하는 명령어는 DDPTYPE이며, 도면에 있는 모든 점 객체의 스타일과 크기를 설정합니다.

(1) 길이 분할 (Measure) 그리기

① 직접 명령 입력 창에 ME 라는 단축 명령어를 입력합니다.

② 혹은 리본 메뉴에서 그리기 패널을 클릭합니다. 메뉴 중에서 길이 분할을 선택합니다.

[Fig.21 길이 분할 명령어]

(2) 길이 분할 그리는 방법

① 길이 분할을 할 객체를 선택합니다.

② 선택한 객체를 따라 지정된 간격으로 블록을 배치합니다.

[객체에 블록을 정렬시키겠습니까?]

예 : 삽입점 둘레로 블록이 회전, 측정 중인 객체에 수평선이 정렬, 접하도록 그려집니다.

아니오 : 블록이 항상 회전 각도 0으로 삽입됩니다.

③ 세그먼트 길이를 지정하면 블록이 지정된 간격으로 삽입됩니다.

1-15 영역(Region)

영역(Region)은 영역은 닫힌 쉐이프 또는 루프로부터 작성되는 2차원 면적으로 둘러 싸고 있는 객체를 영역, 즉 면적으로 변환할 때 사용하는 명령어입니다. 닫힌 폴리선, 선, 원호, 타원, 스플라인이 포함됩니다. 여러 영역을 단일화 하거나 복합영역으로 결합할 수 있습니다.

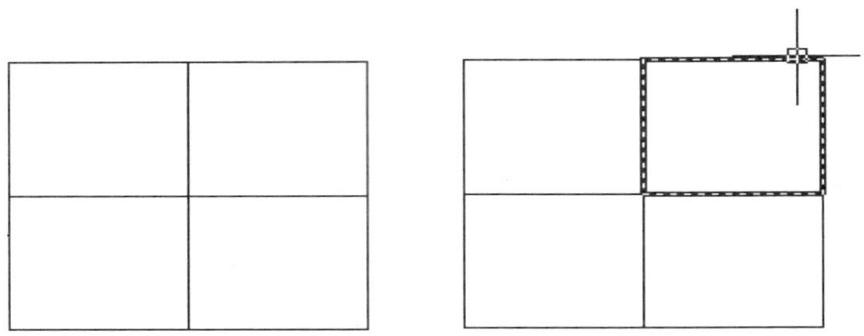

(A) (B)

[1개의 영역: 교차점이 연결되어있는 경우] [5개의 영역 : 교차점이 끊어져 있는 경우]

[Fig.22 영역]

(1) 영역(Region) 그리기

① 직접 명령 입력 창에 REG 라는 단축 명령어를 입력합니다.

② 혹은 리본 메뉴에서 그리기 패널을 클릭합니다. 메뉴 중에서 영역을 선택합니다.

[Fig.23 영역 명령어]

1-16 구름형 수정기호(Revcloud)

구름형 수정기호 (Revcloud) 는 도면의 수정된 부위를 표시할 때 특색있고 알아보기 쉽게 만든 기호입니다. 마치 삽화의 말풍선같이 특정부위를 두드러지게 식별이 가능하게 하는 명령어입니다.

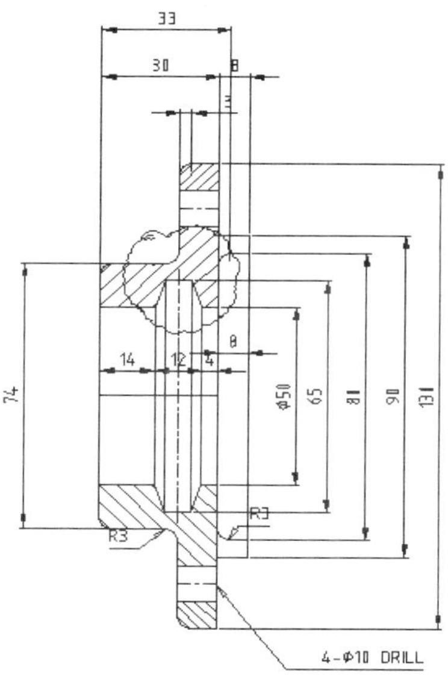

[Fig.24 길이 분할 명령어]

(1) 구름형 수정기호(Revcloud) 그리기

① 직접 명령 입력 창에 REVC 라는 단축 명령어를 입력합니다.

② 리본 메뉴에서 그리기 패널을 클릭합니다. 메뉴 중에서 구름형 수정기호를 선택합니다.

[Fig.25 구름형 수정기호 명령어]

1-17 도넛(Donut)

도넛 (Donut) 은 끝과 끝이 연결된 두 개의 호, 폴리선으로 구성되어 하나의 형상을 작성합니다. 폴리선의 폭은 사용자가 내부 및 외부지름을 입력하여 결정합니다. 솔리드로 만들고 싶은 경우는 내부지름을 0으로 하면 됩니다.

(1) 도넛(Donut) 그리기

① 직접 명령 입력 창에 DO 라는 단축 명령어를 입력합니다.

② 리본 메뉴에서 그리기 패널을 클릭합니다. 메뉴 중에서 도넛을 선택합니다.

[Fig.26 도넛 명령어]

(2) 도넛(Donut) 그리는 방법

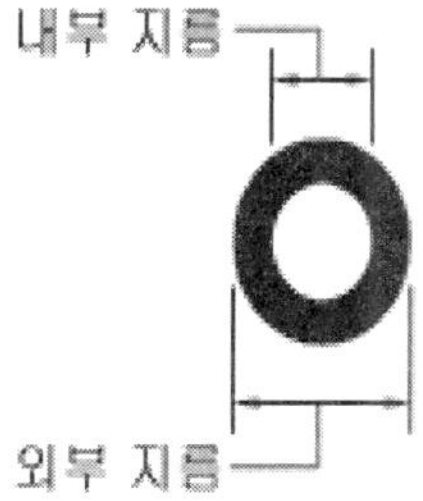

[Fig.27 도넛 형상]

△ 도넛의 내부 지름 지정 <현재>: 거리를 지정하거나 Enter 키를 누릅니다.
(내부 지름을 0으로 지정하면 도넛은 채워진 원입니다)

△ 도넛의 외부 지름 지정 <현재>: 거리를 지정하거나 Enter 키를 누릅니다.

△ 도넛의 중심 지정 또는 <종료>: 점을 지정하거나 Enter 키를 눌러 명령을 종료합니다.

연습문제

■ 예제 - 도넛 연습

▶ 도넛 그리기 도구를 이용하여 아래의 그림을 완성하시오.

▶ 경로 : 그리기 패널 → 도넛

내경10x외경20 / 내경20x외경40 / 내경30x외경60 / 내경40x외경80 / 내경50 x 외경100

▣ MEMO

연습문제

■ 예제 - 도면 그리기 연습 1

▶ 아래의 그림을 완성하시오.

▶ 품명 : 태극기

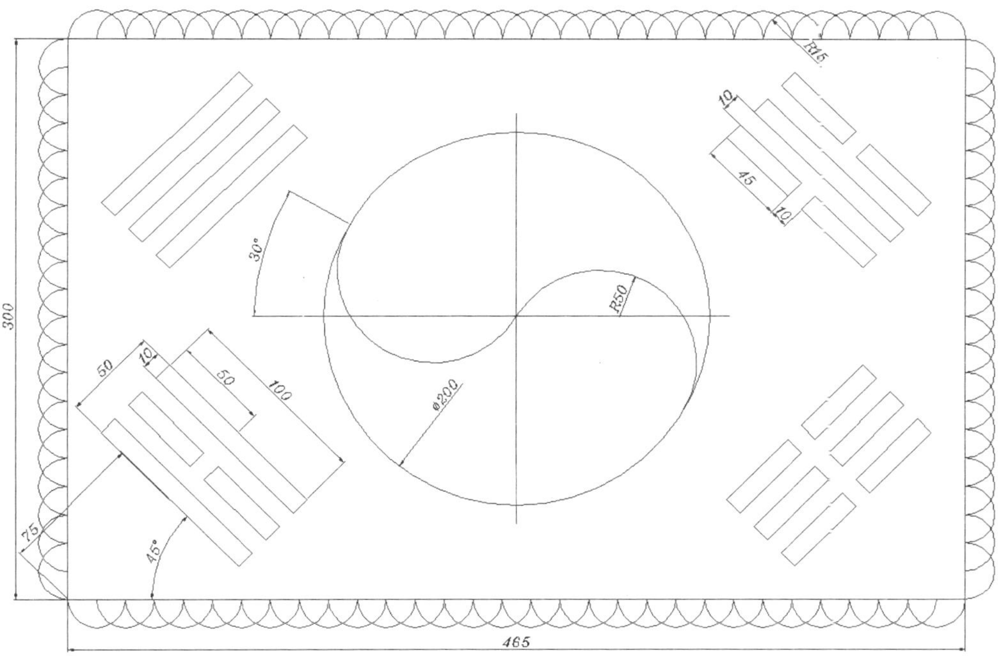

▣ MEMO

연습문제

■ 예제 - 도면 그리기 연습 2

▶ 아래의 그림을 완성하시오.

▶ 품명 : 부품 - 1

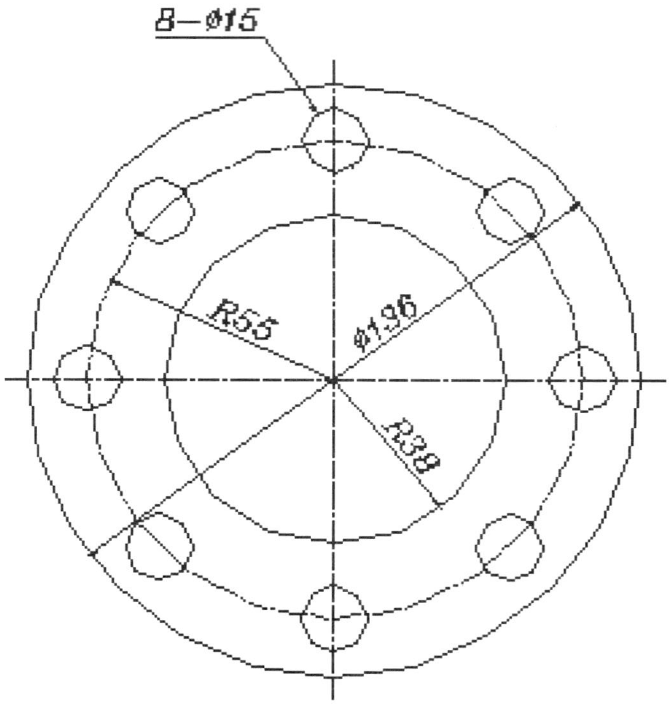

▣ MEMO

연습문제

■ 예제 - 도면 그리기 연습 3

▶ 아래의 그림을 완성하시오.

▶ 품명 : 부품 - 2

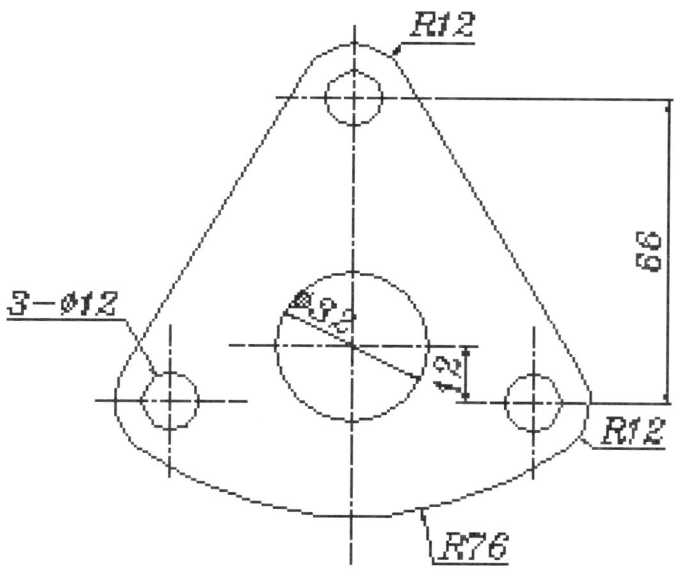

▣ MEMO

연습문제

■ 예제 - 도면 그리기 연습 3

▶ 아래의 그림을 완성하시오.

▶ 품명 : 부품 - 3

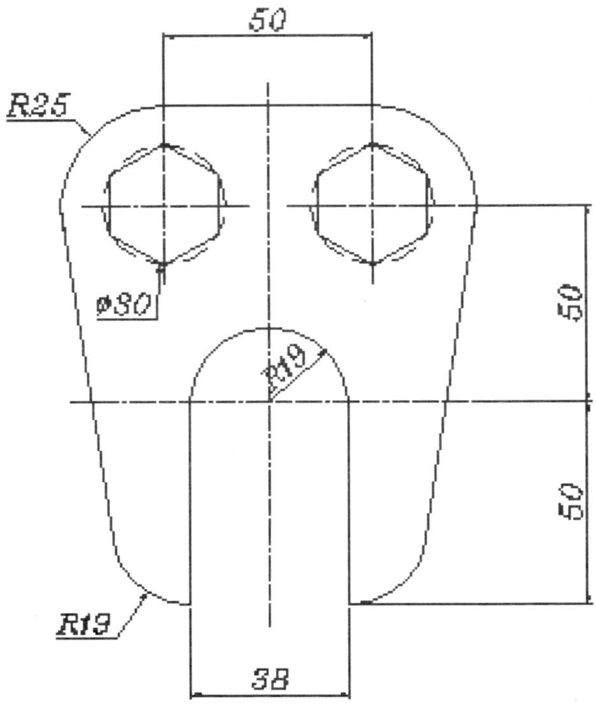

▣ MEMO

연습문제

■ 예제 - 도면 그리기 연습 4

▶ 아래의 그림을 완성하시오.

▶ 품명 : 부품 - 4

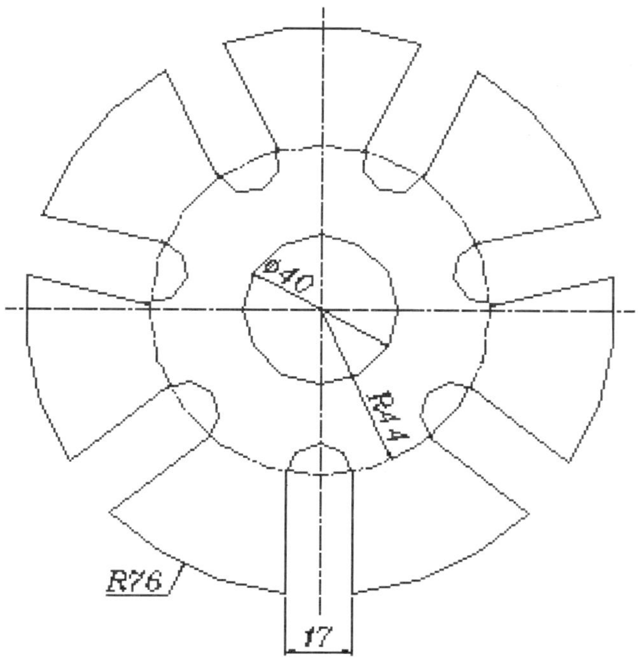

▣ MEMO

연습문제

■ 예제 - 도면 그리기 연습 5

▶ 아래의 그림을 완성하시오.

▶ 품명 : 고정바

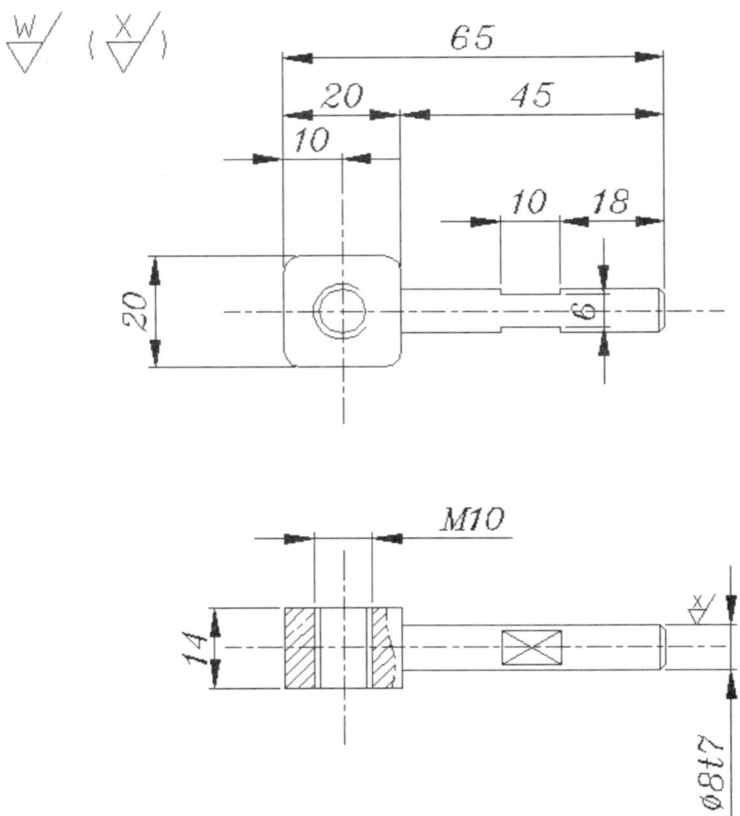

▣ MEMO

연습문제

예제 - 도면 그리기 연습 6

▶ 아래의 그림을 완성하시오.

▶ 품명 : 축 (Shaft)

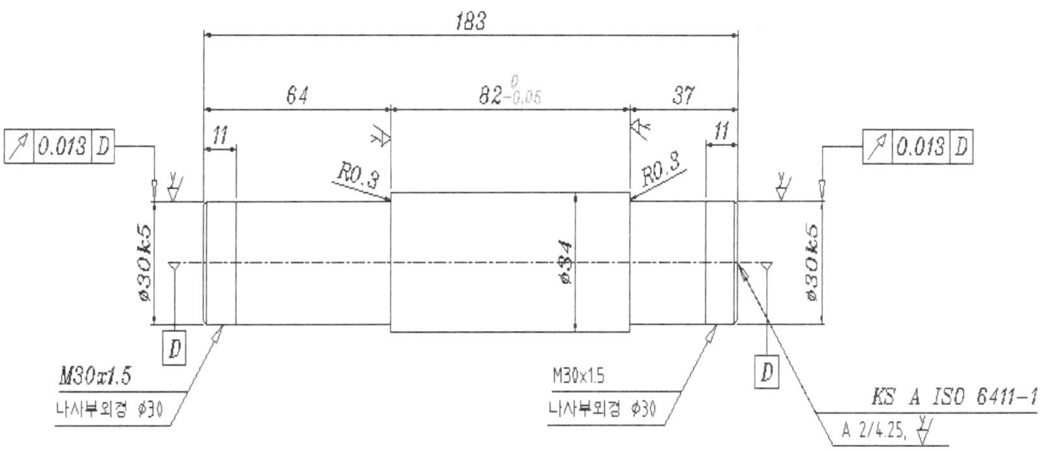

▣ MEMO

연습문제

예제 - 도면 그리기 연습 7

▶ 아래의 그림을 완성하시오.

▶ 품명 : 축 (Shaft)

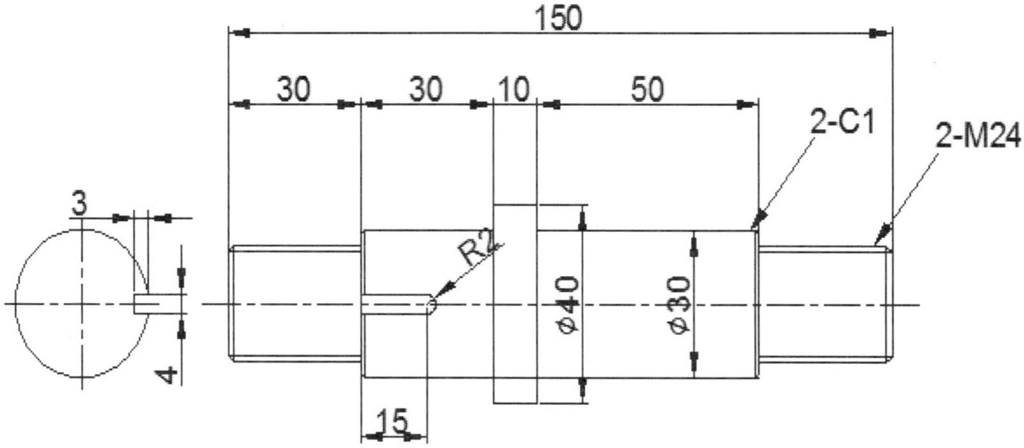

▣ MEMO

제 5 장

수정 명령어

이 장에서는 다양한 객체의 수정에 대한 내용으로 이동하기, 복사하기, 자르기, 회전하기 등 도면의 수정에 대한 지식과 개념을 익혀 봅니다.

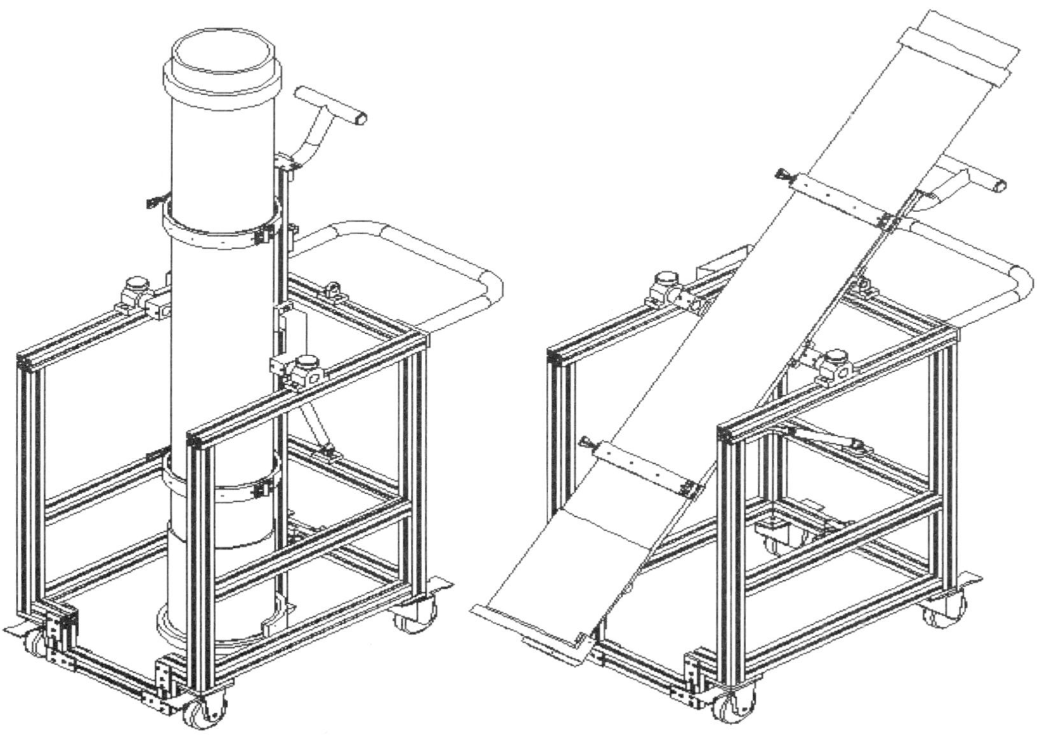

학습 목표

AutoCAD에서 객체를 교정하고 편집하며 도형의 수정 부분을 이해합니다.

학습 개요

AutoCAD에서 객체의 수정과 편집에 대한 전반적인 개념을 익혀 실무에 적용해 봅니다.

일반 목표

AutoCAD에서 도면의 설계를 위해 객체의 선택, 수정 명령어의 구분과 입력, 옵션에 따른 알맞은 명령어 사용과 수정의 개념을 배우게 됩니다.

세부 목표

지우기, 복사하기, 이동하기, 회전하기, 자르기, 편집 명령어를 사용하여 도면을 작성하고 수정 등의 명령어를 알고 이를 사용하여 도면을 작성하고 수정, 편집할 수 있습니다.

제 5 장
수정 명령어

1 수정(Modify)

1-1 수정(Modify)의 필요성

도면은 매우 선과 폴리선, 원, 타원, 호, 직사각형 등 매우 다양한 객체들로 구성이 되어있습니다. 그리고 수많은 반복과 재생성을 통해서 하나의 설계 도면으로 자리 잡게 됩니다. 하지만 이 과정에서 모든 객체 (Entity) 들을 그려 나가야 한다면 매우 비효율적인 작업이 될 것이며 노동의 강도가 매우 높을 것입니다. 수많은 객체와 도면요소들을 일일이 그리지 않고 이동과 회전을 통해서 원하는 형상을 추가로 더 구성을 한다거나 이동을 시킬 수 있습니다.

그리고 자르고 늘이기를 통해 형상을 완성하고 대칭과 배열을 통해 아이디어를 도면위에 구현해 나갑니다. 또한 특정 도면 요소들을 수정하기 위해 기본적인 주 메뉴 뿐만 아니라 보조 형식으로 된 명령어들도 함께 배워 나갑니다.

1-2 수정(Modify)의 종류

효율적이고 보다 용이한 도면 작업을 위해 특정 도면 요소들을 수정하고 또는 수많은 명령어들을 이용하여 간단하게 변형하거나 복사하고 이동을 시키고 배열을 시키는 방법들과 필요성을 배웁니다. 이러한 기능들을 한 곳에 모아 두어 효율적으로 별도의 각각의 명령어들을 익히고 배워 보도록 합니다. 홈 탭 (Tab) 수정 인터페이스에는 이동, 회전, 자르기, 늘이기, 지우기, 분해, 복사, 대칭, 모깍기, 모따기, 신축, 축척, 사각배열 배열, 원형 배열, 끊기, 특성 일치 등 수많은 명령어 들이 있습니다.

1-3 수정(Modify) 명령어 실행

먼저 주(Main)화면의 홈 탭 (Tab)을 거쳐 수정 인터페이스 명령어들을 열어 봅니다. 이 곳에는 수정에 대한 세부적인 설명에 대해 아래에 보이는 리본 메뉴에 관련 명령어들이 모여 있습니다. 도면 객체를 수정하기 위한 관련된 많은 명령어 들이 나열되어 있습니다만 지금부터 수정 인터페이스에 나타나 있는 순서대로 차례대로 설명을 해 나가도록 합니다.

[Fig.1 수정 명령어]

1-4 이동(Move)

도면 객체의 요소(Entity)를 회전시키거나 크기를 변경 시키지 않고 현재 위치에서 원하는 위치로 이동을 시킬 때 사용하는 명령어입니다. 이동하고자 하는 선택한 도면 요소를 현지 위치에서 원하는 위치로 이동을 시킵니다. 도면 요소를 선택 한 후 기준점을 요소 내에 지정하거나 또는 기준이 될 만 한 다른 요소의 한 부분을 지정하고 다음 점을 지정하면 됩니다.

[Fig.2 이동 명령어]

(1) 이동하기 (Move)

■ 명령어 창 이용

① 명령 : M (Move)

② 객체 선택 : 첫 번 째 객체를 선택합니다.

③ 객체 선택 : Enter↵ 입력합니다.

④ 기준점 지정 또는 [변위(D)] <변위> : 원하는 곳을 선택합니다.

⑤ 기준점 지정 또는 [변위(D)] <변위> : 이동하고자 하는 곳을 선택합니다.

⑥ 기준점 지정 또는 [변위(D)] <변위> : Enter↵ 입력 종료합니다.

■ 마우스 이용

① 수정 인터페이스의 단축 아이콘 '이동'을 선택합니다.

② 객체 선택 : 첫 번 째 객체를 선택합니다.

③ 객체 선택 : Enter↵ 입력합니다.

④ 기준점 지정 또는 [변위(D)] <변위> : 원하는 곳을 선택합니다.

⑤ 기준점 지정 또는 [변위(D)] 〈변위〉 : 이동하고자 하는 곳을 선택합니다.

⑥ 기준점 지정 또는 [변위(D)] 〈변위〉 : [Enter↵] 입력 종료합니다.

(2) 이동 방법

■ 두 점을 이용한 거리 지정 방법

① Move 명령어를 실행하고 이동 시킬 도면 요소를 선택합니다.

② 기준점을 설정합니다.

③ 이동점을 클릭합니다.

■ 상대 좌표를 이용한 거리 지정 방법

① 정확한 위치에 이동하고자 할 때 사용합니다.

② 기준점을 정하고 두 번째 점을 지정합니다.

③ 상대 좌표를 입력 합니다 : 형식 @X, Y

④ 상대 극좌표를 입력 합니다 : 형식 @거리 < 각도

■ 직접 거리 입력 방법

① 수평/수직 이동 시 주로 사용합니다.

② 직교모드 ([F8])를 켠 상태에서 입력합니다.

연습문제

■ 예제 - dlehd연습

▶ '이동' 도구를 이용하여 아래의 그림을 완성하시오.

▶ 경로 : 홈 → 수정 → 이동

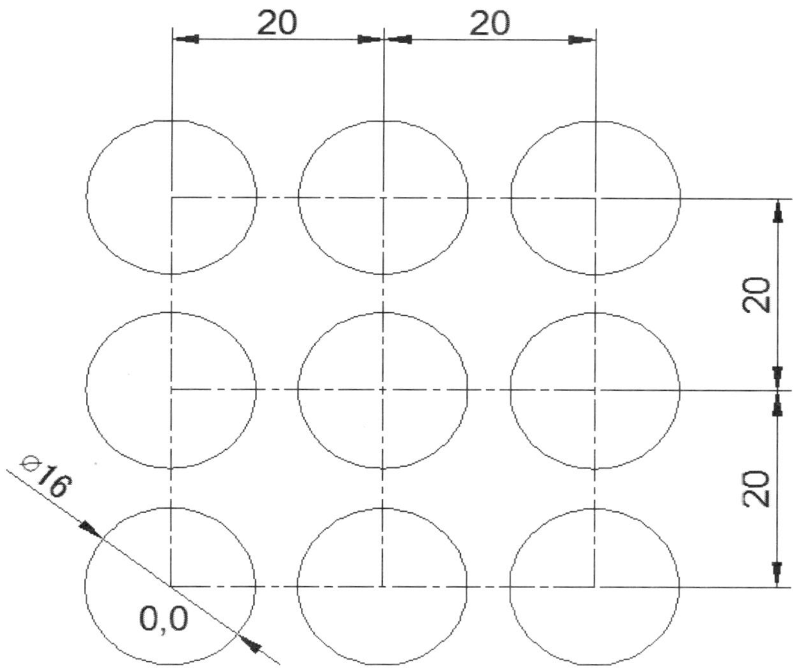

▣ MEMO

1-5 회전(Rotate)

도면 객체의 요소(Entity)를 상대 또는 절대 각도로 지정한 기준점을 중심으로 원하는 각도만큼 회전시키는 방법입니다. 방법은 회전각을 입력하거나 커서를 움직여서 회전 각도를 정하는 두 가지 방법이 있습니다. 물론 선택한 도면 요소를 복사하여 회전 할 수도 있습니다.

[Fig.3 회전 명령어]

(1) 회전하기(Rotate)

■ 명령어 창 이용

① 명령 : Ro (Rotate)

② 객체 선택 : 첫 번 째 객체를 선택합니다.

③ 객체 선택 : Enter↵ 입력합니다.

④ 기준점 지정 : 회전 기준점을 선택합니다.

⑤ 회전 각도 지정 또는 [복사(C) / 참조 (R)] 〈0〉: 원하는 각도를 입력합니다.

■ 마우스 이용

① 수정 인터페이스의 단축 아이콘 '회전' 을 선택합니다.

② 객체 선택 : 첫 번 째 객체를 선택합니다.

③ 객체 선택 : Enter↵ 입력합니다.

④ 기준점 지정 : 회전 기준점을 선택합니다.

⑤ 회전각도 지정 또는 [복사(C) / 참조 (R)] 〈0〉: 원하는 각도를 입력합니다.

(2) 회전 방법

■ 기준 점을 지정한 회전 방법

① 회전 시킬 물체를 선택합니다.

② 회전 시킬 기준점을 지정합니다.

③ 회전시킬 각도를 지정합니다.

④ 회전각의 개념 : 시계방향은 (-) 값 / 반 시계방향은 (+) 값

(− 값)　　(+ 값)

[Fig.4 회전각의 개념]

■ 기준 각도를 지정하여 회전하는 방법

① 회전 시킬 물체를 선택합니다.

② 회전 시킬 기준점을 지정합니다.

③ 옵션부에 참조(R)을 입력하여 참조할 기준 각도를 지정합니다.

④ 새로운 각도를 지정합니다.

⑤ 명령어 칸의 점 옵션을 선택한 뒤 두 점을 지정합니다.

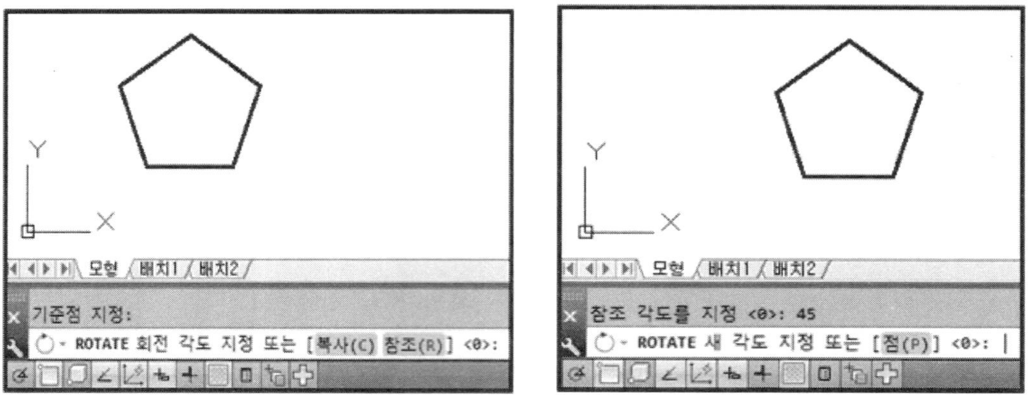

[Fig.5 각도 지정 회전 방법]

■ 원본은 그대로 있고 복사본이 회전하는 방법

① 회전 시킬 물체를 선택합니다.

② 회전 시킬 기준점을 지정합니다.

③ 옵션부에 복사(C)을 입력합니다.

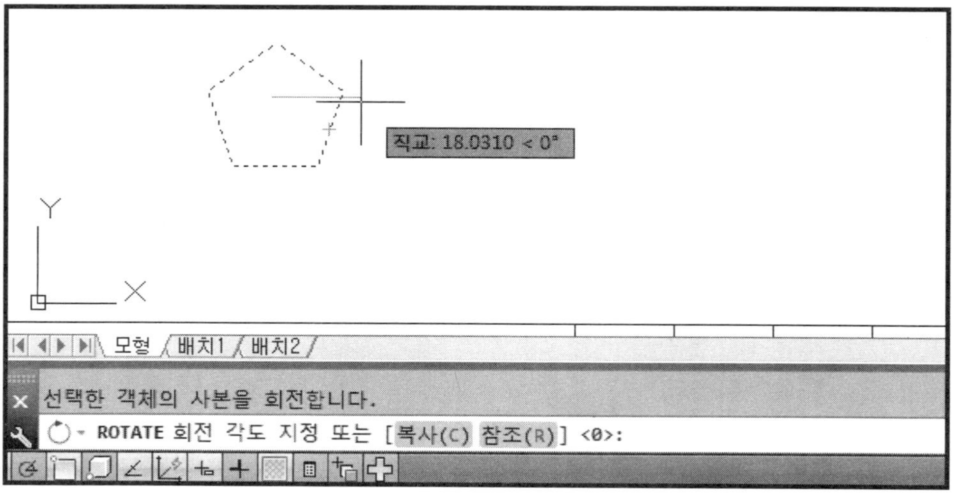

[Fig.6 복사본의 회전 방법]

연습문제

■ 예제 - 회전 연습

▶ '회전' 도구를 이용하여 아래의 그림처럼 회전 연습을 하세요.

▶ 경로 : 홈 → 수정 → 회전

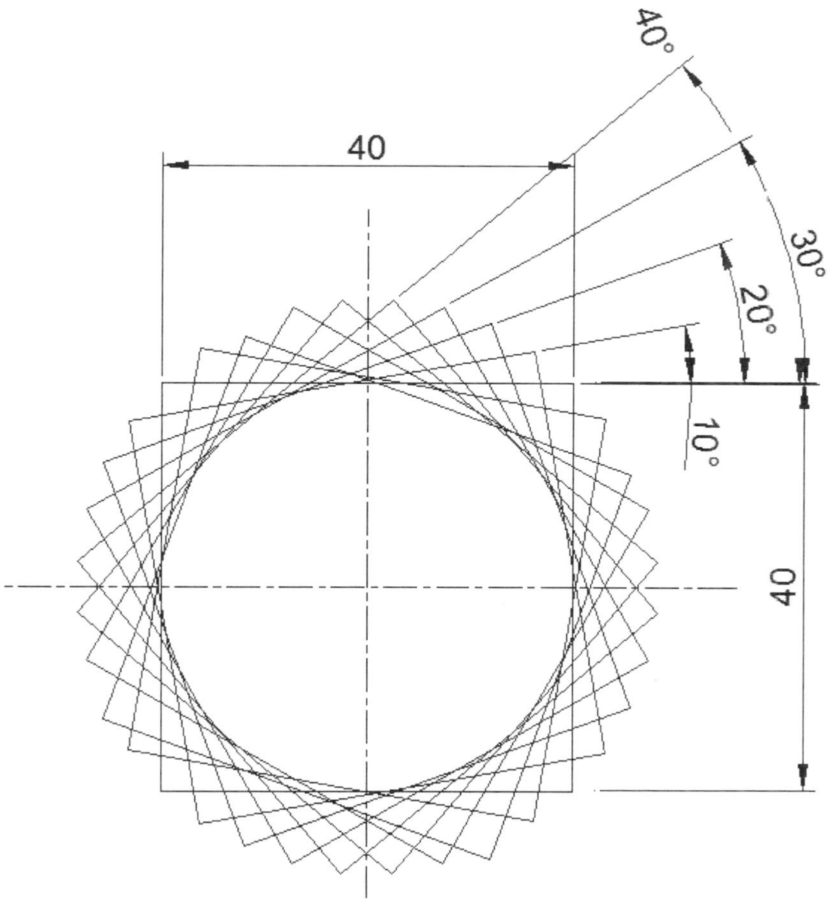

1-6 자르기(Trim)

필요 없는 도면 객체의 요소(Entity)를 잘라 낼 때 사용을 하는 명령어입니다. 자를 수 있는 요소는 원, 호, 타원, 선, 2D, 3D 폴리라인, 구상선, 광선 및 스플라인 등이 있습니다. 직선으로 자르기와 복잡한 자르기 그 외 옵션으로 사용되는 명령어가 많습니다. 자르기 명령어는 의외로 많이 사용되어 지는 명령어 이므로 반복 연습으로 익혀 놓으면 좋습니다.

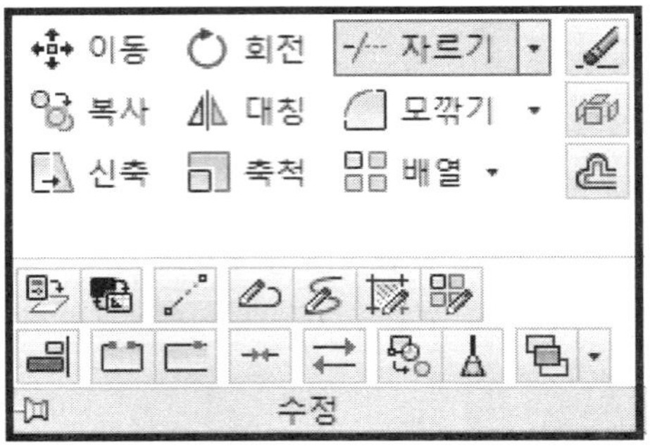

[Fig.7 자르기 명령어]

(1) 자르기 (Trim)

■ 명령어 창이나 화면의 아이콘 이용

① 명령 : Tr (Trim)

② 객체 선택 <전체 선택> : 원하는 객체를 선택합니다.

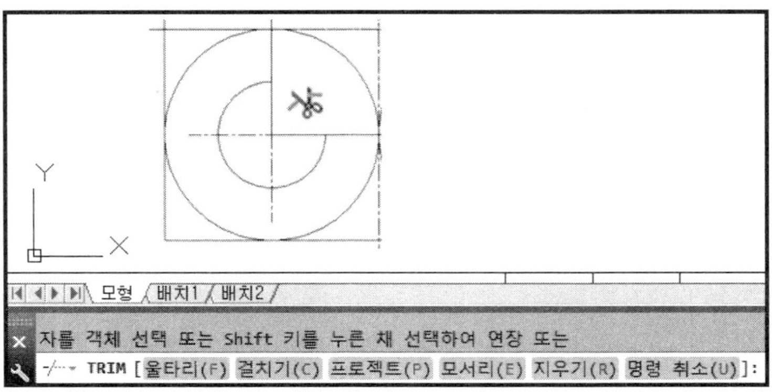

[Fig.8 자르기]

③ 객체 선택 : 걸치기(C)를 입력 합니다.

④ Enter↵ 입력으로 선택을 종료합니다.

⑤ 자를 객체 선택 또는 Shift 키를 누른 채 선택하여 연장 또는 [울타리(F)/프로젝트(P)/모서리(E)/지우기(R)/명령취소(U)] 자를 부분을 선택합니다.

■ 보조 명령어

C : Crossing. 드래그 하는 형식으로서, 개체의 전부가 아닌 일부만 사각 박스 안에 포함되어 있으면 선택이 됩니다. 이 때 사각 박스 창은 오른쪽에서 왼쪽으로 생성시키는 것입니다.

B : Box. Window와 Crossing 의 결합된 내용으로서, 왼쪽에서 오른 쪽으로 드래그를 합니다. 이 경우 Crossing 은 스치기만 해도 선택이 되지만, 박스는 안에 들어온 객체만 선택이 됩니다.

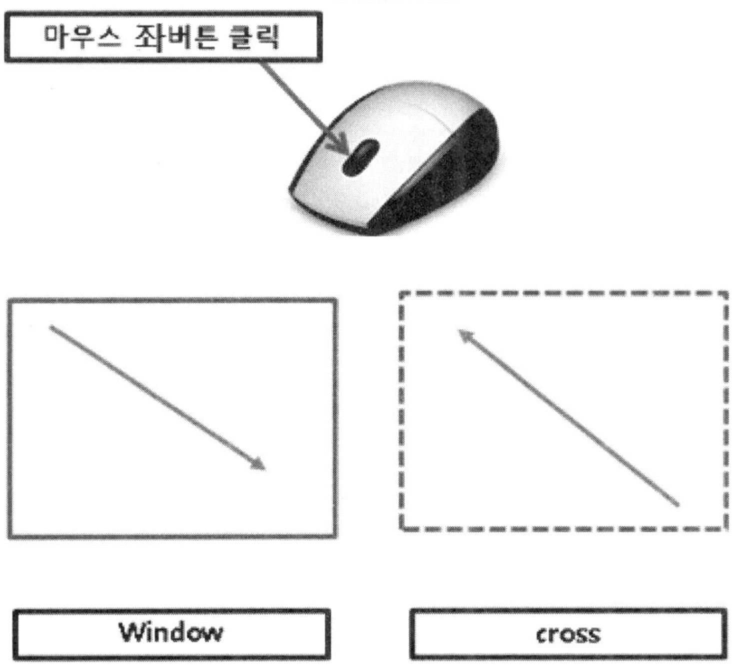

[Fig.9 Window와 Cross]

F : 선을 그리 듯 클릭 되는 곳곳마다 점선으로 이어지며 그 선이 지나가며 교차된 개

체나 요소가 선택이 됩니다. 마치 들판의 펜스처럼 가로질러 걸쳐지는 객체들은 일괄적으로 선택이 됩니다.

P : Project. 객체를 자를 때 사용하는 투영모드를 지정하는 명령어입니다.

E : Edge. 객체 또는 다른 객체의 가시적 연장선에 의한 절단을 합니다.

연습문제

■ 예제 - 자르기 연습

▶ 자르기 도구를 이용하여 아래의 그림처럼 자르는 연습을 하시오.

▶ 경로 : 홈 → 수정 → 자르기

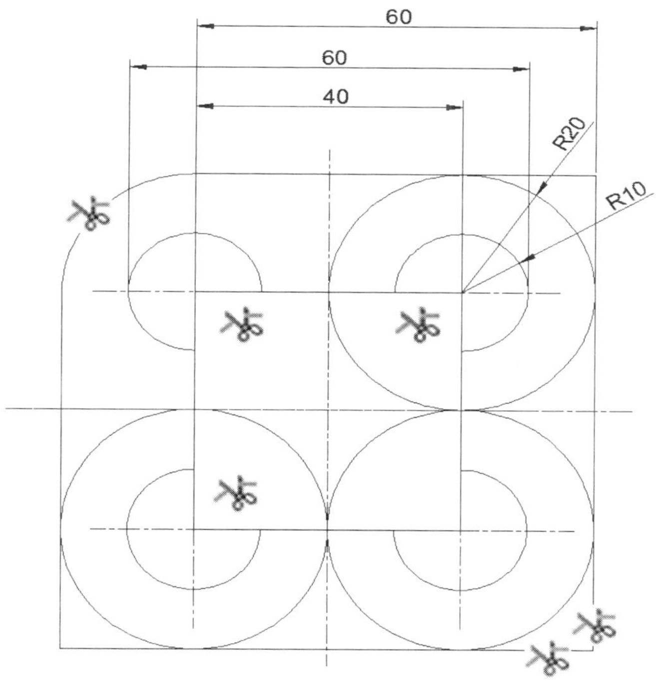

▣ MEMO

1-7 연장(Extend)

서로 떨어져 있는 도면 객체의 요소(Entity)를 이어 붙일 때 사용을 하는 명령어입니다. 연장할 수 있는 요소는 원, 호, 타원, 선, 2D, 3D 폴리라인 등이 있습니다. 서로 떨어져 있는 객체의 요소들을 또 다른 객체까지 연장시켜서 연결이 되도록 합니다. 그리고 경계 요소의 연장선 까지도 연장 할 수 있으며 먼저 연장이 되고자 하는 경계를 선택하고 떨어진 요소를 선택해야 합니다. 앞 장의 자르기(Trim)과 반대의 기능입니다.

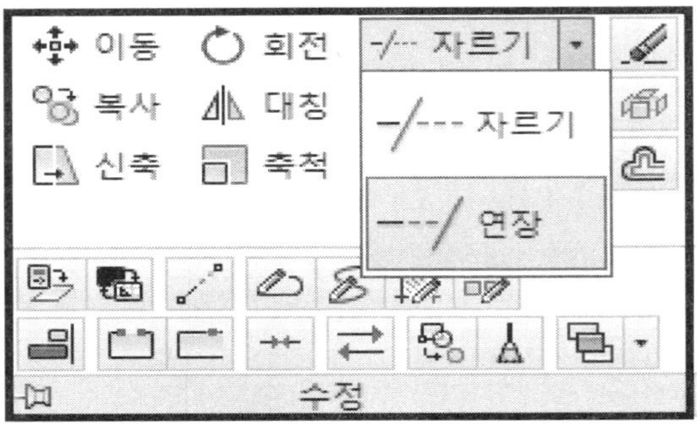

[Fig.10 연장 명령어]

(1) 연장하기(Extend)

■ 명령어 창이나 화면의 아이콘 이용

① 명령 : Ex (Extend)

② 객체 선택 <전체 선택> : 가고자 하는 곳의 객체를 선택합니다.

③ Extend 객체 선택 또는[울타리(F)/ 프로젝트(P)/ 모서리(E)/ 지우기(R)/ 명령취소(U)] : 연결할 객체의 요소를 선택합니다.

④ 객체 선택 : Enter↵ 입력으로 선택을 종료합니다.

⑤ '연장' 도 앞 장의 '자르기' 와 마찬가지로 보조 명령어의 내용은 동일합니다.

C : Crossing. 드래그 하는 형식으로서, 개체의 전부가 아닌 일부만 사각 박스 안에 포함되어 있으면 선택이 됩니다. 이 때 사각 박스 창은 오른쪽에서 왼쪽 으로 생성 시키는 것입니다.

B : Box. Window와 Crossing 의 결합된 내용으로서, 왼쪽에서 오른 쪽으로 드래그를 합니다. 이 경우 Crossing 은 스치기만 해도 선택이 되지만, 박스는 안에 들어온 객체만 선택이 됩니다.

연습문제

■ 예제 - 이동 및 복사 연습

▶ '연장' 도구 이용하여 아래의 화살표 방향으로 선을 연결하여 그림을 완성하시오.

▶ 경로 : 홈 → 수정 → 연장

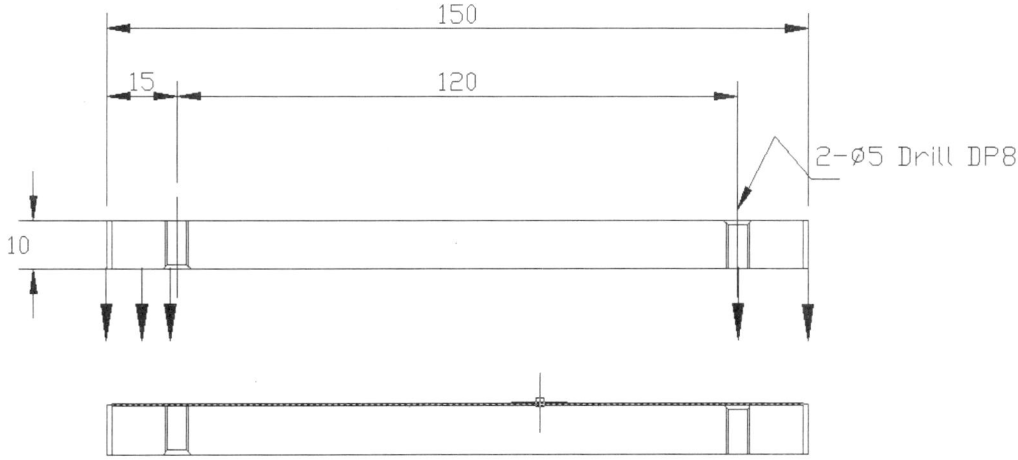

▣ MEMO

1-8 복사(Copy)

도면 객체의 요소(Entity)를 복사 할 때 사용하는 명령어입니다. 복사하고자 하는 선택한 도면 요소를 선택한 후 기준 점을 첫 번째 위치에서 원하는 위치로 이동을 시킵니다. 기타 좌표의 움직임이나 복사한 도면의 고유 성질은 '이동' 에서와 마찬가지로 원본과 동일한 방향과 척도, 특성을 가집니다.

[Fig.11 복사 명령어]

(1) 복사하기(Copy)

■ 명령어 창 이용

① 명령 : C (Copy)

② 객체 선택 : 첫 번 째 객체를 선택합니다.

③ 객체 선택 : Enter↵ 입력합니다.

④ 기준점 지정 또는 [변위(D)] 〈변위〉 : 원하는 곳을 선택합니다.

⑤ 기준점 지정 또는 [변위(D)] 〈변위〉 : 이동하고자 하는 곳을 선택합니다.

⑥ 기준점 지정 또는 [변위(D)] 〈변위〉 : Enter↵ 입력 종료합니다.

■ 마우스 이용

① 수정 인터페이스의 단축 아이콘 '복사' 를 선택합니다.

② 객체 선택 : 첫 번 째 객체를 선택합니다.

③ 객체 선택 : Enter↵ 입력합니다.

④ 기준점 지정 또는 [변위(D)] 〈변위〉 : 원하는 곳을 선택합니다.

⑤ 기준점 지정 또는 [변위(D)] 〈변위〉 : 이동하고자 하는 곳을 선택합니다.

⑥ 기준점 지정 또는 [변위(D)] 〈변위〉 : Enter↵ 입력 종료합니다.

(2) 이동 방법

■ 두 점을 이용한 거리 지정 방법

① 복사 명령어를 실행하고 이동 시킬 도면 요소를 선택합니다.

② 기준점을 설정합니다.

③ 이동점을 클릭합니다.

■ 상대 좌표를 이용한 거리 지정 방법

① 정확한 위치에 이동하고자 할 때 사용합니다.

② 기준점을 정하고 두 번째 점을 지정합니다.

③ 상대 좌표를 입력 합니다 : 형식 @X, Y

④ 상대 극좌표를 입력 합니다 : 형식 @거리 < 각도

■ 직접 거리 입력 방법

① 수평/수직 이동 시 주로 사용합니다.

② 직교모드 (F8)를 켠 상태에서 입력합니다.

■ 다중 복사 방법

① 한 객체의 요소(Entity)를 복사, 명령어가 종료가 될 때까지 계속해서 복사가 가능합니다.

② 종료는 Enter↵ 입력 종료합니다.

연습문제

■ 예제 - 복사 연습

▶ '복사' 도구를 이용하여 아래의 그림을 완성하시오.

▶ 경로 : 홈 → 수정 → 복사

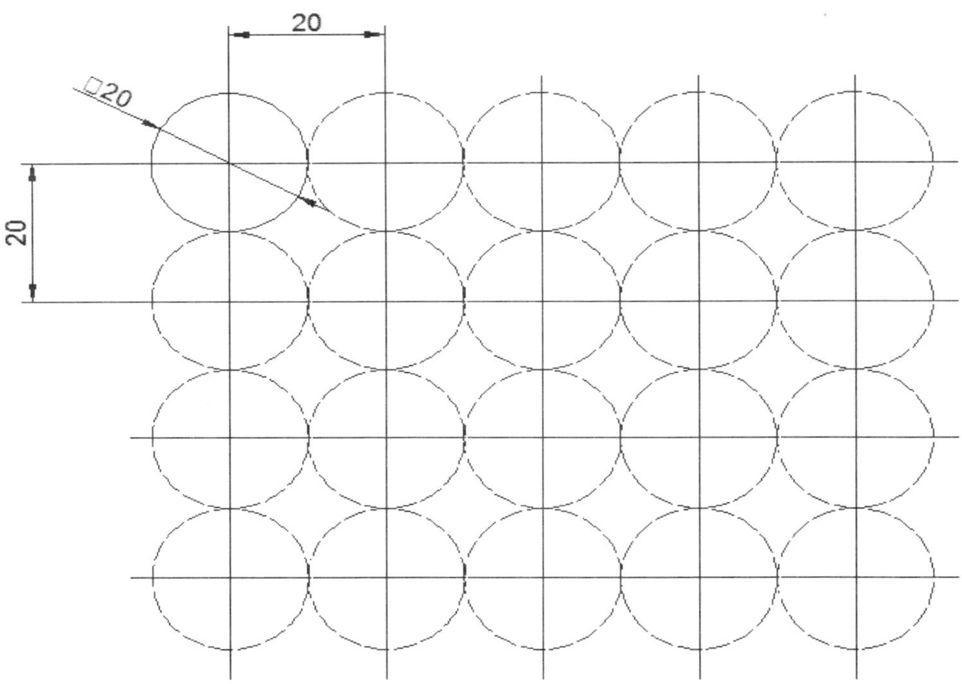

▣ MEMO

1-9 대칭(Mirror)

도면 객체의 요소(Entity)를 지정하여 특정한 축을 대칭으로 복사하거나 이동 시킬 때 사용하는 명령어입니다. 이 때 대칭축은 임의 의 각을 가지는 직선이어야 합니다. 마치 대칭은 거울에 반사하는 모습으로 대칭으로 뒤집기 되어 복사 됩니다. 생성된 요소는 원래 요소와는 서로 결합하지 않습니다.

[Fig.12 대칭 명령어]

(1) 대칭(Mirror)

■ 명령어 창이나 화면의 아이콘 이용

① 명령 : Mi (Mirror)

② 객체 선택 : 대칭을 원하는 객체를 선택 후 Enter↵ 입력합니다.

③ 대칭선의 첫 번 째 점 지정 : 대칭하고자 하는 축선을 지정합니다.

④ 원시 객체를 지우시겠습니까? [예(Y)/아니오(N)] : ⟨N⟩ Enter↵를 입력 합니다.

> Y: 원시 객체를 지우게 되면 반대편 대칭면으로 이동이 되는 결과가 됩니다.
>
> N: 원시 객체를 놔두면 원본도 사본도 함께 복사처럼 하나의 도면에 표기가 됩니다.

■ 글씨를 정상적으로 해야 하는 경우

① 명령 : Mirrtext (Mirror Text)

② Mirrtex 에 대한 새 값 입력 ⟨0⟩ : 0을 입력합니다.

0 : 정상적인 글씨, 1 : 뒤집힌 글씨가 됩니다.

연습문제

■ 예제 - 대칭 연습 1

▶ '대칭' 도구를 이용하여 아래의 그림을 완성하시오.

▶ 경로 : 홈 → 수정 → 대칭 (10mm 사각형을 그리고 계속 대칭을 연습하세요)

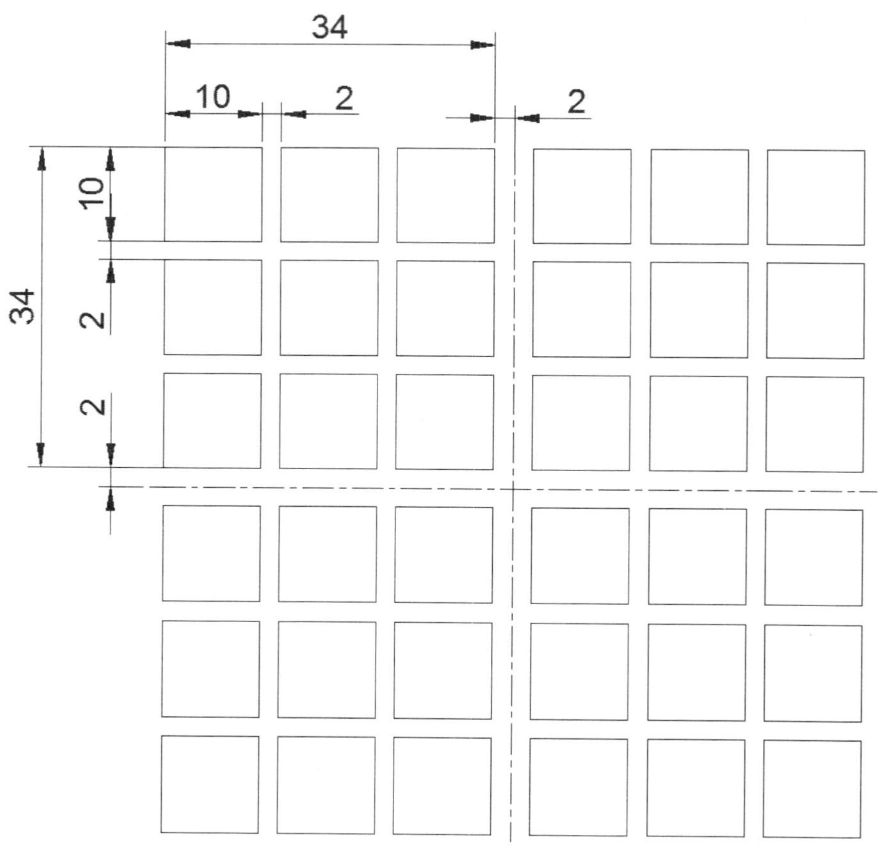

연습문제

■ 예제 - 대칭 연습 2

▶ '대칭' 도구를 이용하여 아래의 그림을 완성하시오.

▶ 경로 : 홈 → 수정 → 대칭

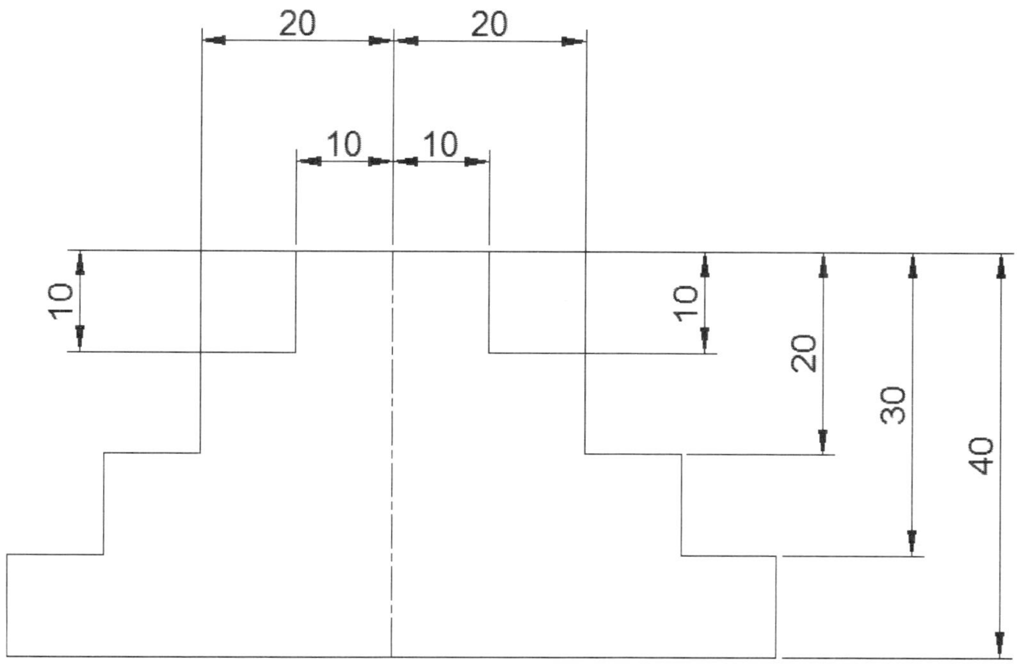

▣ MEMO

1-10 모깍기(Fillet)

두 개의 대상물 도면 객체의 끝 마감부 요소(Entity)를 지정하여 일정한 곡선(Rounding)을 주어 직각 부분과 교차되는 부분에 부드럽게 호와 연결하는 것을 말합니다. 한 쌍의 선 세그먼트, 폴리선 세그먼트, 원, 호, 타원 등의 모깍기가 가능하며 기계 가공 시 예리한 모서리 부를 제거하는 작업입니다. 실제 제품 제작 시 기계가공품의 끝 면(Edge)은 매우 날카로우므로 모서리 부에 작은 값의 모깍기 라도 해 주어야 합니다.

[Fig.13 모깍기 명령어]

(1) 모깍기(Fillet)

■ 명령어 창이나 화면의 아이콘 이용

① 명령 : F (Fillet)을 입력합니다.

② 현재 설정 값: 모드 = TRIM = 0.0000

③ 첫 번 째 객체 선택 또는 [명령취소(U) / 폴리선(P) / 반지름(R) / 자르기(T) / 다중(M)] : R을 선택합니다.

④ 모깍기 반지름 지정 <0.0000> 새로운 R 값 입력(5)

⑤ 원하는 객체 요소를 선택하여 모깍기를 하고 Enter↵를 입력하여 종료를 합니다.

P : 폴리선으로 구성된 요소를 선택합니다.

R : 반지름 변경을 합니다.

T : 자르기를 합니다. N 은 자르지 않기를 합니다.

M : Multiple 다수의 모깍기를 할 때 사용합니다.

■ 반지름 이용

① 라운딩에서 사용할 반지름 값을 지정을 하는 방법입니다.

② 선 그리기로 라운드 처리할 스케치를 먼저 그립니다.

③ Fillet 명령어를 실행, 반지름 값 선택사항을 선택한 다음 원하는 값으로 수정합니다.

④ 반지름 값이 0 이면, 두 개의 선분이 교차해서 만납니다. (90도)

■ 자르기를 이용

① 라운딩 처리 시 선택한 테두리의 상태를 조절하는 방법입니다.

② Trim 모드이면 테두리를 제가한 상태, No Trim 모드이면 테두리를 남겨둔 상태입니다.

[Fig.14 No Trim 모드와 Trim 모드]

■ Polyline 을 이용

① 폴리라인으로 그려진 도면 요소의 모든 교차점을 동시에 라운드 처리합니다.

② Rectangle, Polygon, Pline 등으로 그려진 모서리의 동시 라운드 처리가 가능합니다.

■ Multiple 을 이용

① 2 군데 이상의 도면 요소의 모서리에 모깍기를 합니다.

② 표준 모깍기는 하나의 라운드만 처리하지만, M 을 이용하면 여러 개의 라운드를 만듭니다.

③ 라운드 값이 똑 같다면 효율이 많이 좋은 명령어입니다.

연습문제

■ 예제 – 모깍기 연습

▶ '모깍기' 도구를 이용하여 아래의 그림을 완성하시오.

▶ 경로 : 홈 → 수정 → 모깍기

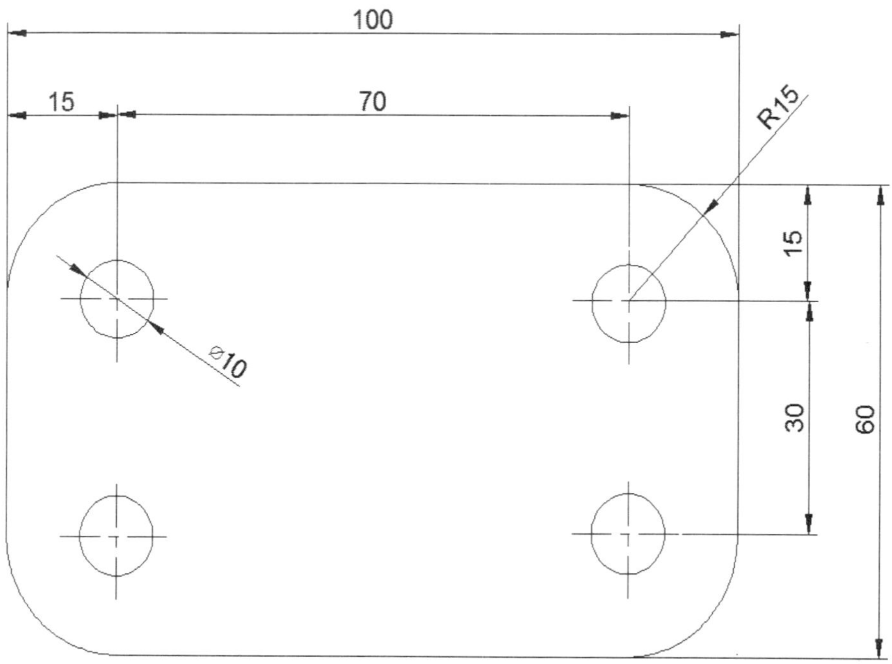

▣ MEMO

1-11 모따기(Chamfer)

두 개의 대상물 도면 객체의 끝 마감부 요소(Entity)를 일정각도로 깎아 내립니다. 원래의 의미는 모따기와 다르지 않게 기계 가공 시 예리한 모서리 부를 제거하는 작업입니다. 2개의 교차하는 직선을 만나는 점에서 지정한 길이만큼을 잘라서 그 끝을 새로운 직선으로 연결하는 기능으로 가로 세로의 간격을 다르게 줄 수 도 있습니다. 이렇게 모따기를 하는 이유는 현장에서 두 개의 제품을 결합할 때 진입부에서 잘 조립이 되게 하기 위해서입니다.

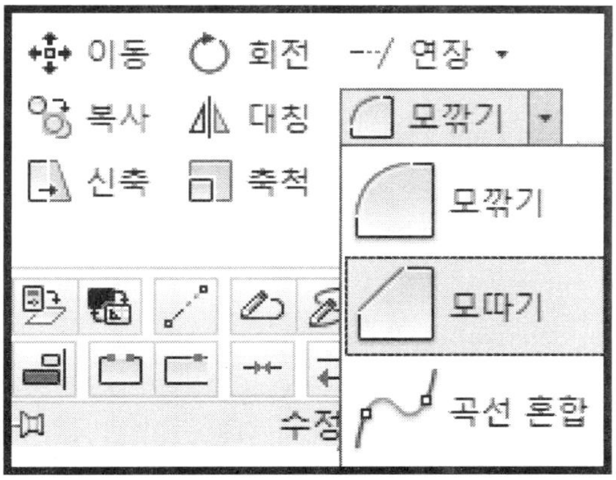

[Fig.15 모따기 명령어]

(1) 모따기(Chamfer)

■ 명령어 창이나 화면의 아이콘 이용

① 명령 : Cha (Chamfer)를 입력합니다.

(Trim 모드) 현재 모따기 거리1 = 0.0000, 거리2 = 0.0000

첫 번째 선 선택 또는 [명령취소(U)/폴리선(P)/거리(D)/각도(A)/자르기(T)/메서드(E)/다중(M)]

② d를 입력합니다.

③ 첫 번 째 모따기 거리지정 <0.0000> : 5를 입력합니다.

④ 두 번 째 모따기 거리지정 <5.0000> : 10을 입력합니다.

⑤ 원하는 객체 요소를 선택하고 Enter↵를 입력하여 종료를 합니다.

■ 명령의 각 옵션

P : 폴리선일 경우 한꺼번에 모따기를 합니다.

D : 치수 변경을 합니다.

A : 각도를 입력 합니다.

T : Trim 후 기존의 선이 존재하는지 아닌지를 결정합니다.

M : 모따기 간격, 모따기 각도 중 선택 설정을 한 후 다시 Cha를 하고 그립니다.

■ 거리값 이용

① 모따기에 사용할 거리 값을 지정합니다. 가장 일반적인 방법의 모따기 입니다.

② 첫 번째 모따기 거리와 두 번째 모따기 거리를 지정합니다.

③ 모따기 거리값을 0으로 주면 두 개의 선분이 교차해서 만납니다.

④ 모따기 명령어를 실행하여 거리값 선택사항을 지정합니다.

■ 각도값 이용

① 모따기에 사용할 거리와 각도값을 지정합니다.

② 첫 번째 모따기 거리를 지정하고 두 번째 모따기 각도를 지정합니다.

③ 모따기 명령어를 실행하여 거리값 선택 사항을 지정합니다.

■ Multiple 을 이용

① 2 군데 이상의 도면 요소의 모서리에 모따기를 합니다.

② 표준 모따기는 하나의 라운드만 처리하지만, M 을 이용하면 여러 개의 라운드를 만듭니다.

③ 모따기 값이 똑 같다면 효율이 많이 좋은 명령어입니다.

■ Method 선택 사항

① 모따기를 할 때 거리 값으로 할 건지, 각도 값으로 할 건지에 대한 옵션입니다.

연습문제

■ 예제 - 모따기 연습 1

▶ '모따기' 도구를 이용하여 아래의 그림을 완성하시오.

▶ 경로 : 홈 → 수정 → 모따기

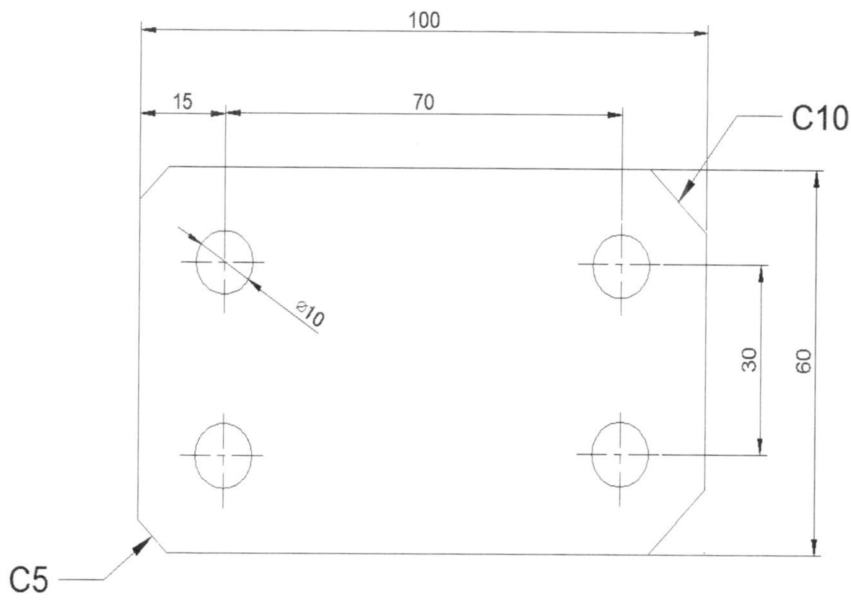

▣ MEMO

1-12 신축(Stretch)

도면 객체의 요소(Entity)를 잡아 당겨 늘리거나 줄이는 역할을 하는 명령어입니다. 선택된 객체 중에서 선택 구역 안에 포함된 객체는 정해진 방향으로 이동을 합니다. 그리고 걸쳐져 있는 객체는 변형이 되고, 포함되지 않는 객체와 점은 고정이 됩니다.

그리고 Pline, Solid 등의 명령으로 작업 된 것 중에 두께를 가지는 요소는 두께가 다르게 신축 될 수도 있습니다. 단축키는 S입니다.

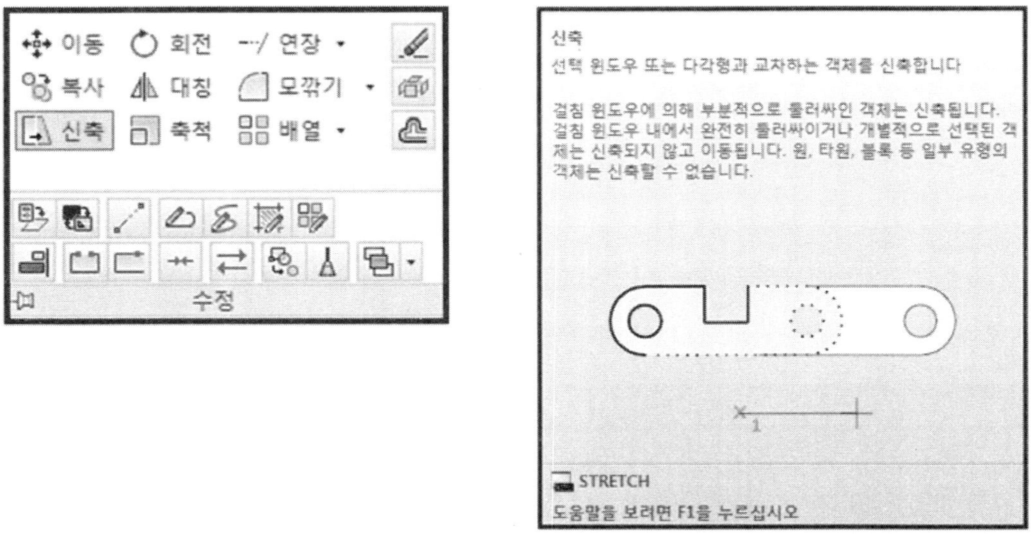

[Fig.16 신축 명령어]

(1) 신축(Stretch)

■ 명령어 창이나 화면의 아이콘 이용

① 명령 : Str (Stretch)를 입력합니다.

② 객체 선택 : 원하는 객체의 요소를 선택 합니다.

③ 기준점 지정 또는 <변위> : Enter↵를 입력합니다.

④ 첫 번째 점을 지정합니다.

⑤ 두 번 째 점 지정 또는 <첫 번째 점을 변위로 사용> : 두 번째 점을 지정합니다.

⑥ 마우스 우측 버튼을 눌러 명령어 종료를 합니다.

1-13 축척(Scale)

도면 객체의 요소(Entity)를 기준점으로부터 크기를 일정한 비율로 변화를 시킵니다. 일반적으로 척도의 비율이 1보다 작은 것은 축소를 말하고 1보다 큰 것은 배척, 즉 확대를 말합니다. 도면상에서 치수가 기입이 되었을 경우 척도에 변화를 주면, 치수까지 변경이 생기게 됩니다. 치수기입을 한 치수는 보호하고 싶다면 수정 탭의 '분해' 명령어로 해체를 한 다음 축척을 변화시킵니다. 단축키는 Sc입니다.

[Fig.17 축척 명령어]

(1) 축척(Scale)

■ 명령어 창이나 화면의 아이콘 이용

① 명령 : Sc (Scale)를 입력합니다.

② 객체 선택 : Enter↵를 입력합니다.

③ 기준점 지정 : 선택을 합니다.

④ 축척 비율 지정 또는 [복사(C) / 참조(R)] 〈1.0000〉 : 원하는 척도의 값을 넣습니다.

⑤ 종료 : Enter↵를 입력하여 명령어 종료를 합니다.

■ 축척된 결과물을 복사본으로 만들기

① 명령 : Sc (Scale)를 입력합니다.

② 객체 선택 : Enter↵를 입력합니다.

③ 기준점 지정 : 선택을 합니다.

④ 축척 비율 지정 또는 [복사(C) / 참조(R)] 〈1.0000〉 : C 를 입력합니다.

⑤ 종료 : Enter↵ 선택한 객체의 복사본을 축척합니다.

연습문제

■ 예제 - 모따기 연습 2

▶ '축척' 도구를 이용하여 아래의 그림의 치수 25를 기준으로 축척, 배척을 완성하시오.

▶ 경로 : 홈 → 수정 → 축척

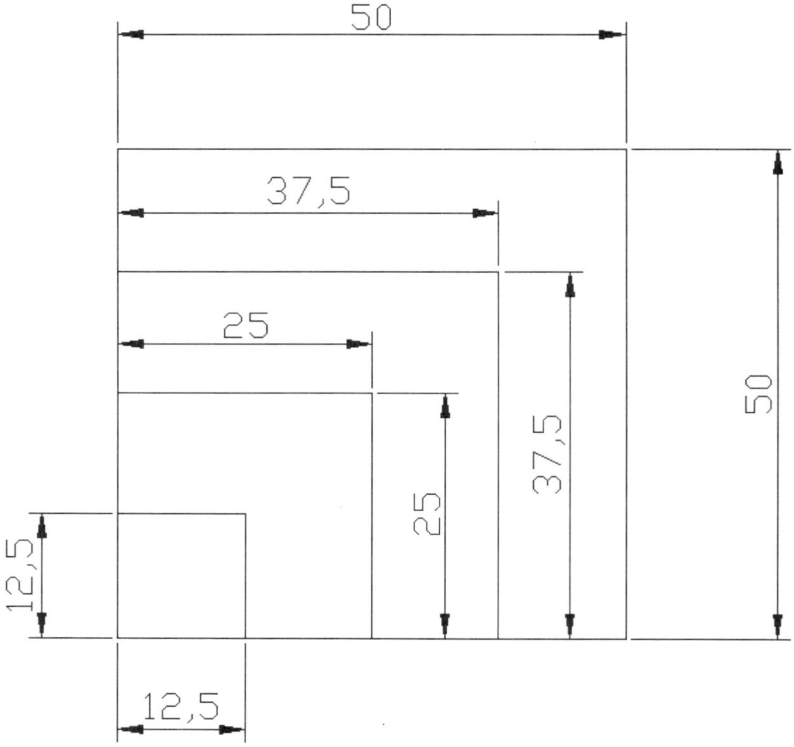

▣ MEMO

1-14 배열(Array)

도면 객체의 대상물(Entity)을 사각형이나 원형 형태의 동일한 패턴을 가진 형태로 다중 복사를 할 때 사용합니다. 복사(Copy)와 유사한 점이 있으나 배열(Array)은 일정한 위치에 같은 크기로 원하는 수량만큼 기준 치수에 의거 일정한 간격으로 다중 복사를 할 수 있는 것이 차이점입니다. 이 때 기준치수라고 하는 것은 각도, 형상, 길이, 위치 등의 물리적인 개념을 말합니다. 배열(Array)에는 직사각형 배열과 원형 배열이 있습니다.

[Fig.18 배열 명령어]

■ 사각 배열 만드는 방법

① 명령어 창에서 배열 실행

② 대화 상자에서 사각 배열 선택

③ 대상 물체 선택

④ 행 및 열 상자에서 배열할 개수를 입력

⑤ 행 및 열 간격 띄우기 상자에서 행사이의 거리 및 열 사이의 거리를 입력

⑥ 배열의 회전 각도를 변경하려면 값을 입력 후 종료

■ 원형 배열 만드는 방법

① 명령어 창에서 배열 실행

② 대화 상자에서 원형 배열을 선택

③ 대상 물체 선택

④ 배열 중심점 선택

⑤ 항목의 전체 수, 각도, 항목 사이의 각도 중에서 방법 선택

⑥ 물체의 기준점을 선택 후 종료

(1) 직사각형 배열(Array)

- 직사각형 배열은 도면 객체 (Entity)의 사본에 대한 다수의 행과 열로 만듭니다.

[Fig.19 직사각형 배열]

■ 명령어 창이나 화면의 아이콘 이용

① 명령 : Ar (Array)를 입력합니다.

② 객체 선택 : 배열을 할 객체를 선택합니다.

③ 배열 유형 입력 [직사각형(R) / 경로(PA) / 원형(PO)] <원형> : 직사각형 선택을 합니다.

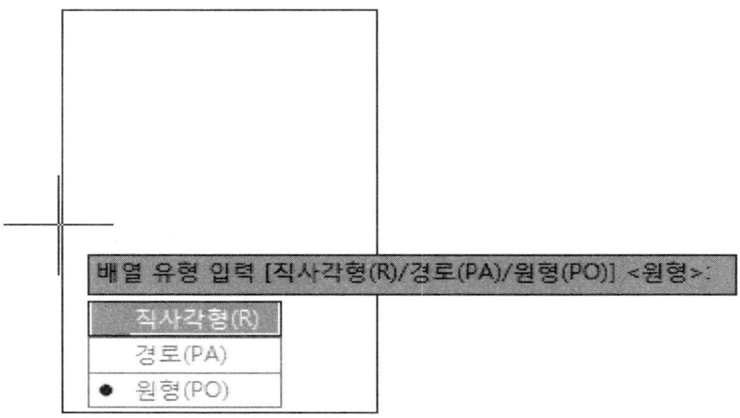

④ 그립을 선택하여 배열을 편집하거나

[연관(AS)/기준점(B)/개수(COU)/간격두기(S)/열(COL)/행(R)/레벨(L)/종료(X)] <종료> :

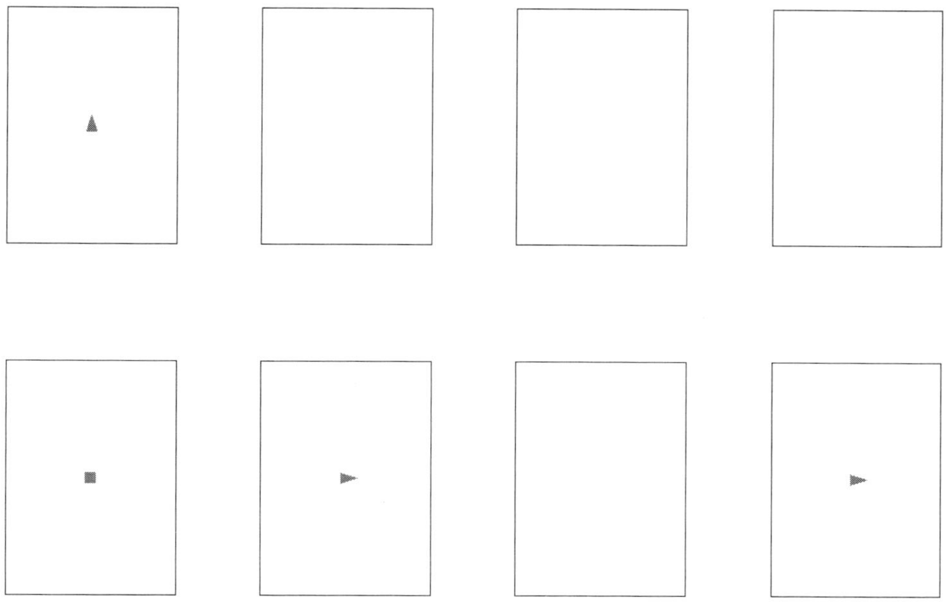

⑤ 리본메뉴의 직사각형 배열의 열과 행에 대한 내용을 입력합니다.

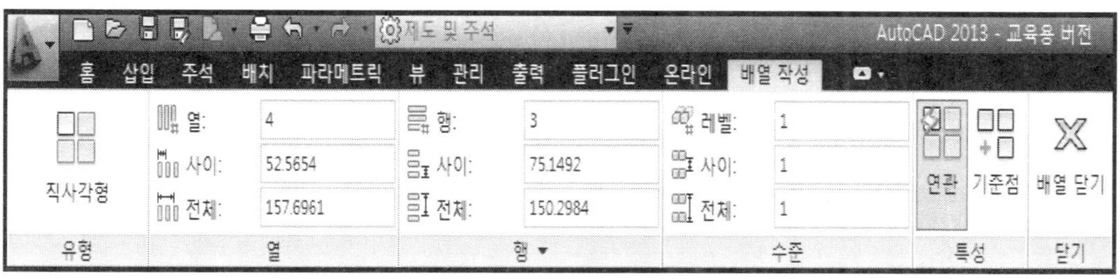

⑥ Enter↵를 입력하여 명령어 종료를 합니다.

연습문제

■ 예제 - 직사각형 패턴 연습

▶ 2D 스케치 직사각형 패턴 도구를 이용하여 아래의 그림을 완성하시오.

▶ 경로 : 스케치 → 패턴 → 직사각형

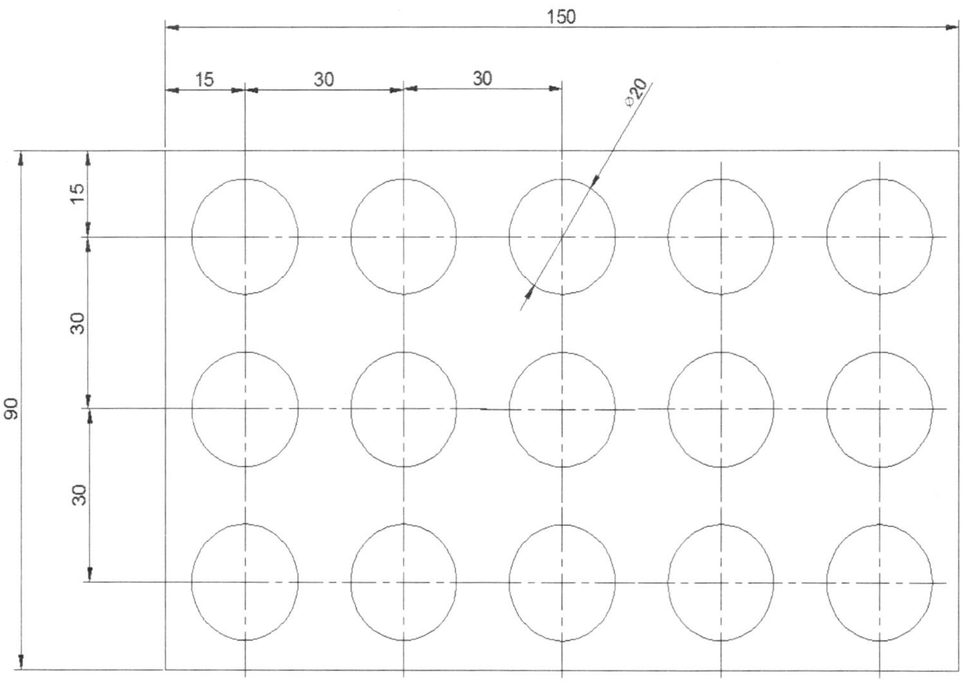

▣ MEMO

(2) 원형 배열(Array)

- 직사각형 배열은 도면 객체 (Entity)의 사본에 대한 다수의 행과 열로 만듭니다.

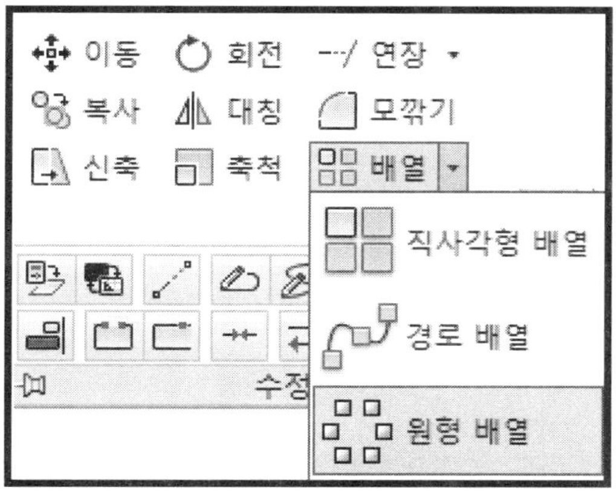

[Fig.20 원형 배열]

(1) 명령어 창이나 화면의 아이콘 이용

① 명령 : Ar (Array)를 입력합니다.

② 객체 선택 : 배열을 할 객체를 선택합니다.

③ 배열 유형 입력 [직사각형(R) / 경로(PA) / 원형(PO)] 〈원형〉 : 원형 선택을 합니다.

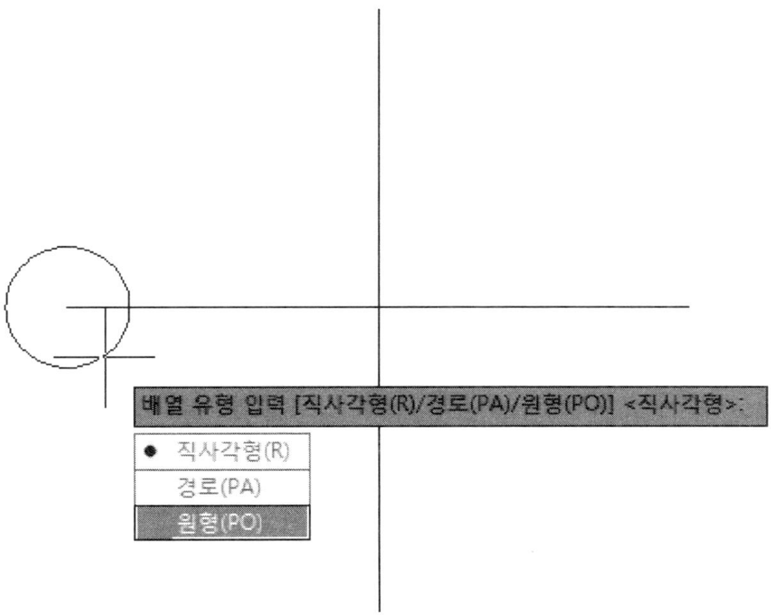

④ 그립을 선택하여 배열을 편집하거나

[연관(AS)/기준점(B)/개수(COU)/간격두기(S)/열(COL)/행(R)/레벨(L)/종료(X)] 〈종료〉 :

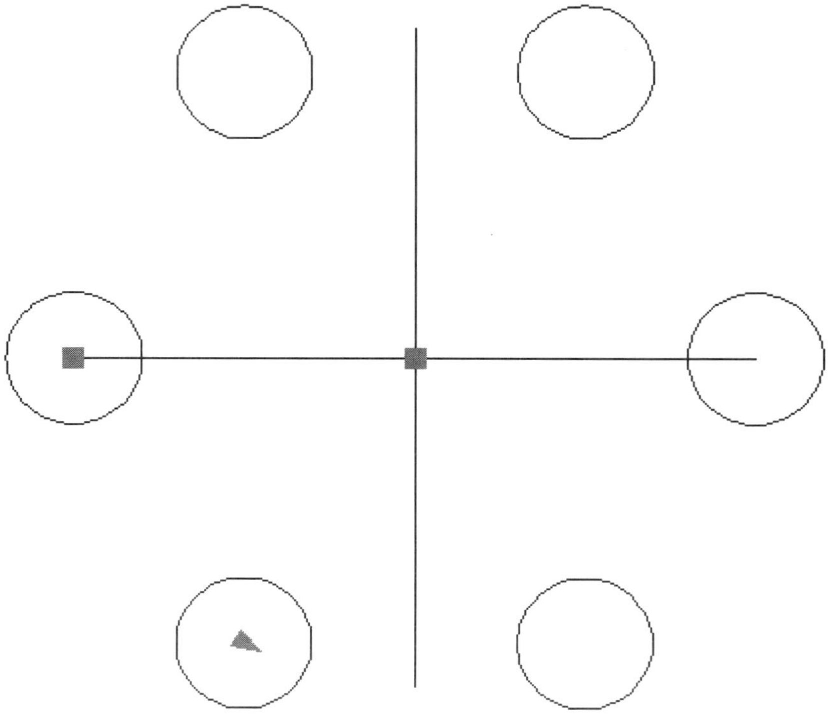

⑤ 리본메뉴의 원형 배열의 열과 행에 대한 내용을 입력합니다.

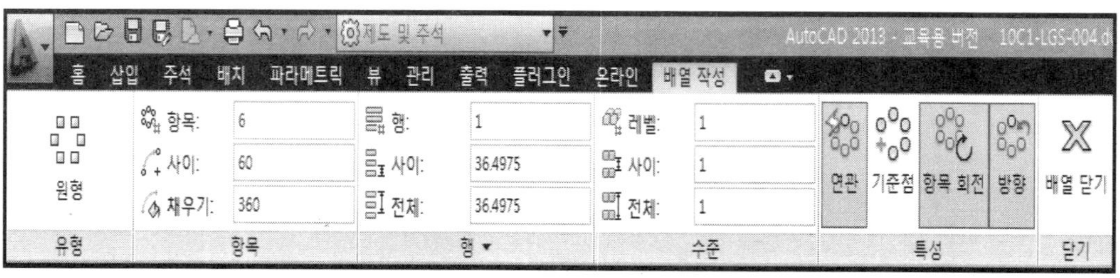

⑥ Enter↵를 입력하여 명령어 종료를 합니다.

연습문제

■ 예제 - 원형 패턴 연습 1

▶원형 패턴 도구를 이용하여 아래의 그림을 완성하시오.

▶ 경로 : 홈 → 수정 → 원형 패턴

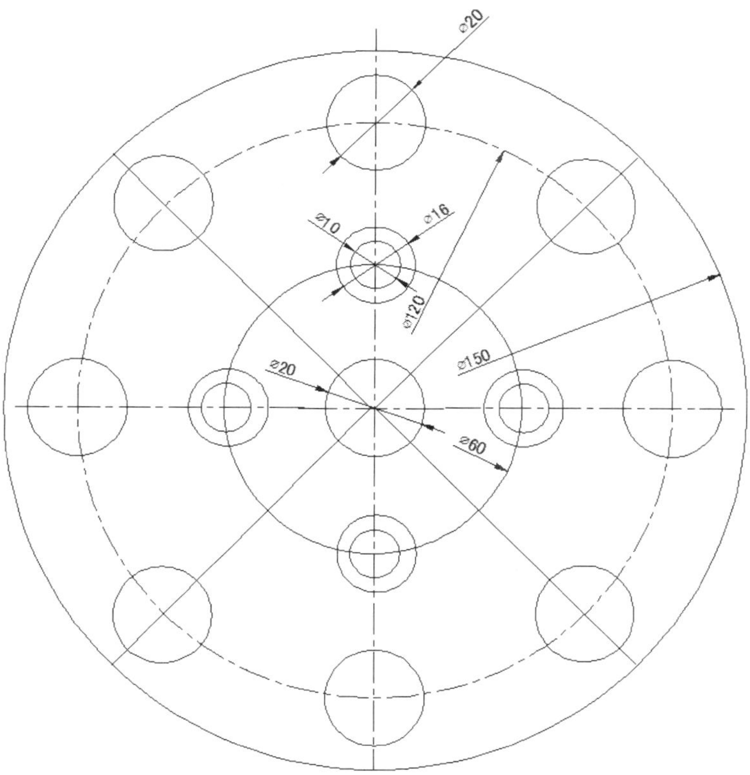

연습문제

예제 - 원형 패턴 2

▶원형 패턴 도구를 이용하여 아래의 그림을 완성하시오.

▶ 경로 : 홈 → 수정 → 원형 패턴

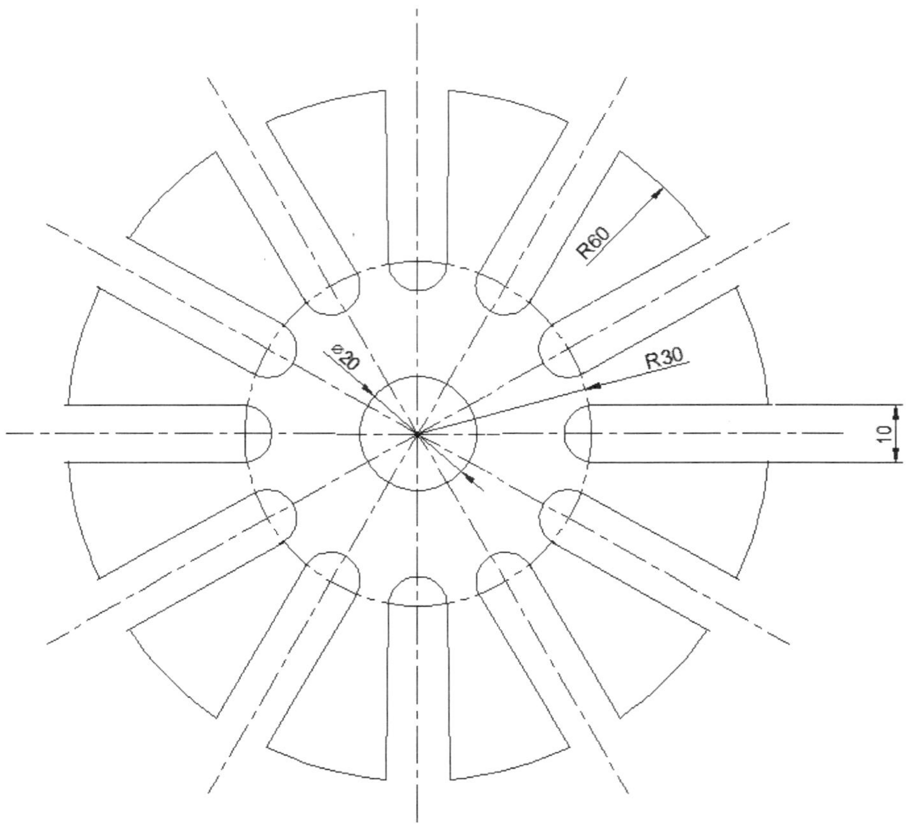

▣ MEMO

1-15 지우기(Erase)

도면 작성 작업 중 그림이 잘 못 되었거나 불필요한 요소를 지워야 할 때 그리고 수정할 부분이 생겼을 경우에 사용하는 명령어입니다. 명령어 라인에 Erase를 입력하거나 혹은 단축키 e 를 입력하여 실행하면 됩니다. 혹은 리본 메뉴에서 수정 인터페이스의 '지우기' 를 선택하여 실행을 합니다. Erase 명령 후 객체를 선택하면 점선으로 변하며 Enter↵ 를 입력하여 마무리 지으면 선택 되어진 점선이 도면에서 지워집니다. 지우기를 보다 효율적으로 실행하기 위하여 윈도우(W), 크로싱(C), 펜스(F) 등의 보조 명령어를 함께 사용하면 효율성을 보다 더 극대화 할 수 있습니다.

[Fig.21 지우기 명령어]

(1) 명령어 창이나 화면의 아이콘 이용

① 명령 : E (Erase)를 입력합니다.

② 객체 선택 : F 를 입력합니다.(펜스 보조 명령입니다)

③ 객체 선택 : 지울 대상을 선택합니다.(선을 긋듯이 선택합니다)

④ 종료 : Enter↵를 입력하여 명령어 종료를 합니다.

지우려고 하는 모든 요소를 선택한 후에 Enter↵를 입력하면, 화면에서 기존의 선택된 도형은 지워지고 명령어 입력 대기 상태로 남아 있게 됩니다. [명령 : _]

(2) 보조 명령어

① **Window** : 사각 Box 창 안에 포함되어야만 선택이 된다. 이때 사각 Box 창은 일반적으로 왼쪽에서 오른쪽으로 생성시킵니다. (단축 이름 : W)

② **Last** : 마지막으로 그린 선만 선택됩니다. (단축 이름 : L)

③ **Crossing** : 사각 Box 창에 걸치기만 하면 선택이 됩니다. 이때 사각 Box 창은 오른

쪽 에서 왼 쪽으로 생성시킵니다. (단축 이름 : C)

④ BOX : Window 와 Crossing의 결합된 내용으로, 왼쪽에서 오른쪽으로 드래그할 때에는 Window 효과를, 오른쪽에서 왼쪽으로 드래그 할 때에는 Crossing 효과를 나타냅니다.

⑤ ALL : 화면상에 그려져 있는 모든 개체와 요소를 포함 모두 선택됩니다. (단축 이름 : A)

⑥ Fence : 선을 긋듯이 클릭되는 곳곳마다 점선으로 이어지며 그 선이 지나가며 교차된 개체나 요소가 선택됩니다. (단축 이름 : F)

⑦ Add : 가장 기본적이며 일반적인 방법으로 요소나 객체를 Pick box 로 단순 Click합니다.

⑧ Remove : 이미 선택 된 객체를 다시 한 번 Click 하면 선택이 해제됩니다.

⑨ Multiple : 지우기 원하는 요소와 개체를 모두 선택한 후 <Enter 키>를 쳐야만 점선으로 나타나며 선택됩니다. (단축 이름 : M)

⑩ Previous : 방금 전의 명령에서 선택되었던 선들이 선택됩니다. (단축 이름 : P)

⑪ Undo : 바로 전 단계로 돌아가는 작업입니다. (단축 이름 : U)

⑫ Wpolygon : Window 기능과 유사하나 선택 창이 다각형으로 형성이 됩니다. (단축 : WP)

⑬ Cpolygon : WP 와 유사하며 경계에 걸친 요소가 선택됩니다. (단축 이름 : CP)

1-16 분해(Explode)

도면 작성 작업 중 사각형이나 배열, 치수, 화살표 같은 하나의 객체를 분리시켜 두 개 이상의 객체로 나누고 싶을 때 사용하는 명령어로 도면 작성 효율을 극대화 할 수 있습니다.

[Fig.22 분해 명령어]

(1) 명령어 창이나 화면의 아이콘 이용

① 명령 : Explode 를 입력합니다.

② 객체 선택 : 분해할 대상을 선택합니다.

③ 객체 선택 : 분해할 대상을 선택합니다.

④ 종료 : Enter↵를 입력하여 명령어 종료를 합니다.

- 분해하려고 하는 모든 요소를 선택한 후에 Enter↵를 입력하면, 화면에서 기존의 선택된 도형은 분해되어지고 명령어 입력 대기 상태로 남아 있게 됩니다. [명령 : _]

1) 분해 수행의 목적.

① 새 블록 정의를 작성합니다.

② 기존 블록 정의를 재 정의합니다.

③ 구성요소 객체가 다른 용도로 결합되지 않도록 유지합니다.

2) 객체의 분해

① 2D 및 선가중치 폴리선의 분해, 연관된 모든 너비 또는 접선 정보를 무시합니다. 굵은 폴리선의 경우, 선 및 호는 폴리선의 중심을 기준으로 배치됩니다.

② BLOCK 의 분해

분해를 입력한 후 분해할 블록을 선택한 다음 Enter↵ 키를 누릅니다. 블록 참조는 해당 구성요소 객체로 분해되지만 블록 정의는 이후 삽입을 위해 도면에 계속 유지됩니다.

③ MLINE

분해를 입력한 후 분해할 MLINE을 선택한 다음 Enter↵ 키를 누릅니다. 블록참조는 해당 구성요소 객체로 분해되지만 블록 정의는 이후 삽입을 위해 도면에 계속 유지됩니다.

4) 3D SOLID 분해

분해를 입력한 후 분해할 3D SOLID 의 분해를 선택한 다음 Enter↵ 키를 누릅니다. 3D SOLID 는 분해를 실행하고 나면 하나의 면으로 분할됩니다.

5) REGION 의 분해

분해를 입력한 후 분해할 REGION 의 분해를 선택한 다음 Enter↵ 키를 누릅니다.

REGION 은 EXPLODE 후 선으로 분할 됩니다.

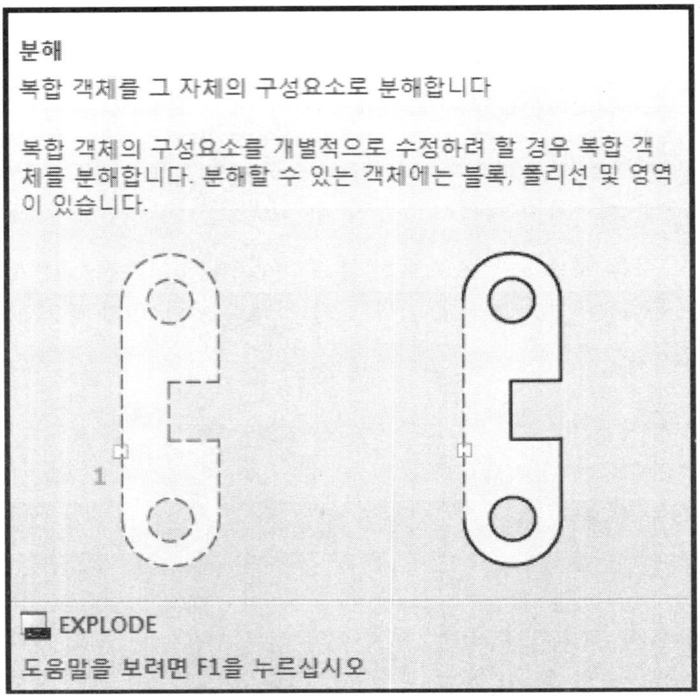

[Fig.23 분해 명령어]

1-17 간격띄우기(offset)

도면 작성 시 선, 원, 호, 타원, 폴리선, 구상선, 광선 등 선택 한 요소에 대해 지정한 간격이나 선택한 점을 통과해서 평행하게 복사를 하는 명령어입니다. 간격 띄우기를 통해서 또 하나의 요소를 만들 수 있고 매우 사용 빈도가 높은 명령어입니다.

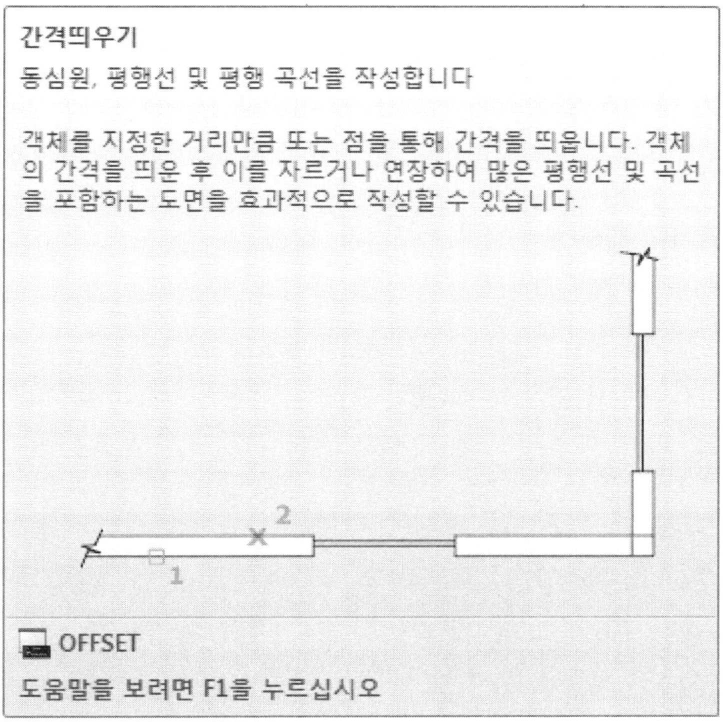

[Fig.24 간격띄우기 명령어]

(1) 거리 값을 입력하는 경우

① 명령 : Of (offset) 를 입력합니다.

② 현재 설정: 원본 지우기= 아니오. 도면층=원본 OFFSETGAPTYPE =0

③ 간격띄우기 거리 지정 또는 [통과점(T)/지우기(E)/도면층(L)] 〈50.000〉: 10 Enter↵

④ 간격띄우기 할 객체 선택 또는 [종료(E)/명령취소(U)] 〈종료〉: 객체 선택

⑤ 간격띄우기 면의 점 지정 또는 [종료(E)/다중(M)/명령취소(U)] 〈나가기〉 : 면 지정

⑥ 간격띄우기 할 객체 선택 또는 [종료(E)/명령취소(U)] 〈종료〉 : Enter↵를 입력하여 종료를 합니다.

(2) 통과점을 입력하는 경우

① 명령 : offset 를 입력합니다.

② 현재 설정: 원본 지우기= 아니오. 도면층=원본 OFFSETGAPTYPE =0

③ 간격띄우기 거리 지정 또는 [통과점(T)/지우기(E)/도면층(L)] 〈50.000〉: t Enter↵

④ 간격띄우기 할 객체 선택 또는 [종료(E)/명령취소(U)] <종료>: 객체 선택

⑤ 간격띄우기 면의 점 지정 또는 [종료(E)/다중(M)/명령취소(U)] <나가기> : 포인트 지정

⑥ 간격띄우기 할 객체 선택 또는 [종료(E)/명령취소(U)] <종료> : Esc 로 종료합니다.

(3) Offsetgaptype

- Offset 의 모서리 모양을 결정합니다. (0, 1, 2)

① 0 : 모서리가 사각형으로 나타납니다. (그림 좌측, 기본 값)

② 1 : 모서리가 둥근형으로 나타납니다. (그림 중앙)

③ 2 : 모서리가 다각형 형태로 나타납니다. (그림 우측)

[Fig.25 Offsetgaptype 명령어]

연습문제

■ 예제 - 간격띄우기 연습 1

▶ '간격띄우기' 도구를 이용하여 아래의 그림을 완성하시오.

▶ 경로 : 홈 → 수정 → 간격띄우기

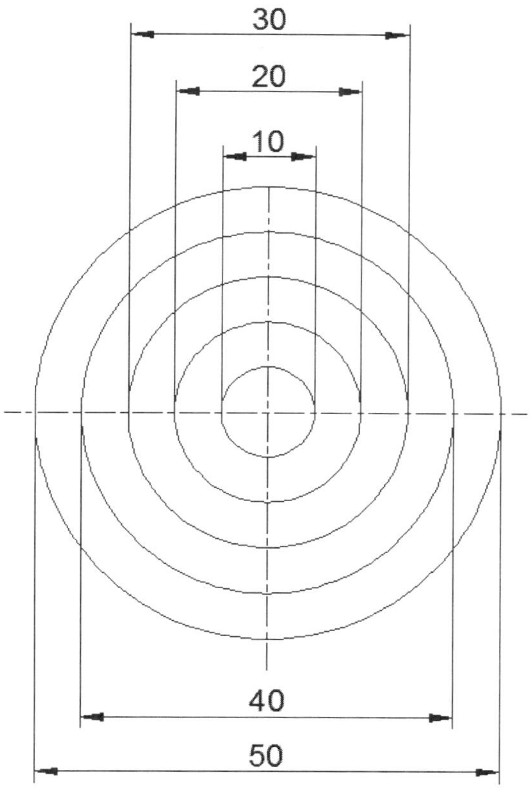

연습문제

■ 예제 - 간격띄우기 연습 2

▶ '간격띄우기' 도구를 이용하여 아래의 그림을 완성하시오.

▶ 경로 : 홈 → 수정 → 간격띄우기

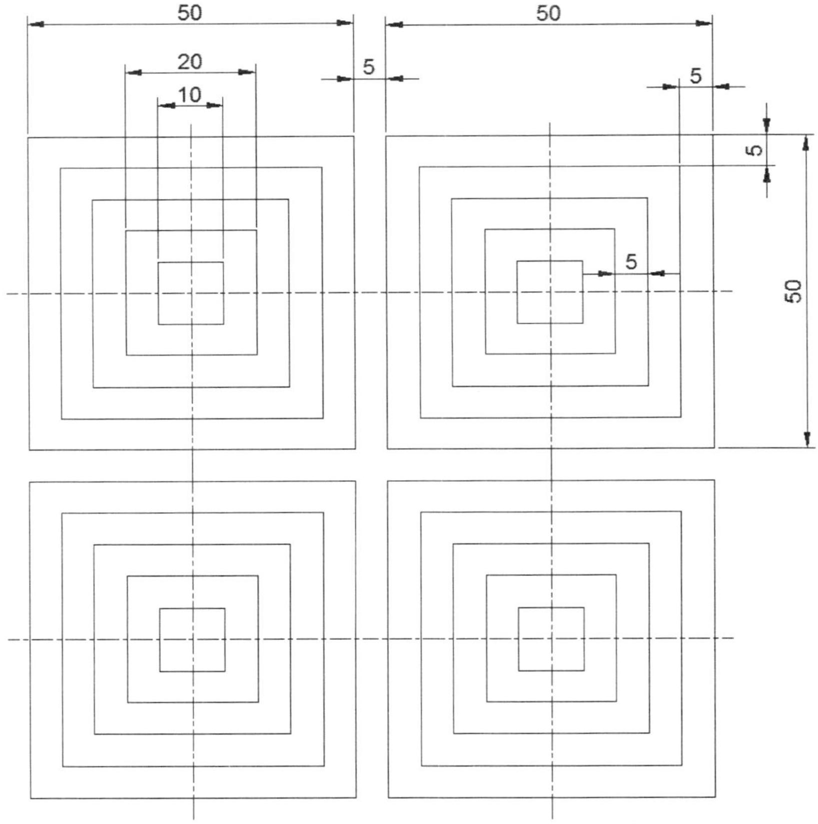

▣ MEMO

1-18 폴리라인 편집(Pline)

PEDIT는 이미 만들어진 폴리라인을 편집하는 명령어입니다. 폴리라인 편집은 폴리선 객체의 형상을 변경할 수 있으며 개별 폴리라인을 결합 할 수 있는 명령어 입니다. 두 정점 사이의 폴리선을 직선으로 만들고, 선의 종류를 전환하여 각 정점의 앞 뒤에 은선이 나타나도록 할 수 있습니다. 그리고 전체 폴리선이 균일한 폭을 갖도록 설정하거나 각 객체의 폭을 조정할 수도 있습니다. 폴리라인과 폴리라인을 결합 시킬 때에는 Join 이라는 명령어를 사용합니다. 참고로 Join은 Line 끼리는 결합되지 않고 폴리 라인끼리만 결합이 됩니다.

[Fig.26 폴리라인 편집 명령어]

(1) PEDIT 의 실행

① 명령 : Pe (pedit) 를 입력합니다.

② 명령 : 수정할 폴리선을 선택합니다.

③ 선택된 객체는 폴리선이 아닙니다. 객체를 폴리선으로 만드시겠습니까? <Y>

④ y 또는 n 을 입력하거나 Enter 키를 누릅니다.

y 를 입력하는 경우 객체는 편집할 수 있는 2D 폴리선으로 변환된다.

(2) PEDIT 의 보조 명령어

[닫기(C)/결합(J)/폭(W)/정점 편집(E)/맞춤(F)/스플라인(S)/비곡선화(D)/선종류 생성(L)/명령 취소(U)/종료(X)]

① 닫기(C)닫힌 폴리선을 작성한다.

② 결합(J) 연속되는 선, 호 또는 폴리선을 결합한다.

③ 폭(W) 전체 폴리선의 균일한 새 폭을 지정한다.

④ 정점 편집(E) 정점을 편집한다.

1-19 정렬(Align)

정렬 명령어는 다른 도면 요소와 나란하게 정렬되도록 도면요소를 이동하거나 회전하거나 기울일 수 있게 하는 명령어입니다. 명령어 실행 방법은 ALIGN 명령어를 실행 후 정렬할 도면 요소를 선택하고 기준점 및 목표점 지정 후 축척 옵션 사용하면 됩니다.

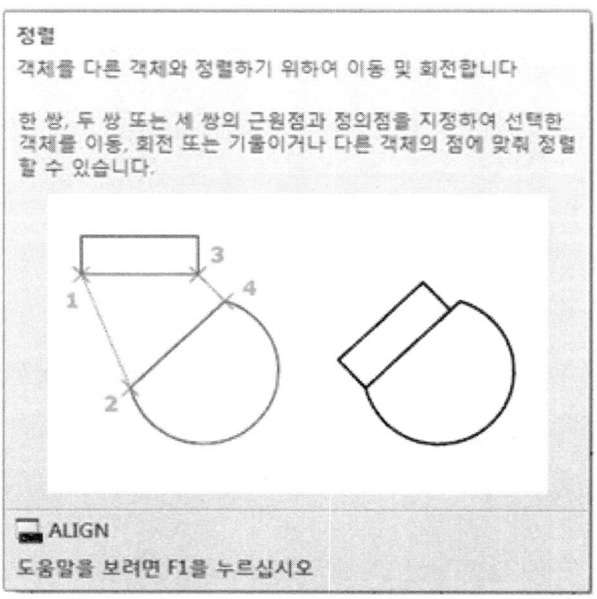

[Fig.27 정렬 명령어]

(1) Align 의 실행

① 명령 : Al (Align) 를 입력합니다.

② 객체 선택 : 정렬을 할 객체를 선택합니다.

③ 첫 번 째 근원점 지정 : 정렬 원점을 지정합니다.

④ 두 번 째 근원점 지정 : 두 번 째 점을 지정합니다.

⑤ 정렬점을 기준으로 객체에 축척을 적용합니까? [예(Y) 아니오(N)] <N> 엔터

⑥ Enter↵ 로 종료합니다.

1-20 요소 끊기(Break)

요소 끊기는 단면 요소의 일부분을 선택적으로 잘라내는 기능과 역할을 하는 명령어입니다. 끊기는 선택된 객체의 두 점 사이를 끊으며 두 점간에 차이를 두어 하나의 객체를 두 개의 객체로 분리 할 때 사용합니다.

[Fig.28 Break 명령어]

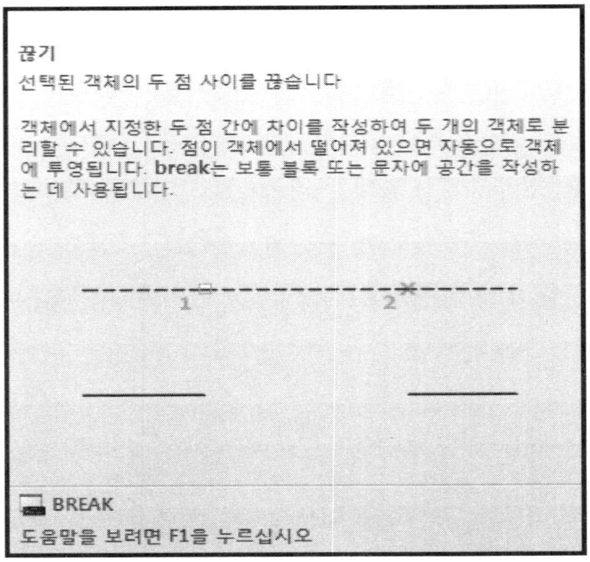

(1) Break 의 실행

① 명령 : Br (Break) 를 입력합니다.

② 객체 선택 : P1 객체를 선택합니다.

③ 두 번 째 끊기 점을 지정 또는 [첫 번째 점(F)] : P2 객체를 지정합니다.

④ Esc 로 종료합니다.

(2) 원의 끊기(Break)

AutoCAD 에서 시계 방향 순서로 객체를 선택하는 경우는 원호를 남길 것만(그림 A) 자르고, 반 시계 방향으로 객체를 선택하는 경우는 자를 것 만 (그림 B) 남기게 됩니다.

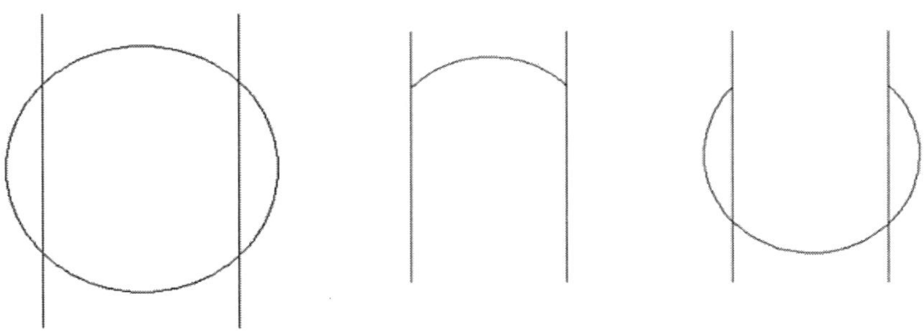

[Fig.29 원의 Break]

(3) Break-F 기능 대신하여 두 부분으로 나누기

① 명령 : Br (Break) 를 입력합니다.

② 객체 선택 : P1 객체를 선택합니다.

③ 두 번 째 끊기 점을 지정 또는 [첫 번째 점(F)] : @를 입합니다.

④ 두 번 째 끊기 점을 지정 또는 [첫 번째 점(F)] : 원하는 곳의 포인트를 선택합니다.

⑤ Esc 로 종료합니다.

1-21 요소 점 끊기(Break-F)

요소 끊기는 단면 요소의 일부분을 선택적으로 잘라내는 기능과 역할을 하는 명령어입니다. 요소 점 끊기는 선택된 객체의 두 점 사이를 분절만 시키며 두 점간에 차이를 두지 않고 하나의 객체를 두 개의 객체로 분리 합니다. 두 개의 객체로 만들 되 공간을 두지 않습니다.

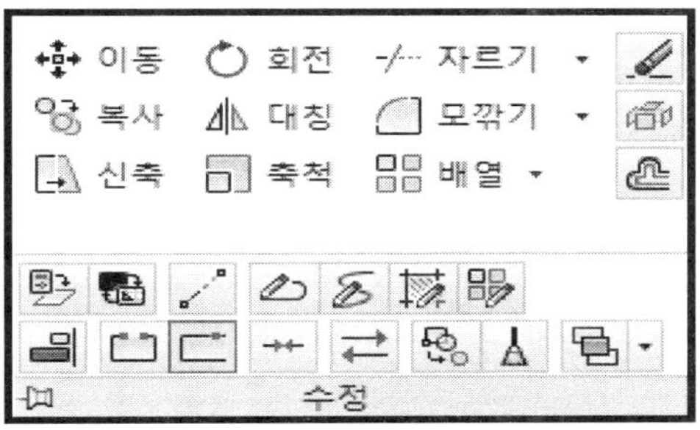

[Fig.30 Break-F 명령어]

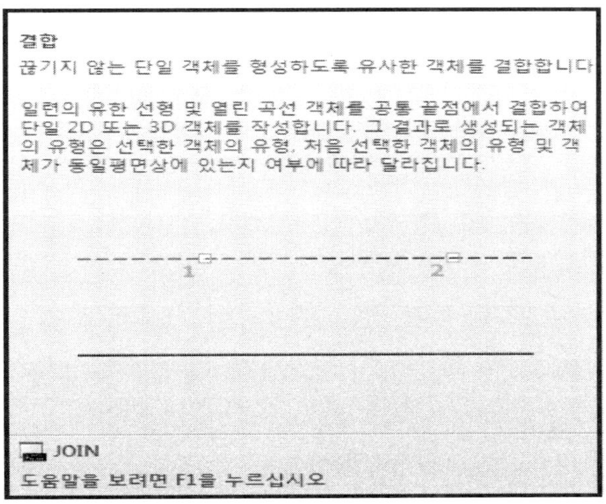

(1) Break 의 실행

① 명령 : 위의 그림처럼 수정의 끊기 인터페이스를 클릭합니다.

② 객체 선택 : P1 객체를 선택합니다.

③ 첫 번 째 끊기 점을 지정 또는 [첫 번째 점(F)] : P1 객체를 지정합니다.

④ Esc 로 종료합니다.

1-22 결합(Join)

폴리라인 편집을 위해 폴리라인 객체의 형상을 변경할 수 있으며, 개별 폴리라인을 결합 할 수 있는 명령어로서 폴리라인과 폴리라인을 결합 시킬 때 사용하는 명령어가 결합입니다. 결합 (Join)은 Line 끼리는 결합되지 않고 폴리 라인끼리만 결합이 됩니다.

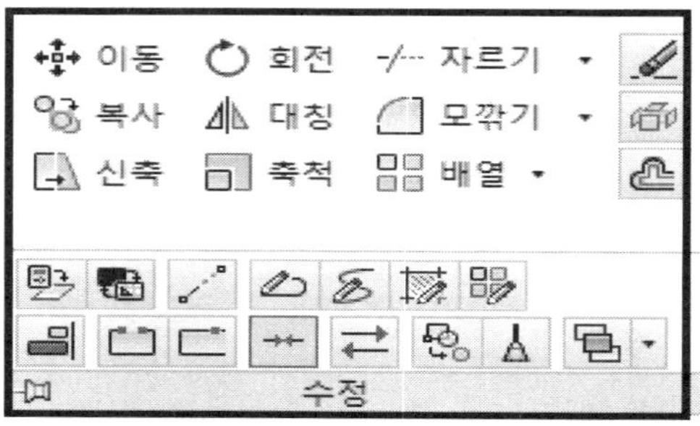

[Fig.31 결합 명령어]

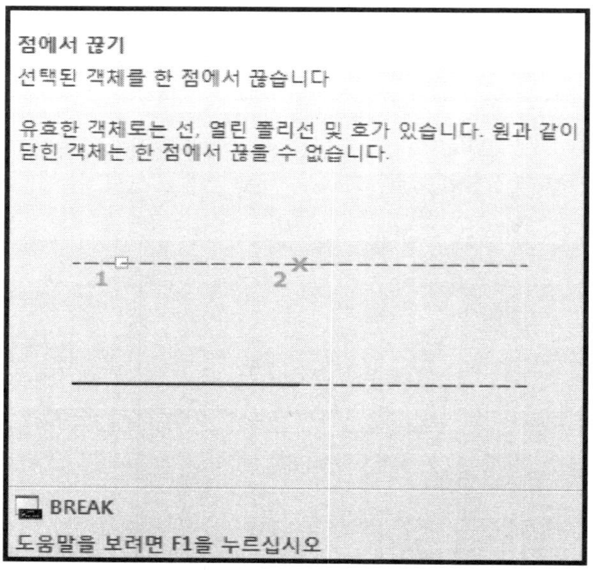

(1) Join 의 실행

① 명령 : 위의 그림처럼 수정의 결합 인터페이스를 클릭합니다.

② 한 번에 결합할 원 본 객체 또는 여러 객체 선택 : P1 객체를 선택합니다.

③ 결합 할 객체 선택 : P2 객체를 지정합니다.

④ Enter↵ 로 종료합니다.

1-23 기타 중요 명령어(Miscellaneous)

AutoCAD 2013 초기 화면이 리본메뉴와 메뉴 브라우저 방식으로 전환이 되면서 잘 찾기 힘들고 숨겨져 있는 명령어들이지만, 그 사용 빈도수가 높고 유용한 몇 가지 명령어들을 소개합니다. 이 명령어들은 단축키를 이용하여 사용을 할 수 가 있으며 그 상세 내용들은 다음 과 같이 정리를 합니다.

(1) 그룹 (Group)

○ 그룹 명령어는 도면의 여러 요소들을 하나의 요소로 묶어주는 명령어입니다. 해체인 X의 반대 개념입니다. 단축키는 g (group)이며 명령 창에서 객체 선택 또는 이름과 설명을 요구합니다.

1) 그룹 만들기 : G - 그룹이름, 설명 입력 - 신규 - 요소 선택 - 확인

2) 그룹 삭제 : G - 삭제할 그룹 선택 - 분해 - 확인

(2) 도면 요소 변경 (Change)

이미 그려진 도면 요소의 위치, 크기의 변경, 속성을 변경합니다. 단축키는 -ch (Change)이며 명령어 앞에 '-'를 붙여서 실행을 해야만 합니다. 도면 속성 변경 (Drawing Change Properties)의 ch 와 구분을 하기 위해서라도 앞에 '-'를 붙여야 하며 이 경우 대화상자 없는 명령이 실행이 됩니다.

① 명령 : -ch

② 객체 선택 : P1 선택 (변경할 요소 선택)

③ 객체 선택 : 변경점 지정 또는 특성 [특성(P)] : QUA P2 선택

④ 변경점 지정 또는 특성 [특성(P)] : P 선택

⑤ 변경할 특성 입력 [색상(C)/고도(E)/도면층(LA)/선종류(LT)/선종류축척(S)/선가중치(LW)/두께(T)] :

- 고도(Elev) : 고도를 변경합니다.
- 두께 (Thickness) : 두께를 변경합니다.
- ELEV : 객체에 고도와 두께를 주는 명령어 Z축 방향으로 어느 높이에서 얼마만큼 돌출 되는가를 결정합니다.
- Chprop : Change 에 ELEV 만 빠진 것입니다.

(3) 도면 속성 변경(Ddchprop)

도면 요소의 변경을 위한 명령어입니다. 도면 속성이라는 것은 도면의 색상, 선의 종류, 두께, 레이어, 축척 등을 말합니다. 참고로 DDMODIFY 는 AutoLISP 응용 프로그램으로 하나의 객체를 선택하고 그 객체의 특성을 수정할 수 있도록 대화 상자 안에 나타낸 것입니다. 여기서 수정할 해당 객체를 선택하면 됩니다.

명령을 위한 단축키는 ch (Drawing Change Properties)입니다.

① 명령 : ch

② 객체 선택 : 변경할 요소 선택

색상, 도면 층, 선 종류, 선 가중치, 고도, 스케일, 형상, 두께 등을 변경 할 수 있습니다.

(4) 특성 일치(Match)

특정 요소의 도면 내부 속성인 특성을 다른 요소의 특성과 일치를 시킵니다. 선택한 요소에 설정된 색상, 도면 층, 선 종류, 선 가중치, 고도, 스케일, 형상, 두께 등을 나중에 선택한 요소에 적용을 시킵니다. 처음부터 도면을 완벽하게 그려 나갈 수 가 없으므로 먼저 아이디어를 도면상에 구현을 하고 나중에 선의 종류와 치수, 문자 크기 등의 일관성 있고 통일된 도면 작업을 위해 매우 유용한 명령어입니다.

단축키는 ma (Match Properties)입니다.

① 명령 : ma

② 원본 객체를 선택 하십시오 : 객체 선택)

③ 현재 활성 설정값 : 색상 도면층 선종류 선축척 선가중치 두께 플롯 스타일 문자 치수 해치 폴리선 뷰포트 테이블

④ 대상 객체를 선택 또는 [설정값(S)] : 선택합니다.

⑤ 대상 객체를 선택 또는 [설정값(S)] : 선택합니다.

잠시 쉬어 가는 코너

제 6 장

도면층 명령어

이 장에서는 여러 가지 도면 층의 작성에 대한 내용으로 레이어의 개념과 작성 그리고 기능설명에 대한 도면층의 지식과 이론을 배워 봅니다.

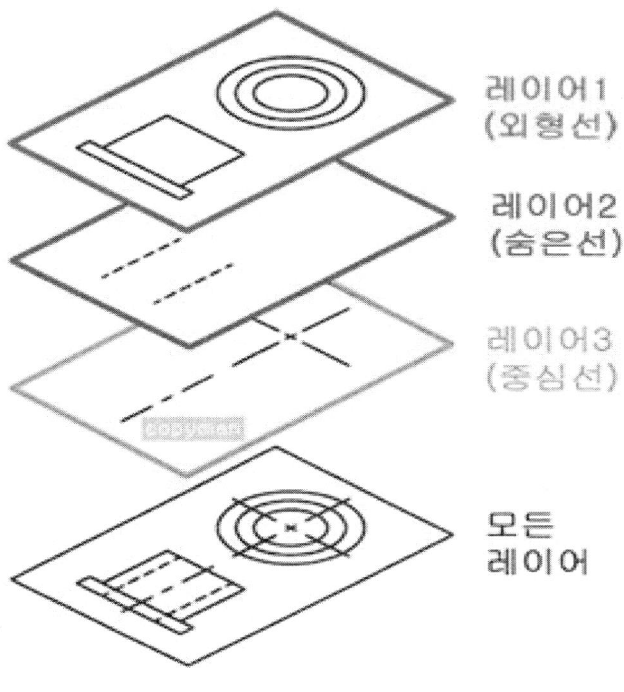

학습 목표

AutoCAD에서의 Layer개념에 대해 배우고 작성하며 도면 층을 이해합니다.

학습 개요

Layer의 일반적인 개념에 대해 배우고 작성하며 도면 층에 대한 전반적인 개념을 익혀 실무에 적용해 봅니다.

일반 목표

Layer 의 설정과 이론적인 개념의 습득, 도면 층 작성을 이용한 실무 각 기능 명령어를 통해 보다 더 효율적으로 도면을 작성하는 법을 배우게 됩니다.

세부 목표

도면 층의 필요성과 설정, 활용성, Layer On, Off, Freeze, Thaw 등의 기능설명을 사용하여 도면 층에 대해 확실한 지식의 습득을 할 수 있습니다.

제 6 장
레이어 명령어

1 도면 층(Layer)

1-1 도면 층(Layer) 개념

서로 다른 도면층 (Layer)은 별개의 도면이 아니라, 도면 층 (Layer)이라는 것은 도면을 층으로 관리하는 것을 말합니다. 각각의 도면 층(Layer)을 각 도면 요소로 생각하고, 도면 층을 쌓듯이 겹쳐 놓아 각기 다른 분야의 도면이 모여 하나의 도면을 만드는 것이라고 볼 수 있습니다. 이로 인한 작업의 효율성과 작업성은 매우 뛰어나다고 볼 수 있습니다. 이런 이유로 인해 도면 층 (Layer)에는 고유의 이름을 부여할 수 도 있으며 색상과 선의 종류 등을 각 각 다르게 지정 할 수 도 있습니다.

[Fig.1 도면층(layer) 명령어]]

1-2 도면 층(Layer)의 구성

도면에서 사용하는 기본 구성 도구이며 이때 레이어는 투명한 종이 층이라고 생각하면 됩니다. 마치 영화사에서 에니메이션을 만들 듯이 여러 개의 셀룰로이드를 두어 다양한 형태의 층을 만들어 작업을 단순화 하도록 도와줍니다.

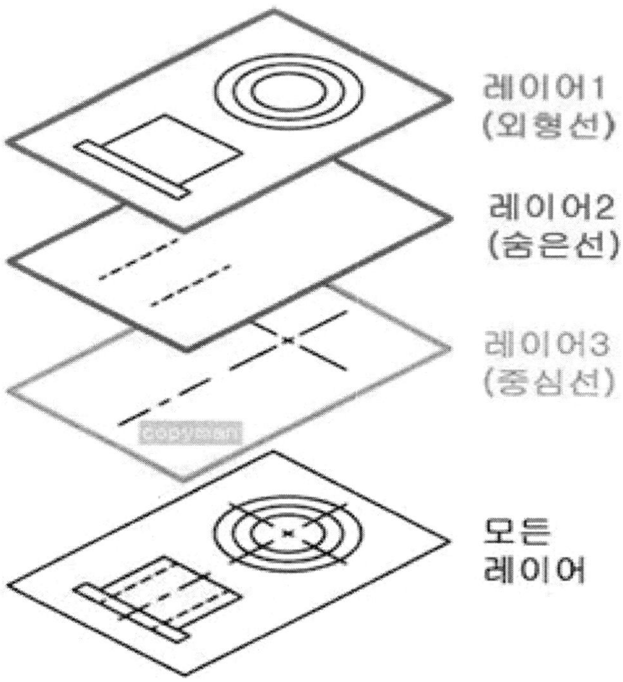

[Fig.2 도면층 (layer) 의 구성]

도면은 외형선, 중심선, 은선 뿐 만 아니라 치수, 문자 등 특성이 다른 여러 가지 다른 객체들을 작성하게 되는데 하나의 층에서 작업을 하게 되면 어려움이 많습니다. 이때 각 각을 투명한 종이에 작업한 후 이를 포개 놓으면 하나의 완전한 도면이 되도록 도와줍니다. 이러한 개념이 층(Layer) 개념 입니다. Layer를 설정하여 사용하면 도면의 효율적인 관리와 도면 작성의 효율성을 높일 수 있는 잇점이 있습니다.

1-3 도면 층(Layer) 작성

① 명령어 입력 창에서 la(Layer)라고 입력을 하거나 아래의 그림처럼 아이콘을 클릭합니다.

② 리본 메뉴의 대화상자에서 도면 층 (Layer) 만들기 ( )를 클릭합니다.

- 대화 상자에 나타난 0 이라는 레이어는 기본적으로 시스템에서 자동으로 작성이 되는 기본 레이어(Layer)입니다.
- 수동으로 제도용지에 도면을 그릴 때 제일 먼저 받아보는 도면 용지와 같은 것입니다. 그래서 수정이나 삭제 및 변경이 불가능한 특성이 있습니다.

③ 도면 층 (Layer) 이름을 부여하고 도면 층 (Layer)마다 선의 색상과 종류, 선 가중치를 선택합니다.

④ 해당 레이어에서의 선의 종류와 색상, 가중치는 뒷장의 Fig.6 을 참조하여 작성합니다.

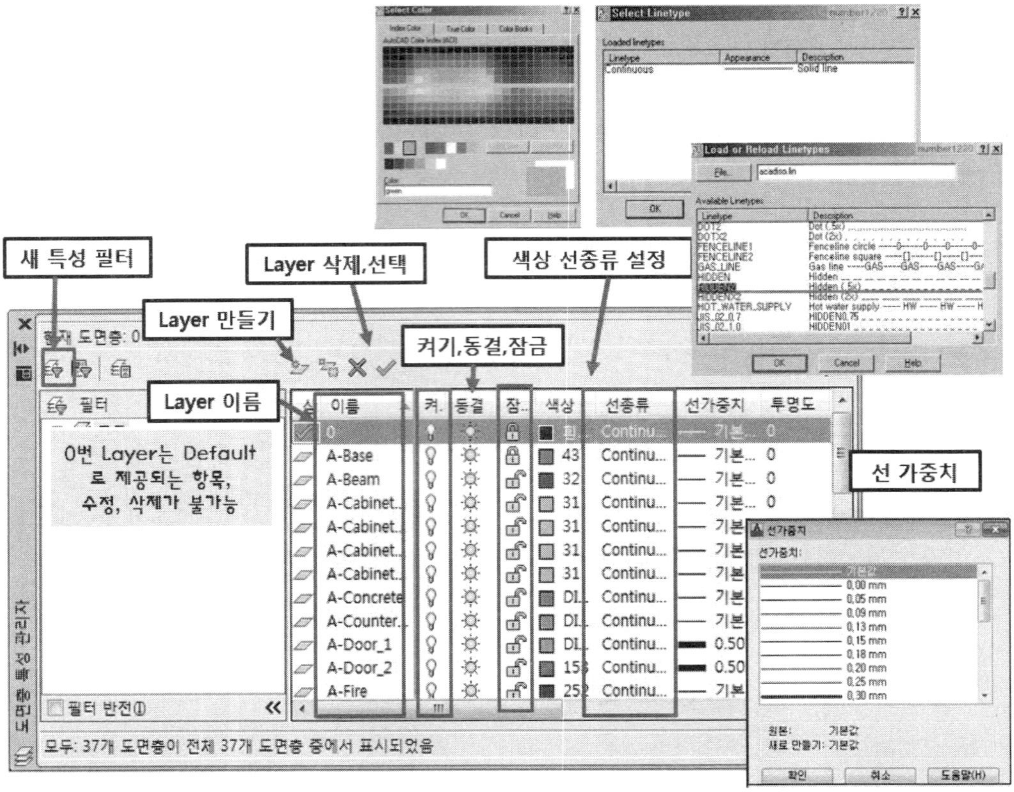

[Fig.3 도면층 (layer) 의 설명]

1-4 도면층(Layer) 기능

(1) 새 특성 필터(New Property Filter)

○ 도면 층의 속성과 특성을 표시하며 하나 이상의 특성을 사용하여 필터를 정의할 수 있습니다. 이름에 특정 단어가 들어있는 도면의 층이 표시된다거나 할 때 사용을 합니다.

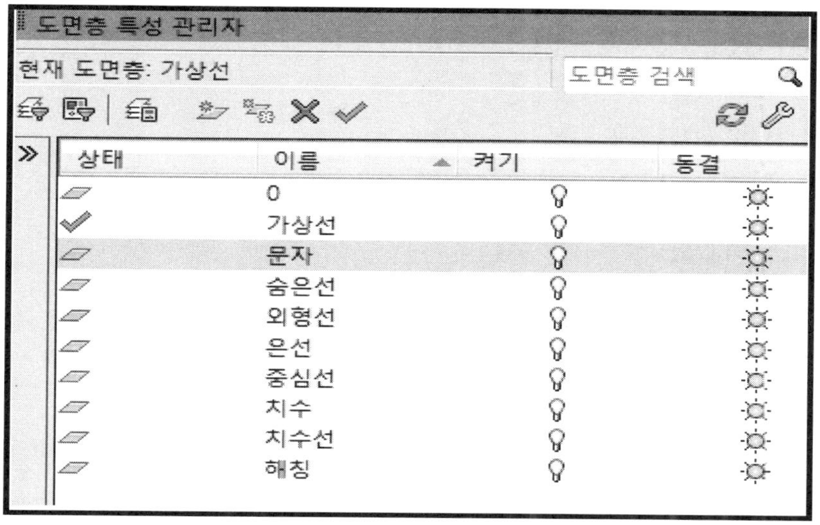

[Fig.4 도면층 특성 관리자]

[Fig.5 새 특성 필터]

(2) 도면 층 이름(Layer Name)

해당 레이어의 이름을 정해주고 구분해 줍니다.

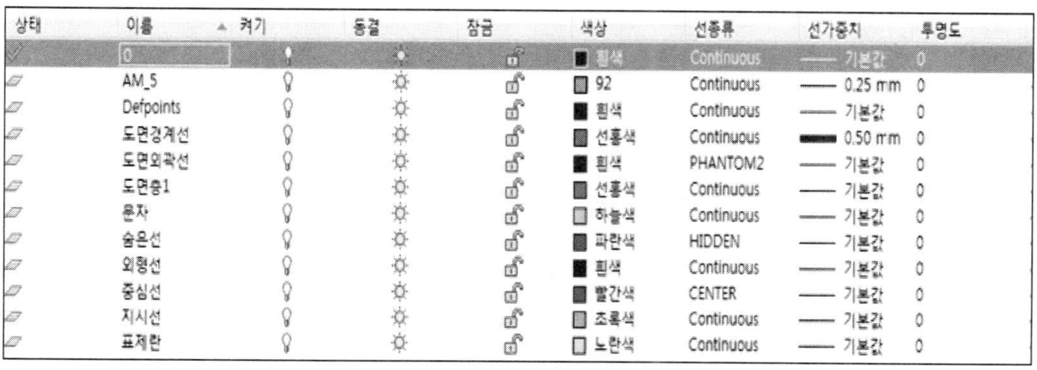

상태	이름	켜기	동결	잠금	색상	선종류	선가중치	투명도
	0				흰색	Continuous	기본값	0
	AM_5				92	Continuous	0.25 mm	0
	Defpoints				흰색	Continuous	기본값	0
	도면경계선				선홍색	Continuous	0.50 mm	0
	도면외곽선				흰색	PHANTOM2	기본값	0
	도면층1				선홍색	Continuous	기본값	0
	문자				하늘색	Continuous	기본값	0
	숨은선				파란색	HIDDEN	기본값	0
	외형선				흰색	Continuous	기본값	0
	중심선				빨간색	CENTER	기본값	0
	지시선				초록색	Continuous	기본값	0
	표제란				노란색	Continuous	기본값	0

[Fig.6 레이어(layer)의 이름]

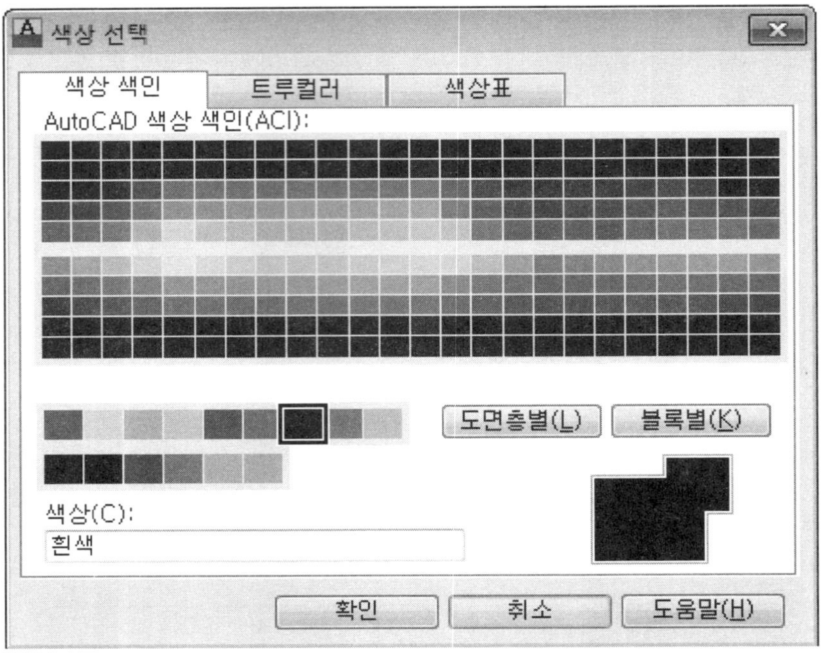

[Fig.7 레이어(layer)의 색상 변경]

(3) 도면 층 삭제, 선택

도면 층(Layer)를 일괄적으로 선택하고, 삭제를 할 수 있는 기능을 합니다. 이 때 동일한 레이어 내에 있는 도면의 내용은 모두 일괄적으로 삭제가 됩니다.

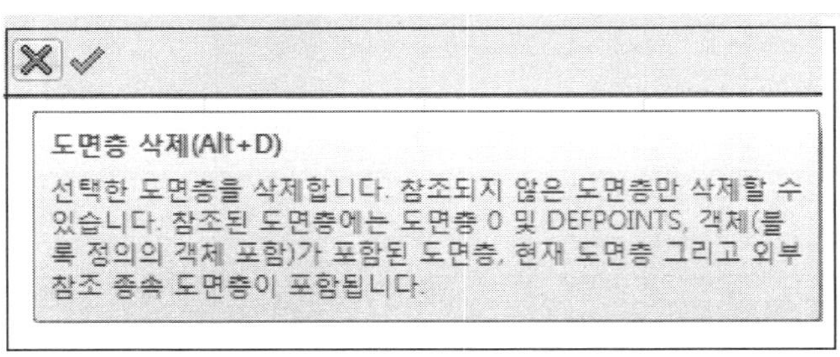

[Fig.8 레이어(layer)의 삭제]

(4) 새 도면 층

새로운 도면 층(Layer)을 만드는 기능을 합니다. 새 도면 층은 도면 층 리스트에서 현재 선택된 도면 층의 특성 (색상, 켜기 또는 끄기 등)을 상속받습니다.

[Fig.9 새 도면 층]

(5) 도면 층 특성

도면 층 및 도면 층 특성을 관리하는 명령어입니다.

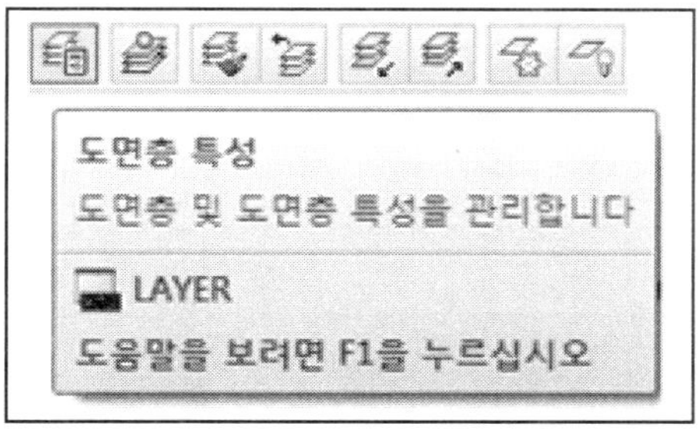

[Fig.10 도면 층 특성]

(6) 도면 층 현재로 설정

특정 도면 층의 객체를 선택하여 현재 도면 층으로 만들 수 있는 명령어입니다.

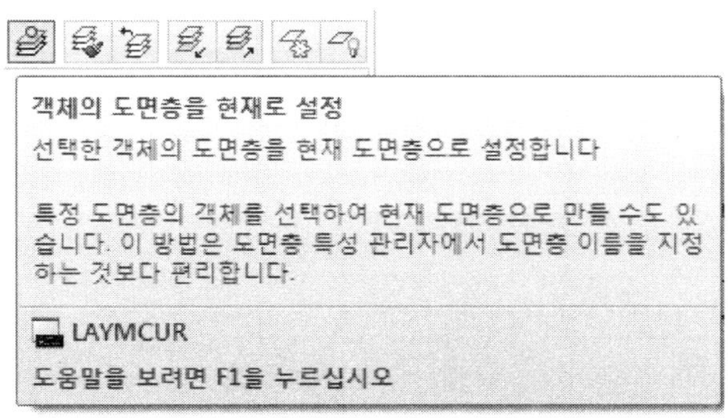

[Fig.11 도면 층 현재로 설정]

[Fig.12 도면 층 현재로 설정]

(7) 켜기, 동결, 잠금

- 켜기 : 전체 혹은 해당 도면 층(Layer)를 볼 수 있도록 켜는 기능입니다.
- 잠금 : 복잡한 도면 작성 시 특정 레이어를 끄거나 감출 수 있도록 하는 기능입니다.
- 동결 : 특정 도면층(Layer)를 감출 때 사용합니다. 잠금과 거의 유사하나 시스템에 부담을 주기 않기 위해 해당 레이어를 다시 켤 때 객체를 재생성(Regenerate) 하지 않습니다.

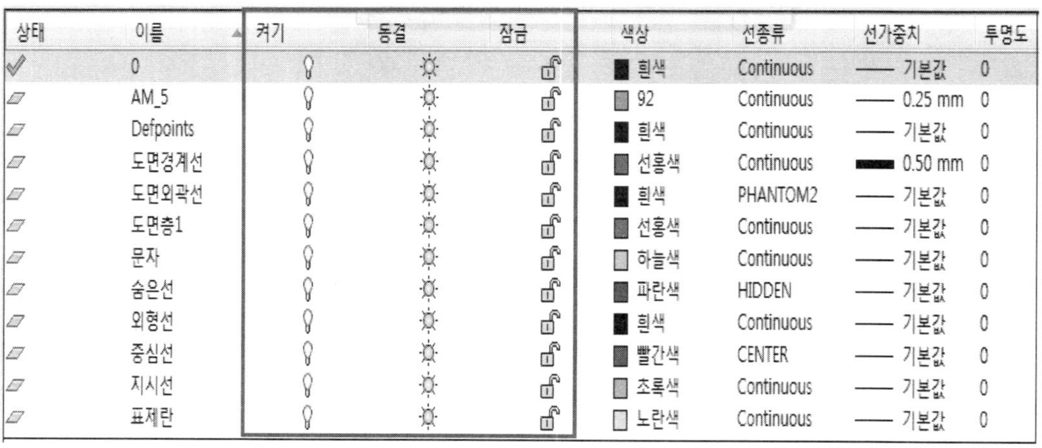

상태	이름	켜기	동결	잠금	색상	선종류	선가중치	투명도
✓	0				흰색	Continuous	기본값	0
	AM_5				92	Continuous	0.25 mm	0
	Defpoints				흰색	Continuous	기본값	0
	도면경계선				선홍색	Continuous	0.50 mm	0
	도면외곽선				흰색	PHANTOM2	기본값	0
	도면층1				선홍색	Continuous	기본값	0
	문자				하늘색	Continuous	기본값	0
	숨은선				파란색	HIDDEN	기본값	0
	외형선				흰색	Continuous	기본값	0
	중심선				빨간색	CENTER	기본값	0
	지시선				초록색	Continuous	기본값	0
	표제란				노란색	Continuous	기본값	0

[Fig.13 켜기, 동결, 잠금]

(8) 도면층(Layer)의 필요성, 설정 과 활용

① 도면 층(Layer) 의 필요성

LAYER 는 도면에서 사용하는 기본 구성 도구이며, 투명한 종이라고 생각하면 됩니다. 도면을 작성하다 보면 외형선, 치수, 중심선, 은선 등 특성이 다른 객체들을 작성하게 되는데 이때 각각의 도면 층 (Layer) 을 투명한 종이에 작업한 후 이를 포개어

놓으면 하나의 완전한 도면이 됩니다. 이것을 활용하기 위해서 도면 층 (Layer) 에 대해 공부를 합니다.

② 도면 층(Layer) 설정

도면 층 (Layer) 을 효율적으로 관리하기 위해서는 도면 층 (Layer) 의 속성들을 잘 알고 있어야 합니다. 새 도면 층 생성 시 도면 층 리스트에서 현재 선택된 도면 층의 특성 (색상, 켜기 또는 끄기 상태 등) 으로 만들어지며 각 속성은 아이콘을 선택하여 개별적으로 변경할 수 있습니다.

③ 도면 층(Layer) 활용

도면 층 (Layer)을 잘 배워 익히고 활용함으로써 도면 작업시 도면에 대한 편집을 쉽고 유용하게 할 수 있습니다.

A) 도면요소의 성격별 색상, 선, 선의가중치, 플롯 유형 등을 일괄적으로 지정할 수 있습니다.

B) 도면 층 별로 별도의 도면으로 취급하여 출력하여 사용할 수 있습니다.

C) 시각적인 효과로 인하여 산뜻하고 깔끔한 인상을 줄 수 있습니다.

D) 복잡한 도면을 주제별로 검색과 열람을 할 수가 있습니다.

④ 도면 작성 시 LAYER 설정하는 법

도면을 그릴 때 외형선, 중심선, 해치, 치수 등 도면에 사용하고자 하는 선을 만들어 적용하도록하며 선의 색상이나 선종류, 선의 두께 등은 필요에 따라 변화 시킬 수 있습니다.

잠시 쉬어 가는 코너

제 7 장

주석과 블럭 명령어

이 장에서는 도면에 들어갈 치수와 문자에 대한 내용 및 블록 작성과 삽입의 이해와 실제 작성으로 지식을 익힙니다.

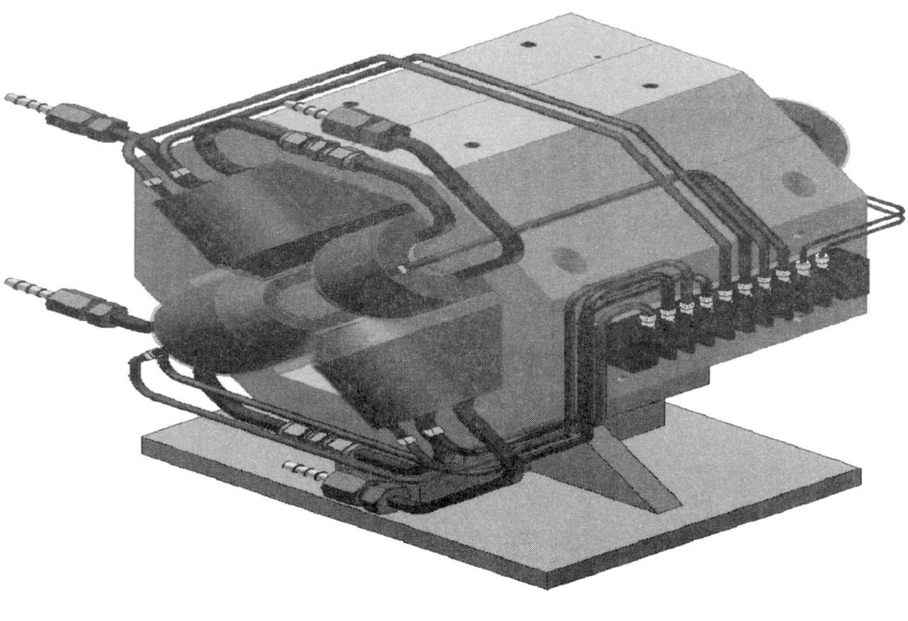

학습 목표

AutoCAD에서의 주석 개념에 대해 배우고 치수를 작성하며 도면을 이해합니다.

학습 개요

치수기입 및 문자 작성에 대한 일반적인 개념에 대해 배우고 도면의 전반적인 개념을 익혀 실무에 적용해 봅니다.

일반 목표

문자의 종류, 치수의 종류, 테이블 등 속성 편집에 대한 이론적인 개념의 습득, 도면 작성을 위한 실무 각 기능 명령어를 통해 보다 더 효율적으로 도면을 작성하는 법을 배우게 됩니다.

세부 목표

단일 행 문자, 여러 줄 문자, 선형치수, 원형치수, 각도, 테이블, 지시선, 및 블록의 작성과 삽입을 통한 도면 표기의 지식의 습득을 할 수 있습니다.

제 7 장
주석과 블럭

1 문자(Text)

1-1 문자(Text) 개념

문자는 도면의 제목(도명)을 입력하거나, 주의사항이나 지정사항 등을 위해 주석(NOTE) 등을 입력하는 등, 도면을 구성하는데 없어서는 안 될 중요한 정보를 전달합니다. 도면에서 기호나 숫자로만 표현 할 수 없는 많은 정보들을 문자라는 것을 통해서 설계자와 작업자의 상호 소통을 돕고 이해를 증진시킵니다. 특히 AutoCAD는 문자를 입력하는데 있어 매우 다양한 방법들을 제공합니다.

예를 들어 긴 항목의 문장을 입력하는 데는 MTEXT (단락 문자 단축키 T)를 사용하고, 짧은 문장을 입력 할 때는 TEXT나 DTEXT (행 문자 단축키 DT)를 사용합니다. 그 이외에도 오토캐드 (AutoCAD)는 문자와 숫자 테이블을 보다 손쉽고 용이하게 작성을 하기 위해 리본 메뉴에 주석이라는 인터페이스를 만들어 일괄적으로 문자와 치수 작업이 용이 하도록 준비를 하였습니다.

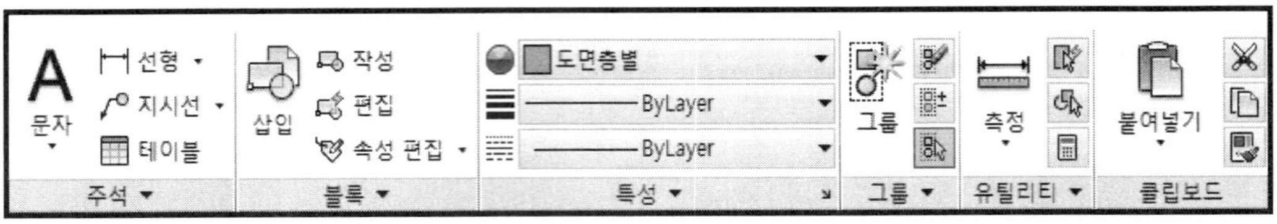

[Fig.1 주석의 초기화면]

(1) 문자 스타일

Style은 여러 가지의 글꼴 File의 이름을 지정하고 Text에서 글자형태를 변형하여 글씨를 쓸 수 있게 만들어 줍니다. 글자체의 File 이름과 Style 이름과는 동일할 필요가 없다.

○ 문자 스타일 명령: St (Style) Enter↵ 입력을 합니다.

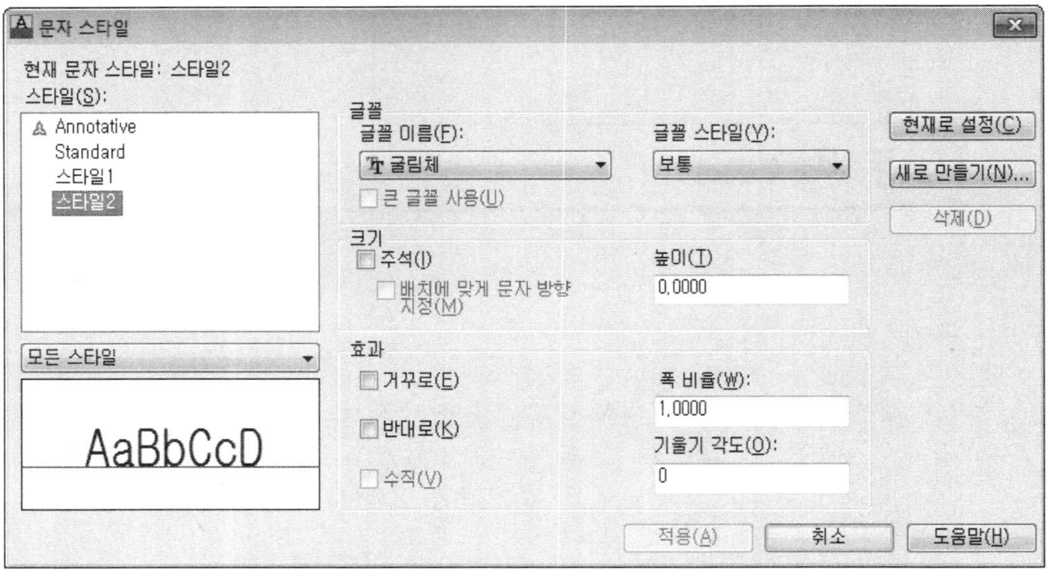

[Fig.2 문자 스타일]

1) 스타일 이름(style name)

신규 : 스타일의 새 이름을 지정합니다.

이름 바꾸기 : 설정된 이름을 변경합니다.

삭제 : 설정된 이름을 삭제합니다. 형상을 삭제하는 것이 아니고 이름을 삭제하는 것

입니다.

2) 글꼴(font) 문자세트를 구성하는 문자들을 정의합니다.

3) 높이(height) 문자의 높이를 지정합니다.

4) 효과(effect)

문자에 각종의 효과를 줄 수 있습니다. 반대로, 폭 비율, 기울기 각도 등을 설정 합니다.

5) 미리보기(preview) 글꼴을 미리 보는 기능입니다.

(2) 문자 쓰기

가. 단일 행 문자 (Dtext 단축키 Dt)

1) Dt, Text 명령

명령: Dt Enter↵

현재 문자 스타일: "스타일1" 문자 높이: 2.5000

문자의 시작점 지정 또는 [자리 맞추기(J)/스타일(S)]: 원하는 시작점을 선택합니다.

높이 지정 <2.5000>: 3을 입력합니다.

문자의 회전각도 지정 <270>: 0을 입력합니다.

2) 명령의 각 옵션

옵 션	내 용
Justify	문자 정렬을 조정
Style	문자체를 설정
Height	문자 높이 입력 (STYLE에서 높이가 "0" 일 경우
Rotation angle	문자의 회전각도

3) 자리맞춤(Justify)의 옵션

옵 션	내 용
Align (정렬)	기준선 양 끝점을 지정함으로써 문자의 높이와 문자 방향 둘 다를 지정
Fit (맞춤)	두 점과 높이로 정의 된 영역과 방향으로 문자가 맞춰지도록 지정
Center (중심)	입력점을 사용하여 지정하는 기준선의 가로방향 중심에 문자자리를 맞춤
Middle (중간)	기준선의 가로 방향 중심과 입력점을 사용하여 지정하는 높이의 세로 중심에 정렬
Right (오른쪽)	문자를 지정된 점의 기준선에서 오른쪽으로 자리 맞춤
TL (왼쪽 위)	문자를 왼쪽을 기준으로 지정된 점에서 왼쪽으로 자리 맞춤
TC (중심 위)	문자를 중심 위를 기준으로 지정된 점에서 중심에 자리 맞춤
TR (오른쪽 위)	문자를 오른쪽 위를 기준으로 자리 맞춤
ML (왼쪽 중간)	문자를 왼쪽 중간을 기준으로 자리 맞춤
MC (중심 중간)	문자를 문자의 중간에서 가로와 세로 방향 중심에서 자리 맞춤
MR (오른쪽 아래)	문자를 오른쪽 중간을 기준으로 하여 자리 맞춤
BL (왼쪽 아래)	문자를 기준선에 대해 지정된 점에서 왼쪽으로 자리 맞춤
BC (중심 아래)	문자를 기준선에 대해 지정된 점에서 중심에 자리맞춤
BR (오른쪽 아래)	문자를 오른쪽아래를 기준으로 하여 오른쪽으로 자리 맞춤

나. 다중행 문자 쓰기(단축키 T, Mt)

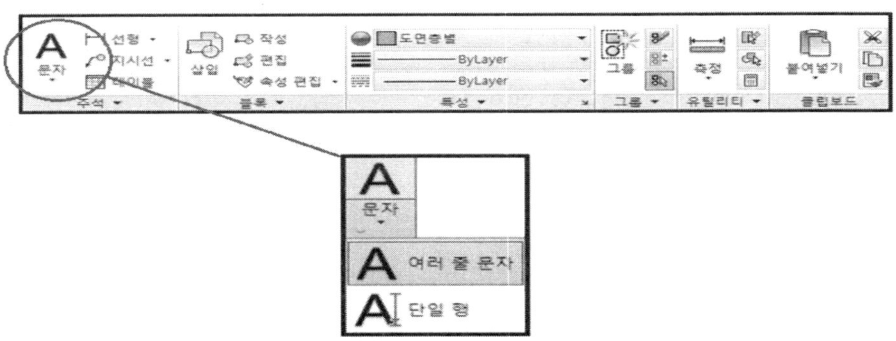

[Fig.3 리본 메뉴의 문자 아이콘]

명령: T [Enter↵]

MTEXT 현재 문자 스타일: “스타일1” 문자 높이: 2.5

첫 번째 구석 지정: 원하는 곳에 선택을 합니다.

반대 구석 지정 또는 [높이(H)/자리 맞추기(J)/선 간격두기(L)/회전(R)/스타일(S)/폭(W)]:

다중 행 입력을 하며 문장 단위로 인식합니다. 문서 편집 기능을 가지고 있으며 지정된 폭 내에는 맞춰지지만 세로 방향에는 제한이 없습니다.

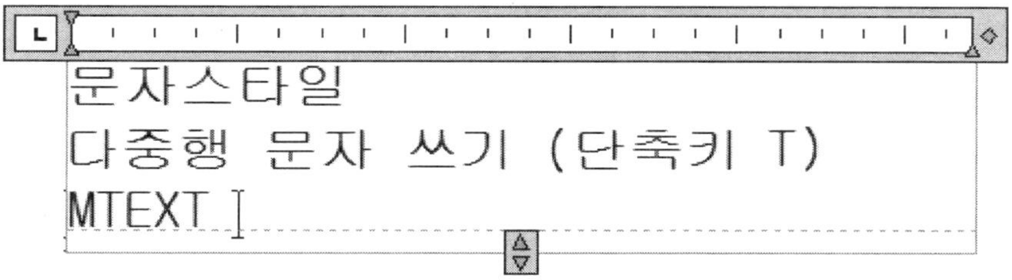

[Fig.4 다중 행 문자 입력]

다. 특수 문자 쓰기

1) 단일행 문자 (Dt) 에서 특수문자 입력

문자 위나 아래에 밑줄이나 윗줄을 그릴 수 있으며, 특수 문자 (˚ ,¢ ,±) 등을 기입할 때 “%%” 를 사용합니다.(mtext 입력상자 내에서 사용)

입력 방법	내 용	입 력	출 력
%%d	각도 기호	50%%d	50˚
%%p	공자 기호	%%p50	±50
%%c	원의 지름 기호	%%c50	ϕ50
%%%	퍼센트 기호	%%%	%
%%nnn	ASCⅡ Code의 문자 출력	%%65	A

%%o, %%u 는 DT에서만 된다.

[표.2 명령의 각 옵션]

라. 문자 수정하기 (단축키 Ed)

○ 이미 입력을 마친 문자의 내용을 수정합니다.

명령: Ed Enter↵

객체 선택 또는 [명령 취소(U)] : 수정할 문자 선택

명령: Spell Enter↵

객체 선택 또는 [명령 취소(U)] : 수정할 문자 선택

○ 선택한 문자의 맞춤법을 검사하고 바른 맞춤법으로 수정을 유도합니다.

1-2 치수(Dimension) 개념

치수는 설계자의 의도를 충분히 다른 사람에게 전달하기 위하여 도면의 숫자적인 정보를 입력하여 알려줍니다. 즉 길이, 거리, 각도 등의 수치 정보를 치수와 치수 보조선을 이용하여 도면에 나타 내 줌으로서 도면의 정확성을 높이는 일을 하고 있습니다.

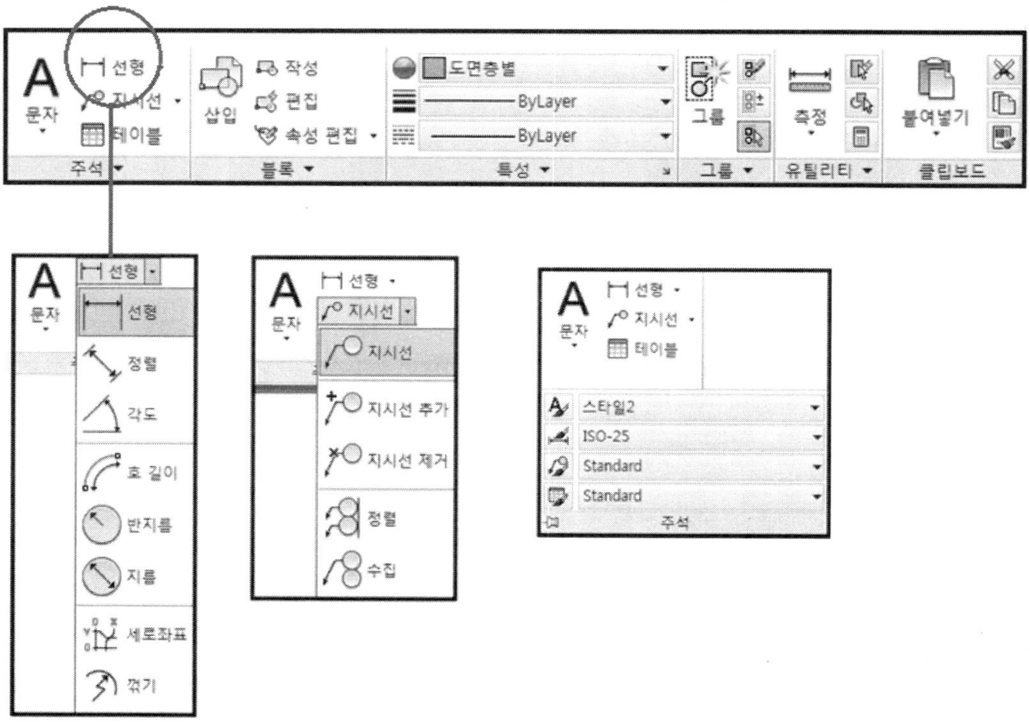

[Fig.5] 치수 기입]

(1) 치수 기입의 종류

AutoCAD에서 제공하는 기본적인 치수 기입의 종류는 아래와 같습니다.

1) 선형치수 기입

① 수평선 치수 / ② 수직선 치수 / ③ 회전 치수 / ④ 각도 치수

2) 기준선 치수 기입 / 3) 연속선 치수 기입 / 4) 정렬 치수 기입

5) 반지름 치수 기입 / 6) 좌표 치수 기입 / 7) 지시선 치수기입

8) 한계 치수 기입 / 9) 공차 치수 기입

(2) 치수 스타일 관리자 (단축키 DDIM)

○ 치수 유형 이름을 표시하고, 그것을 현재 유형으로 만들어 저장하며 이름을 변경합니다. 어떤 형식으로 치수 기입하는 것을 기억해 두고 작업에 알맞은 치수기입 형식을 불러내어 사용하고자 할 때 사용합니다. 명령어 단축키는 ddim입니다. 치수 스타일 관리자의 신규는 새 치수 스타일을 정의 할 수 있는 새 스타일 작성 대화상자를 표시합니다.

1) 실행하기

명령: ddim Enter↵

[Fig.6 치수 스타일 관리자]

2) 형식 : 치수 유형의 선

(1) 치수선(Dimension): 치수선의 모양을 조정합니다.

① 색상(Color): 치수선의 색상을 표시합니다.

② 선 종류(Line type): 치수선의 종류를 지정합니다.

③ 선가중치: 굵은 선 또는 가는 선을 작성합니다. 객체의 세부적인 두께를 표시합니다.

④ 기준선 간격 (spacing): 기준선 치수선들 사이의 간격에 대한 거리를 지정합니다.

(2) 치수보조선(Extension line): 치수 보조선의 모양을 조정합니다.

① 색상(color) : 치수보조선의 색상을 표시합니다.

② 선 종류(Line type) : 치수보조선의 지정할 수 있습니다.

③ 선가중치 : 치수보조선의 선가중치를 적용합니다.

④ 억제(suppress) 치수보조선의 표시를 억제합니다.

⑤ 치수선 너머로 연장(extension) : 치수선 위로 치수보조선을 연장하는 거리를 지정합니다.

⑥ 고정 길이 치수보조선 : 치수보조선의 길이를 입력한 길이로 고정시킵니다.

다. **형식**→치수유형의 기호 및 화살표

1) **화살촉**(Arrowheads) : 20가지의 화살촉의 모양을 조정합니다.

① 화살촉의 이름을 DIMBLK에 저장합니다.

② 첫 번째는 DIMBLK1 두 번째는 DIMBLK2 변수에 저장합니다.

③ 화살촉의 크기(size): DIMASZ 변수에 저장합니다.

2) **원에 대한 중심표시**(Center): 중심표시와 중심선은 dimcenter, dimdiameter, dimradius 명령에 의해 사용, 지름과 반지름 치수에 대한 중심표시와 중심선의 모양을 조정합니다.

① 표시(mark): 중심표시를 작성, DIMCEN에 저장합니다.

② 선(line): 중심선을 작성, 음의 값으로 DIMCEN에 저장합니다.

③ 없음(none): 표시하지 않음. 0으로 DIMCEN에 저장합니다.

④ 크기(size): DIMCEN에 저장합니다.

그려지는 선은 Center선으로 보이나 실제로는 일반 선 6개로 이루어져 있습니다.

3) 호의 길이 치수기입의 원호 표시를 조정합니다.

4) 반지름 꺾기 치수기입에서의 꺾기 각을 지정한다.

(2) 선형 치수 입력

1) 선형 치수 기입

① 첫 번 째 치수 보조선 원점 또는 리턴을 눌러 선택:

② 두 번 째 치수 보조선 원점:

③ 치수선 위치 (문자(Mt,T)/각도/수평/수직/회전)

문자(Mt) : 기본 값으로 지정된 치수문자를 사용자가 원하는 문자로 기입합니다.

각도 (A) : 치수 문자의 각도를 변경합니다..

수평 (H) : 수평 선형 치수를 기입합니다.

수직 (V) : 수직 선형치수를 기입합니다.

회전 (R) : 사용자가 지정한 각도만큼 회전 된 선형치수를 기입합니다.

2) 정렬치수 기입하기

○ 선택한 두 점과 평행한 치수선을 생성합니다.

① 첫 번째 치수 보조선 원점 또는 리턴을 눌러 선택

② 두 번째 치수보조선 원점

③ 치수선 위치 (Mt/T/A)

3) 기준선 치수 기입하기

○ 바로 이전 치수나 선택한 치수의 첫 번째 치수 보조선을 기준으로 선형 및 각도 치수를 연속적으로 기입하는 방법입니다. 선형 치수를 작성한 후 기준치수선을 작성합니다.

① 두 번째 치수보조선에 위치할 원점 지점(취소/선택S).

② 미리 그려진 선형치수에서 기준선 치수 기입할 경우,

③ 기준치수선 선택→두 번째 치수보조선이 위치할 원점지정.

4) 치수기입 계속하기

○ 바로 이전 치수나 선택한 치수의 두 번째 치수보조선을 기준으로 선형 및 각도 치

수를 연속적으로 기입하는 방법입니다.

① 두 번째 치수보조선이 위치할 원점지정 (취소/선택S).

② 미리 그려진 선형치수에서 치수 계속을 기입할 경우.

계속 치수 선택→두 번째 치수보조선이 위치할 원점 지정.

5) 세로좌표치수

원점(0,0)을 기준으로 X축 또는 Y축 방향의 거리를 치수로 기입합니다.

점을 지정 → 지시선 끝점 (X기준 /Y기준/ MT/ T) → 지시선 끝점 → 치수문자

① 원점지정 COMMAND에서 원점을 먼저 만든다. UCS → O → 원점지정

② 점 지정 → 지시선 끝점을 지정(X기준/Y기준/MT/T)

③ X기준 : X좌표를 측정하고 지시선과 치수무잔의 방향을 결정

④ Y기준 : Y좌표를 측정하고 지시선과 치수문자의 방향을 결정

⑤ 지시선 끝 점 : 기입할 거리를 지정한다.

(3) 지름, 반지름, 호의 치수 입력

1) 지름 치수 기입

원이나 호의 지름에 대한 치수기입을 합니다. 호 또는 원 선택→ 치수문자(측정된 지름) → 치수선 (Mt /T /A)

2) 지름 치수 기입

① 원이나 호의 반지름에 대한 치수기입을 합니다.

② 객체를 선택 → 마우스를 움직이면 치수선이 드래그 된 상태로 움직입니다.

③ 적당한 위치에 치수선을 지정(Mt/T/A)

3) 중심표시

원이나 호에 중심표시나 중심선을 작성합니다.

중심선의 크기 : DIMCEN 호 또는 원 선택

4) 꺾어진 치수 기입하기

반지름이 너무 커서 중심점의 위치가 멀리 있을 때 중심점의 위치를 재지정하고 치수선을 꺾어서 합니다.

5) 호의 길이 치수기입하기

호의 길이 치수를 기입합니다.

(4) 각도 치수 입력

평행하지 않은 두선이나 호, 원의 일부에 대하여 각도를 기입할 수 있습니다.

1) 선 선택

객체를 선택 → 두 번째 선을 선택→ 치수선의 그려질 위치를 지정, 각도 및 치수문자를 변경

2) 3점 지정

Enter → 각도정점 → 첫 번째 각도 끝점 → 두 번째 각도 끝점 (Mt/T/A)

3) 호 선택

호, 원, 선을 선택하거나 리턴 키→치수선 위치(Mt/T/A), 치수문자 (측정된 각도) → 치수 문자 위치 입력.

4) 원 선택

(5) 지시선 입력

QLEADER(신속지시선) QLEADER→S (설정) LE: 지시선, 지시선과 지시선 주석을 작성합니다.

1) 주석(Annotation)

문자, 형상공차가 들어있는 특징 조종 틀, 블록 또는 다중문자 객체와 같이 주석을 지시선의 끝에 삽입합니다.

① 다중문자(MTEXT) : 다중문자 편집대화상자를 사용하여 문자를 작성

② 객체복사 : 문자, 다중문자, 객체, 기하학적 공차를 가지는 특징, 조정 틀 또는 블록을 복사하고 그것을 지시선 끝에 붙입니다.

③ 공차(Tolerance) : 기하학적 공차 대화상자들을 사용하여 기하학적 공차가 들어있는 특징, 조정 틀을 작성합니다.

④ 블록참조 : 블록을 지시선 끝에 삽입

2) 지시선 및 화살표

지시선이 그려지는 방법과 그것이 화살촉을 가지는지를 조정합니다.

지시선 → 다음점 → f → 스플라인S/직선ST/화살표A/없음/ <나가기>

① 스플라인 : 지시선이 부드러운 곡선인 스플라인으로 그려집니다.

② 직선

③ 화살표

④ 없음 : 시작점에 화살촉이 없는 지시선을 그립니다.

1-3 블록(Block) 개념

블록이라는 것은 도면 작성 시 자주 쓰이는 모듈, 표준품, 규격화된 부품이나 기호 등을 매번 그린다면 매우 효율성이 떨어지고 불편할 것입니다. 이런 것은 하나의 덩어리로 묶어 특정 폴더에 저장을 해 둔 후 필요할 때 마다 불러내어 사용하면 시간의 소비가 많이 줄어 들것입니다. 이런 것을 블록과 삽입(insert)라고 하며 작성된 도면은 블록으로 묶어 원형 도면이나 다른 파일로 저장해 두었다가 원하는 곳에 삽입시키면 아주 편리하게 사용할 수 있습니다.

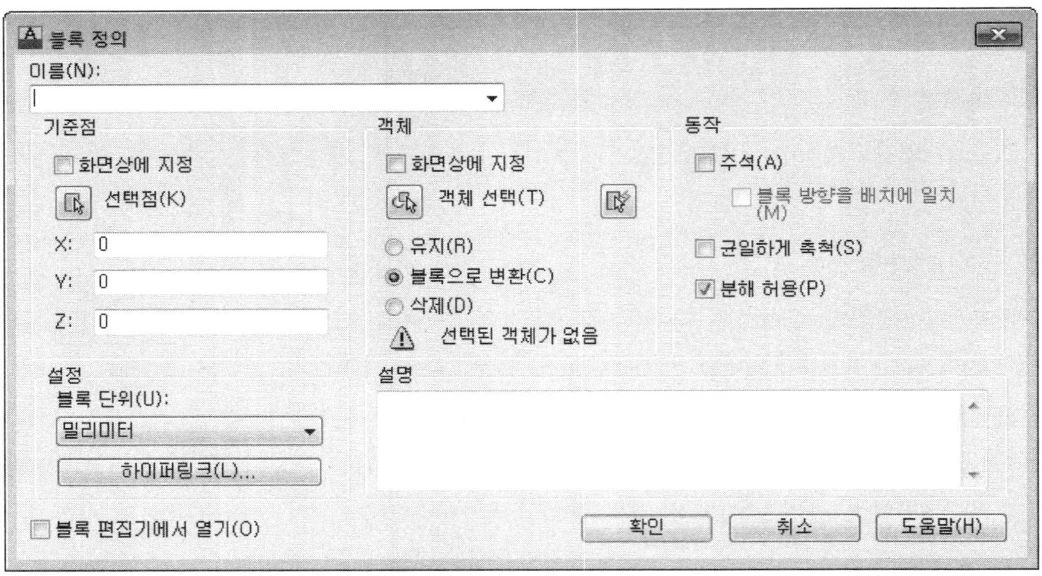

[Fig.7 블록 정의]

(1) 블록 작성 및 삽입

1) B Block (단축키 B)

○ 현재 도면 내에서만 사용할 수 있는 블록을 만들어 봅니다.

○ 작업 방법 : B → 블록이동 → 기준점 선택 → 객체선택 → 확인

2) W Block (단축키 W)

W블록은 독립된 도면과 같이 AutoCAD 파일 (*.dwg) 로 생성되어 다른 도면에서도 삽입이 가능합니다. W블록은 B블록을 자신의 W블록으로 만들거나 객체를 바로 W블록으로 만들 수 있습니다. 다른 도면에서 계속 사용해야 한다면 W블록으로 만들어 사용하면 보다 편리할 것입니다. 그리고 Block 폴더를 만들어 모두 저장해 두면 됩니다.

W → 폴더에 파일 이름 → 저장 → 블록이름 → 삽입 기준점 → 선택 → 객체선택

3) Insert (단축키 I)

설정한 블록이나 W블록을 도면 내에 불러서 삽입할 때 사용하는 명령어입니다.

○ 작업 방법 : I → 찾아보기 → 블록삽입 → 기준점 선택 → 확인

분해 : 개별 요소를 분해하여 삽입하게 됩니다. 이 버튼을 활성화하면 크기는 정비례합니다.

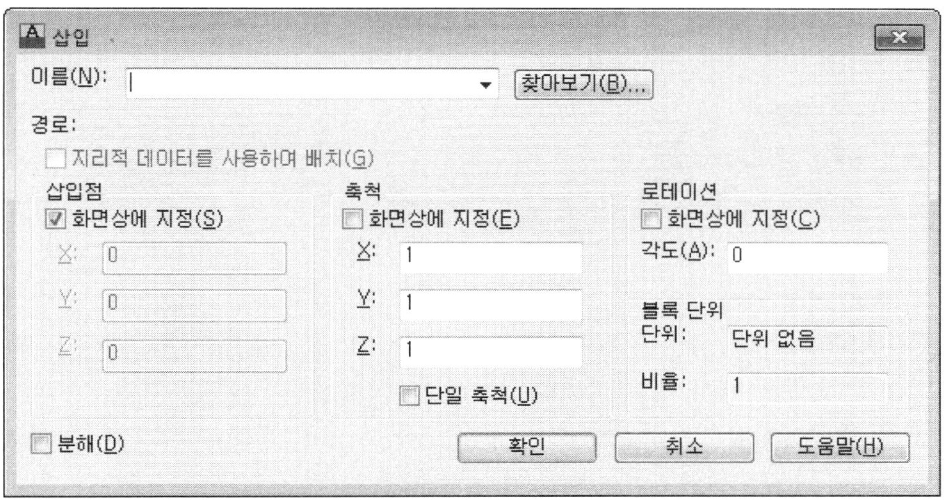

잠시 쉬어 가는 코너

제 8 장

특성과 그룹 명령어

이 장에서는 앞선 장에서 설명한 도면층 별, 색상, 선종류 리스트 등의 작성으로 도면의 효율적 작성방법을 익힙니다.

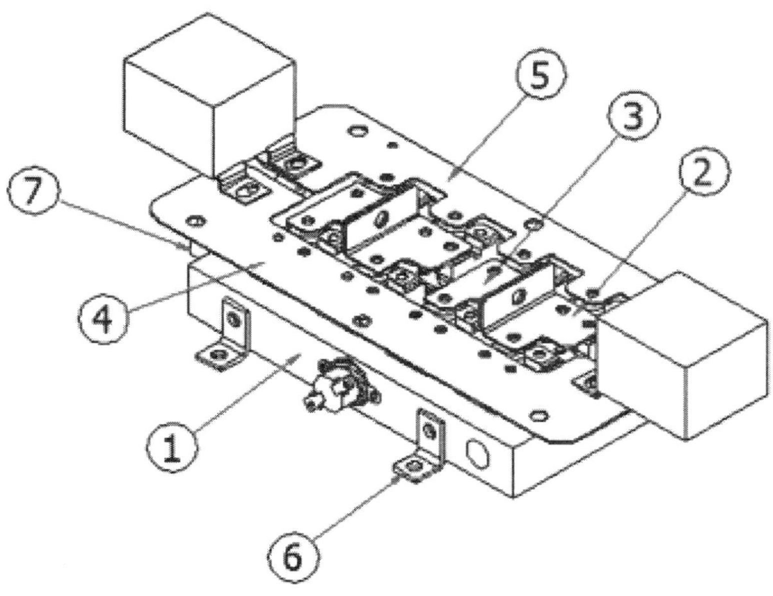

학습 목표

특성 리본에서 레이어, 선 가중치 개념에 대해 배우고 도면을 이해합니다.

학습 개요

특성 리본 메뉴의 종류 대해 배우고 도면의 전반적인 개념을 익혀 실무에 적용해 봅니다.

일반 목표

앞 장에서 이미 언급한 내용들을 별도의 리본에 모아놓은 곳으로 보다 더 도면 작성의 효율성을 제고합니다.

세부 목표

레이어 도면 층별, 선 가중치, 선의 변경, 리스트 등을 통한 학습으로 도면 작성의 효율성을 높입니다.

제 8 장
특성과 그룹

1 특성(Properties)

특성 리본은 주로 사용 빈도가 높은 인터페이스들을 모아 놓아 시스템 사용상의 효율을 높이고자 만든 리본입니다. 이곳에는 앞 장에서 언급한 도면 층 (Layer), 선의 가중치, 선의 종류 변경, 및 리스트, 는 앞 장에서 언급이 되어있습니다. 새로운 내용은 없으나 다시 복습을 한다는 기분으로 재 정리를 해 보도록 하겠습니다.

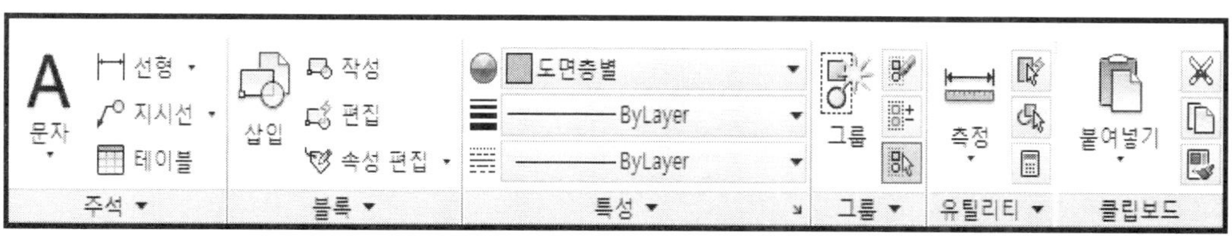

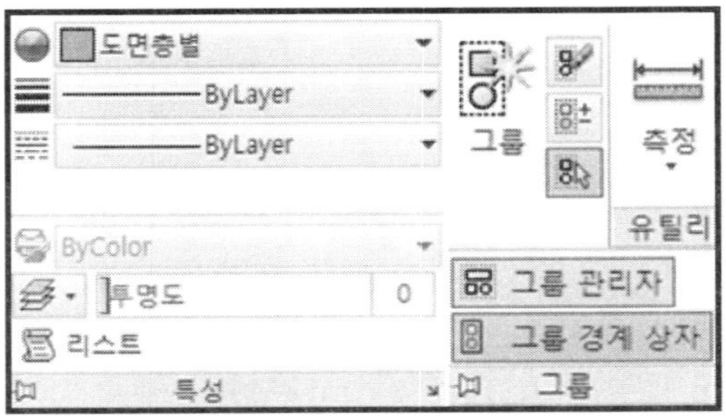

[Fig.1 특성 리본]

1-1 도면 층 색상 변경

○ 도면 층의 속성과 특성을 표시하며 하나 이상의 특성을 사용하여 필터를 정의할 수 있습니다. 보통 도면을 작성 할 때는 색상을 많이 사용하지 않고 있으나 도면 층을 작성할 때에는 많은 색상이 도면 작성에 좋은 역할을 하고 있습니다. 도면층은 원래 고유의 색상과 고유의 선 종류를 가집니다. 하지만 이 특성 리본에서 수정을 할 수 가 있습니다.

○ AutoCAD에서는 컴퓨터의 종류에 따라 1 ~ 255 색상까지 사용이 가능합니다. 이 특성 리본의 도면층 별 아이콘은 도면 층의 색상을 지정하는 명령어입니다. 이미 되어있는 도면 요소들의 색상을 바꾸기 할 때도 사용됩니다.

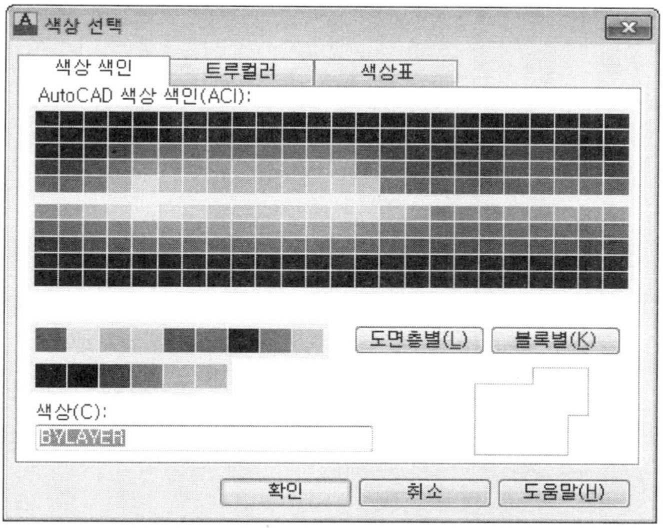

[Fig.2 도면층의 색상 화면]

1-2 도면 층 선 관리

○ 도면을 그리다 보면 실선 이외에도 여러 가지 종류의 선들을 많이 사용하게 됩니다. AutoCAD에서는 이미 여러 종류의 선이 준비가 되어 있습니다. 기본으로 제공되는 선의 종류를 사용할 수 가 있고 사용자가 만들어서 사용할 수 도 있습니다. 이미 여러 가지 종류의 선들이 기본적으로 제공이 되므로 어디에 어떻게 탑재(Loading)을 시켜서 사용하는 지를 배워 보도록 합니다.

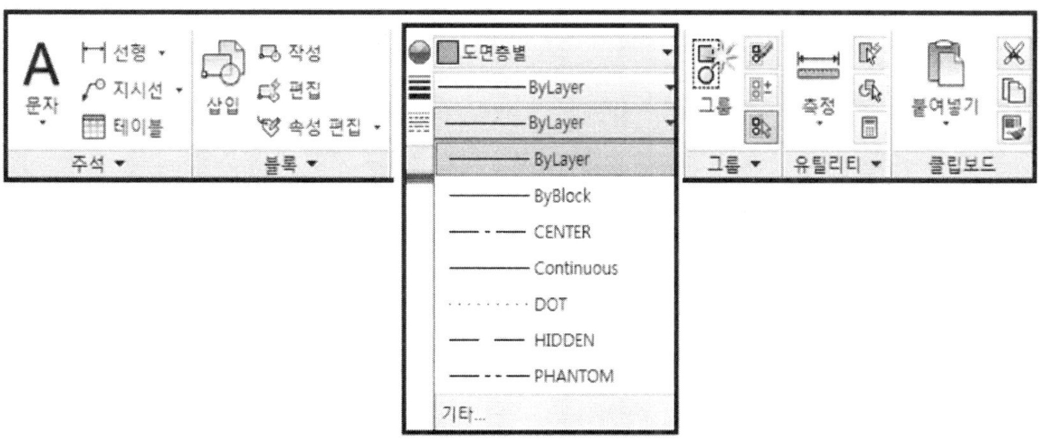

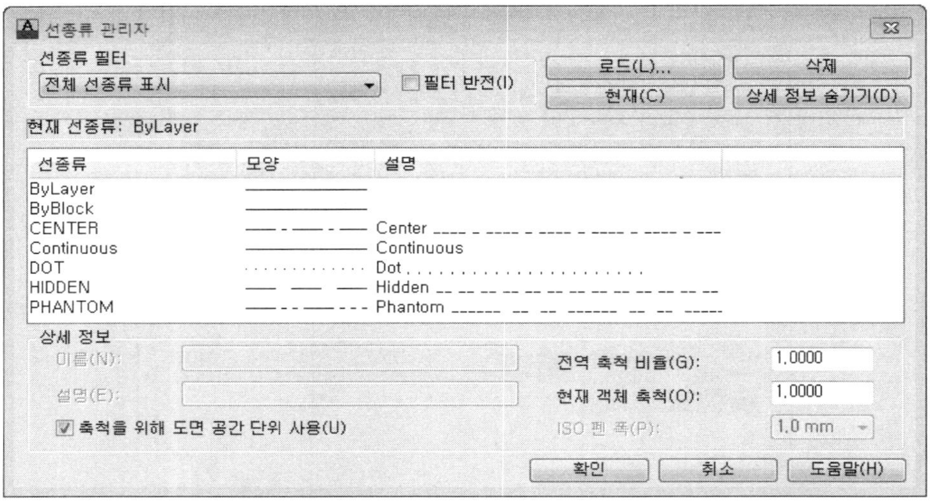

[Fig.3 도면 층의 선 관리 화면]

○ 선의 가중치에서 선의 간격이 1보다 큰 값을 입력하면 선의 길이가 길어지고, 0 - 1 사이의 값을 입력하면 선의 길이가 짧아집니다. 현재 도면에 맞게 값을 조절해 보도록 합니다.

1-3 도면 층 선 가중치

○ 도면에서 사용되는 선의 굵기를 조정하는 명령어입니다. 일반적으로 한국에서는 도면을 작성할 때 밀리미터 단위를 사용합니다. 그러므로 일부러 바꾸어서 사용할 필요는 없으며 영국식 외국도면을 참고로 보고자 하는 경우에 단위를 바꿀 수 있습니다.

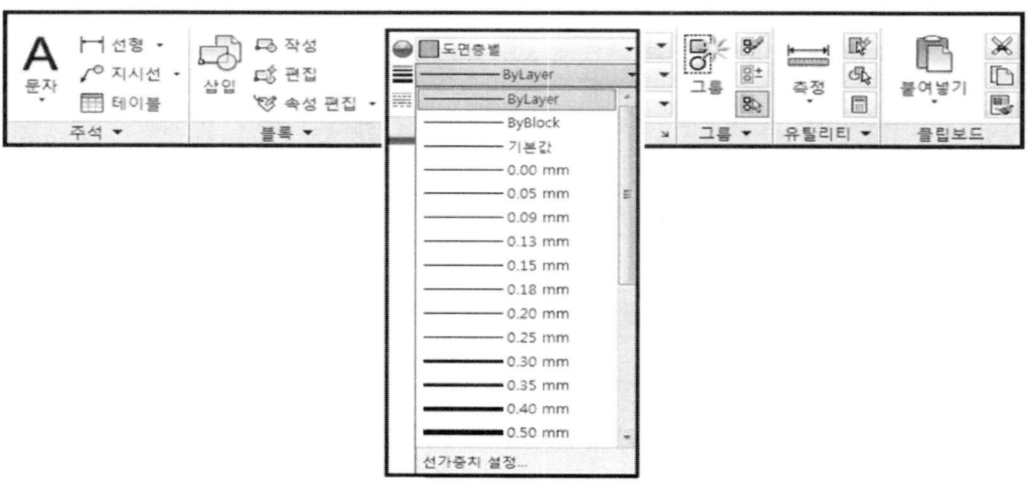

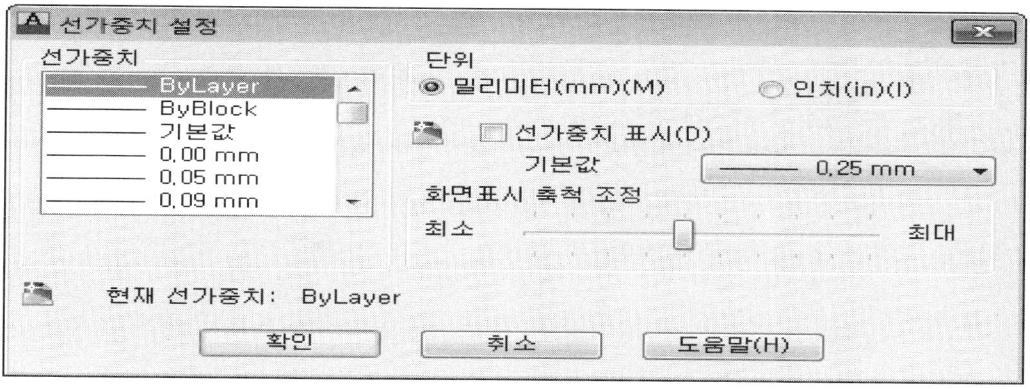

[Fig.4 도면 층의 선 가중치 화면]

○ ByLayer 는 객체는 현재 도면 층에 지정된 선 종류로 만들어집니다.

○ ByBlock 은 객체가 블록으로 그룹화 될 때가지 Continuous 선 종류를 사용하여 만들어 집니다.

1-4 리스트

○ 도면 작업 객체에 대한 작업 정보를 화면으로 크게 보여 주는 기능을 하는 명령어입니다.

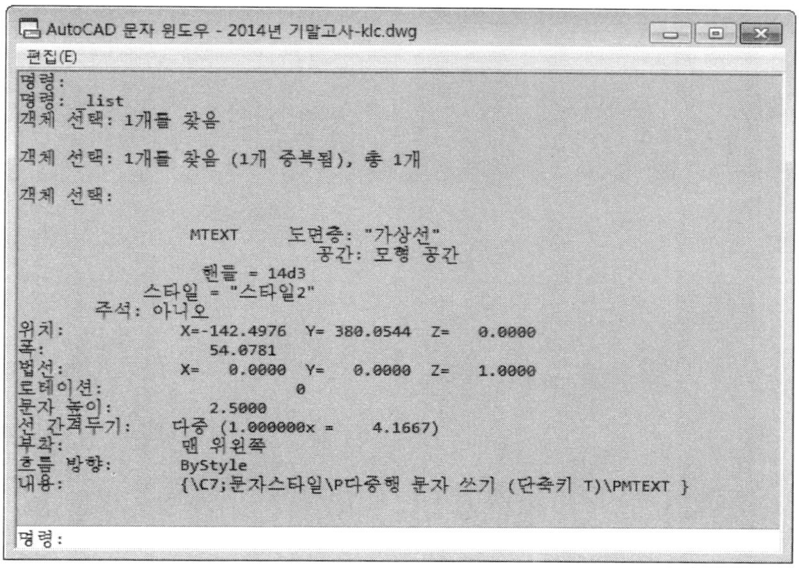

[Fig.5 리스트 화면]

2 그룹(Group)

○ 도면 작업 중 도면의 여러요소를 하나의 요소처럼 묶어두는 명령어입니다. 분해(Explode, 단축 명령어 X) 의 반대 개념입니다.

① 그룹 만들기

○ 그룹 아이콘 클릭 → 그룹 이름, 설명 입력 → 신규 → 원하는 요소 선택 → 확인

② 그룹 삭제

○ 그룹 아이콘 클릭 → 삭제할 그룹 선택 → 분해 → 확인

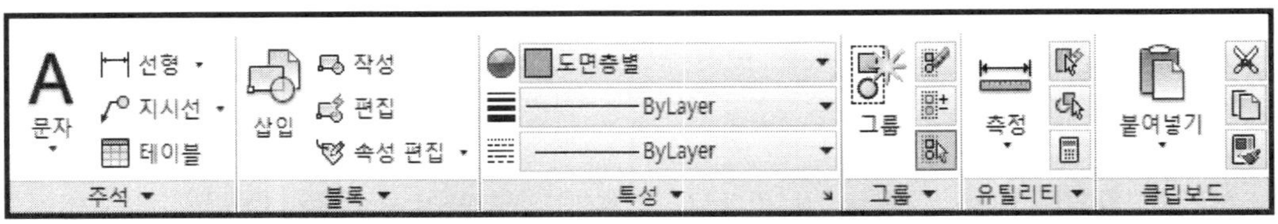

[Fig.6 그룹 화면]

제 9 장

유틸리티, 클립보드

이 장에서는 도면 작성 시 길이, 면적 등에 대한 측정값과 각종 클립보드에 관련된 내용으로 도면 활용법을 익힙니다.

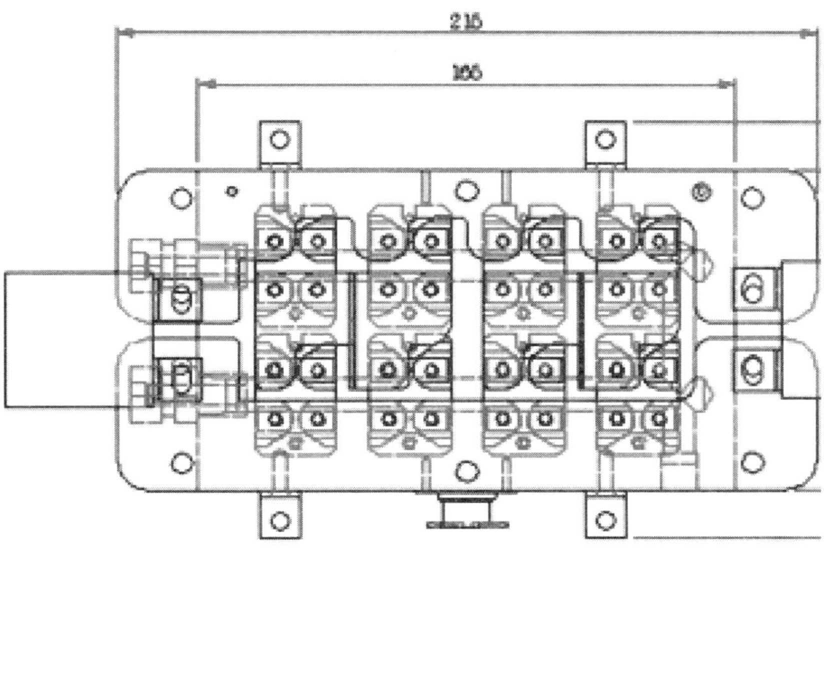

학습 목표

AutoCAD의 유틸리티와 클립보드의 개념에 대해 배우고 도면을 작성합니다.

학습 개요

길이, 면적, 반지름, 각도, 면적, 체적 등에 대한 측정과 점 스타일의 개념에 대해 배우고 클립보드의 종류에 대해 살펴봅니다.

일반 목표

점의 종류, 점 사이즈 조절, UCS, 측정, 클립보드 복사, 붙여넣기, 도면의 특성 일치 등 도면 작성 도구에 대해 익힙니다.

세부 목표

UCS 좌표값 지정, 점 스타일, 점의 크기, 절대 단위와 상대적인 크기 조정법과 클립보드, 측정 장치에 대한 도구에 대해 익힙니다.

제 9 장
유틸리티, 클립보드

1 유틸리티와 클립보트

유틸리티 리본과 클립보드 리본은 주로 사용 빈도가 높은 인터페이스들을 모아 놓아 시스템 사용상의 효율을 높이고자 만든 리본입니다. 이곳에는 주요 측정 장치 도구에 대한 명령어들을 모아 놓았고, 자르기, 붙여넣기, 선택 방법, UCS, 점 스타일, 붙여넣기 종류와 방법, 클립 잘라내기와 붙여넣기, 도면의 특성일치 등에 대해서 모아둔 리본입니다.

이제부터 하나 씩 배워 나가면서 유틸리티 리본과 클립보드 리본에 정렬해 둔 각종 명령어 들에 대해 배워보도록 합니다.

1-1 유틸리티

(1) 측정

측정은 도면 작성 시 관련 도면의 거리나 반지름, 각도, 면적, 체적 등 수치 제어와 관련된 데이터 값을 얻기 위해서 필요한 명령어입니다. 각각의 기능들을 살펴보도록 하겠습니다.

[Fig.1 유틸리티 초기화면]

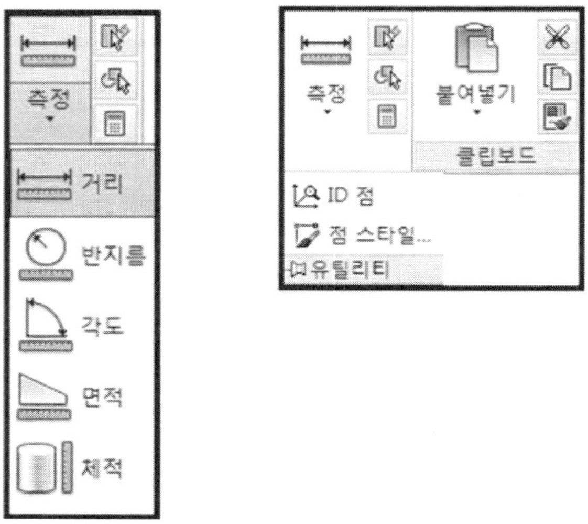

[Fig.2 측정 화면]

① 거리 : 객체의 길이나 두 객체 사이의 간격 등의 거리를 측정할 때 사용합니다.

② 반지름 : 원의 반지름을 측정하는 명령어입니다.

③ 각도 : 객체의 형상 기울기나 두 객체 사이의 각도를 측정 할 때 사용합니다.

④ 면적 : 일정 객체의 폐곡선 내의 면적을 구할 때 사용합니다.

⑤ 체적 : 일정 부피를 가진 형상 객체의 체적을 구할 때 사용하는 명령어입니다.

(2) ID 점

지정한 위치의 UCS 좌표값을 표시합니다. ID는 지정된 점의 X,Y 및 Z 값을 나열하고 지정된 점의 좌표를 최종점으로 저장합니다. 점을 요구하는 다음 프롬프트에서 @를 입력하여 최종점을 참조 할 수 있습니다.

위치는 리본 : 홈 탭 - 유틸리티 패널 - ID 점

메뉴 : 도구 - 조회 - ID 점

도구막대 : 조회

단축 명령어 : 'id'

(3) 점 스타일

점 객체의 표시 스타일 및 크기를 지정합니다. 점 유형이라고도 하며 (DDPTYPE) 시스템 변수 PDSIZE 는 Point 크기를 조절합니다.

(4) 신속 선택 ()

필터링 기준에 따라 선택 세트를 작성합니다. QSELECT는 객체 유형 및 특성을 기준으로 필터링하여 선택 세트를 작성합니다. 예를 들어, 도면에서 지정한 문자 스타일을 사용하는 여러 줄 문자 객체를 모두 선택 할 수 있습니다. 객체 선택 프롬프트에서 이전 옵션을 사용하여 선택 세트에 엑세스 할 수 있습니다.

(5) 모두 선택 ()

모형 공간 또는 현재 배치에서 동결되거나 잠긴 도면층의 객체를 제외한 모든 객체를 선택합니다. 후속 명령의 객체선택 프롬프트에서 이전옵션을 사용하여 이전의 선택 세트를 검색하면 됩니다.

(6) 빠른 계산기 ( )

도면 작성 시 필요한 계산을 위해 빠른 계산기를 이용하면 됩니다.

1-2 클립보드

(1) 붙여넣기

클립보드에서 복사한 후 도형이나 객체를 붙여 넣기 위해서 사용하는 명령어입니다.

블록으로 붙여 넣는 방법과 하이퍼링크로 붙여넣기, 원래의 좌표로 붙여넣기, 선택하여 붙여 넣기 등의 기능이 있습니다.

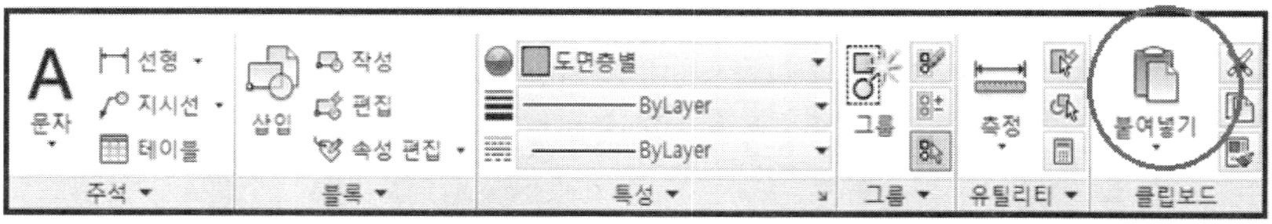

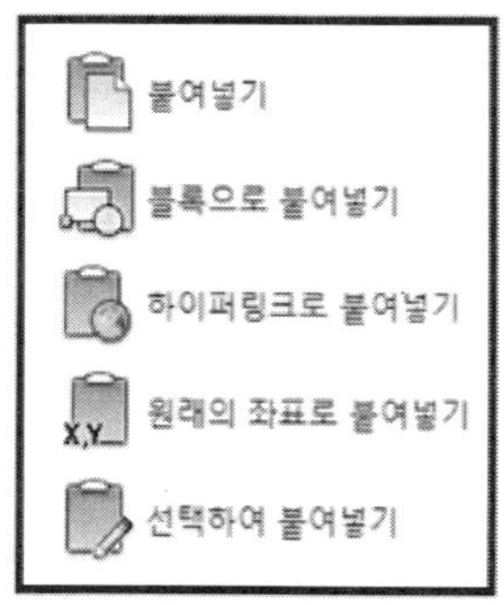

(2) 잘라내기 ( )

선택한 객체를 클립보드로 복사하고 도면에서 제거를 합니다. 다른 응용프로그램에서도 도면 파일의 객체를 사용하려는 경우를 클립보드로 해당 객체를 잘라 낸 다음 다른 응용 프로그램으로 붙여 넣을 수 있습니다. 잘리내기 및 붙여 넣기 기능을 사용하여 도면 간에 객체를 이동 할 수 있습니다.

(3) 클립복사 ( )

선택한 객체를 클립보드로 복사합니다. 객체를 클립보드에 복사할 경우 사용할 수 있는 모든 형식으로 정보가 저장됩니다. 클립보드의 내용을 도면에 붙여 넣을 때에는 가장 많은 정보를 유지하는 형식이 사용됩니다. 복사 및 붙여넣기 기능을 사용하여 도면간에 객체를 이동 할 수도 있습니다.

(4) 특성 일치 ()

선택한 객체의 특성을 다른 객체에 적용합니다. 적용할 수 있는 특성 유형에는 색상, 도면 층, 선 종류, 선 종류 축척, 플롯 스타일, 투명도 및 기타 지정한 특성이 포함 됩니다. 시스템 명령어 MATCHPROP 혹은 단축 명령어로 ma 를 입력하면 됩니다. 도면 작성 시 유용한 명령어 이므로 숙지하여 설계 시 활용하시기 바랍니다.

잠시 쉬어 가는 코너

제 10 장

3차원 AutoCAD

이 장에서는 3차원 오토캐드에서 배우게 될 3차원과 모델링 개념을 설명하고 형상과 표면의 이론적인 지식을 배웁니다.

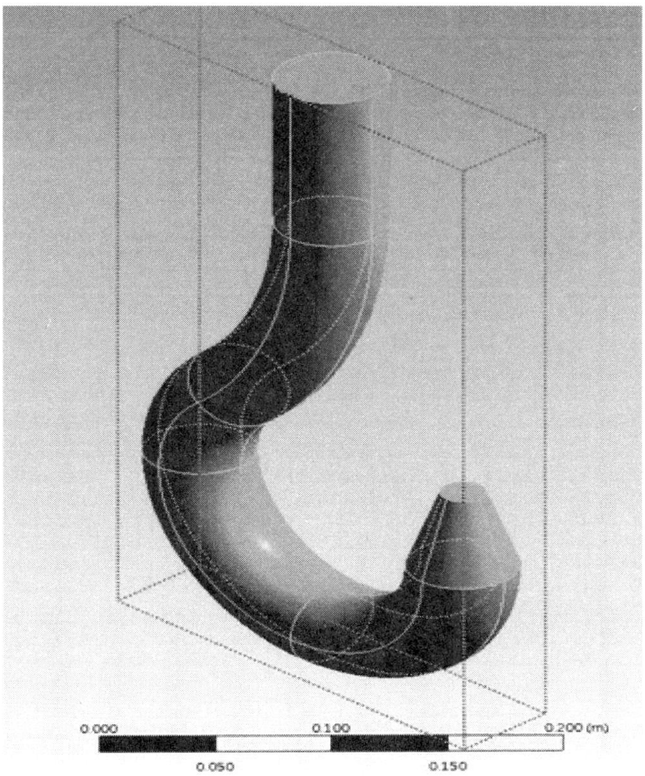

학습 목표

AutoCAD에서 3D 모델링을 이해하며 모형의 이론적 지식을 습득합니다.

학습 개요

AutoCAD에서 원리에 기초한 모델링 개념과 3차원 설계에 관한 지식을 습득합니다.

일반 목표

파라메트릭과 기하학 모델링 시스템의 개념, 평면의 개념, 원시모형의 소개와 스윕, 스키닝, 블랜딩과 리프팅에 관한 이론적 지식을 배워봅니다.

세부 목표

모델링의 개념, 와이어 프레임과 표면 모델링, 형상 모델링의 이론적 지식과 실제에 대해 배웁니다. 평면과 Nurbs, 3D 모델링의 형상 구분정리 및 3차원 입문과 그에 따른 이론적인 지식을 습득합니다.

제 10 장
3차원 AutoCAD

1 3차원 설계(3D Modeling)

산업 현장과 과학 기술개발 분야에서 가장 많이 그리고 흔히 Drawing Tool로서 이용되고 있는 소프트웨어인 AutoCAD는 2차원의 설계 뿐 만 아니라 3차원 설계에서도 최고의 3차원 모델링 프로그램이 되어 가고 있습니다.

AutoCAD는 3차원 설계를 위해 모델링 구성이 가능한 모든 프로그램 들 중에서도 뛰어난 정확도와 편이성, 실용성을 제공합니다. 일반적으로 2차원 도면 설계를 위한 CAD 사용의 대다수 사람들이 AutoCAD를 사용하여 친숙한 상태입니다. 이것은 또 다른 입장에서 3차원 설계와 모델링의 세계에 입문을 하는데 있어 이미 중요한 기능들을 숙지하고 있다는 의미도 됩니다.

예전에는 2차원 설계 도면을 작성하고 나면, 설계자가 고안하고 디자인을 한 제품에 대한 계획과 구현 여부를 모형(Mock-up)을 제작해서 확인을 하였습니다. 하지만 최근에는 3D 모델링을 사용함으로서 비용을 절감하고 시간을 획기적으로 단축시켜 가시적으로 화면상으로 묘사하고 표현하게 합니다. 이러한 용도로 AutoCAD 3D 모델링 툴이 많이 사용되고 있습니다. 아울러, AutoCAD 사와 협업을 하여 인벤터 등 많은 3D 설계 전용 툴 Vendor 들이 앞 다투어 출시를 하고 있는 실정이고, AutoCAD와 상호 데이터를 손쉽게 교환할 수 있습니다.

최근에는 다시 3D 프린팅이라는 장치가 일반화 되어 규모가 작은 회사의 연구 개발팀에게도 수많은 비용이 소모되는 모형제작이라는 공정이 없어졌습니다. 대신 AutoCAD 3D Tool을 이용하여 손쉽게 아이디어를 표현하고 구현하는 길이 열렸습니다. 이 장에서는 AutoCAD뿐만 아니라 일반적인 3차원 모델링 개념과 그에 대한 이론에 대해 공부해 보도록 합니다.

1-1 모델링의 개념(Concept of Modeling)

3차원 모델링은 컴퓨터를 활용한 기계 설계 분야에서 가상의 3차원 공간 속에서 재현 시킬 수치적인 모델을 만들어 나가는 공정을 말하는데, 3차원이란 x,y,z 3축에서 물체를 표현하며 렌더링 과정을 통해 실제 물건과 비슷하게 색상, 질감, 조명 등 구현을 시키는 방식을 말합니다. 일반적으로 2차원 설계 소프트웨어 에서는 선과 선의 연결 혹은 다각형이나 치수 기입이 우선되지만, 3차원 설계는 그래픽을 활용한 수학적 형상의 구현이며 기하학 도형으로 표현되고 있습니다.

실제로 제작 시제품을 만들어 시험하기 전에 3차원 모델을 효율적으로 활용하여, 가상세계에서 실제 설계상의 치수와 간섭을 확인하고 물체를 묘사하여 이해도를 증진시키는 표현수단으로 쓰입니다. 3차원 모델링 기법은 기계 설계 뿐만 아니라, 건축, 영화, 애니메이션 까지 요즘 많은 사람들에게 관심의 대상이 되고 있습니다. 실제로 3차원 개념은 1984년에 도입, 개발된 3D 프린터도 연속적인 계층에 물질을 뿌리면서 3차원 물체를 만들어내는 부가 제조기술로 설계 뿐 만 아니라 실생활에서도 이렇게 적용이 되어 지고 활성화 되고 있습니다.

1-2 파라메트릭의 개념(Parametric)

파라메트릭 (Parametric)이란 CAD 상에서 그래픽 데이터를 처리하기 위해 수학 방정식에 의해 정의되는 모델 매개 변수를 자유형태의 3차원 곡선이나 직선, 표면 등으로 처리하는 것입니다. 2차원 CAD 에서는 실제 설계자가 하나하나 그리고, Dimension 입력 기능을 이용하여 치수를 입력하는 방식으로 처리하나, 3차원 모델링은 독립적인 매개변수인 수치입력으로 형상(Solid) 모델링을 하는 기법으로 진행이 됩니다.

파라메트릭이란 형상구속 조건과 치수 조건을 대화식으로 입력하는 것을 말하고, 치수조건이라 함은 형상에 부여된 치수값과 이들 치수 사이의 관계로 설계자에 의해 수학식으로 부여되는 것입니다. 형상 요소 (도면)을 직접 수정하는 것이 아니라 구속조건, 치수값, 그리고 치수 관계식을 이용하여 형상을 수정하는 것을 말합니다. 이 책에서는 CAD 3차원 곡선/곡면 모델링의 기초수학 및 미분기하, 모델링 기법을 습득하고 실제 3차원 CAD 시스템에 적용하는 응용사례를 통하여 형상 모델링의 실질적인 지식을 제공하고자 합니다.

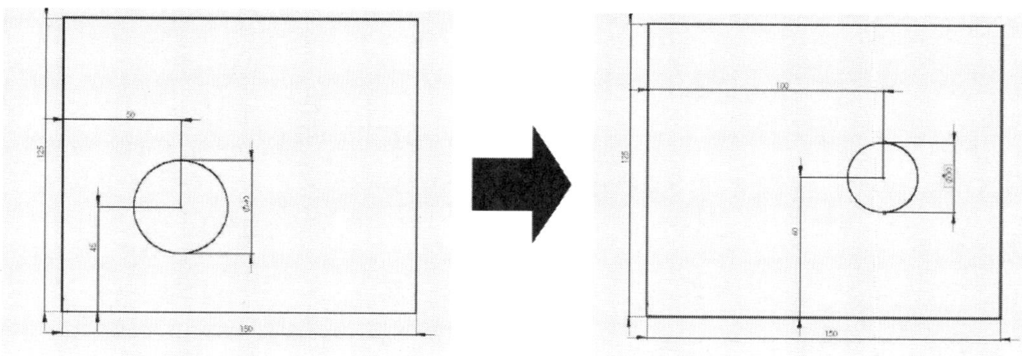

[Fig.1 구속조건의 변화를 통한 형상의 수정]

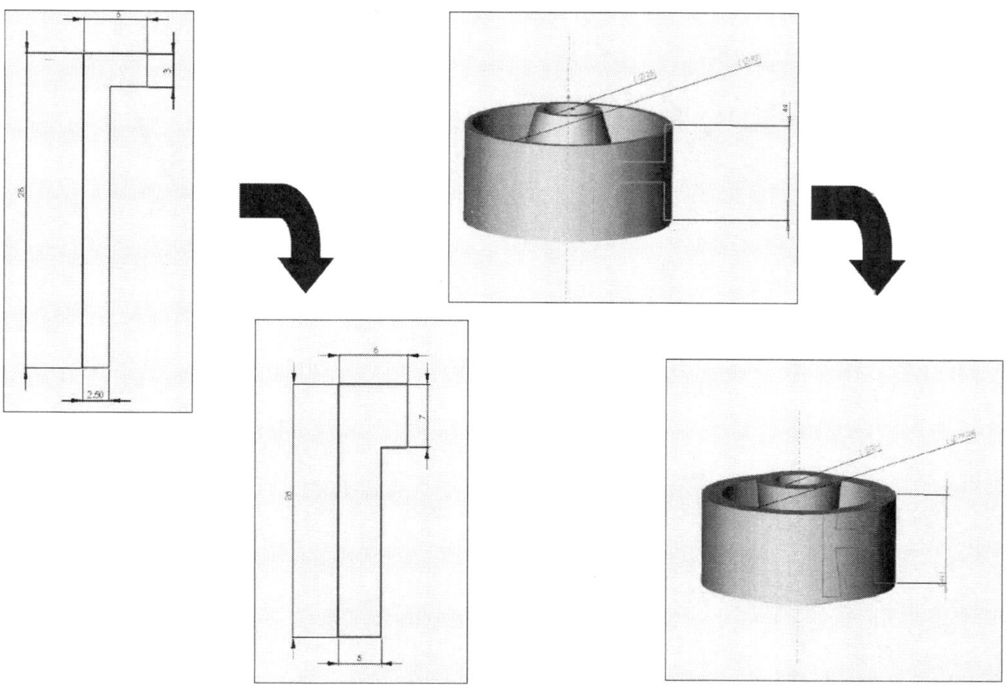

[Fig.2 파라메트릭 기법을 이용한 모델링의 예]

1-3 기하학 모델링 시스템의 개념(Geometric Modeling System)

기하학 모델링을 이루고 있는 대표적인 것에는 와이어 프레임(Wire Frame Modeling)과 표면 프레임(Surface Modeling), 솔리드 모델링(Solid Modeling), 그리고 비 다면성 모델링 (Non-manifold Modeling)이 있습니다. 이들 각각의 특징은 다음과 같습니다.

1) 와이어 프레임(Wire Frame Modeling)

물체위의 특징선과 끝점으로 형상을 표현하는 것으로 사용자 입력 작업이 간단하고 개발이 용이합니다. 모호한 형상표현이 단점이며, 면 (물체의 내부와 외부를 구분)하는 정보가 없으므로 질량계산, 면가공 공구경로 생성, 유한요소에 의한 해석 불가능합니다.

① 특징을 나타내는 선과 점으로 모델을 표현하는 것.

② 단순함과 모호성이 있고 내 / 외부 경계곡면의 판별이 불가능합니다.

③ Mass property, 공구경로, FEM 등의 적용이 불가능합니다.

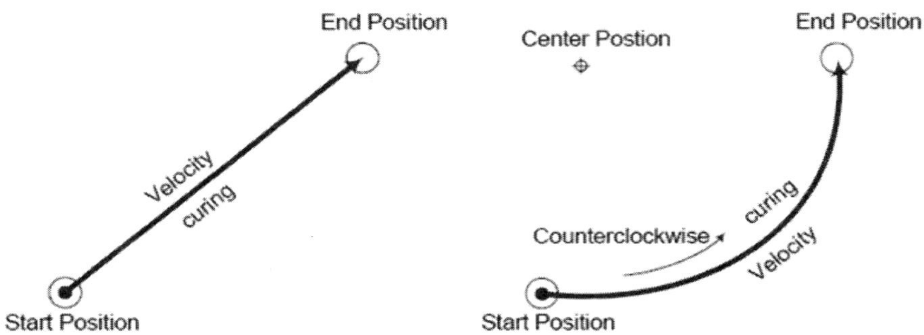

[Fig.3 Line Motion 과 Circular Motion]

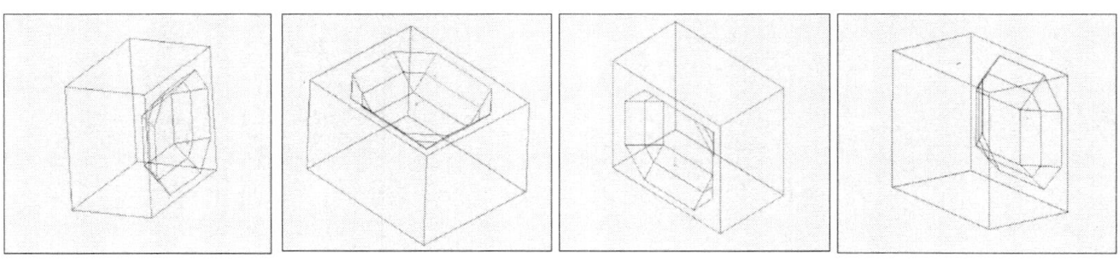

[Fig4. Wire Frame]

2) 표면 모델링(Surface Modeling)

■ 정의 : 와이어 프레임 모델에서 지원하는 특징 선 및 끝점 정보에 덧 붙여 면의 정보에 대한 수학적 표현을 포함하는 모델링을 말합니다.

① Wire Frame 와 Skin을 나타내는 형상 정보입니다.

② 특징을 나타내는 선, 점 과 곡면의 정보를 추가하였습니다.

③ 곡면 경계곡선, 곡면 간의 연결 관계(Connectivity) 정보 보유.

■ 곡면의 생성법

- 곡면 상의 점들을 입력받아 이 점들의 보간 곡면을 생성

- 곡면 상의 곡선들을 그물형태로 입력받아 보간 곡면을 생성

- 주어진 곡선을 직선 이동 또는 회전이동하여 곡면을 생성.

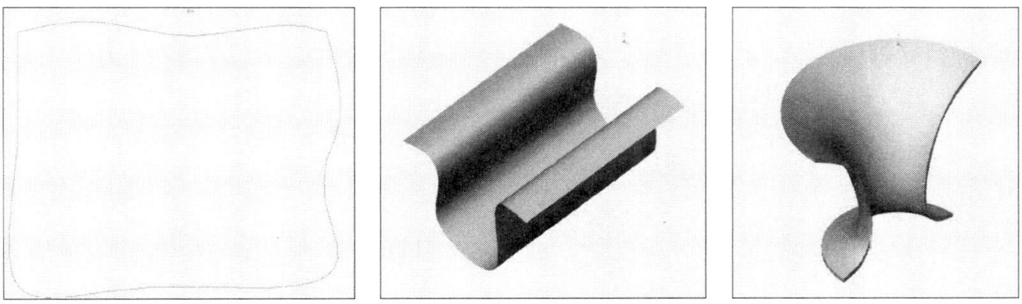

[Fig.5 Surface Frame]

■ 용도

- 심미적 평가를 위한 시각 모델 생성

- 장점은 NC 공구 경로의 자동계산과 색과 음영처리가 된 시각효과 표현이 가능합니다.

- 단점은 질량의 계산이 불가능하고 유한요소법에 의한 메쉬 모델 생성이 불가능합니다.

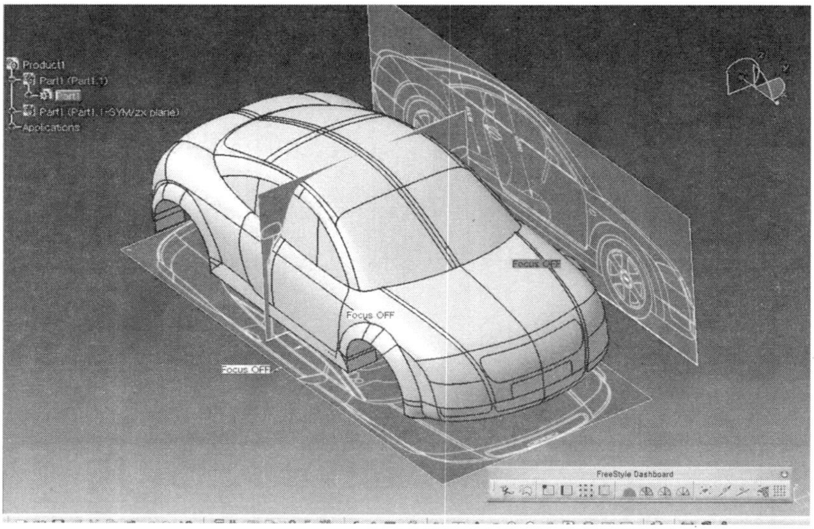

3) 형상 모델링(Solid Modeling)

■ 정의 : 솔리드 모델(닫힌 부피 영역 모델)로 구성이 되어있고, 면 및 선에 관한 정보와 어떤 지점이 모델의 내부인지 아니면 외부인지를 구별할 수 있는 수학적 표현을 포함합니다. 사용자가 실제 모델을 다루는 것처럼 간단하고 자연스러운 모델링 기능이 필요합니다.

① Volume 을 가지고 내/외부가 구분이 되는 Volumetric Inform을 얻을 수 있습니다.

② 닫힌 볼륨 (Solid)를 가진 형상을 모델링하기 위해서 필요.

③ 내부/외부/표면을 판별할 수 있는 정보 (Topology)를 가지고 있습니다.

④ 부피(Volume)관련 정보 취득이 가능합니다

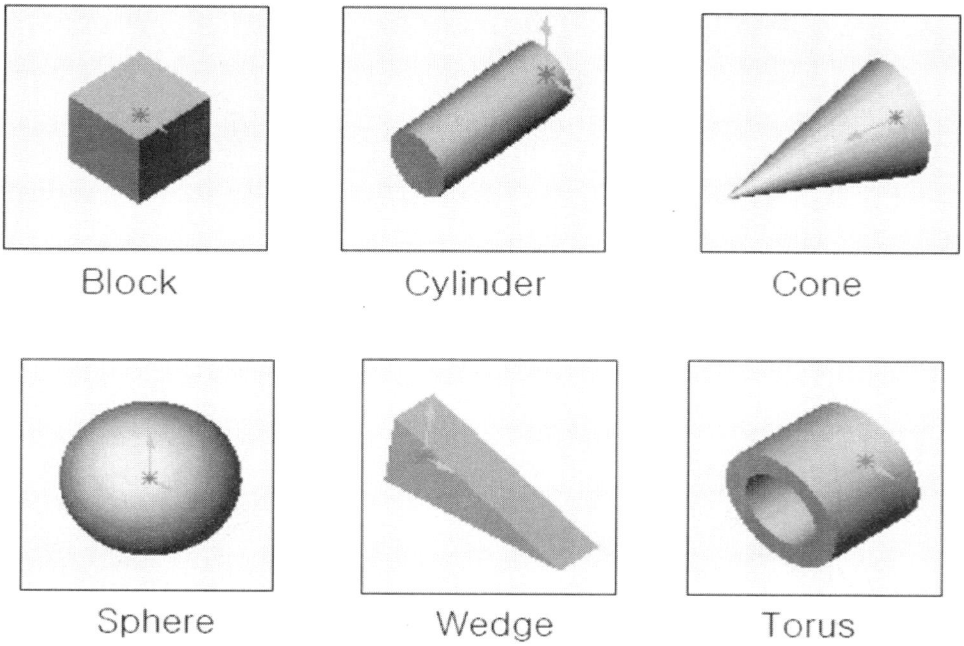

[Fig6. Solid 기본 도형]

■ 특징

- 완벽한 솔리드 모델만 허용되는 단점과 많은 입력정보와 많은 데이터 저장이 필요합니다.

■ 솔리드 모델링 기능의 분류

① 기본입체를 바탕으로 한 모델링 : 기존입체 (Primitive), 불리안 작업(Boolean Operation)

② 면을 이동시켜 모델링 : 스위핑(Sweeping), 수윙(swinging), 스키닝(Skinning)

③ 기존 형상을 수정하여 모델링 수행 : 블렌딩(blending), 리프팅(lifting), 파라메트릭 모델링.

④ 꼭지점, 모서리, 면 등 하위 요소들을 조작하여 모델링을 수행 (boundary modeling)

⑤ 설계자들에게 익숙한 형상단위로 모델링 : 특징형상 모델링(Feature-based modeling)

■ Topology : Surface + 일정 다른 정보, 범위 자체는 Surface Model 이나 일정 정보를 더하면 Topology 가 됩니다.

■ 형상 모델링의 기능 (Solid Modeling Functions)

- 간단한 형상을 형성 (원시적인 형성, Boolean Operation) - Rotate, Lift,
- 면을 움직여 Solid 형성 (Sweeping, Skinning, Swinging)
- 수정 작업 (Modifying) - Rounding, Hole, Chamfering, Slot
- 파라메트릭 값 입력 (Parametric Modeling) - 구속조건, 치수정보 수정

■ Skinning

비닐하우스처럼 뼈대를 설치 후 씌우는 것을 말하며, Section 과 Section 사이를 이어서 Blending 하는 것을 말합니다. 미리 정의된 연속된 단면을 덮는 표면 곡면을 생성하여 닫혀진 부피 영역 또는 솔리드를 모델링 하는 것.

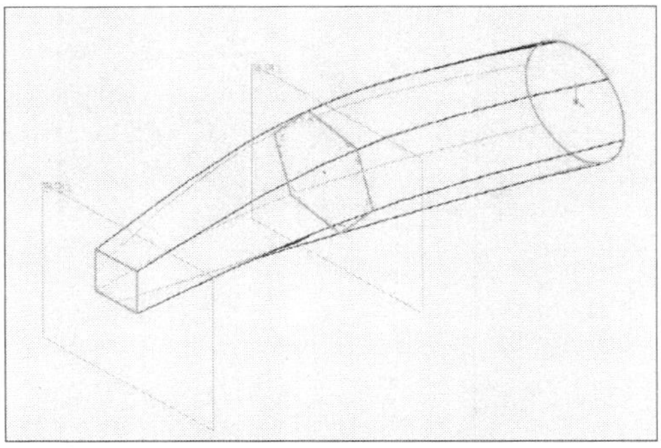

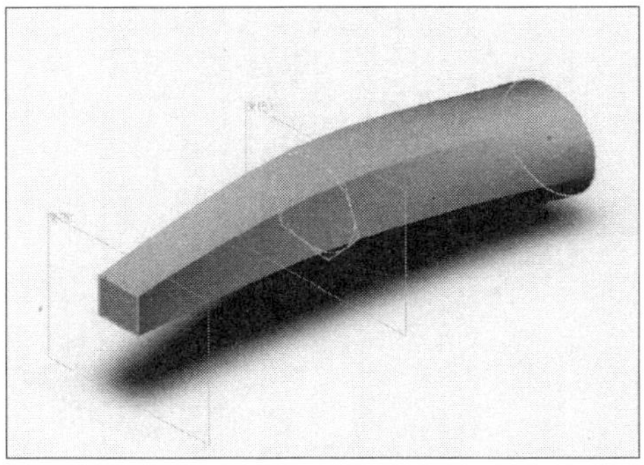

[Fig.7 Skinning]

4) 3D 모델링의 형상 구분 정리

모델 / 항목	Wire frame	Surface	Solid model
구 성	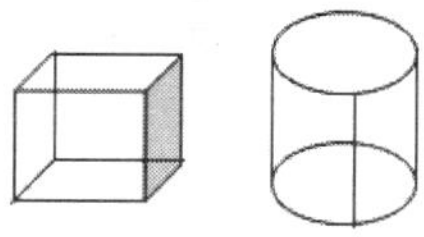 점,선의 조합	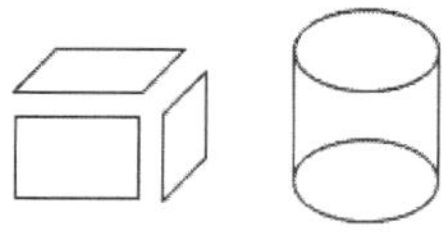 면들의 조합	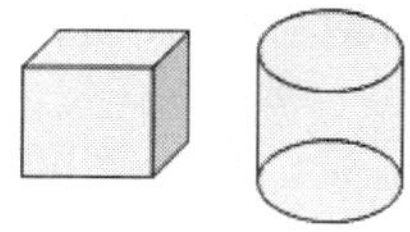 점,선,면들의 기하학적 결합
표현상의 특징	- 선 이외의 부분 형상 불분명	입체형상의 내부구조가 불투명	입체형상의 완전한 표현 내부에 부피가 있음
장 점	- 속도가 빠르다. - 데이터 크기가 작음	- 단면의 검토 - 부품간의 상관관계 규정 - 모델의 인식이 용이	- 복잡한 형상에 적합 - 은선 자동소거 -질량분석(면적,체적,중심, 관성모먼트 가능/ 간섭체크 용이)
단 점	- 형상표현에 한계가있음 - 은선처리 불가능 - 간접체크 불가능	- 부피가 없음 - 간섭체크및 질량분석 불가능	-상대적으로 데이타의 크기가 큼

[Fig.8 3D 모델링의 형상 구분]

1-4 평면의 개념(Plane)

1) 평면(Plane) 이란?

대수 기하학에서 사용된 용어로서 평면 형상이 구성되는 면. 평면상에서 객체 또는 이미지의 매핑으로 즉 현재 UCS1 의 X,Y 평면은 구성 평면에 해당됩니다.

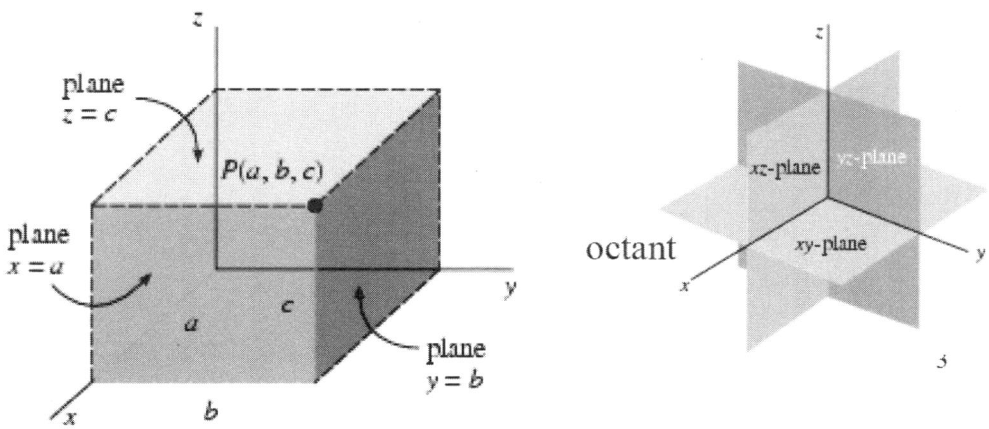

[Fig.9 평면]

2) 넙스(Nurbs)

Non-Uniform Rational B-Spline을 줄인 말로서, 일정한 점들을 연결한 직선에서 계산에 의한 곡선을 구하고 그 곡선을 확장시킨 3차원 곡면을 구하는 방식을 말합니다. 종래의 컴퓨터 그래픽 시스템에서는 다각형(Polygon)dp 의한 유사 곡면과 메시(Mesh)등이 이용되었으나 기술발전으로 정확한 치수의 곡면을 구할 수 있게 되었습니다. 비정형화된 3차원 입체를 부드러운 곡면으로 처리, 모델링하는 방식을 Nurbs 라고 말합니다. 이때 B-Spline 은 근사곡선의 일종으로 B는 수학용어로 Basis 를 뜻하며 곡선을 정의하는 어떤 제어점도 통과하지 않고 제어점에 근접하여 지나면서 곡선을 구성하는 것입니다.

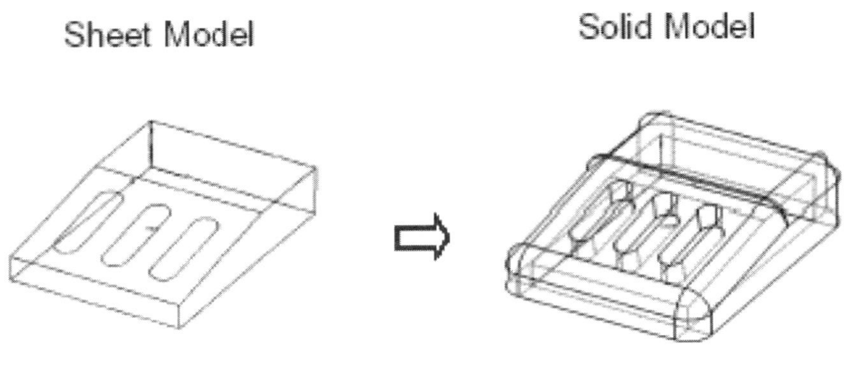

[Fig.10 솔리드 모델]

1-5 원시 모형(Primitive Creation) 소개

1) 원시 모형

① Block의 작성

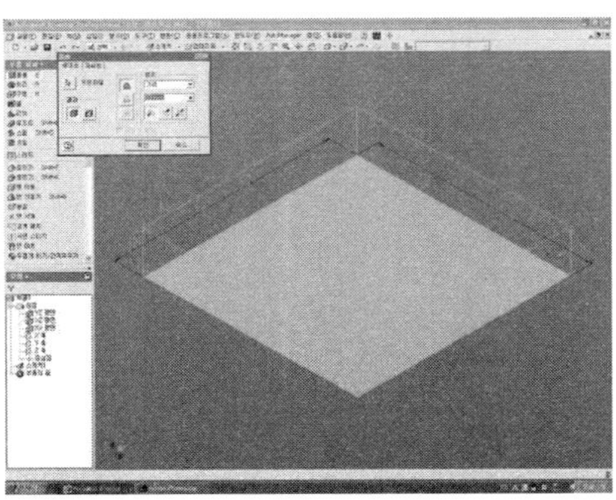

[Modeling Data 입력]

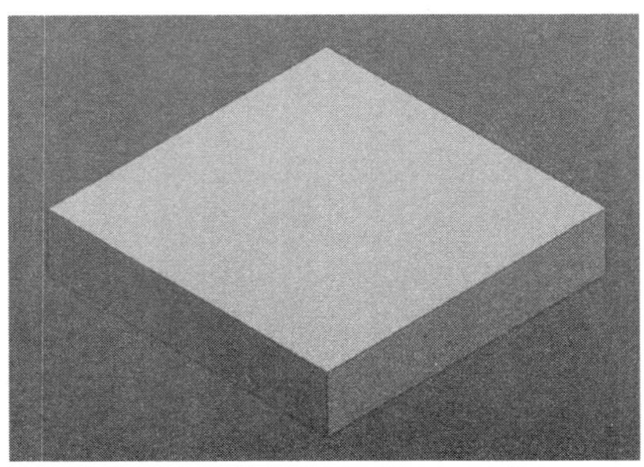

[형상 Modeling]

② Cylinder의 작성

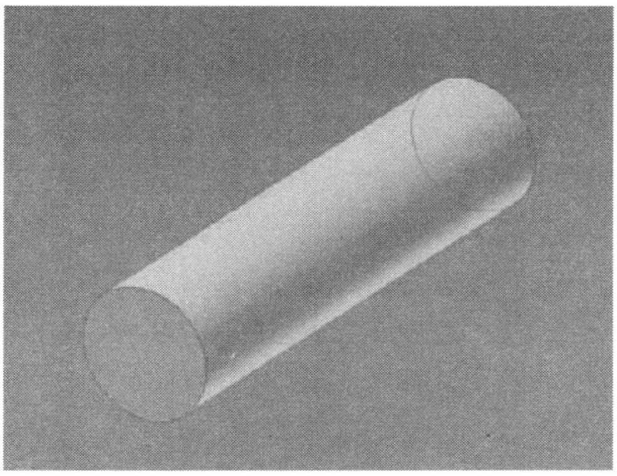

③ Cone 의 작성

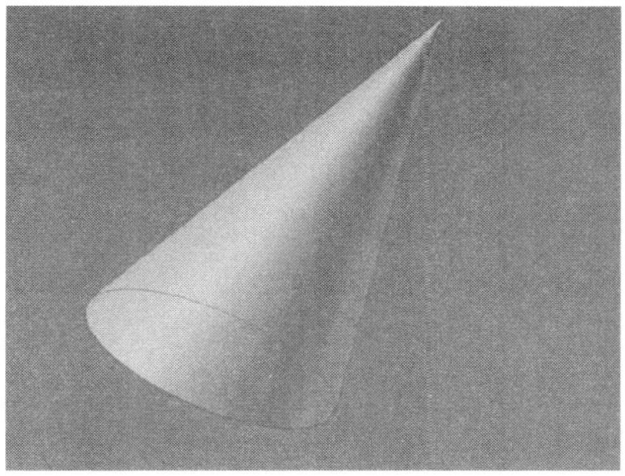

④ Sphere 의 작성

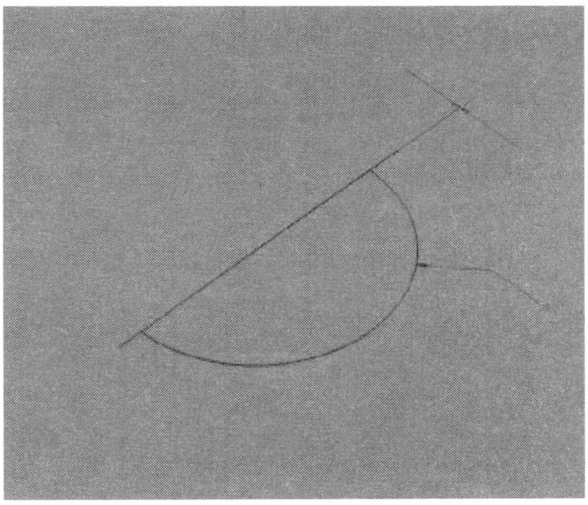

[Sketch for Modeling]

[형상 Modeling]

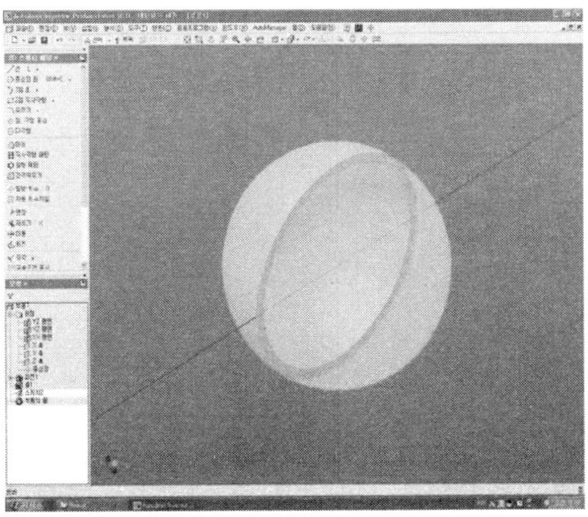

['구' 확인을 위한 Shell 값 입력]

[절단 후 쉘을 가진 구의 내부 모습]

⑤ Wedge 의 작성

[Wedge Modeling]

⑥ Torus 의 작성

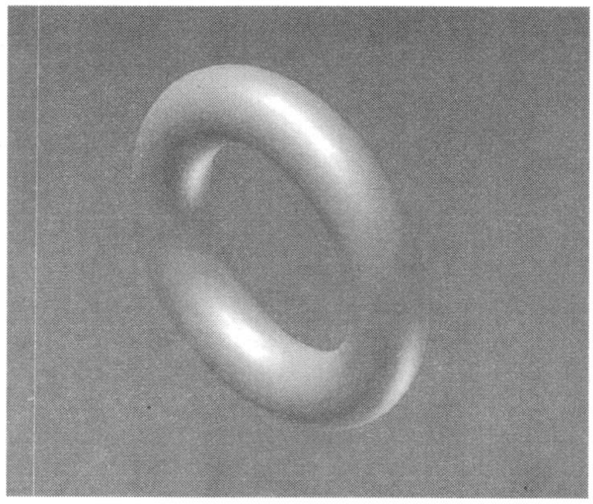

[확인을 위해 절단 된 Torus] ☞

2) 연산 작업 (Boolean operation)

■ **객체 모형 (Object Material)**

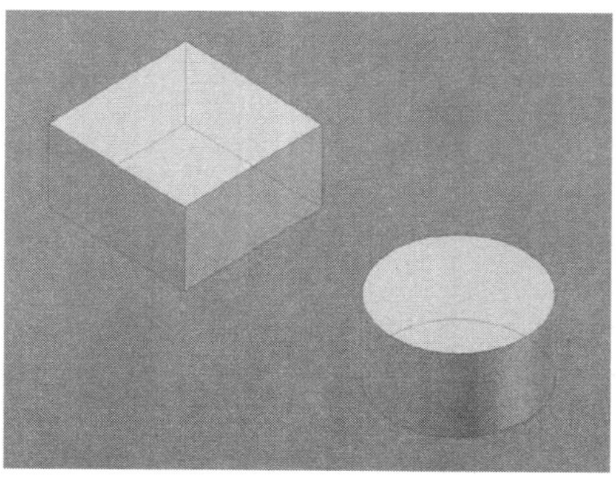

① 합집합 (A u B)

② 교집합 (A n B)

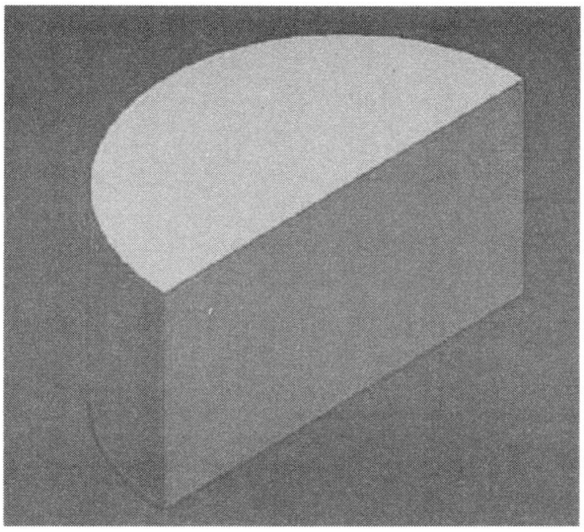

③ 차집합 (A - B)

3) 스위핑과 스윙 알고리즘(Sweeping, Swinging)

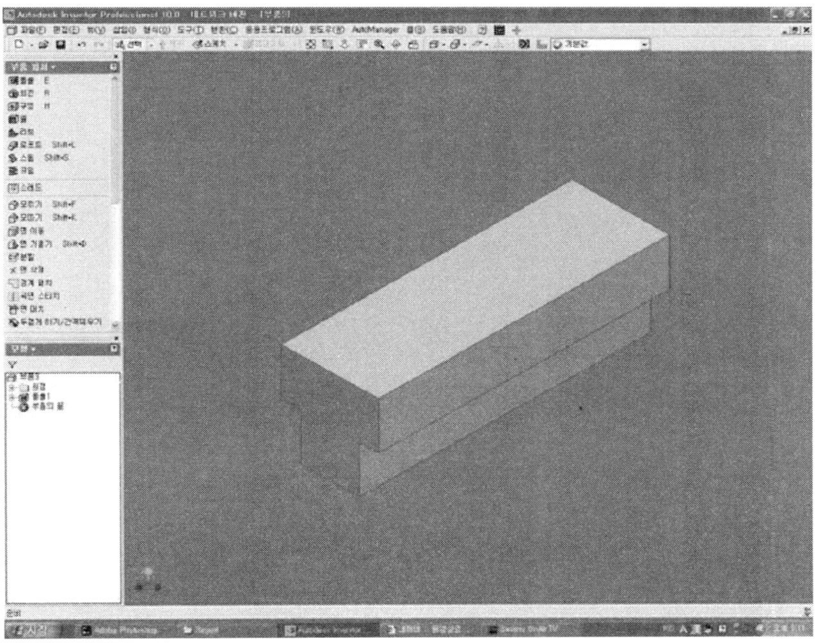

[Translational sweeping]

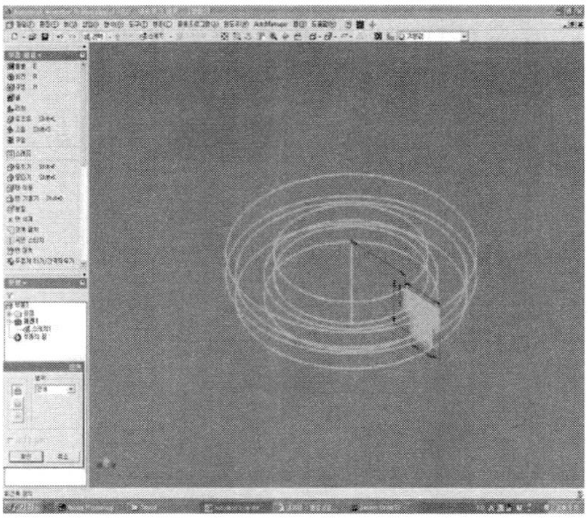

[Rotational sweeping]

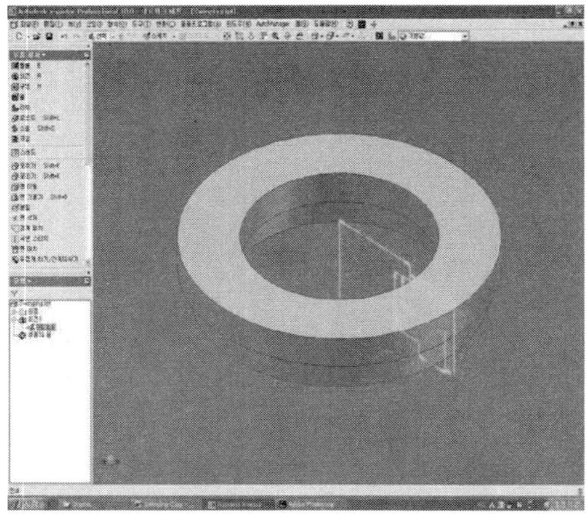

[Swinging의 형상 Modeling]

4) 스윕의 형태(Type of Sweep)

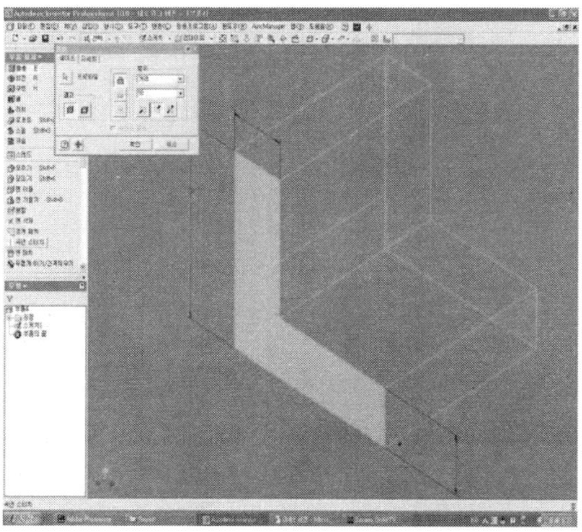

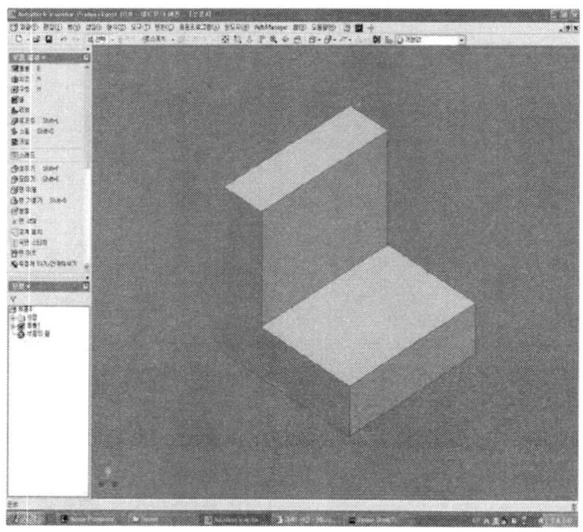

[Linear sweep - Translational sweep]

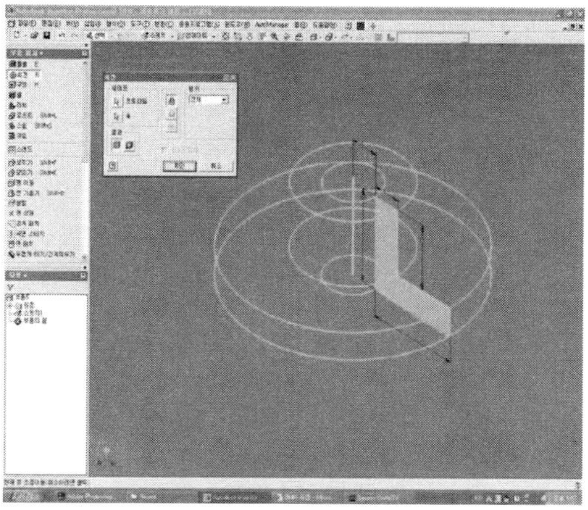

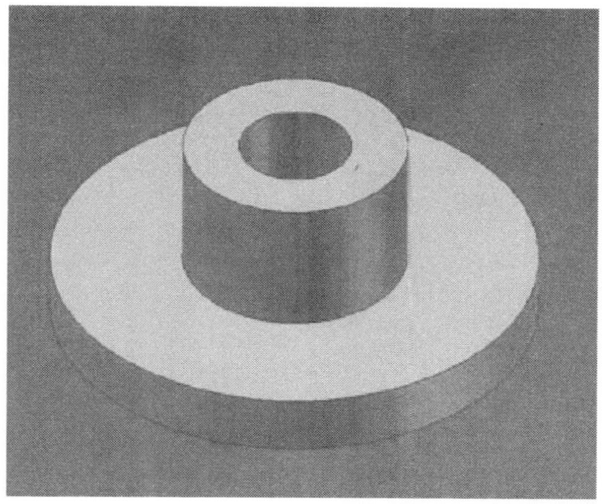

[Linear sweep - Rotational sweep]

[Nonlinear sweep]

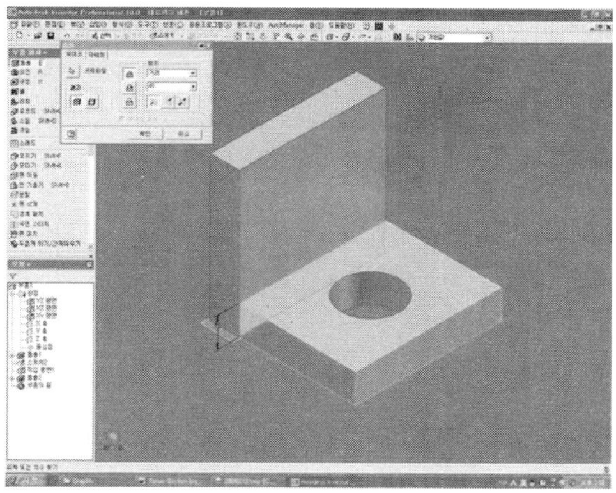

[Hybrid sweep]

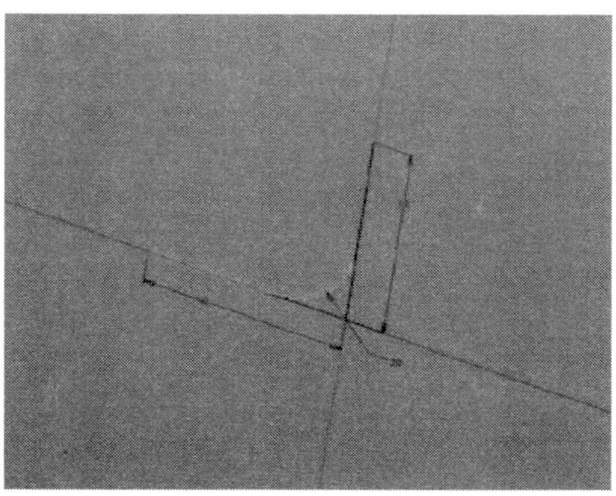

[Invalid sweep Sketch]

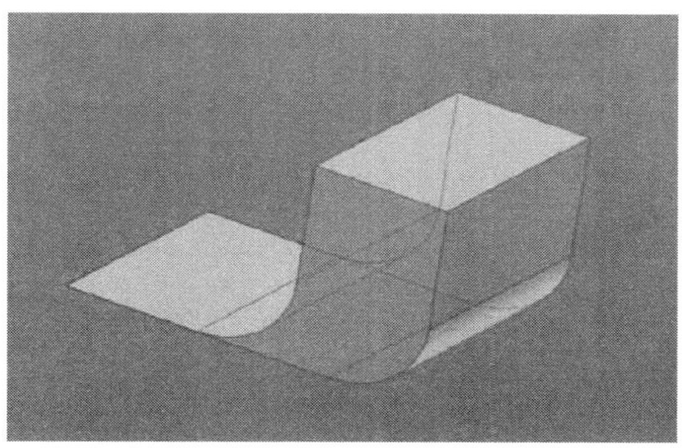

[Invalid sweep]

5) 스키닝 모델링(Skinning)

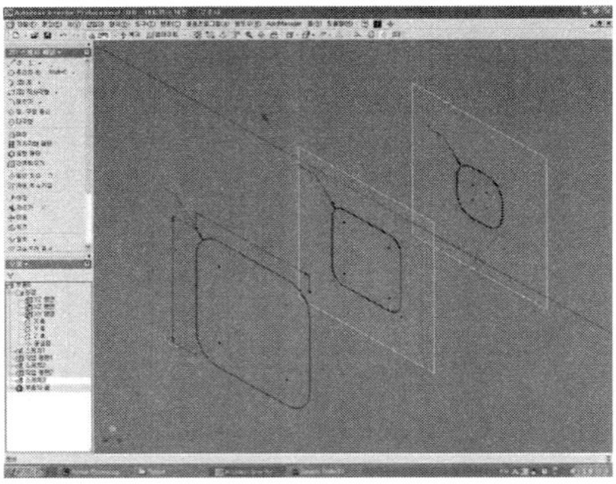

[Skinning Data 입력]

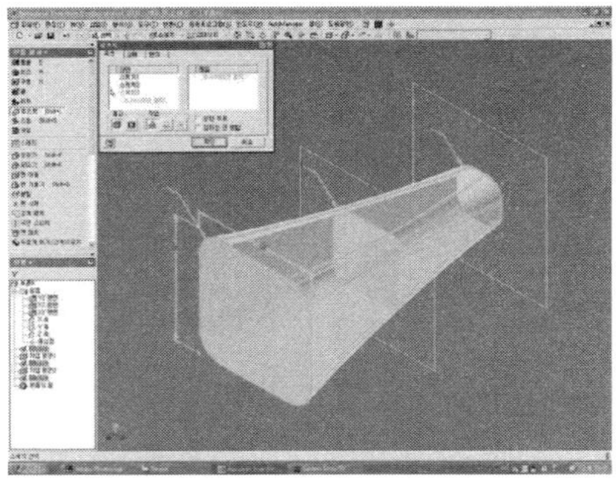

[Skinning 형상 Modeling]

6) Blending (Round/Fillet)과 Lifting

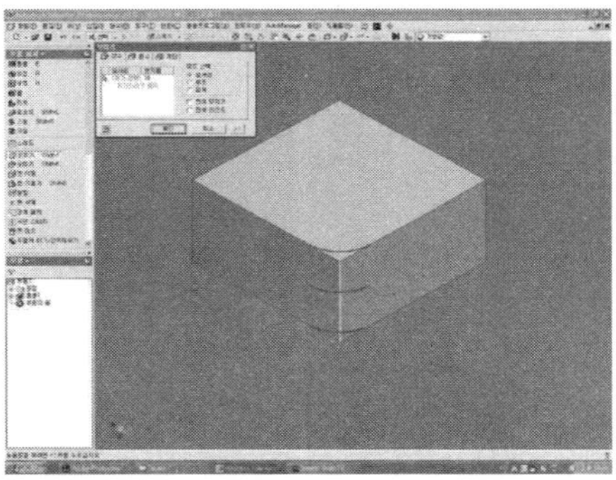

[Rounding Data 입력]

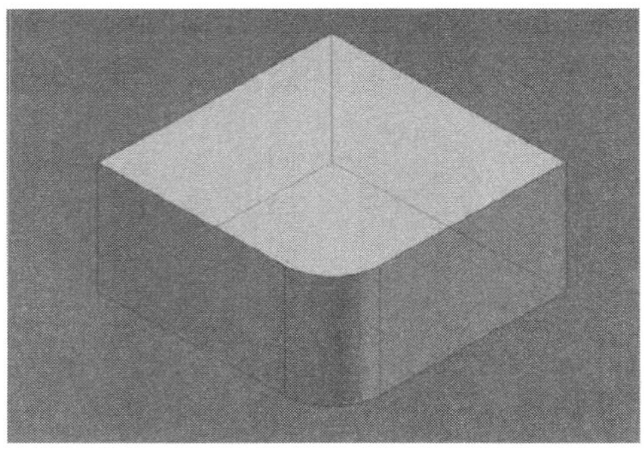

[Rounding 형상 Modeling]

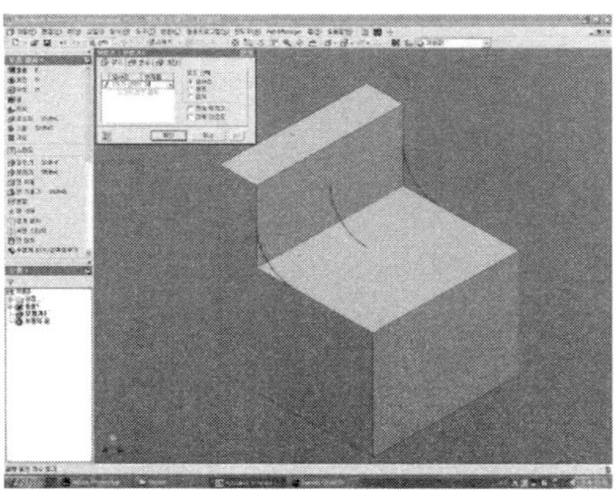

[Fillet Data 입력]

[Fillet 형상 Modeling]

[3면이 Fillet 된 형상의 Modeling Feature]

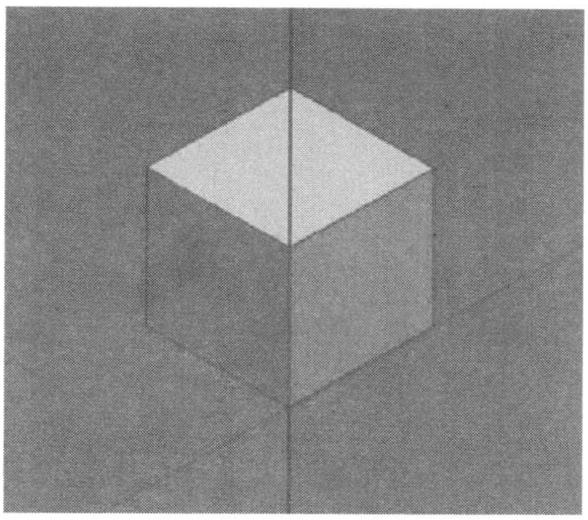

[측면 Lifting Data 입력]

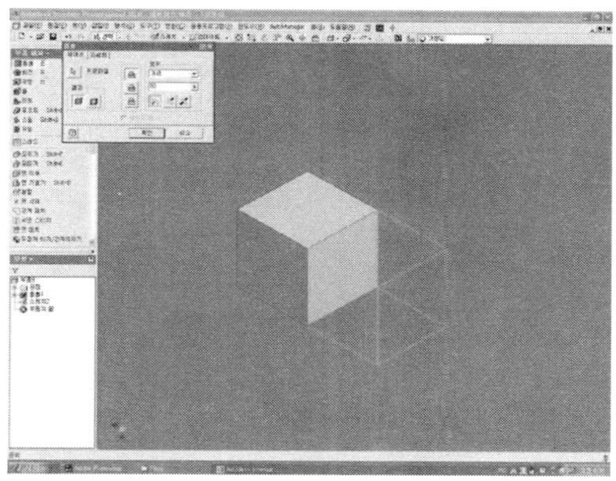

[Lifting 형상 Modeling]

[상면 Lifting Data 입력]

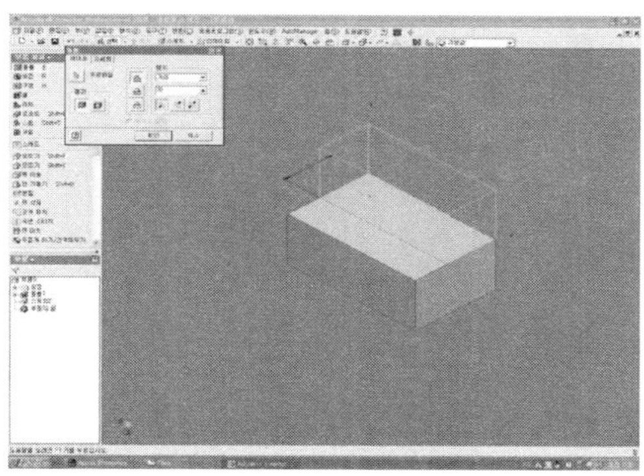

[Lifting 형상 Modeling]

7) 특징 형상 모델링(Feature-based modeling)

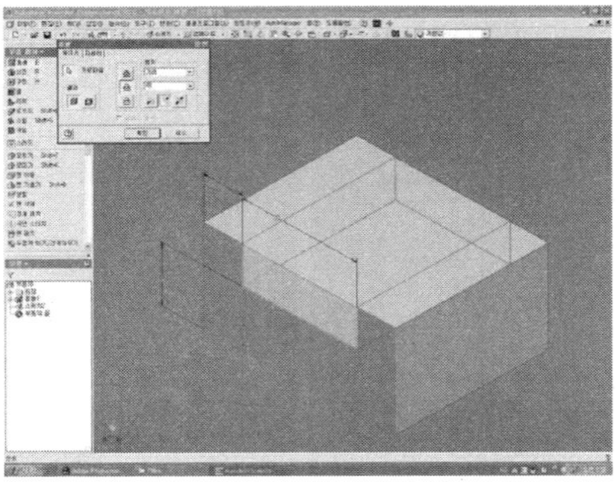

[Feature-based modeling의 Slot]

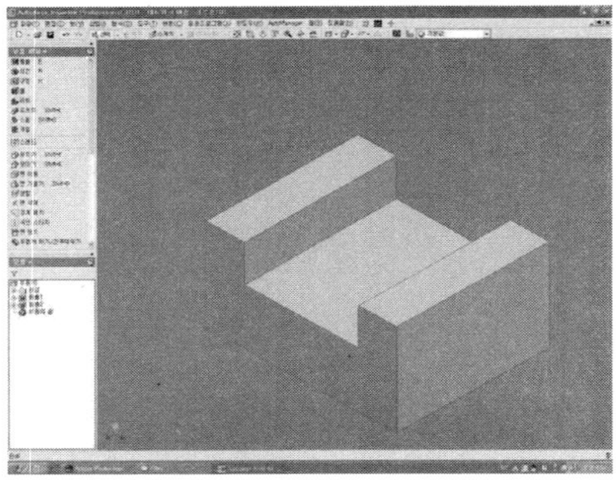

[Feature-based modeling]

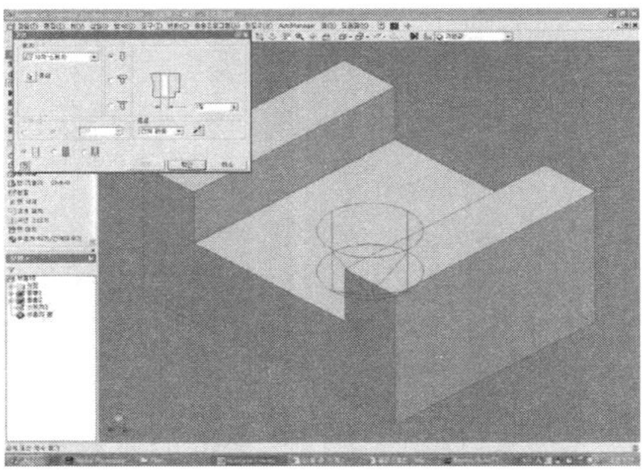

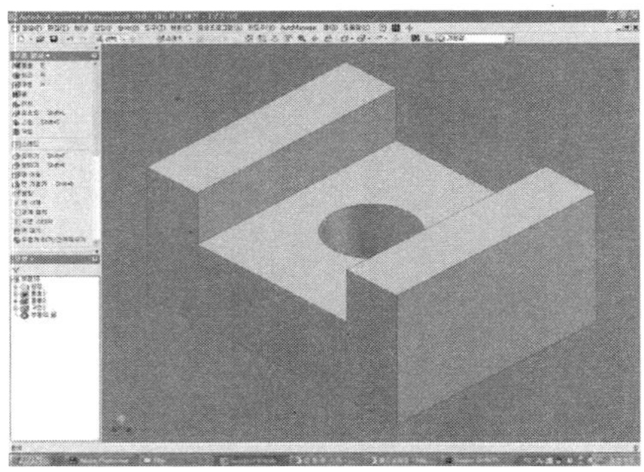

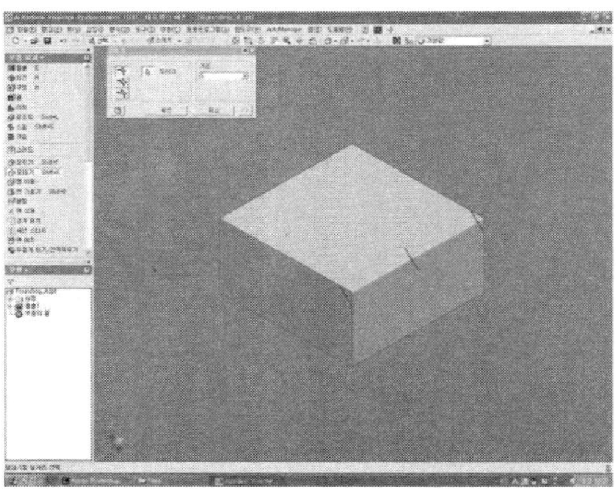

[Feature-based modeling의 Chamfer]

[Feature-based modeling]

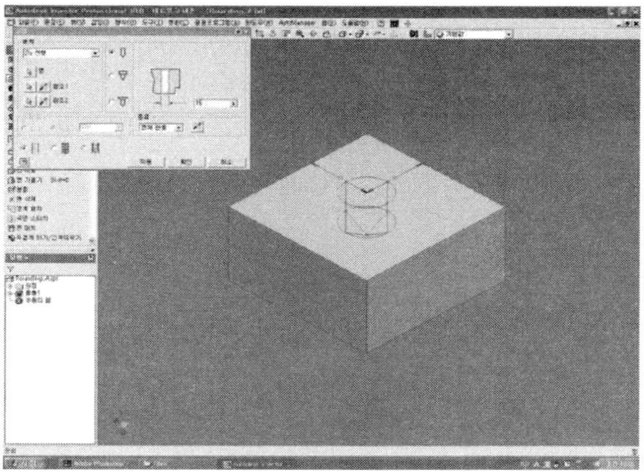

[Feature-based modeling의 Hole]

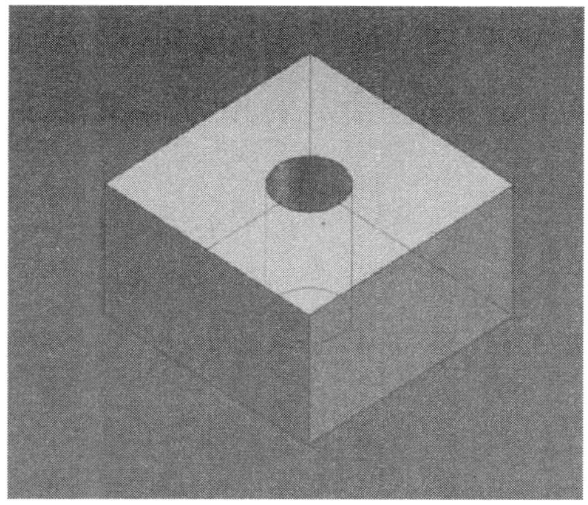

[Feature-based mɔdeling]

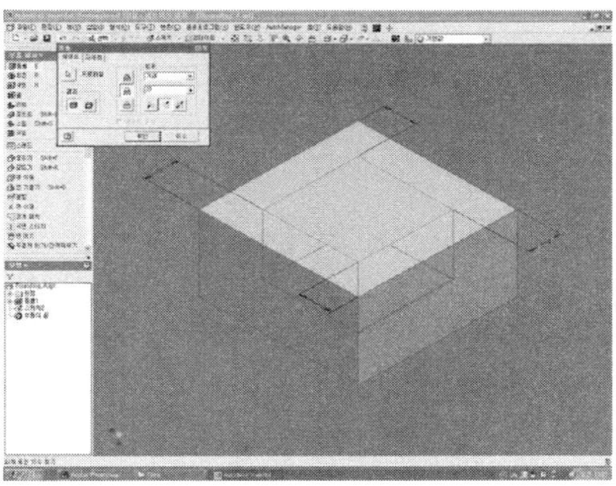

[Feature-based modeling 의 Pocket]

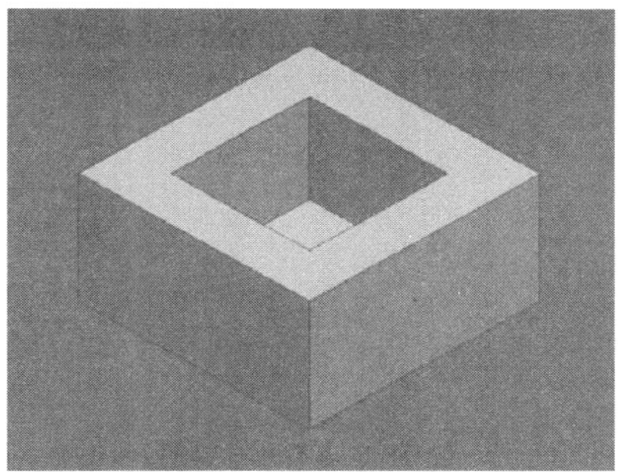

[Feature-based modeling]

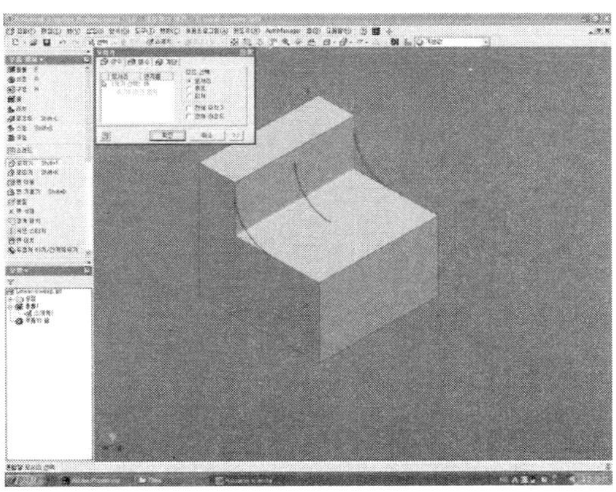

[Feature-based modeling 의 Fillet]

[Feature-based modeling]

8) 매개변수 모델링(Parametric modeling)

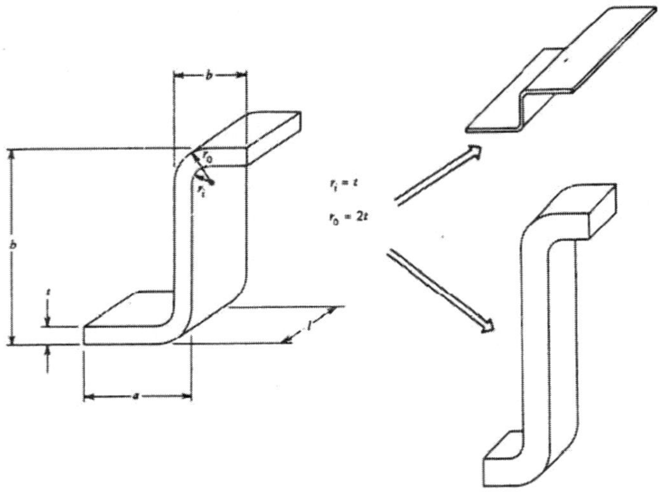

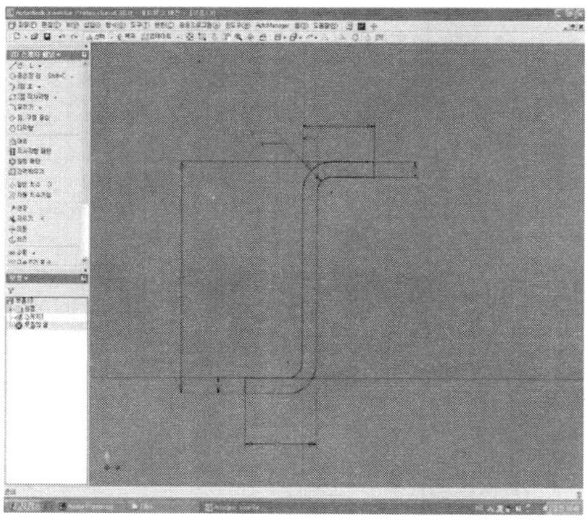

위의 예제 파일을 근거로 하여 AutoCAD Inventor Series에서 치수를 입력 하였다. 참고로 AIS에서는 치수가 d0, d1, d2...의 식으로 구성됩니다.

예제는 살 두께 d2에 치수를 넣지 않고 r1을 입력하여 형상의 모델링 과정을 지켜봅니다.

다음 예제 역시 살 두께의 값을 입력하지 않고 r0*2를 입력, 변화하는 형상을 알 수 있습니다.

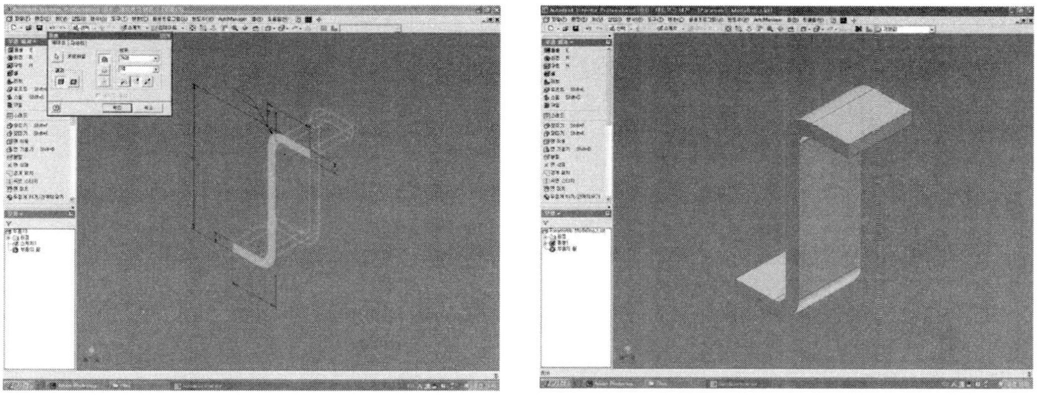

[Parametric modeling 의 r1=t의 경우]

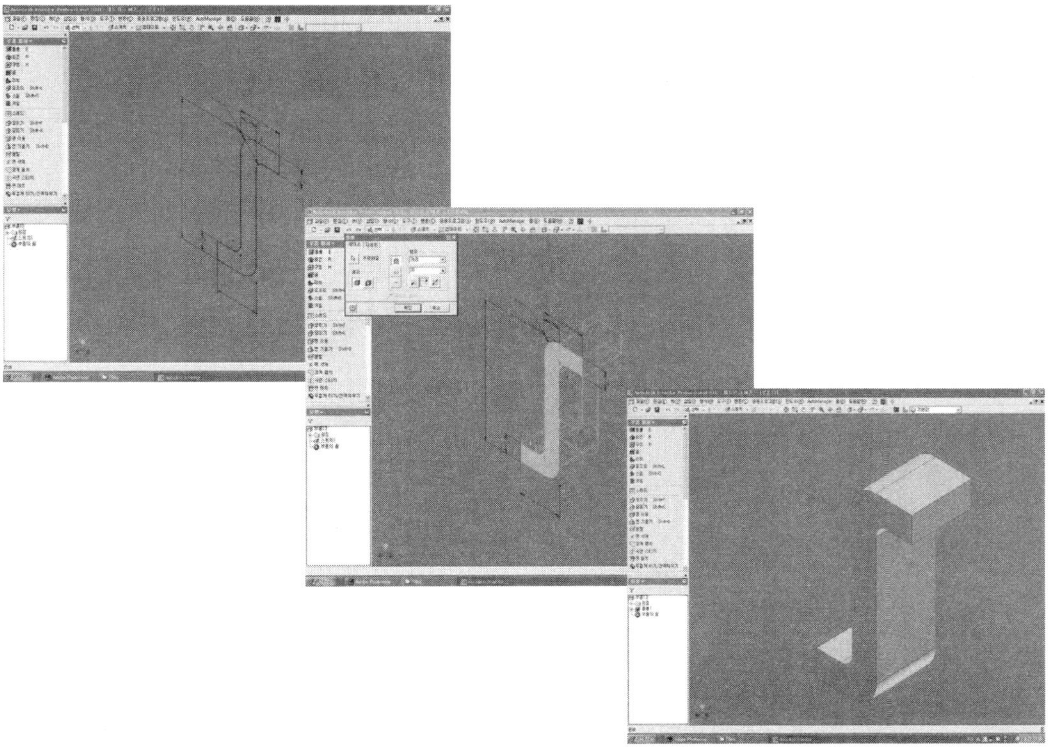

[Parametric modeling 의 r0=2t의 경우]

1-6 3D 모델링 작업 순서

1) 모델링 작업순서

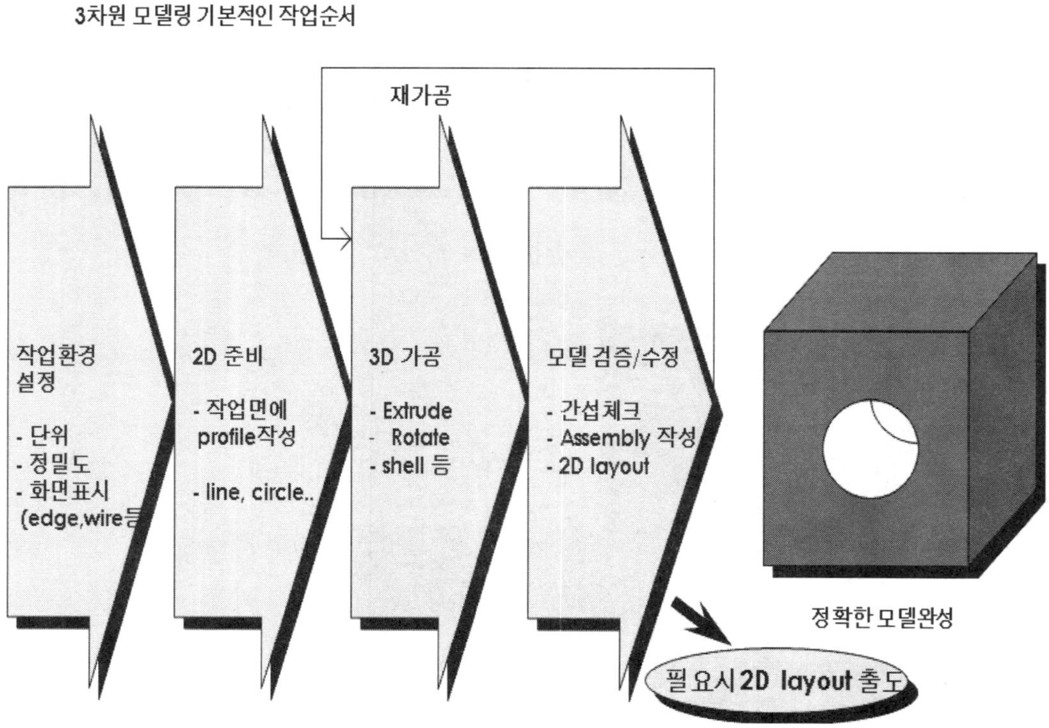

2) 모델링 중 주된 오류의 (Error) 요인

- Break , Intersections , Branches , Overlaps , Tangencies

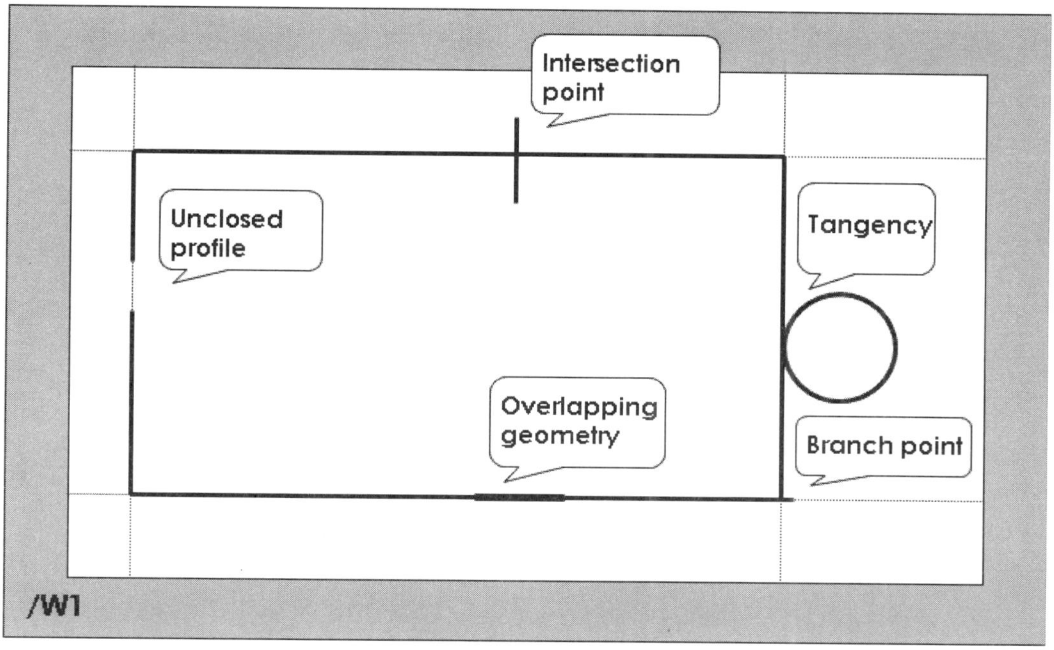

[Fig.11 모델링의 주요 에러 현황]

1-7 AutoCAD 3D 소개

○ 소프트웨어 소개

- Autodesk의 AutoCAD Series는 가장 최신의 기술을 적용한 차세대 3D Solid Modeler인 Autodesk Inventor와 전 세계적으로 가장 많이 사용되고 있는 2D 소프트웨어인 AutoCAD 기반의 파라메트릭 Modeler인 기계 설계 전문 응용프로그램 패키지입니다.
- AutoCAD 3D는 설계시간을 단축하고 보다 우수한 제품을 신속하게 시장에 출시하여 경쟁력을 유지해야 하는 기계설계자 및 엔지니어를 위한 Adaptive Technology와 같은 최신의 기술을 모태로 사용자의 설계 편의성을 최대한으로 고려한 기계 설계 3D 솔루션입니다.

다음에 첨부하는 상세 내용은 오토 데스크 사에서 제공하는 가장 신뢰성 있는 정보인 "AutoCAD 버전별 새로운 기능" 이라는 최신 정보에 나오는 내용들을 옮겨봅니다.

〈출처: AutoCAD 버전별 새로운 기능, AutoCAD 2010-2011-2012-2013〉 에서 인용함을 고지합니다.

(1) 3D 디자인 설계 인터페이스

1) 작업 공간과 리본 인터페이스

▶▷▷2011버전에서 향상된 기능

AutoCAD 2013에서 3D 디자인 설계를 하시려면 작업공간을 [3D 기본사항] 혹은 [3D 모델링]으로 변경합니다. 여기에는 [3D 모델링] 작업 공간 기준으로 설명합니다.

2) 3D 설계 작업에 유용한 팔레트

①도구 팔레트

▶▷▷2010버전의 기능

도구 팔레트에서 3D 설계 작업과 관련된 탭을 이용하면 드래그&드롭으로 3D 모델링 작업을 쉽게 할 수 있습니다. 기본으로 설정된 도구 외에도 사용자에 맞는 3D 명령과 재료, 뷰스타일 등을 등록하여 사용할 수 있습니다.

[뷰] 리본탭 > [팔레트] 리본 패널 > [도구 팔레트]에서 도구 팔레트 제목부분을 마우스 오른쪽 버튼 클릭하면, 사용 가능한 팔레트 탭이 나타납니다. 필요한 팔레트 탭 제목을 클릭하여 사용하면 됩니다. 그림처럼 3D 관련 작성 팔레트 탭과 카메라, 비쥬얼 스타일 등의 팔레트 탭을 3D 모델링 작업에 이용할 수 있습니다.

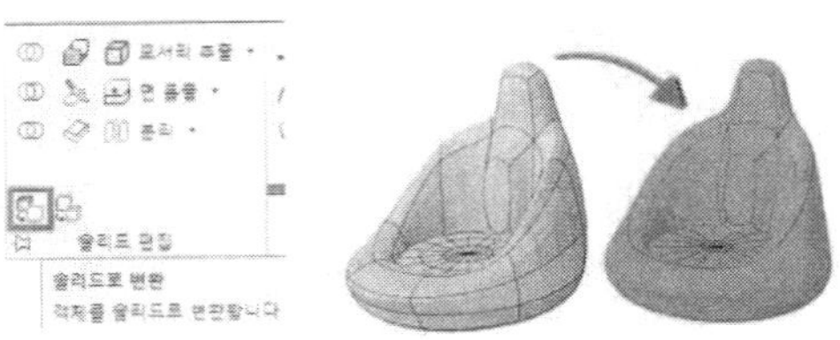

「솔리드로 변환」

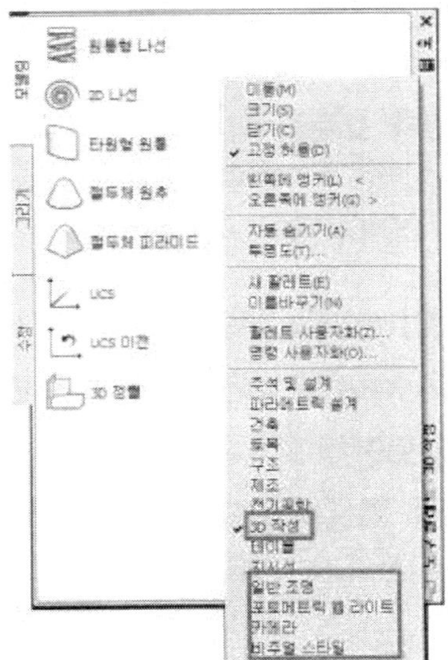

「3D 작성 팔레트」

② 재료 검색기, 재료 편집기, 텍스쳐 편집기 팔레트

▶▷▷2011, 2012버전에서 향상된 기능

AutoCAD 2011버전부터는 재료를 적용하고 수정할 때 재료 검색기 팔레트를 이용할 수 있습니다. 재료 검색기에서 Autode나 재료 라이브러리에 접근하고, 필요한 재료와 텍스쳐를 수정하고, 드래그 앤 드롭으로 도면에 적용하는 것이 가능합니다.

[렌더] 리본 탭 > [재료] 리본패널

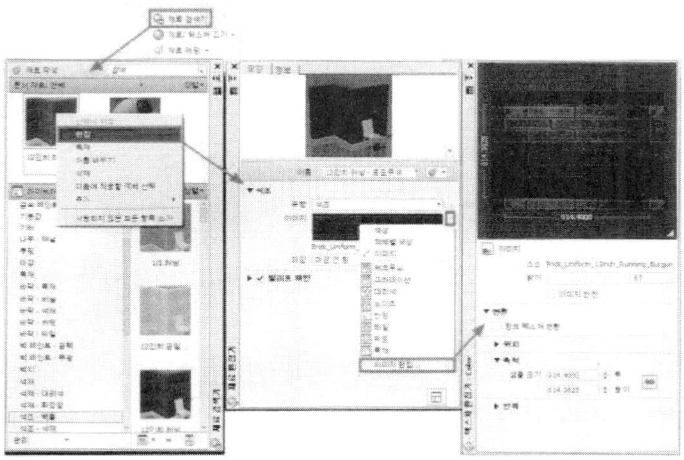

「재료 검색기 팔레트」

3) 유연한 3D 작업 도구

AutoCAD에서는 보다 직관적인 쉬운 작업을 위해서, 작업 윈도우에서 바로 접근할 수 있는 유연한 3D 작업을 위한 보조 도구 및 기능을 제공합니다.

① 동적 UCS

▶▷▷2010버전의 기능

3D 모델의 면에 설계를 할 경우, 기존에는 매번 UCS를 정의해서 설계를 했습니다. 새로운 동적 UCS의 기능은 명령을 선택하고 포인터를 면에 맞추면, 면이 가지는 좌표계에 UCS를 자동적으로 조정합니다. 설계하기 전에 UCS를 미리 설정 없이 생각한 대로 모델링을 할 수 있습니다. 동적 UCS의 모드는 상태 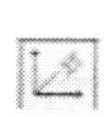 표시막대의 [UCS]의 버튼을 누릅니다.

② 뷰큐브 (View Cube)

▶▷▷2010버전의 기능 + 2011버전에서 향상된 기능

2009버전에서 추가된 뷰 큐브 도구는 2D 모형 공간 또는 3D 비주얼 스타일에서 작업할 때 표시되는 탐색 도구로서, 특히 3D 모델링 작업 시 유용하게 사용할 수 있는 도구입니다. AutoCAD 2013 설치 후 실행하면 기본적으로 화면 우측상단에 나타나 있습니다. 뷰 큐브를 끄기/켜기는 [뷰] 리본 탭 > [윈도우] 리본패널 > [사용자 인터페이스]를 클릭하여 View Cube 앞의 체크표시로 조정합니다.

뷰큐브 기능을 사용하면 면, 모서리 또는 구석을 클릭하여 사전 설정 뷰로 전환할 수 있습니다. 또한 홈뷰를 정의하여 이미 지정해 놓은 모형뷰로 돌아갈 수 있습니다.

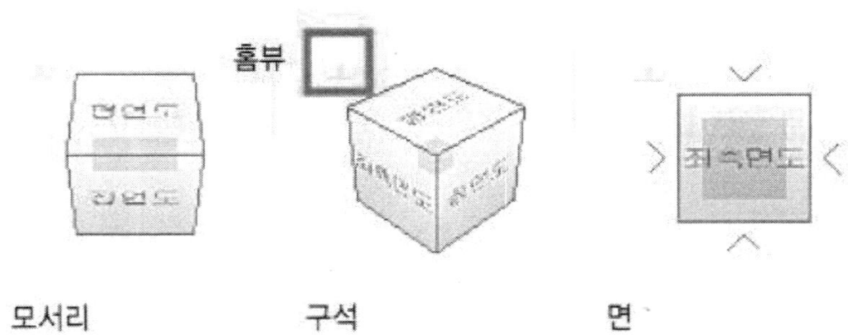

「뷰큐브」

뷰 큐브를 끌어(나침반 부분) 모형의 궤도를 설정하거나, 뷰 큐브의 UCS 메뉴에서 저장된 UCS를 현재 설정으로 지정하는 작업도 가능합니다.

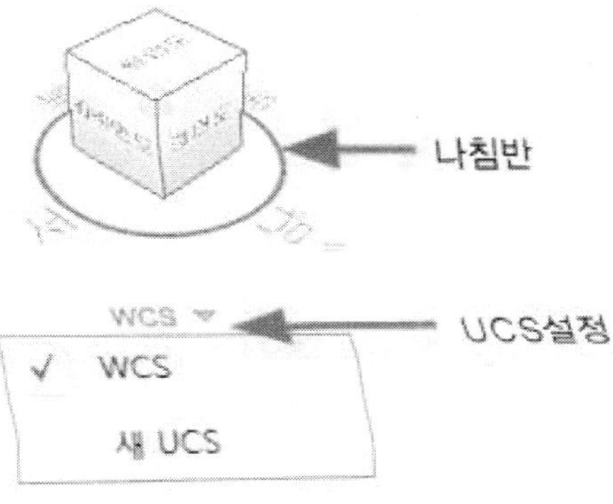

「뷰큐브 나침반과 UCS설정」

③ AutoCAD의 3D 모델

AutoCAD의 3D 모델링에서는 솔리드, 표면(surface), 메쉬의 3가지 모델을 사용하여 설계할 수 있습니다. 여기에서는 AutoCAD에서 작성 가능한 3가지 3D 모델을 소개합니다.

1) 솔리드

① 솔리드 모델

▶▷▷2010버전의 기능

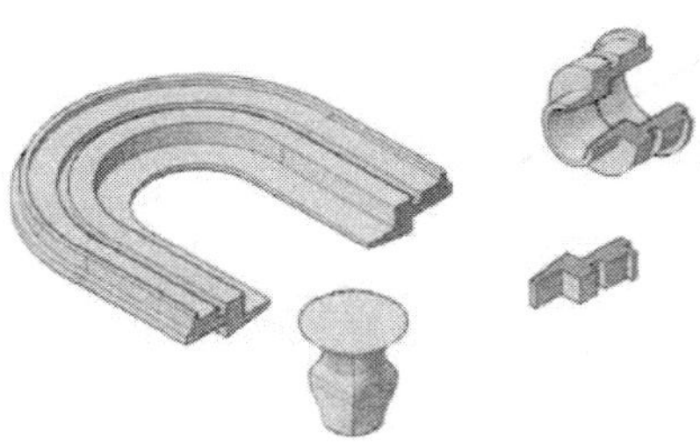

「솔리드 모델」

솔리드 모델은 질량, 체적, 무게 중심 및 관성 모멘트와 같은 특성을 지닌 닫힌 3D

본체입니다. 원추, 상자, 원통, 피라미드 등의 기본체 솔리드로 시작해 이들 항목을 수정 및 재결합하여 새 쉐이프를 작성합니다. 또는 닫힌 2D 곡선 및 선을 기초로 솔리드를 작성할 수 도 있습니다.

② 솔리드 리본 탭

▶▷▷2011버전에서 향상된 기능

AutoCAD 2011의 솔리드 관련 명령은 [3D 모델링] 작업 공간 기준 [솔리드] 리본 탭에서 실행합니다. 솔리드 작업과 관련된 대부분의 기능들이 속해 있습니다.

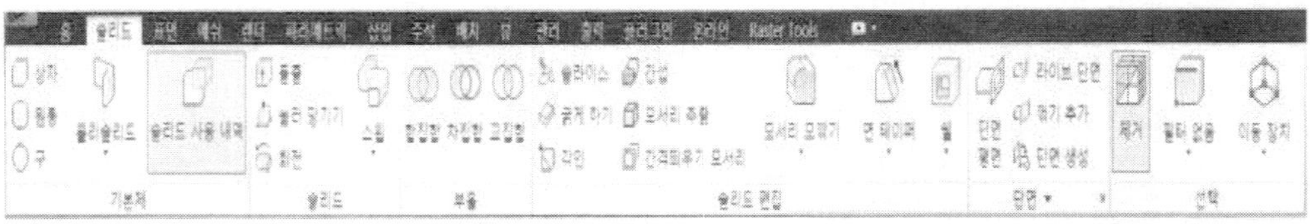

「솔리드 리본탭」

③ 솔리드 기본체

▶▷▷2010버전의 기능

AutoCAD에서는 솔리드 기본체라고 하는 표준 쉐이프를 작성하여 솔리드 작업이 가능합니다. [솔리드] 리본 탭의 [기본체] 리본 패널에서 작성 가능하며, 상자, 원통, 구, 피라미드, 토러스, 원추, 쐐기 등을 작성할 수 있습니다.

또한 일정한 높이와 폭을 가진 직선 및 곡선세그먼트인 폴리솔리드도 작성 가능합니다.

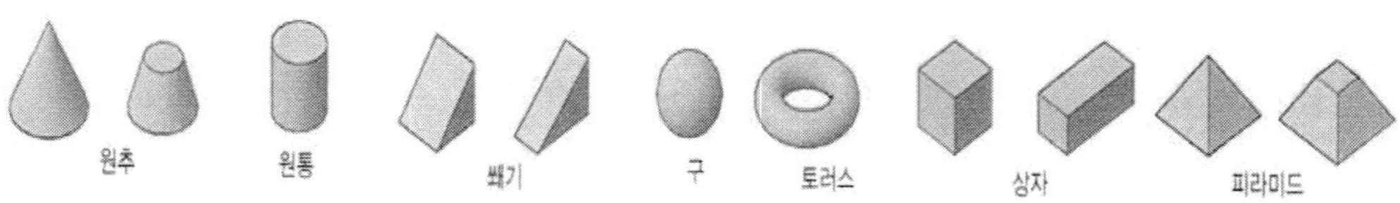

「솔리드 기본체」

④ 솔리드 작성

▶▷▷2010버전의 기능 + 2011버전에서 향상된 기능

솔리드 작성하는 방법으로는

✓ 솔리드 기본체를 작성 혹은 기본체를 결합하여(부울 연산. [부울] 리본 패널) 보다 복잡한 솔리드를 작성하거나,

✓ 2D 형상 또는 기타 3D 객체에서 3D 솔리드를 작성할 수 있습니다. (사용되는 기능 : 스윕, 돌출, 회전, 로프트, 슬라이스, 표면 조각, 변환 등 ➜ 관련 명령은 3. 3D 모델링 작성 참조)

AutoCAD 2011버전부터는 이러한 3D 솔리드 작업 시에 보다 직관적인 작업이 가능해졌습니다. 작성 명령 실행하면 그 명령이 적용되는 과정을 보고, 빠른 의사결정을 할 수 있게 되었습니다. (예 : 회전 시 솔리드 객체가 회전되는 과정을 작업 윈도우에서 마우스를 조작하면서 확인 가능. 원하는 위치에서 마우스를 클릭하여 회전 작업을 완료할 수 있음.)

2) 표면 (Surface)

① 표면 (Surface) 모델

▶▷▷2010버전의 기능 + 2011버전에서 추가된 기능

표면 모델은 질량이나 체적이 없는 얇은 쉘입니다. (AutoCAD에서는 서페이스를 표면이라고 번역하였습니다.)

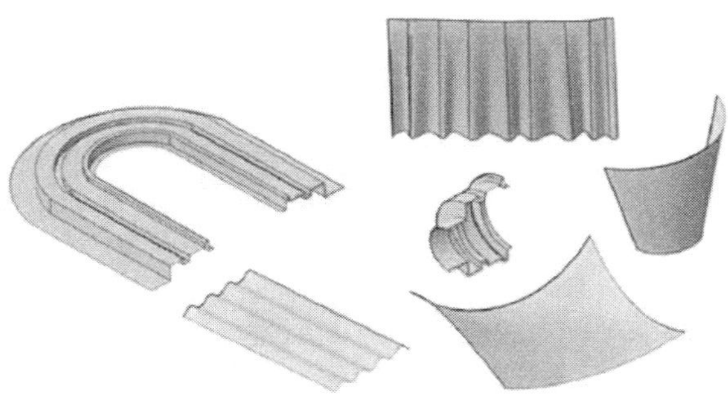

「표면모델」

AutoCAD 2011부터는 절차 및 NURBS (non-uniform rational b-spline)의 두 가지 표면 종류를 제공합니다. 절차 표면은 연관성이 있고 이력을 가지고 있는 반면, NURBS 표면은 연관성이 없고 이력을 가지고 있지 않습니다. 대신, NURBS 표면은 실제 상황에서 작업하는 방식에 가깝게 형태를 만들 수 있는 조정 장점을 사용합니

다. 절차 표면을 사용할 때 연관성 모델링의 장점을 얻고, NURBS 표면을 사용할 때는 제어 정점을 이용한 조각의 장점을 얻을 수 있습니다.

② 표면 리본탭

▶▷▷2011버전에서 향상된 기능

AutoCAD 2013에서는 표면(Surface) 관련 명령을 [3D 모델링] 작업 공간 기준 [표면] 리본탭에서 실행합니다. 표면(Surface) 작업과 관련된 대부분의 기능들이 속해 있습니다.

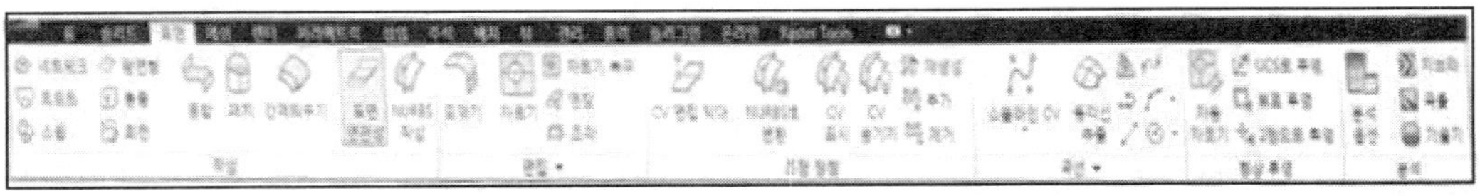

「표면 리본탭」

③ 표면 작성

▶▷▷2010버전의 기능 + 2011버전에서 추가된 기능

○ 표면(Surface)을 작성하려면

✓ 프로파일에서 표면을 작성. EXTRUDE, LOFT, PLANESURF, REVOLVE, SURFNETWORK, SWEEP 명령을 사용하여 열린 선과 곡선으로 구성된 프로파일 쉐이프에서 표면을 작성합니다.

✓ 다른 표면에서 표면을 작성. 표면을 혼합, 패치, 연장, 모깎기 및 간격 띄우기하여 새 표면을 작성합니다.

✓ 객체를 절차 표면으로 변환. 기존 솔리드(복합 객체 포함), 표면 및 메쉬를 절차 표면으로 변환합니다.

✓ 절차 표면을 NURBS 표면으로 변환. 메쉬 객체 등의 일부 객체는 NURBS 표면으로 직접 변환할 수 없습니다. 이 경우에는 해당 객체를 절차 표면으로 변환한 다음 NURBS 표면으로 변환합니다.

④ 표면 작성 도구를 이용한 프리폼 모델링

▶▷▷2011버전에서 추가된 기능

AutoCAD 2011버전부터는 이러한 표면(서페이스)를 작성할 수 있는 기능들이 추가되어 보다 다양한 형태의 곡면 표현이 가능해졌습니다. 이러한 곡면 표현을 기반으로 비정형 디자인 - 프리폼 모델링을 자유롭게 구현할 수 있습니다. 특히 NURBS 표면의 경우에는 조정 정점을 이용하여 곡면의 세밀한 부분을 표현할 수 있어서 보다 정교한 프리폼 모델링이 가능합니다.

✓ 연관된 표면 : 연관성 표면은 다른 관련 객체에 대한 변경 사항에 따라 자동 조정됩니다. [표면] 리본탭의 [작성]리본 패널에 있는 [표면 연관성]이 켜져 있으면 표면을 작성한 표면 또는 프로파일에 대한 관계를 포함하여 표면이 작성됩니다.

✓ NURBS표면 : NURBS 표면은 베지어 곡선 또는 스플라인을 기반으로 합니다. NURBS 표면은 [작성] 리본 패널의 [NURBS]작성 버튼을 켜고 작업하거나, CONVTNURBS 명령으로 다른 3D 객체를 변환하여 작성합니다. NURBS 표면의 경우 표면에 있는 조정정점을 이용하여 밀고 당기는 방식으로 편집할 수 있습니다.

3) 메쉬

① 메쉬 모델

▶▷▷2010버전에서 추가된 기능

메쉬 모델은 다각형 표현(삼각형 및 사각형 포함)을 사용하여 3D 형태를 정의하는 정점, 모서리 및 면으로 구성됩니다. 솔리드 모델과 달리 메쉬에는 질량 특성이 없습니다. 그러나 3D 솔리드와 마찬가지로 AutoCAD 2010부터는 상자, 원추 및 피라미드와 같은 기본체 메쉬를 작성할 수 있습니다.

② 메쉬 리본 탭

▶▷▷2011버전에서 향상된 기능

AutoCAD 2013의 메쉬 관련 명령은 [3D 모델링] 작업 공간 기준 [메쉬] 리본 탭에서 실행합니다. 메쉬 작업과 관련된 대부분의 기능들이 속해 있습니다.

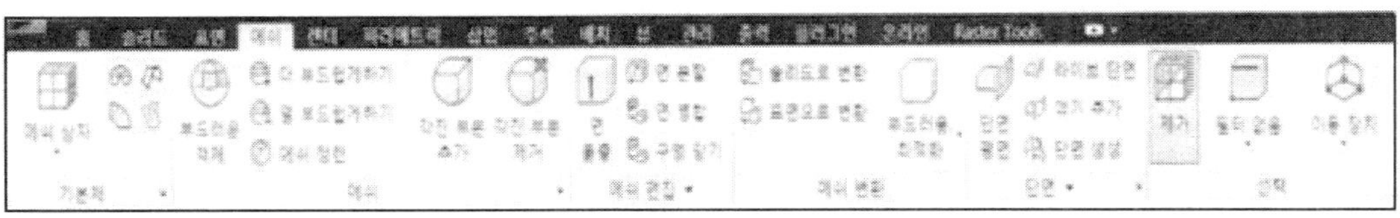

「메쉬 리본탭」

③ 메쉬 기본체

▶▷▷2010버전에서 추가된 기능

AutoCAD 2010버전부터는 기본체 메쉬를 작성하여 메쉬 작업이 가능합니다. [메쉬]

리본 탭의 [기본체] 리본 패널에서 작성가능하며, 상자, 원통, 구, 피라미드, 토러스, 원추, 쐐기 등을 작성할 수 있습니다.

④ 메쉬 작성과 프리 폼 모델링

▶▷▷2010버전에서 추가된 기능

○ 메쉬를 작성하려면

✓ 메쉬 기본체 작성. 상자, 원추, 원통, 피라미드, 구, 쐐기, 토러스(MESH) 등 표준 쉐이프를 작성합니다.

✓ 다른 객체에서 메쉬 작성. 다른 객체 또는 점과 경계가 겹치는 직선반, 방향 벡터, 회전 또는 모서리 정의된 메쉬 객체를 작성합니다.

✓ 다른 객체 유형에서 변환. 복합 모형을 비롯한 기존 솔리드 eh는 표면 모형을 메쉬 객체로 변환합니다.

✓ 사용자 메쉬 작성(기존). 3DMESH를 사용하여 다각형 메쉬를 작성합니다.

AutoCAD 2010버전부터는 메쉬 기본체를 작성한 후, 메쉬의 부분 면, 모서리, 점을 선택하여 밀고 당기는 방식으로 다양한 형태의 3D 프리폼 모델링을 할 수 있습니다.

(2) 3D 모델 작성

○ AutoCAD에서는 다양한 도구를 사용하여 3D 솔리드, 메쉬, 표면(Surface) 객체를 작성하고 다양한 형태로 모델링할 수 있습니다. 여기에서는 자주 사용되는 3D 작성 도구를 소개합니다.

1) 로프트 (LOFT)

▶▷▷2010버전의 기능

[홈] 리본탭 > [모델링] 리본패널 > [로프트]

[솔리드] 리본탭 > [솔리드] 리본패널 > [로프트]

[표면] 리본탭 > [작성] 리본패널 > [로프트]

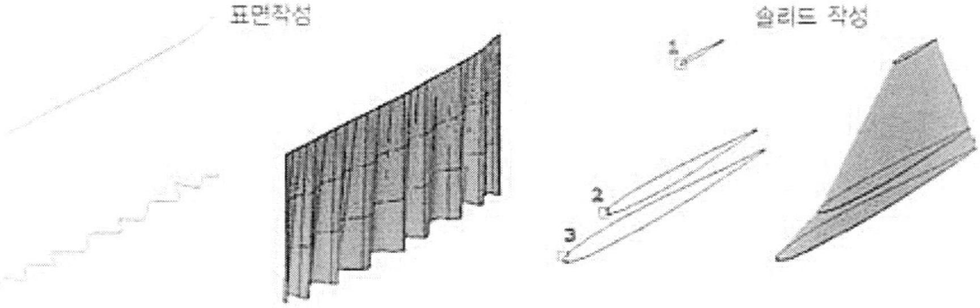

「로프트」

임의의 단면형상을 로프트 명령으로 연결시킬 수 있고 3D 모델을 작성할 수 있습니다. 닫힌 도형은 솔리드로 작성되고, 선, 호 등 닫혀있는 도형이 아닌 것은 표면(Surface)으로 작성됩니다. 또한, 두 개의 단면이 다른 요소일 경우, 두 개의 단면을 매끄러운 모양으로 생성합니다. 접속하는 면의 접속 방향은 로프트 설정 대화상자에서 그 각도를 지정할 수 있습니다.

2) 눌러 당기기 (PRESSPULL)

▶▷▷2010버전의 기능 + 2012, 2013버전에서 향상된 기능

[홈] 리본탭 > [모델링] 리본패널 > [눌러 당기기] [솔리드] 리본탭 > [솔리드] 리본패널 > [눌러 당기기]

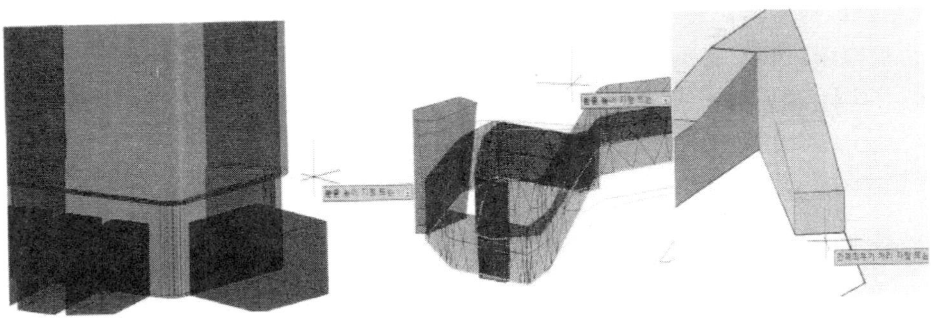

「눌러 당기기」

[눌러 당기기]명령은 형상을 밀어내기로 돌출하여 솔리드 모델을 작성할 수 있습니다. 또한 경계 영역의 쉐이프 안에서 음각 돌출 작성도 가능합니다. 2012버전에서는

Presspull 기능이 한층 더 강화돼 사용자가 명령어를 종료할 때까지 반복되기 때문에 명령어를 한 번만 실행해 여러 번 신속히 눌러 당길 수 있습니다. 2013버전에서는 다음의 3가지 측면에서 눌러 당기기 명령이 향상되었습니다. ① 다중(M)옵션이 추가되어 한 번에 여러 개의 형상을 눌러 당길 수 있습니다. ② 닫힌 영역뿐만 아니라 2D, 3D 선, 곡선에도 눌러 당기기 명령을 적용할 수 있게 되었습니다. ③ 눌러 당기기 명령 적용 시에 [CTRL]키를 함께 누르면 인접면의 테이퍼 각도를 따르면서 눌러 당길 수 있습니다.

3) 회전 (REVOLVE)

▶▷▷2010버전의 기능 + 2011에서 향상된 기능

[홈]리본탭 > [모델링] 리본패널 > [회전]

[솔리드]리본탭 > [솔리드]리본패널 > [회전]

[표면] 리본탭 > [작성] 리본패널 > [회전]

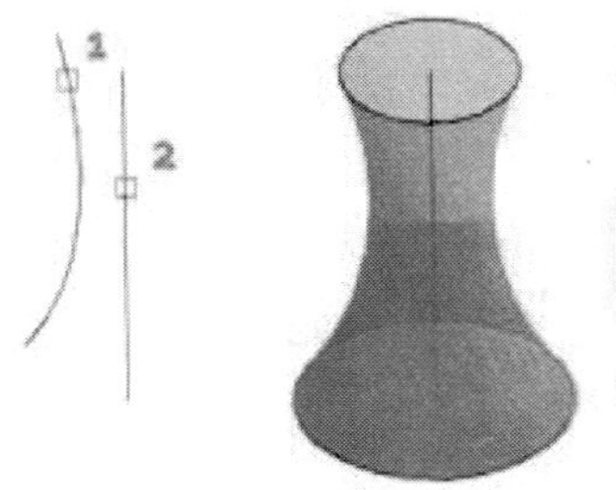

「회전」

3D 공간에서 회전 명령을 사용해 회전체를 작성할 수 있습니다.

회전하는 객체가 축을 포함하여 닫혀있는 도형을 구성할 경우는 솔리드가 작성되고, 닫혀있는 도형이 아닐 경우는 표면을 작성합니다. AutoCAD 2011버전부터는 회전 명령 적용시 회전되는 과정을 볼 수 있게 되었습니다. 직관적으로 마우스를 움직여가면서 회전시켜보고, 원하는 위치에서 마우스를 클릭하여 작성을 완료할 수 있습니다. 또한 솔리드의 일부 모서리를 회전하여 표면을 구성할 수 있게 되었습니다.

4) 돌출 (EXTRUDE)

▶▷▷2010버전의 기능 + 2011에서 향상된 기능

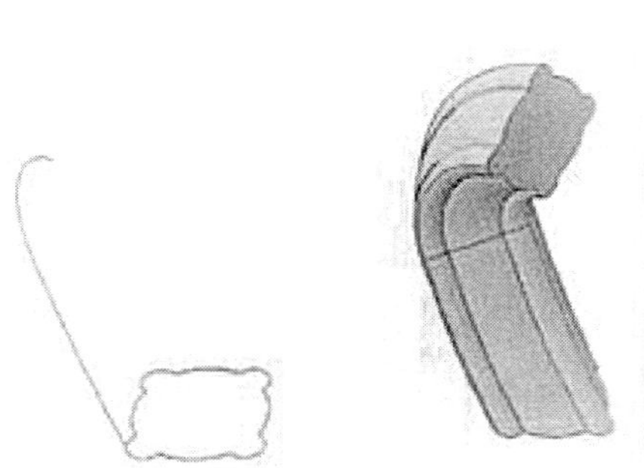
「돌출」

[홈] 리본탭 > [모델링] 리본패널 > [돌출]

[솔리드] 리본탭 > [솔리드] 리본패널 > [돌

출]

[표면] 리본탭 > [작성] 리본패널 > [돌출]

돌출 명령을 사용해 객체를 3D 공간으로 신축하여 솔리드 또는 표면을 작성합니다. 3D 모델을 작성할 수 있습니다. 닫힌 객체의 경우에는 솔리드를 작성하고, 열린 객체의 경우에는 표면을 작성합니다. 또한 AutoCAD 2011부터는 솔리드의 일부 모서리를 돌출하여 표면을 구성할 수 있게 되었습니다.

5) 스윕

▶▷▷2010버전의 기능

[홈] 리본탭 > [모델링] 리본패널 > [스윕]

[솔리드] 리본탭 > [솔리드]리본 패널 > [스윕]

[표면] 리본탭 > [작성] 리본패널 > [스윕]

스윕 명령은 지정된 경로를 따라 프로파일 객체(기분이 되는 객체)를 연장하여 솔리드 또는 표면을 작성합니다. 경로를 따라 프로파일을 스윕하는 경우 프로파일이 이동되고 경로에 수직으로 정렬됩니다. 열린 프로파일은 표면을 작성하고 닫힌 곡선은 솔리드 또는 표면을 작성합니다.

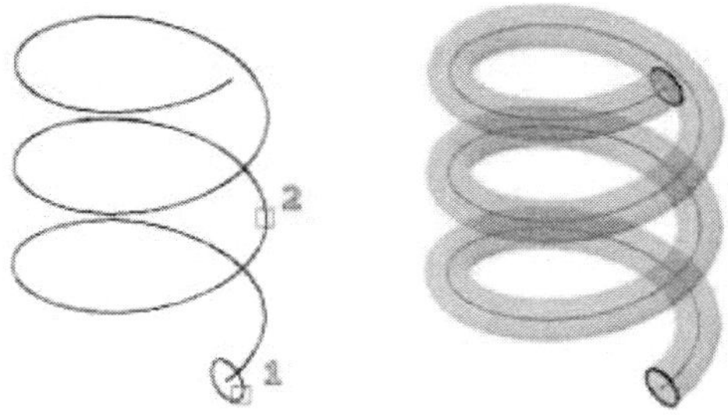

「스윕」

6) 네트워크 (SURFNETWORK)

▶▷▷2011버전에서 추가된 기능

[표면] 리본탭 > [작성] 리본패널 > [네트워크]

AutoCAD 2011버전에서 추가된 네트워크 도구를 사용하면 U 및 V 방향으로 곡선 세트를 통과하는 표면을 만들 수 있습니다. U 방향은 표면을 기준으로 세로 방향, V 방향은 표면을 기준으로 가로 방향을 가리킵니다. LOFT 명령과 유사하지만

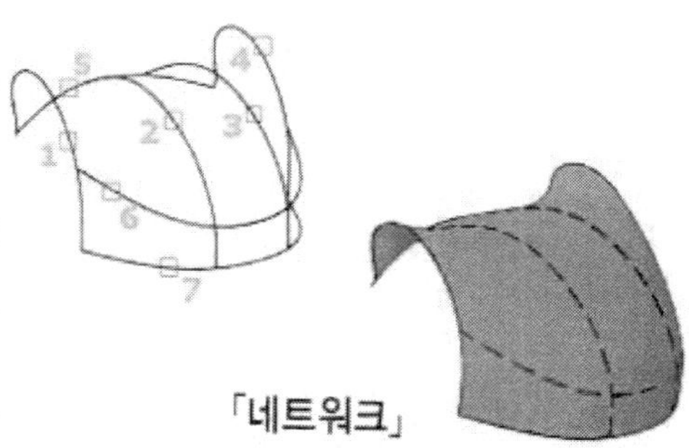

「네트워크」

방향이 다른 여러 개의 곡선을 기준으로 표면을 작성할 수 있어서 더 효율적이고 유연합니다.

7) 패치 (SURFPATCH)

▶▷▷2011버전에서 추가된 기능

[표면] 리본탭 > [작성] 리본패널 > [네트워크]

AutoCAD 2011버전에 추가된 패치 도구를 사용하여 다른 표면 모서리인 닫힌곡선(예 : 닫힌 스플라인) 내에 표면을 작성할 수 있습니다.

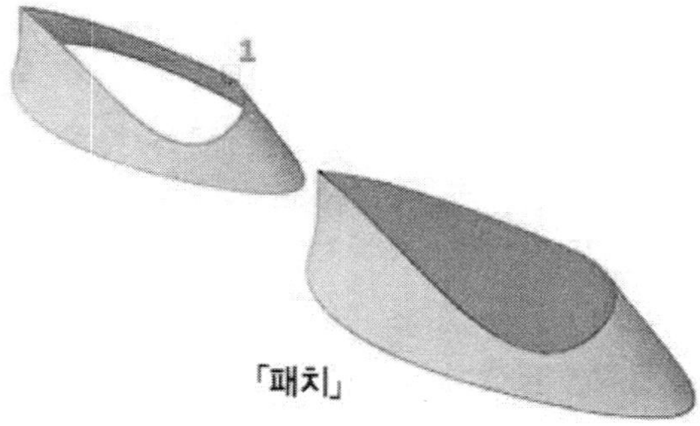

「패치」

8) 혼합 (SURFBLEND)

▶▷▷2011버전에서 추가된 기능

[표면] 리본탭 > [작성] 리본패널 > [네트워크]

AutoCAD 2011버전에 추가된 혼합 도구를 사용하여 두 기존 표면 사이에 연속 혼합 표면을 작성할 수 있습니다.

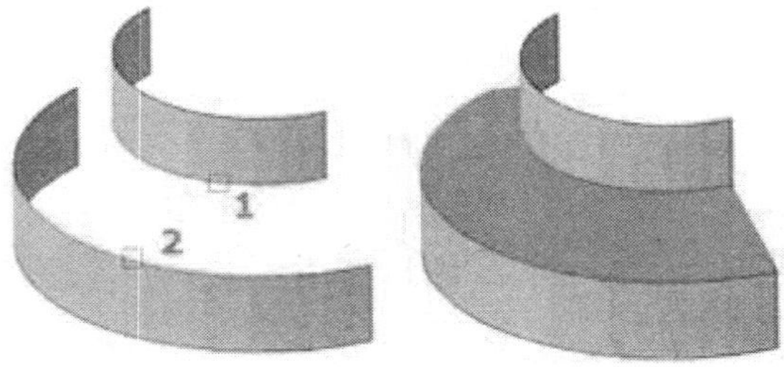

「혼합」

9) 간격띄우기

▶▷▷2011버전에서 추가된 기능

[표면] 리본탭 > [작성] 리본패널 > [간격띄우기]

AutoCAD 2011버전에 추가된 간격띄우기 도구를 사용하여 원본 표면에서 지정된 거리에

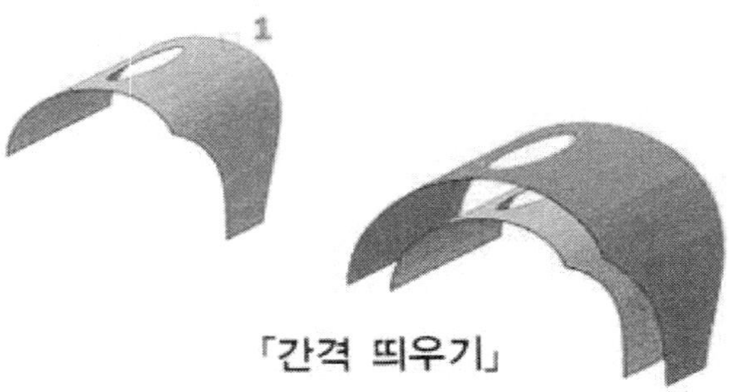

「간격 띄우기」

평행 표면을 작성할 수 있습니다.

10) 연관된 표면 작성

▶▷▷2011버전에서 추가된 기능

[표면] 리본탭 > [작성] 리본패널 > [표면 연관성]

AutoCAD 2011버전부터는 연관된 표면을 작성할 수 있습니다. 연관된 표면을 작성하려면 표면 작성 명령 전에 [작성] 리본 패널의 [표면 연관성]을 눌러 켠 후 작업합니다.

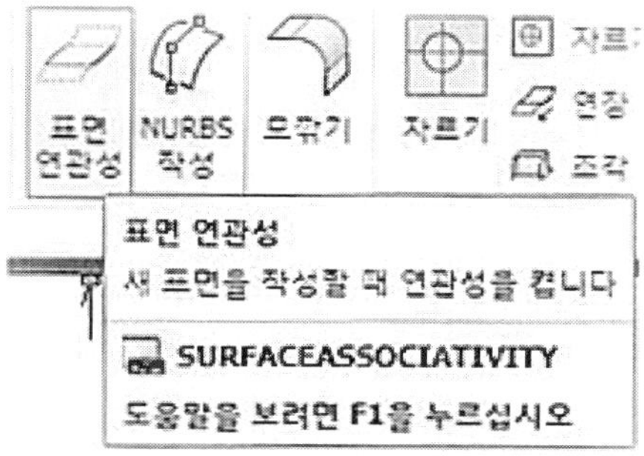

「표면 연관성」

11) NURBS 표면(Surface) 작성

▶▷▷2011버전에 추가된 기능

[표면] 리본탭 > [작성] 리본패널 > [표면 연관성]

AutoCAD 2011버전부터는 NURBS 표면을 작성할 수 있습니다. NURBS 표면을 작성하려면 표면 작성 명령 전에 [작성] 리본 패널의 [NURBS 작성]을 눌러 켠 후 작업합니다.

SURFACEMODELINGMODE 변수 = 1

0일 경우에는 일반 표면이 작성됩니다. NURBS 표면을 작성하면 표면연관성은 무시됩니다. 즉 NURBS 표면은 연관된 표면으로 작성할 수 없습니다.

12) 등각선 추출

▶▷▷2013버전에서 추가된 기능

[표면] 리본탭 > [곡선] 리본패널 > [등각선 추출]

AutoCAD 2013에 새로 도입된 등각선 추출(Extract Isolines) 도구를 사용하면 기존 표면이나 솔리드 면에서 곡선을 손쉽게 추출할 수 있습니다. 이 등각선 추출 도구 내에 있는 옵션으로는 등각선의 방향 (U,V방향)을 변경하고, 스

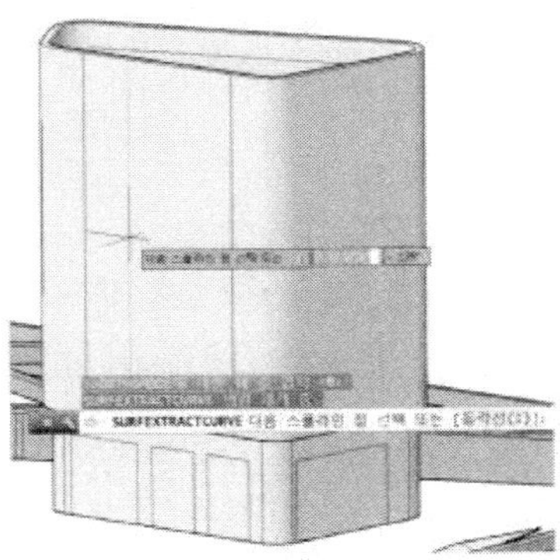

「등각선 추출」

플라인 점을 지정해 곡면에 스플라인을 그릴 수 있습니다. 이러한 등각 곡선은 다른 3D 설계의 기초(밑그림)로 활용할 수 있습니다.

13) 포인트 클라우드

▶▷▷2011버전에서 추가된 기능 + 2012, 2013에서 향상된 기능

[삽입] 리본탭 > [점 구름] 리본패널 > [부착], [색인]

① AutoCAD 2011부터는 3D 스캔 장치를 이용해 만든 포인트 클라우드를 첨부하고 표시할 수 있습니다. [부착] 버튼을 이용하여 다른 참조 파일을 첨부 하는 것과 비슷하게 포인트 클라우드 파일(ISD 또는 PCG)을 AutoCAD 도면에 첨부할 수 있습니다. 2013버전부터는 외부참조팔레트에서 DWG 도면 부착처럼 포인트 클라우드를 부착하고 관리할 수 있게 되었습니다. 또한 점구름 부착 대화상자에서 미리보기와 상세정보 검토로 가능해졌습니다.

② [색인] 도구는 두 가지 포인트 클라우드 엔진으로부터 가져온 스캔 데이터 파일을 색인 처리하고 이를 포인트 클라우드 파일로 저장할 때 사용합니다. AutoCAD 2013에서는 원본 스캔 데이터 파일을 보다 다양하게 지원하게 되었습니다. Faro, LIDAR 데이터 교환 포맷 외에 일반 ASCIII, Leica, Topcon 포맷을 색일할 수 있도록 지원합니다.

또한 2013버전에서는 인덱싱 알고리즘이 개선되어 PCG 파일 생성시 다양한 색인 설정을 할 수 있고, 여러 개의 원본 파일을 하나의 포인트 클라우드 파일로 병합 가능해졌습니다.

③ 포인트 클라우드 파일을 부착한 상태에서 포인트 클라우드 객체 안의 개별 포인트에 [노드]객체 스냅을 적용할 수 있습니다. 이 포인트에 스내핑하여 AutoCAD 작성 명령(예 : 솔리드 기본체)으로 도면 형상을 만들 수 있습니다. 포인트 클라우드 파일 객체는 블록과 유사한 특성을 가집니다. 블록에 적용되는 명령들이 대부분 적용되나 분해(EXPLODE)할 수는 없으며 점 집합이 하나의 객체로 인식됩니다.

④ 부착된 포인트 클라우드를 선택하면 AutoCAD 2013에 새로 포함된 점 구름 상황별 리본탭이 나타납니다. 여기에서는 [밀도] 뿐만 아니라 [자르기] 및 [광도표시]가 가능합니다. [자르기]는 이미지 클리핑처럼 점구름의 표시 영역을 조정하는 것이며 실제 데이터에는 영향을 미치지 않습니다. [광도표시]는 원본 스캔 데이터에 광도 데이터가 포함되어 있을 경우에만 가능합니다.

(3) 3D 모델 편집

여기서는 자주 사용되는 3D 편집도구를 소개합니다.

1) 3D 모델링 객체 간 전환 (솔리드, 메쉬, 표면 간 전환)

솔리드, 메쉬, 표면을 작성한 후 각각 다른 3D 모델로 전환할 수 있습니다.

① 솔리드로 변환(CONVTOSOILD)

▶▷▷2010버전의 기능

[홈] 리본탭 > [솔리드 편집]리본패널 확장 > [솔리드로 변환]

3D 메쉬, 표면 및 두께가 있는 원과 폴리 선은 3D솔리드로 변환할 수 있습니다.

② 표면으로 변환(CONVTOSURFACE)

▶▷▷2011버전의 기능

[홈] 리본탭 > [솔리드 편집] 리본패널 확장 > [표면으로 변환]

객체를 3D 표면으로 변환할 수 있습니다.

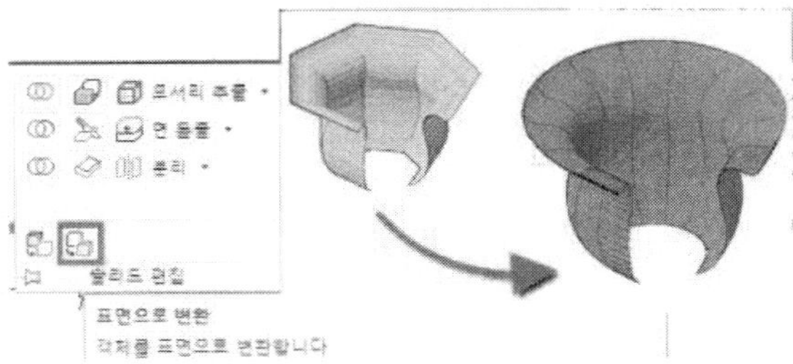

「표면으로 변환」

√ 표면으로 변환할 수 있는 객체 : 2D 솔리드, 3D 솔리드, 영역 열린, 두께가 있지만 폭이 0인 폴리선, 두께가 있는 선, 두께가 있는 호, 메쉬 객체, 평면형 3D면

③ 메쉬로 변환 (CONVTOMESH, MESHSMOOTH)

▶▷▷2010버전에서 추가된 기능

[메쉬] 리본탭 > [메쉬] 리본패널 > [부드러운 객체]

다각형 메쉬, 표면, 솔리드 등의 3D 객체를 메쉬 객체로 변환할 수 있습니다.

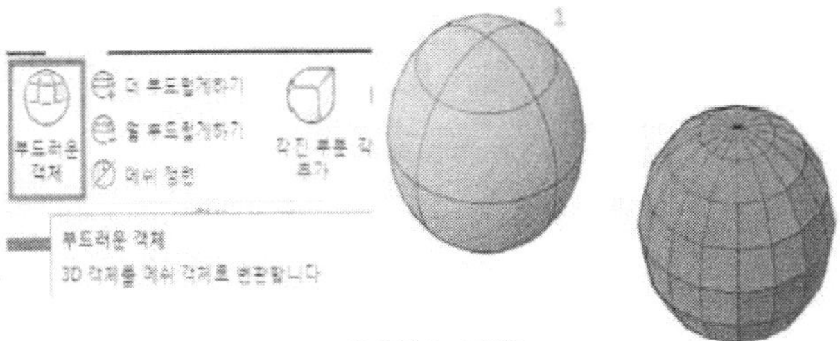

「메쉬로 변환」

√ 메쉬로 변환할 수 있는 객체 : 3D 솔리드, 3D 표면 , 3D 면, 폴리면 및 다각형 메쉬, 영역, 닫힌 폴리선

④ NURBS 표면으로 변환 (CONTOURBS)

▶▷▷2011버전에서 추가된 기능

[표면] 리본 탭 > [편집] 리본패널 > [NURBS로 변환]

3D 솔리드 및 표면을 NURBS 표면으로 변환할 수 있습니다. 단, 메쉬를 NURBS 표면으로 변환하려면 먼저 CONVTOSOLID 또는 CONVTOSURFACE를 사용해 솔리드나 표면으로 변환한 후에 NURBS 표면으로 변환합니다.

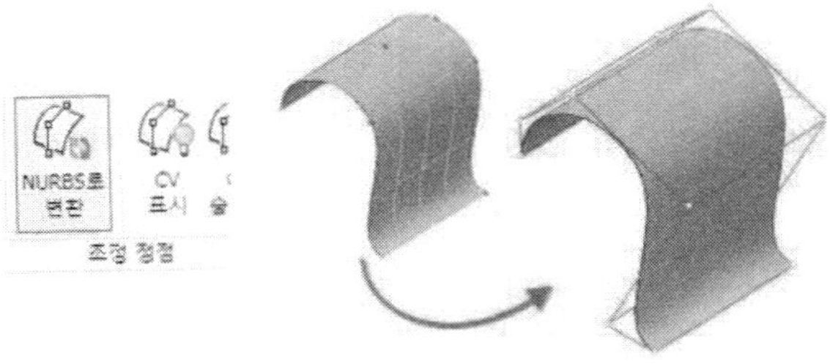

「NURBS로 변환」

⑤ 조각(SURFSCULPT)

▶▷▷2011버전에서 추가된 기능

[표면] 리본탭 > [편집]리본패널 > [조각]

새로 추가된 조각 명령은 수밀 영역을 둘러싸는 표면의 집합을 자동으로 결합하고 잘라 솔리드를 작성합니다.

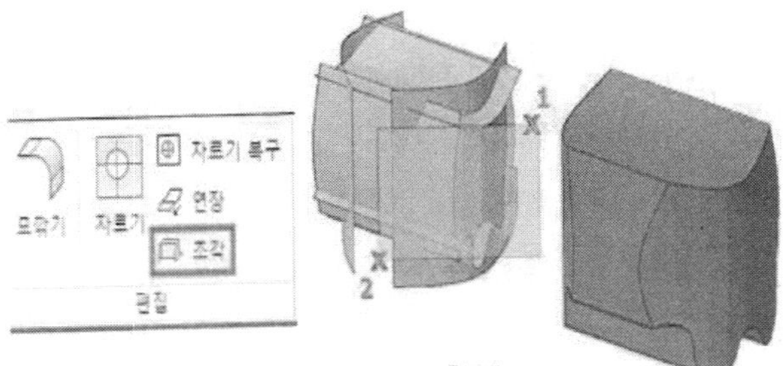

「조각」

2) 솔리드 편집 (SOLIDEDIT)

▶▷▷2010버전의 기능 + 2011, 2012 버전에서 추가된 기능

[솔리드] 리본탭 > [솔리드 편집]리본패널

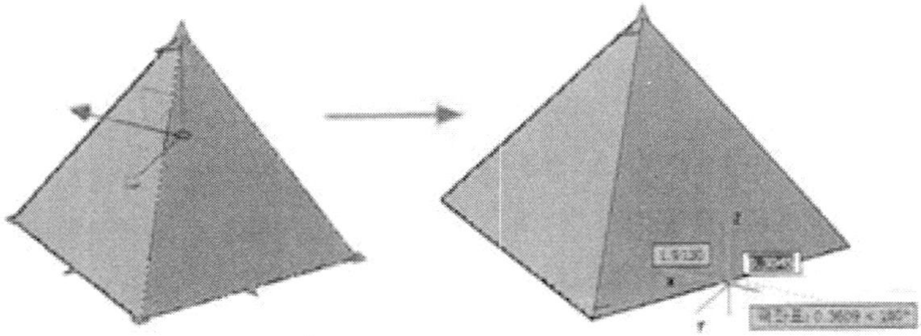

솔리드 편집 명령으로 면을 돌출, 이동, 회전, 간격띄우기, 테이퍼, 복사 삭제하거나 면에 색상과 재료를 지정할 수 있습니다. 또한 모서리도 복사하거나 색상을 지정할 수 있습니다. 전체 3D 솔리드 객체(본체)에 대해 각인, 분리, 비우기, 쉘 작성, 유효

성 검사를 수행할 수 있습니다. 또한 솔리드 기본체를 선택하면 그림이 표시됩니다. 그림을 마우스로 조작하면 형상을 변경할 수 있습니다.

2011버전에서는 [모서리 모깎기(FILLETEDGE), 모서리 모따기(CHAMFEREDGE)] 명령이 새로 추가되어, 보다 직관적인 편집 작업이 가능해졌습니다. 모서리 모깎기와 모서리 모따기 명령을 수행하고 객체를 선택하면 수정될 형태로 미리 보기가 나타납니다. 또한 [CTRL]키를 이용하여 모깎기한 면을 선택하면, 화살표 모양의 편집 그립이 표시됩니다. 이 편집 그립을 밀거나 당겨서 직관적으로 모깎기한 면의 반지름을 조정할 수 있습니다.

「모서리모 깎기」

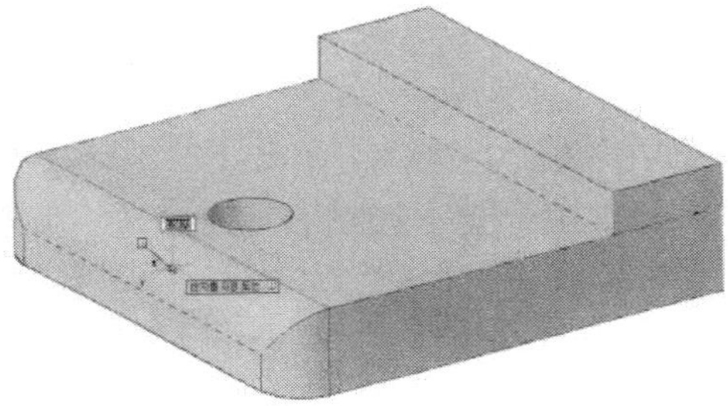

「모깎기면 편집」

2012버전에서는 [간격띄우기 모서리(OFFSETEDGE)] 명령이 새로 추가되었습니다. Offset Edge 도구는 모든 모서리가 같은 평면에 놓여 있는 평면이나 표면에서 오프셋 곡선을 만들 때 사용합니다. 면을 하나 선택하면, 커서 위치를 기준으로 그 면의 모서리가 안팎으로 동적 오프셋 되면서 폴리선이나 스플라인이 만들어집니다. 모서리를 오프셋한 다음, 눌러당기기(PRESSPULL) 도구를 사용해 솔리드에서 경계 면적을 손쉽게 추가하거나 제거할 수 있습니다.

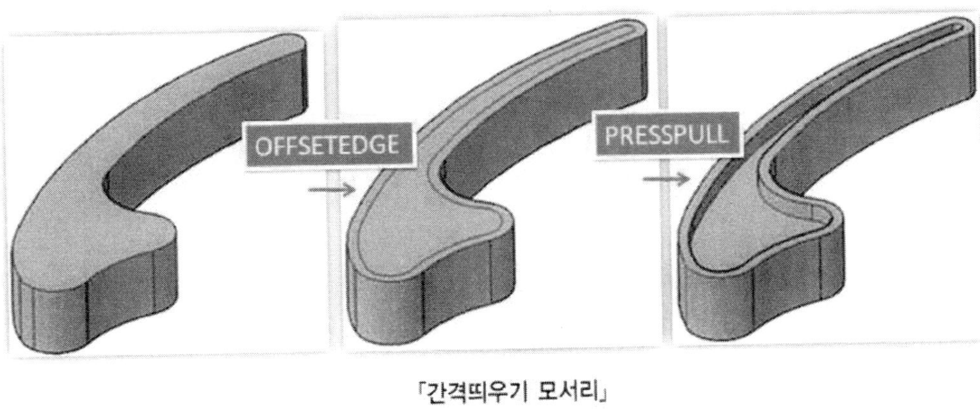

「간격띄우기 모서리」

2012버전에서는 [간격띄우기 모서리(OFFSETEDGE)] 명령이 새로 추가되었습니다.

Offset Edge 도구는 모든 모서리가 같은 평면에 놓여 있는 평면이나 표면에서 오프셋 곡선을 만들 때 사용합니다. 면을 하나 선택하면, 커서 위치를 기준으로 그 면의 모서리가 안팎으로 동적 오프셋 되면서 폴리선이나 스플라인이 만들어집니다. 모서리를 오프셋한 다음, 눌러당기기(PRESSPULL) 도구를 사용해 솔리드에서 경계면적을 손쉽게 추가하거나 제거할 수 있습니다.

3) 메쉬 편집

① 메쉬 구성 요소 (정점, 모서리, 면) 선택하여 형상 편집

▶▷▷2010버전에서 추가된 기능

AutoCAD 2010버전부터는 메쉬 기본체를 작성한 후, 메쉬의 구성요소인 점, 모서리, 면을 선택할 수 있게 되었습니다. 점, 모서리, 면을 선택한 후 마우스로 밀거나 당겨서 다양한 형태로 메쉬 형상을 편집할 수 있습니다. [메쉬] 리본탭 > [하위 객체] 리본 패널에서 메쉬의 어떠한 하위객체를 선택할 것인지 설정한 후 (정점, 모서리, 면) 마우스로 메쉬객체를 선택하면 됩니다. 선택한 후 마우스로 밀거나 당겨서 메쉬 형상을 자유롭게 조정합니다. (프리폼 모델링) 또한 [메쉬] 리본 탭 > [하위 객체] 리본 패널에서 [장치]를 선택하여 편집 작업을 할 수 있습니다.

이러한 이동장치, 축척 장치, 회전 장치를 설정하면 3D 모델 선택시 해당 장치가 나타납니다. 이러한 장치의 X, Y, Z 축을 선택하여 해당 축 방향으로 이동, 축척 조정, 회전 등 다양한 편집을 할 수 있습니다.

② 메쉬 깎인 면 편집

▶▷▷2010버전에서 추가된 기능

메쉬 면에는 깎인면이라 하는 기본 구조가 있습니다.

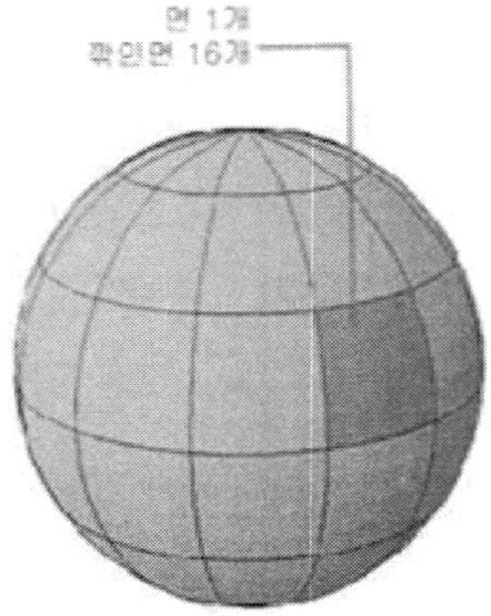

「깎인면」

깎인면 그리드의 밀도는 메쉬의 부드럽기 정도에 해당합니다. 부드럽기 정도가 높으면 기본 깎인면 그리드의 밀도도 높아집니다. 세부적인 메쉬 편집을 작은 영역으로만 제한하려면 정련을 사용하여 깎인면을 편집 가능한 면으로 변환하면 됩니다. 깎인면은 면과 달리 개별적으로 수정할 수 없습니다.

하지만 VSLIGHTNGQUALITY 시스템 변수를 수정하여 깎인면의 가시성을 높일 수 있습니다.

[메쉬] 리본탭 > [메쉬] 리본패널

√ 부드럽기 추가 : 부드럽기 정도를 높이거나 낮춰 모형의 전체 쉐이프를 둥글립니다.

(더 부드럽게 하기 : MESHSMOOTHMORE,

덜 부드럽게 하기 : MESHSMOOTHLESS)

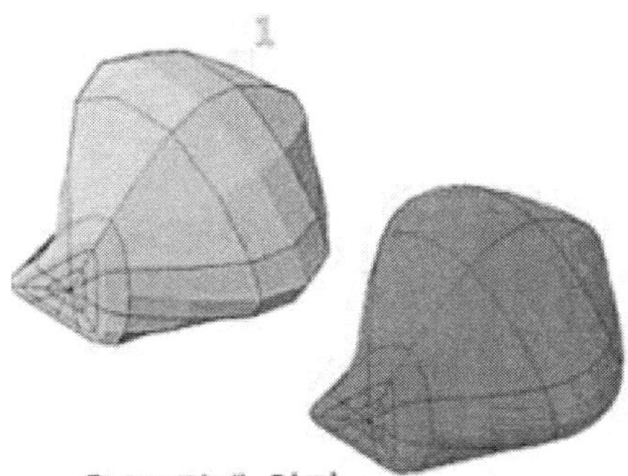

「부드럽게 하기」

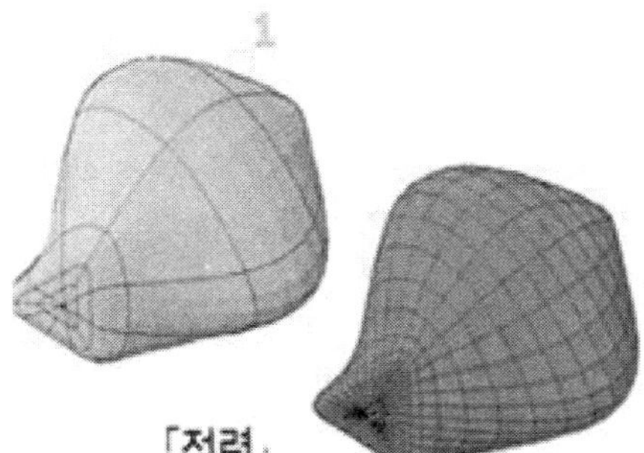

「정련」

√ 메쉬 정련 : 객체를 정련하여 기준 부드럽기 정도 재설정, 메쉬 객체를 정련하여 기본 깎인면 그리드를 편집 가능한 면으로 변환합니다.

√ 모서리 각지게 처리 : 지정한 모서리에서 부드럽기를 제거합니다. 기존 각진 부분을 제거할 수도 있습니다.

(각진 부분 추가 : MESHCREASE,

각진부분 제거 : MESHUNCREASE)

③ 메쉬 면 편집 도구

▶▷▷2010버전에서 추가된 기능 + 2011버전에서 추가된 기능

[메쉬] 리본 탭 > [메쉬 편집] 리본패널

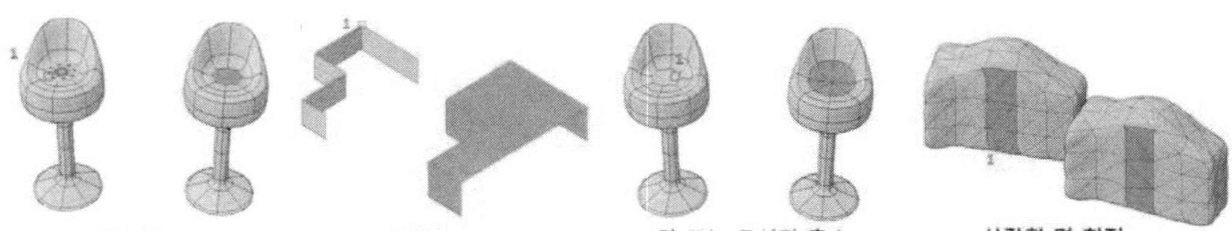

「메쉬 편집 도구」

√ 면 분할 또는 병합 : 지정된 경로를 ㄸ、라 기존 면을 개발 구성요소로 나눕니다. 둘 이상의 면을 병합하여 단일 면을 작성합니다.(MESHSPLIT, MESHMERGE)

√ 정점 축소 : 인접면의 정점을 단일 점으로 축소하여 메쉬 모형을 변경합니다. (MESHCOLLAPSE)

√ 모서리 회전 : 인접한 삼각형 면의 공유 모서리를 회전하여 면의 방향 및 쉐이프를 변경합니다.(MESHSPIN)

√ 면 돌출 : 지정한 면을 3D 공간으로 돌출시켜 연장합니다. 메쉬 돌출은 3D 솔리드 돌출과는 달리 별도의 객체를 작성하지 않습니다.(MESHEXTRUDE)

√ 구멍 닫기 : 주변 모서리를 선택하여 면 사이의 간격을 닫습니다. 메쉬 객체에 구멍이 있으면 해당 객체를 솔리드 객체로 변환하지 못할 수 있습니다.(MESHCAP)

4) 표면(Surface) 편집

절차 표면 및 NURBS 표면은 자르기, 연장, 모깎기 등의 기본 편집 도구를 사용하여 편집할 수 있습니다. NURBS 표면도 이러한 도구를 사용해 수정할 수 있지만 조정

정점을 신축해 형태를 조정할 수도 있습니다. 표면 설계가 완료되면 표면 분석 도구를 사용하여 모형, 품질을 확인하고 필요한 경우 모형을 재생성할 수 있습니다.

① 편집도구

▶▷▷2011버전에서 추가된 기능

[표면] 리본 탭 > [편집] 리본 패널

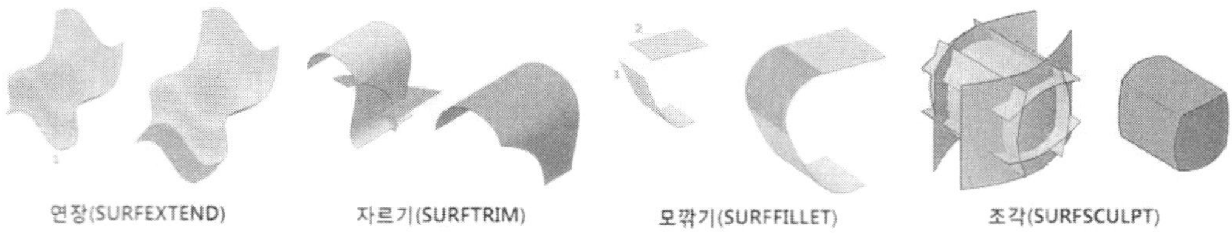

「표면 편집 도구」

√ 표면 연장 : 표면을 다른 객체의 모서리와 만나도록 연장하거나 연장 길이를 지정하여 새 표면을 작성합니다(SURFEXTEND)

√ 표면 자르기 및 자르기 복구 : 다른 객체의 모서리와 만나도록 표면을 자르거나 자르기를 복구합니다(SURFTRIM, SURFUNTRIM)

√ 표면 모깎기 : 두 기존 표면 또는 영역 사이의 영역을 모깎기하는 새 변환 표면을 작성합니다.(SURFFILLET)

② 연관된 표면 편집

▶▷▷2011버전에서 추가된 기능

연관된 표면은 표면 작성시 기준이 된 프로파일 객체를 움직여서 조정할 수도 있습니다.

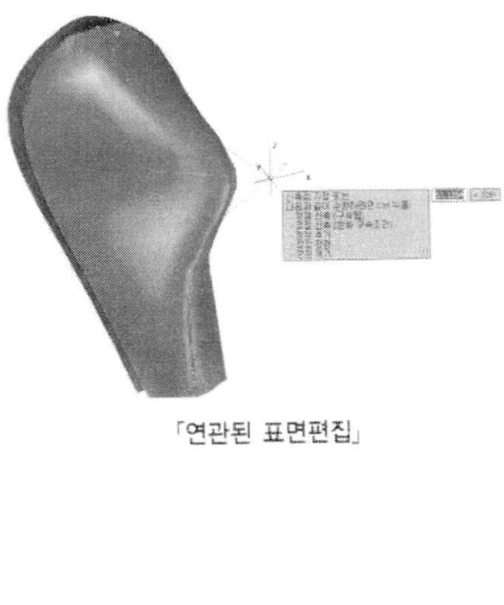

「연관된 표면편집」

③ NURBS 표면 편집

▶▷▷2011버전에서 추가된 기능

[표면] 리본 탭 > [조정 정점] 리본 패널

NURBS표면은 [CV 편집막대]를 이용하거나 직접 [조정 정점]을 밀거나 당겨서 편집할 수 있습니다.

√조정정점 편집막대를 이용하여 편집 : [CV 편집 막대] (3DEDITBAR)를 사용하여 표면을 끌고 형태를 조정합니다.

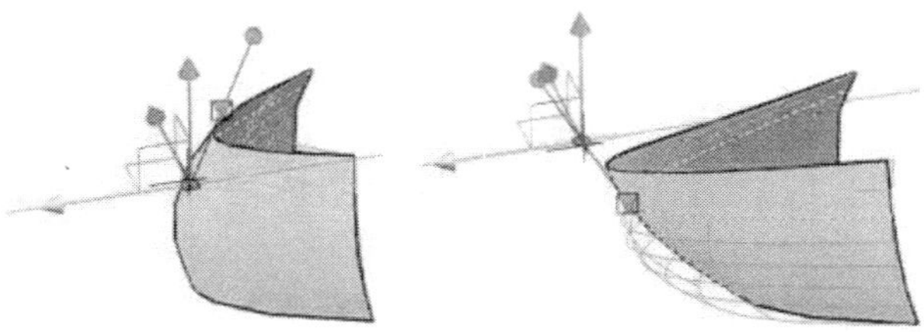

「NURBS표면 조정막대 편집」

√조정 정점을 직접 밀고 당겨서 편집 : [CV표시] (CVSHOW)를 사용하여 NURBS 표면과 곡선에 대해 모두 조정 정점을 표시합니다. 조정 정점을 끌어 곡선 또는 표면의 형태를 조정합니다.

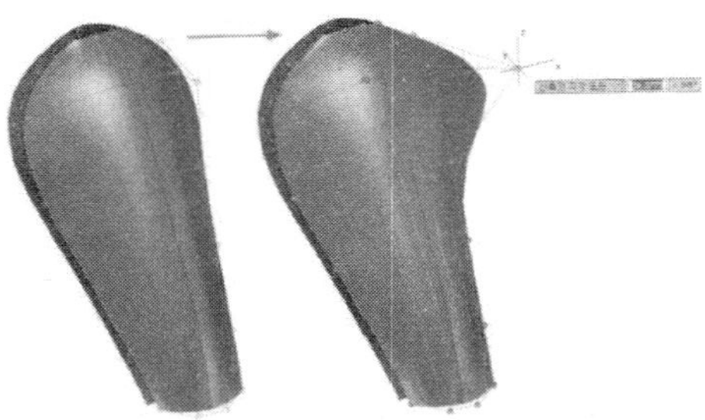

「NURBS조정 정점 편집」

√조정 정점 수 변경 : [표면재생성] (CVREBUILD)를 사용하여 U 및 V 방향 둘 다에서 조정 정점을 추가하거나 삭제할 수 있습니다. 조정 정점이 많은 경우에는 그만큼 작은 부분의 곡면을 조정할 수 있어서 세밀한 곡면 표현이 가능합니다. 또한 [표면 재생성]에서는 표면이나 곡선의 각도를 변경 할 수도 있습니다.

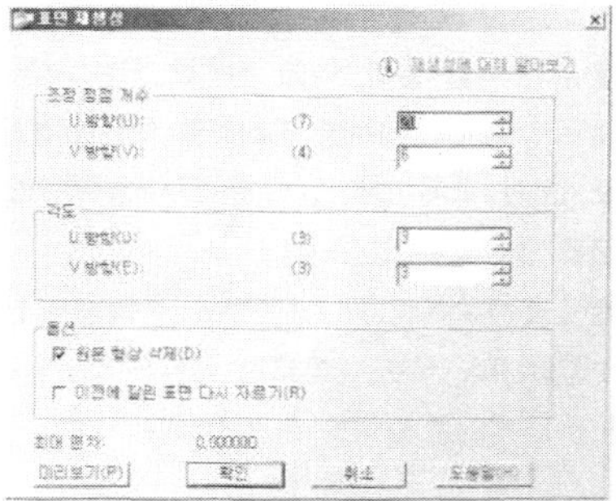

「표면재생성 대화상자」

④ 표면 분석

▶▷▷2011버전에서 추가된 기능

AutoCAD 2011부터는 전체 모양을 구성하는 여러 표면간에 연속성을 쉽게 이해할 수 있도록 여러 가지 분석 도구를 제공합니다. 이러한 도구는 [표면] 리본 탭의 [분석] 패널에 있습니다. 표면에 평행 선을 투영하여 표면 연속성을 분석할 때는 [지브라] 도구를 사용합니다. [곡률] 도구는 표면에 색상의 그라데이션을 표기하여 곡률을 높고 낮은 부분을 보여줍니다. [기울기] 도구는 표면에 색상의 그러데이션을 표시하여 부품과 주형 간에 모델의 기울기가 적합힌지 알려줍니다. [분석 옵션] 대화 상자에서 각 분석 도구의 디스플레이와 동작을 제어할 수 있습니다. 분석 옵션 대화 상자는 분석 패널 및 옵션 대화 상자의 3D 모델링 탭에서 이용할 수 있습니다.

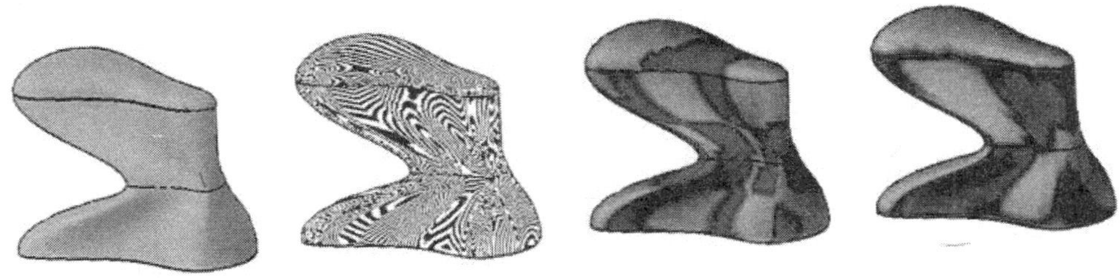

「분석예시」

5) 체인 및 루프 선택 옵션

▶▷▷2012버전에서 추가된 기능

2012버전부터는 새로운 [체인] 또는 [루프] 옵션이 포함되어 인접한 일련의 모서리 또는 곡선을 선택하는 과정이 간단해졌습니다. 새로운 [체인] 선택 옵션은 한 솔리드나 메쉬 객체 안에 또는 표면 안이나 두 표면 사이에 인접한 일련의 모서리가 있는

지 감지합니다. 체인 옵션은 SURFATCH, SURFBLEND, MESHCAP, FILLETEDGE 명령에서 사용 가능합니다.

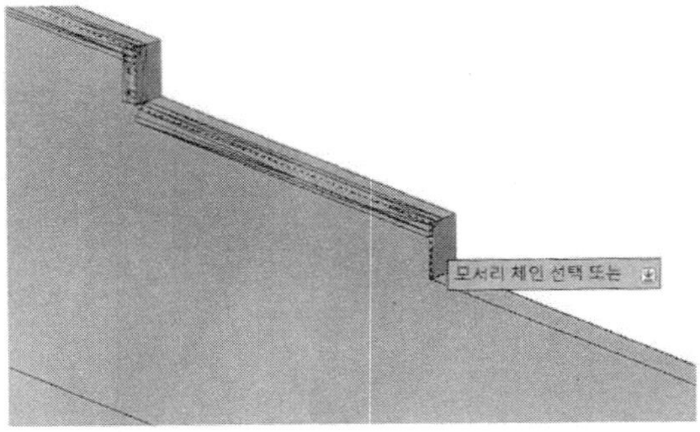

「체인옵션」

F

ILLETEDGE 명령어에 있는 체인 옵션은 연속된 모서리를 식별해 모깎기를 합니다. 예를 들어, 아래 왼쪽에 있는 부품은 모서리가 각져 있기 때문에 모깎기 명령이 선택한 모서리로 제한됩니다. 하지만 오른쪽에 있는 부품은 모서리가 각져 있지 않아서 체인 옵션으로 인접한 모서리를 모두 선택해 모깎기를 할 수 있습니다. 체인 옵션 외에도, FILLETEDGE와 CHAMFEREDGE 명령어는 [루프] 옵션도 포함합니다. 루프 폐쇄된 체인과 비슷합니다. 한 모서리를 선택한 다음 사용할 루프를 선택할 수 있습니다.

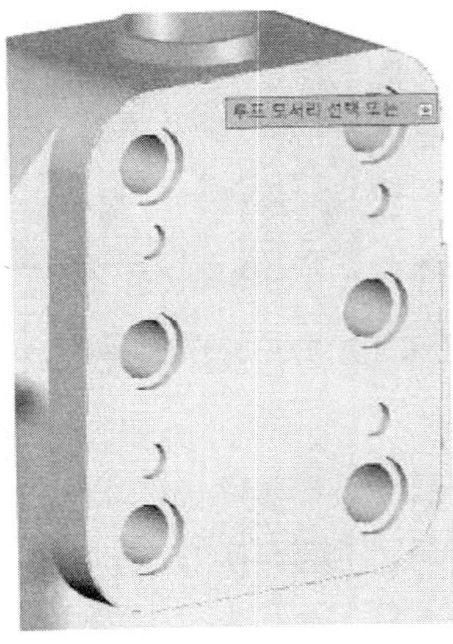

「루프옵션」

(4) 화면의 구성

① 초기화면

- 리본메뉴 뷰 탭에 초점이동을 위한 Pan기능과 궤도 (Orbit)를 조정하여 2차원에서 3차원으로 화면 전환을 할 수 있는 명령어 들을 모아 놓았습니다.

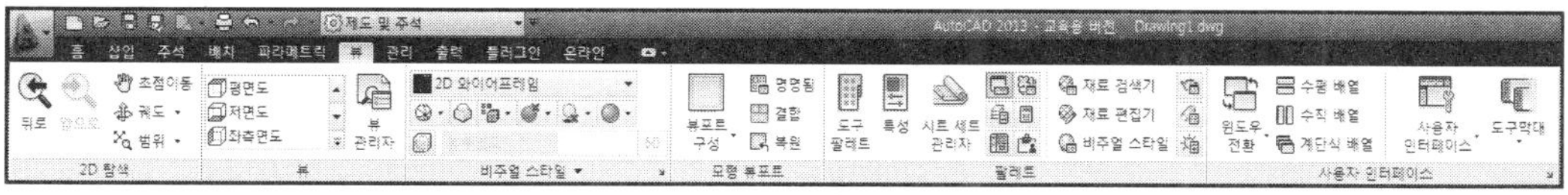

② 2D 탐색

- 평면도, 저면도, 좌측면도, 우측면도, 정면도, 배면도 등 입체적으로 도면을 표현할 수 있는 투상뷰에 관한 내용들도 구성이 되어 있습니다. 그리고 2D 와이어 프레임과 개념, 숨김, 실제, 음영처리, 회색 음영처리 등의 모형 형상에 대한 비주얼 스타일 관리를 위한 명령어들도 있습니다.

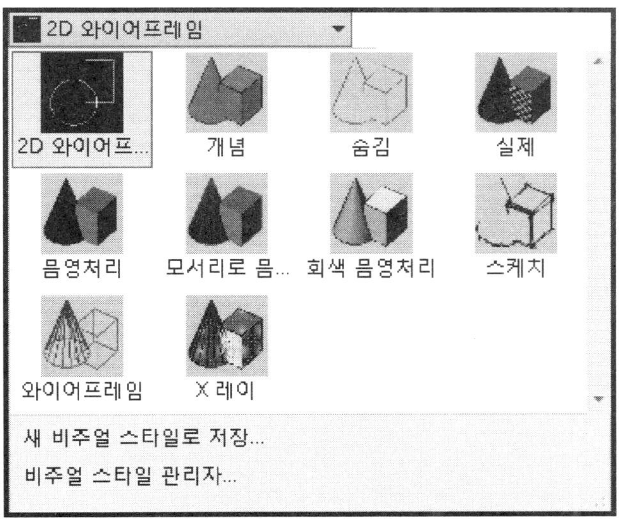

[Fig.12 AutoCAD 3차원 명령어]

③ 모형 뷰포트 및 팔레트

- 화면을 여러 개로 나눌 수 있는 뷰포트 구성과 도구 팔레트, 시트 세트 관리자 및 재료검색기, 비주얼 스타일, 윈도우 전환 관련 명령어 들이 구성이 되어 있습니다.

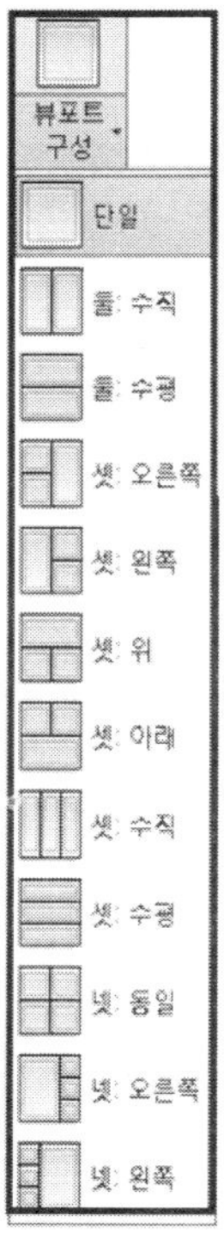

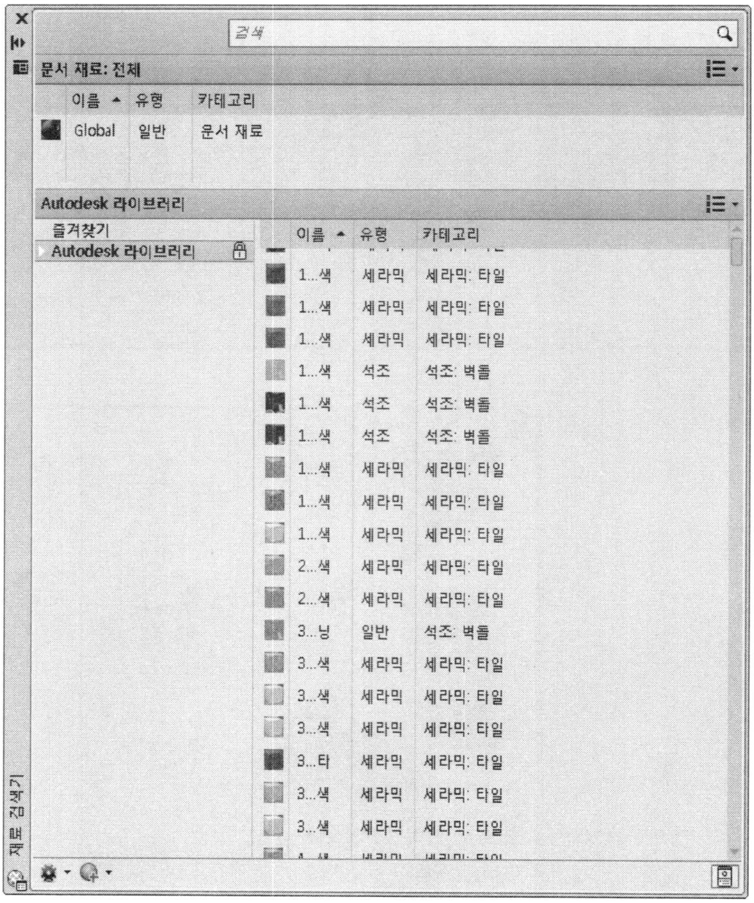

[Fig.13 뷰포트와 재료 검색기]

부록

이 장에서는 오토캐드 단축 명령어 모음과 기계 제도 문제, 현장에서 실제로 작성된 설계 도면 사례집을 살펴 봅니다.

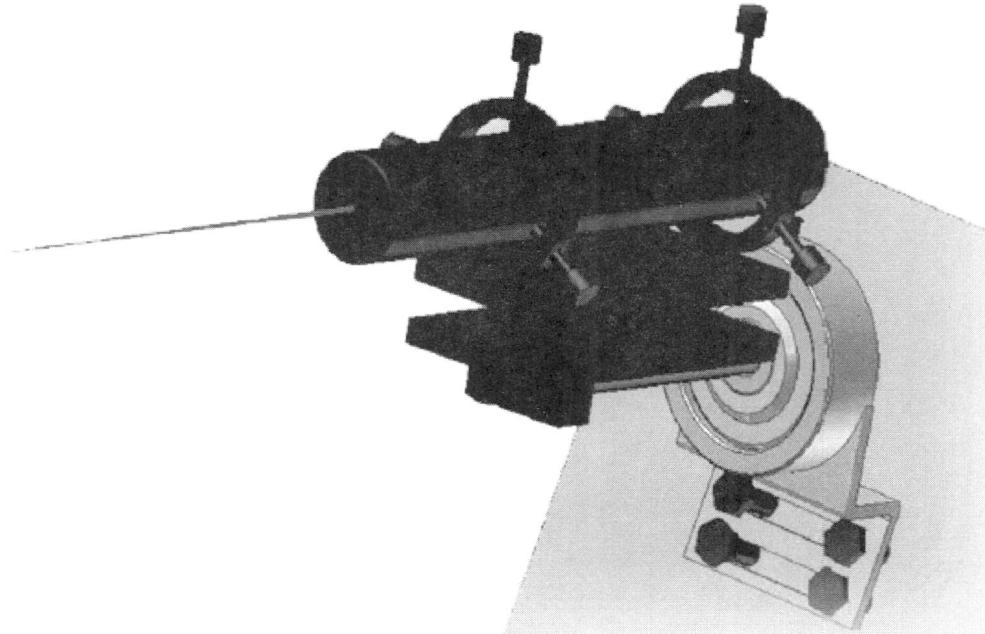

1 부록

1-1 AutoCAD 명령어 모음

(1) 편집(EDIT) 명령

편집(EDIT) 명령			
단축키	명령어	내용	비고
Ctrl+Z	UNDO	이전명령 취소	
Ctrl+Y	MREDO	UNDO취소	
E	ERASE	지우기	
EX	EXTEND	선분 연장	
TR	TRIM	선분 자르기	
O	OFFSET	등간격 및 평행선 복사	
CO	COPY	객체복사	
M	MOVE	객체이동	
AR	ARRAY	배열복사	
NI	MIRROR	대칭복사	
F	FILLET	모깍기	
CHA	CHAMFER	모따기	
RO	ROTATE	객체회전	
SC	SCALE	객체축척변경	
S	STRETCH	선분 신축(늘리고 줄이기)	
LEN	LENGTHEN	선분 길이 변경	
BR	BREAK	선분 대충 자르기	
X	EXPLODE	객체 분해	
J	JOIN	PLINE 만들기	
PE	PEDIT	PLINE 편집	
SPE	SPLINEDIT	자유곡선 수정	
DR	DRAWORDER	객체 높낮이 조절	

(2) 그리기 및 문자 기타 명령

그리기 및 문자 기타 명령			
단축키	명령어	내용	비고
L	LINE	선 그리기	
PL	POLYLINE	연속선 그리기	
SPL	SPLINE	곡선 그리기	
XL	X-LINE	무한적으로 선그리기	
REC	RECTANGLE	사각형 그리기	
POL	POLYGON	다각형 그리기	
C	CIRCLE	원 그리기	
A	ARC	원호 그리기	
EL	ELLIPSE	타원 그리기	
DO	DONUT	도넛 그리기	
LE	QLEADER	지시선 그리기	
T	TEXT	글자 쓰기	
ST	STYLE TEXT	글자 스타일	
ED	EDIT TEXT	글자 편집	
D	DIM	치수 스타일 지정	
LA	LAYER	레이어 설정	
H	HATCH	단면표기 (해칭)	
POINT	PONIT	점 표기	
ME	MEASURE	측정	
DIV	DIVIDE	분할	
G	GROUP	그룹 만들기	
UNITS	UNIT	단위 설정	
B	BLOCK	블록 만들기	
WB	WBOLCK	블록 만들기	
I	INSERT	블록 불러오기	
RE	REGENERATE	화면 해상도 재 생성	
R	REDRAW	화면의 도면 다시 그리기	

(3) 도면 패턴

도면 패턴			
단축키	명령어	내용	비고
H	HATCH	도면 해치패턴 넣기	
BH	BHATCH	도면 해치패턴 넣기	
HE	HATCHEDIT	해치 편집	
GD	GRADIENT	그라디언트 패턴 넣기	

(4) 도면 특성 변경

도면 특성변경			
단축키	명령어	내용	비고
LA	LAYER	도면층 관리	
LT	LINETYPE	도면선분 특성관리	
LTS	LTSCALE	선분 특성 크기 변경	
COL	COLOR	기본 색상 변경	
MA	MATCHPROP	객체속동 맞추기	
MO, CH	PROPERTIES	객체속성 변경	

(5) 블록 및 삽입 명령

블록 및 삽입 명령			
단축키	명령어	내용	비고
B	BLOCK	객체 블록 지정	
W	WBLOCK	객체 블록화 도면 저장	
I	INSERT	도면 삽입	
BE	BEDIT	블록 객체 수정	
XR	XREF	참조도면 관리	

1-2 도면 그리기 연습

■ 예제 1 - 브라켓

▶ 아래의 그림을 완성하시오.

▶ 품명 : 브라켓

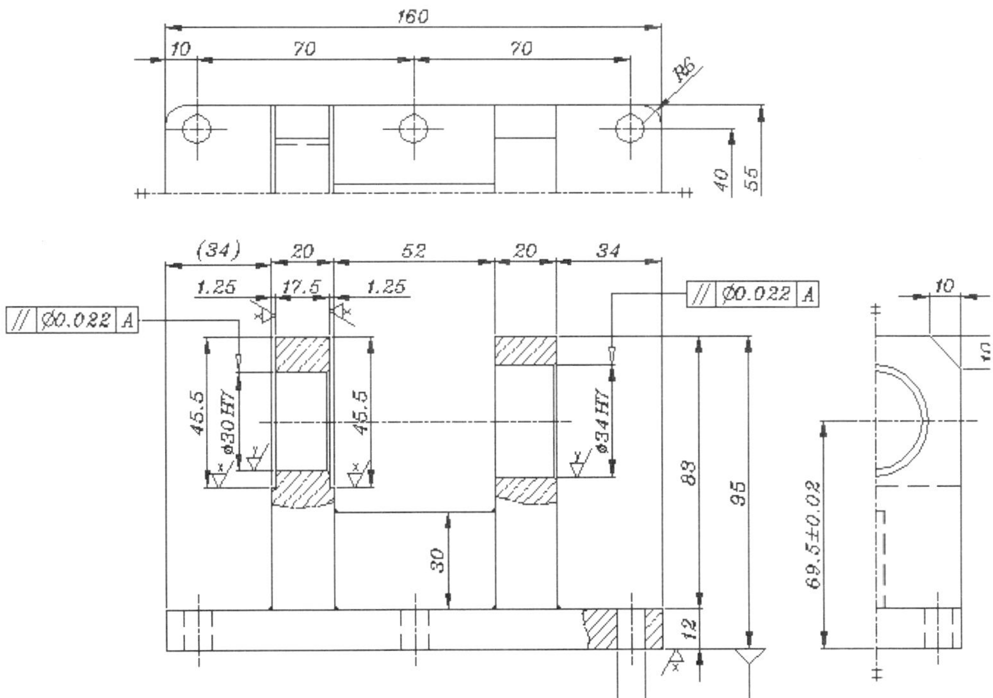

▣ MEMO

■ 예제 2 - V 블록

▶ 아래의 그림을 완성하시오.

▶ 품명 : V-블록

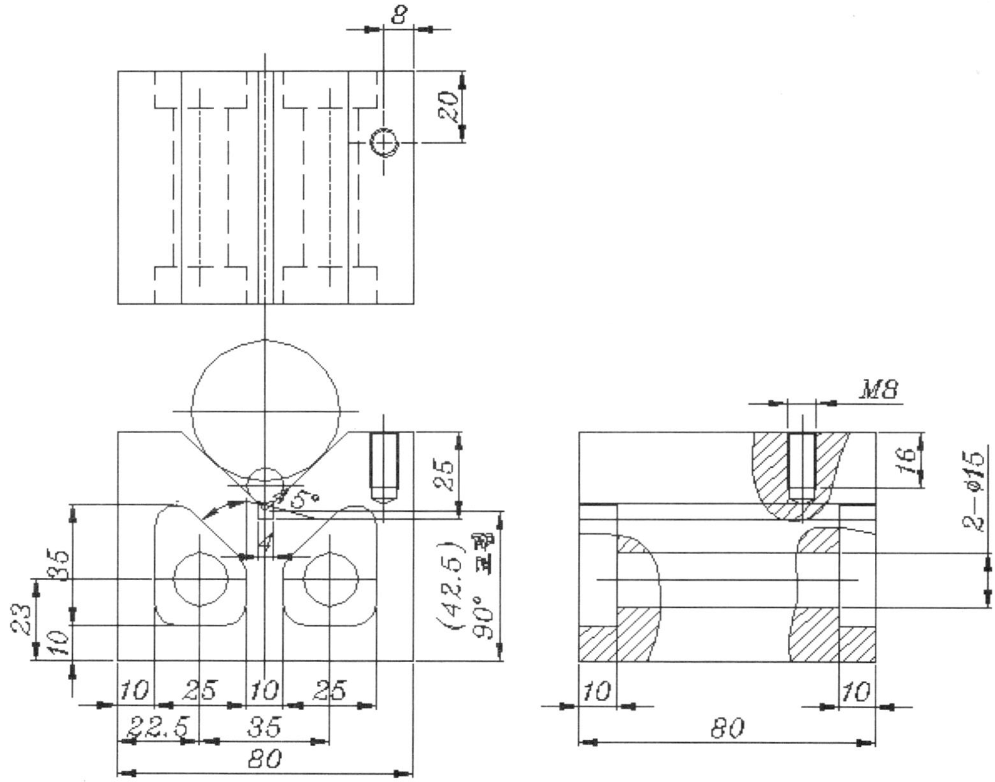

▣ MEMO

■ 예제 3 – 풀리 A 타입

▶ 아래의 그림을 완성하시오.

▶ 품명 : 풀리 - (A) Type

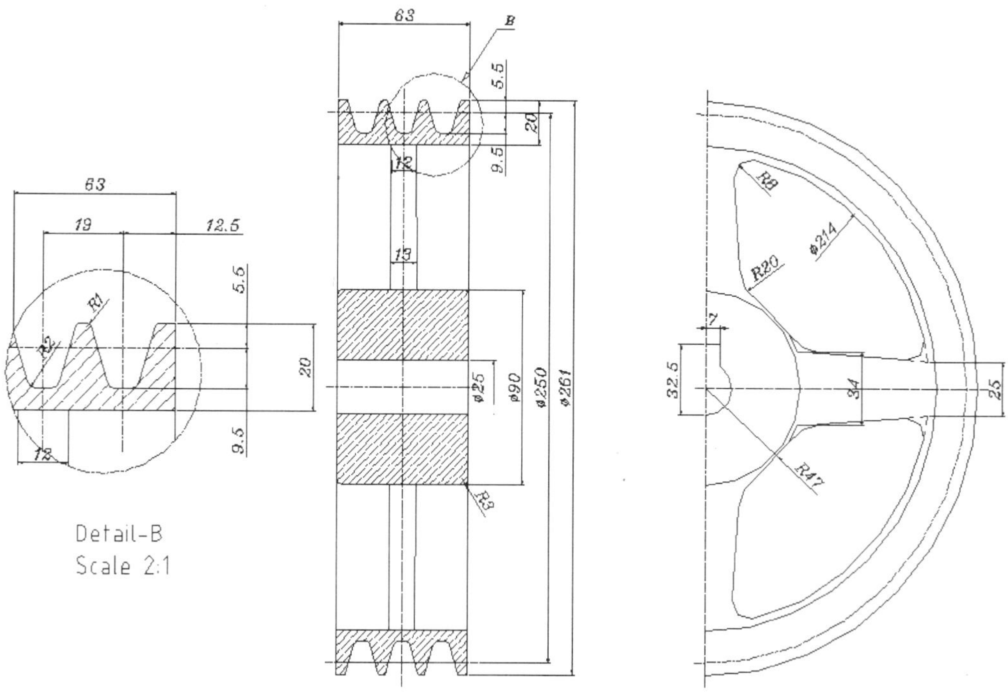

▣ MEMO

■ 예제 4 - 풀리 B 타입

▶ 아래의 그림을 완성하시오.

▶ 품명 : 풀리 - (B) Type

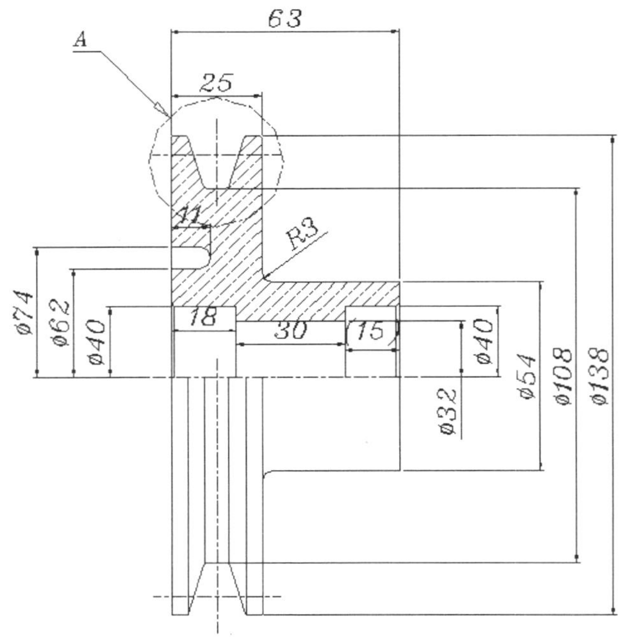

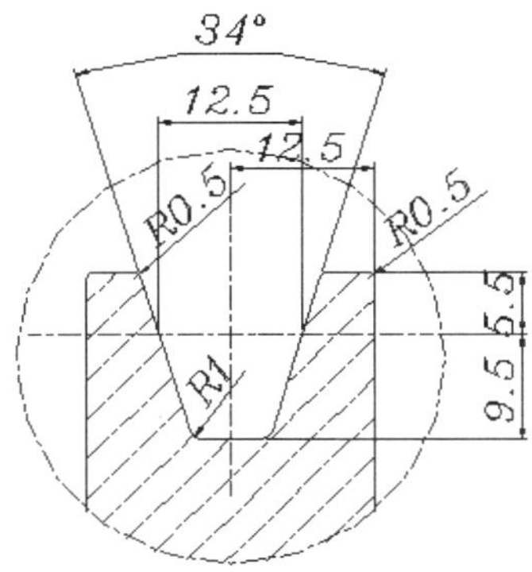

Detail-A
Scale 2:1

▣ MEMO

■ 예제 5 - 풀리 C 타입

▶ 아래의 그림을 완성하시오.

▶ 품명 : 풀리 - (C) Type

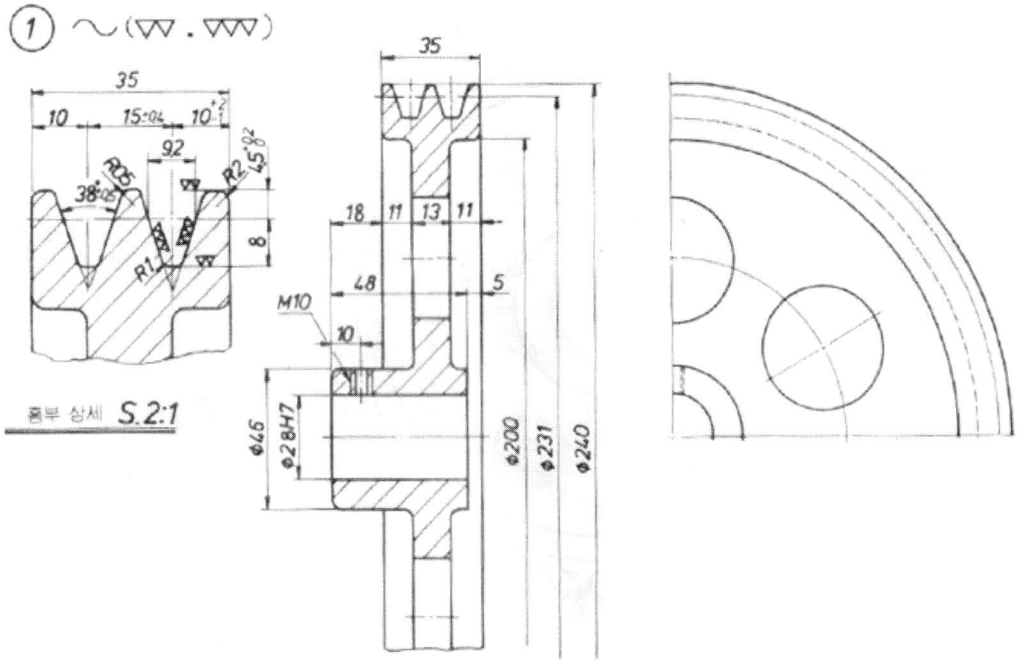

■ MEMO

■ 예제 6 - 핀 조인트

▶ 아래의 그림을 완성하시오.

▶ 품명 : 핀 조인트

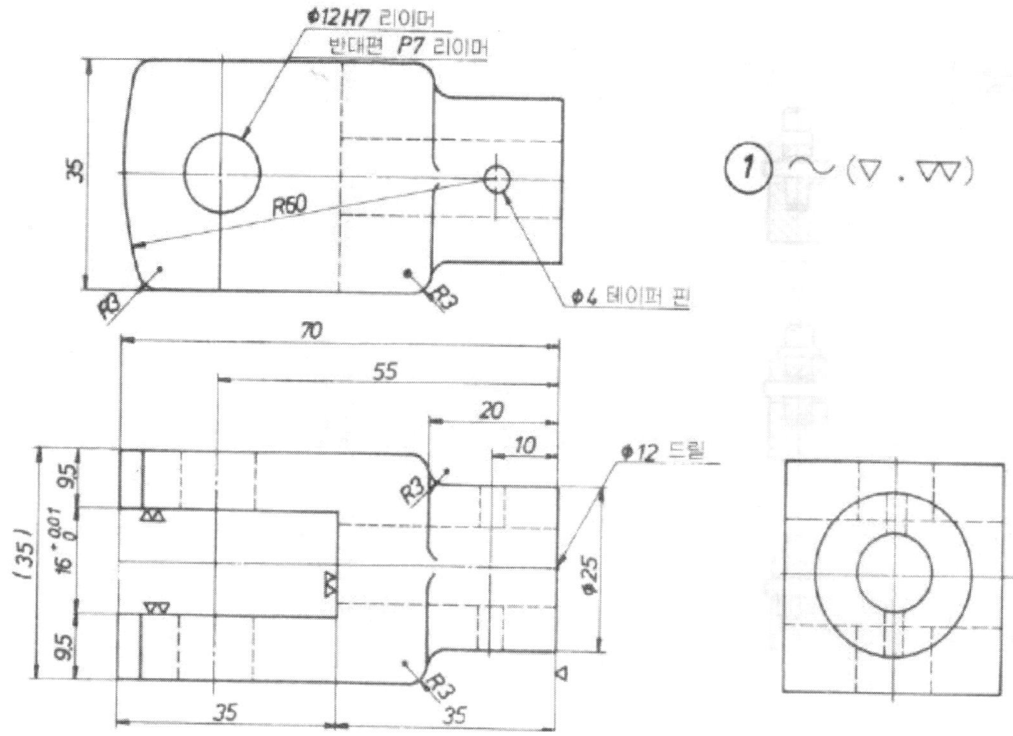

▣ MEMO

■ 예제 7 - 후크 (HOOK)

▶ 아래의 그림을 완성하시오.

▶ 품명 : 후크 (HOOK)

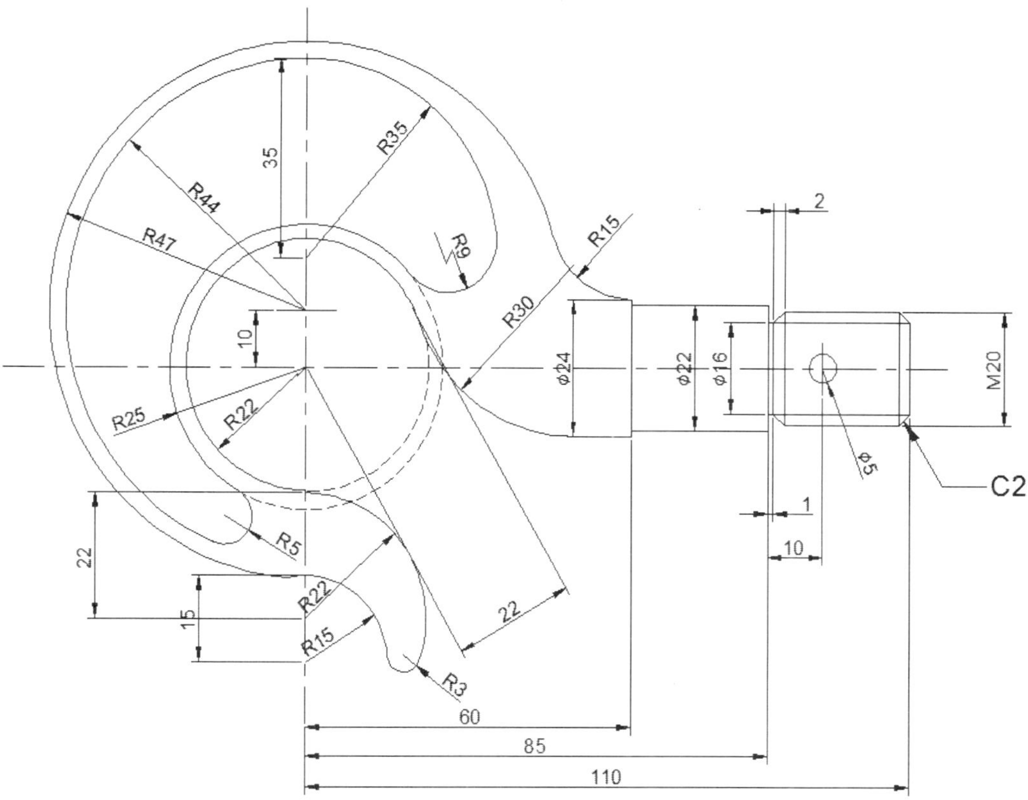

▣ MEMO

■ 예제 8 - 코터 이음

▶ 아래의 그림을 완성하시오.

▶ 품명 : 코터 이음

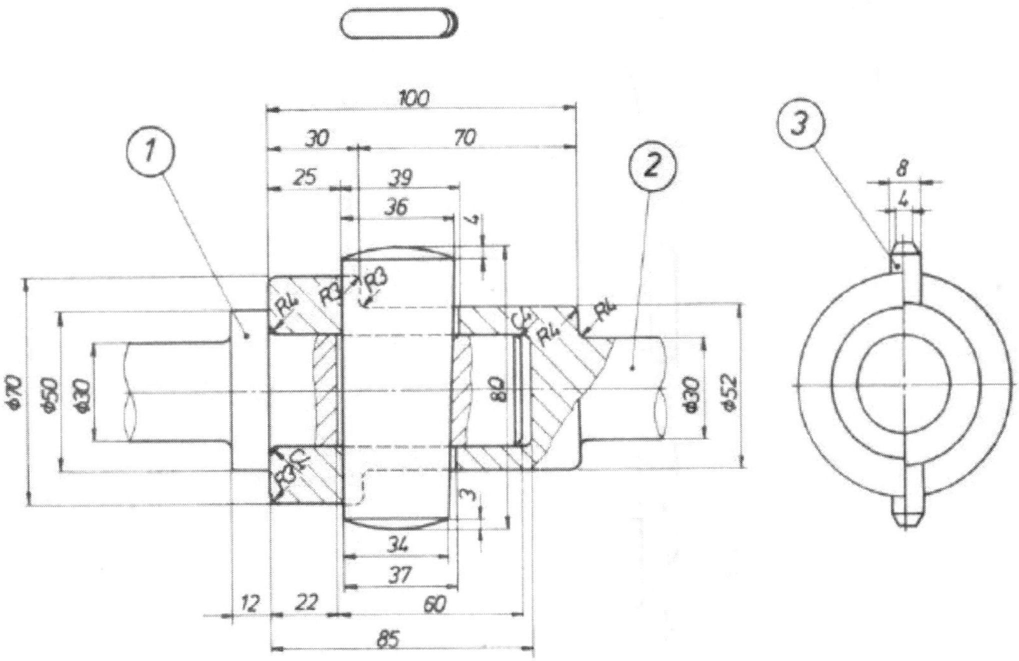

▣ MEMO

■ 예제 9 – 플랜지 커플링

▶ 아래의 그림을 완성하시오.

▶ 품명 : 플랜지 커플링

품번	품 명	재 질	수량	비고
1	몸 체	GC 20	1	
2	몸 체	GC 20	1	
3	보울트	SB 41	8	
4	너 트	SB 41	8	
5	스프링 와셔	HSWR4	8	

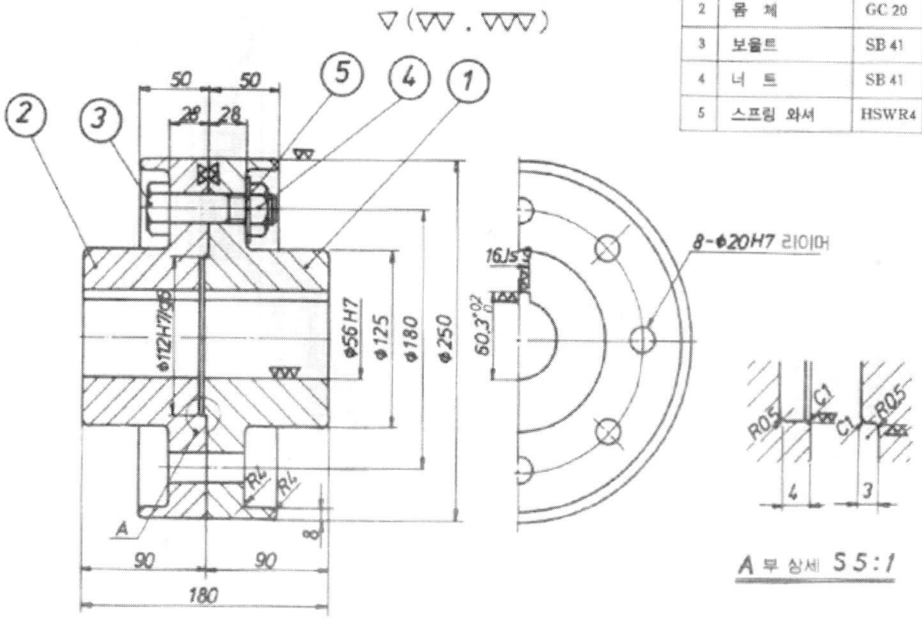

■ MEMO

■ 예제 10 - 직선 베벨 기어

▶ 아래의 그림을 완성하시오.

▶ 품명 : 직선 베벨 기어

직선 베벨 기어		
항목	1	2
치형	그리슨식	
이 절삭 기계	밀링 머시인	
압력각	20°	
모듈	5	
잇수	36	24
피치원 지름	φ180	φ120
축각	90°	
피치원 뿔각	56°19′	33°41′
총 이 높이	11.25	

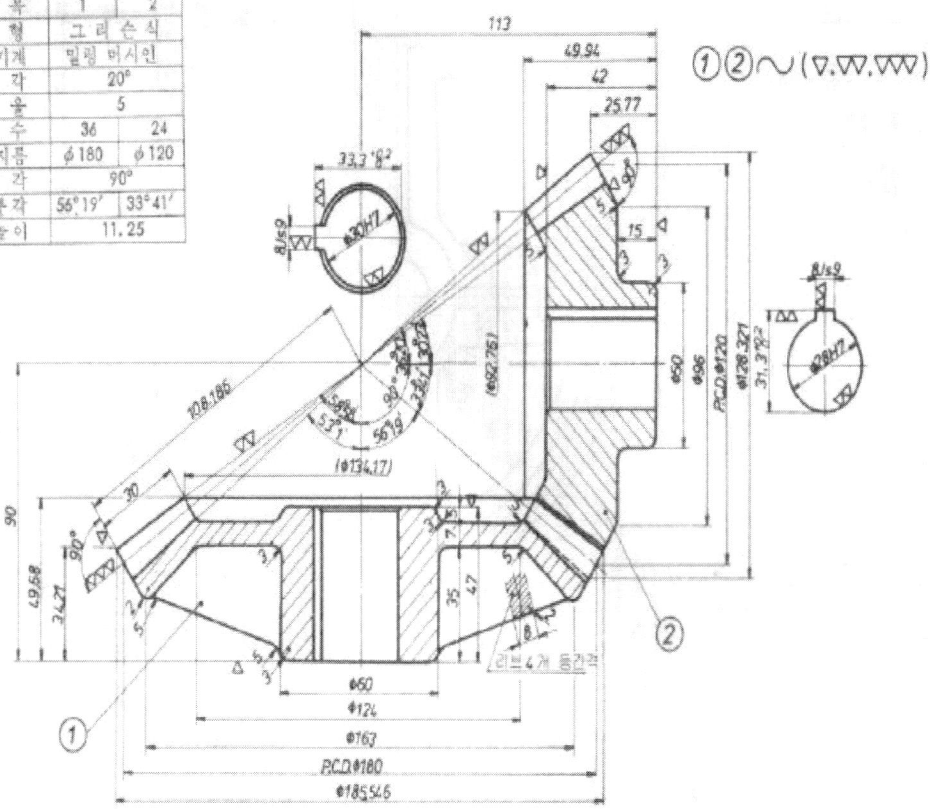

■ 예제 11 - 워엄과 워엄 휘일

▶ 아래의 그림을 완성하시오.

▶ 품명 : 워엄 과 워엄 휘일

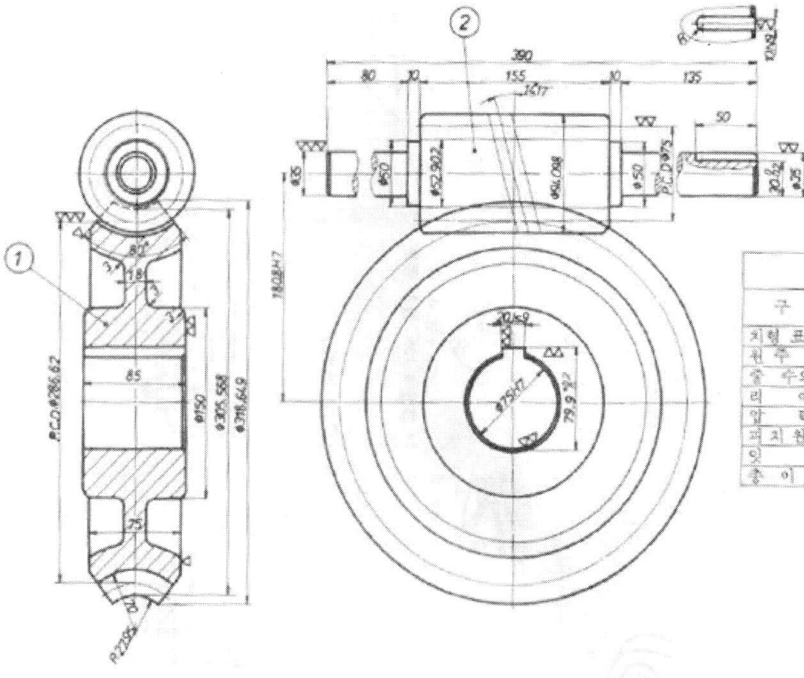

워엄과 워엄 기어		
구 분	워 엄	워엄 기어
치형 표준 단면	축 직 각	
원 주 피 치	30 mm	
줄 수와 방향	2 줄, 우	
리 이 드	(60 mm)	
압 력 각	20° (이직각)	
피 치 원 지 름	φ75	φ286.62
잇 수		30
총 이 높 이	20.598	

▣ MEMO

연습문제

■ 예제 1 - 경첩 장치(조립도와 부품도)

▶ 아래의 그림을 완성하시오.

▶ 품명 : 경첩 장치 3차원 모형 형상

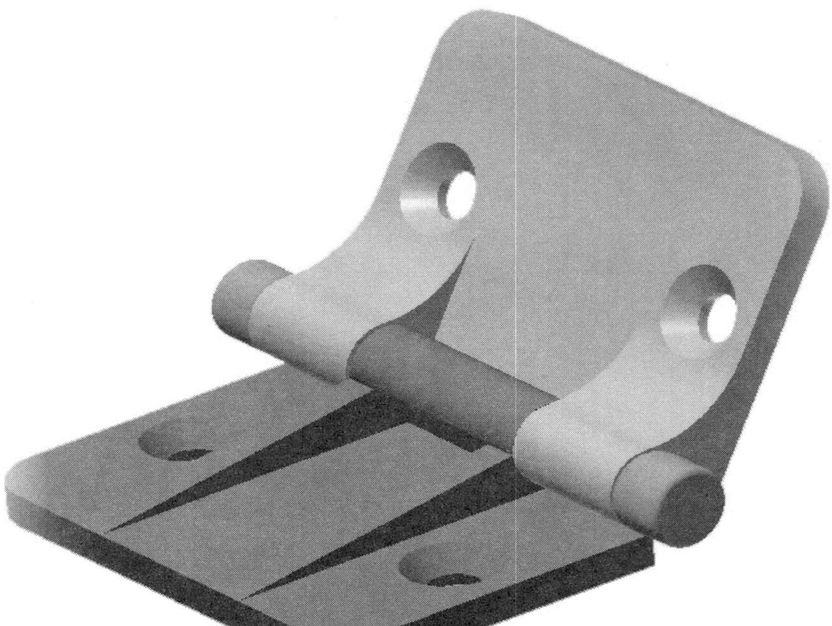

▣ MEMO

■ 예제 - 경첩 장치 (조립도)

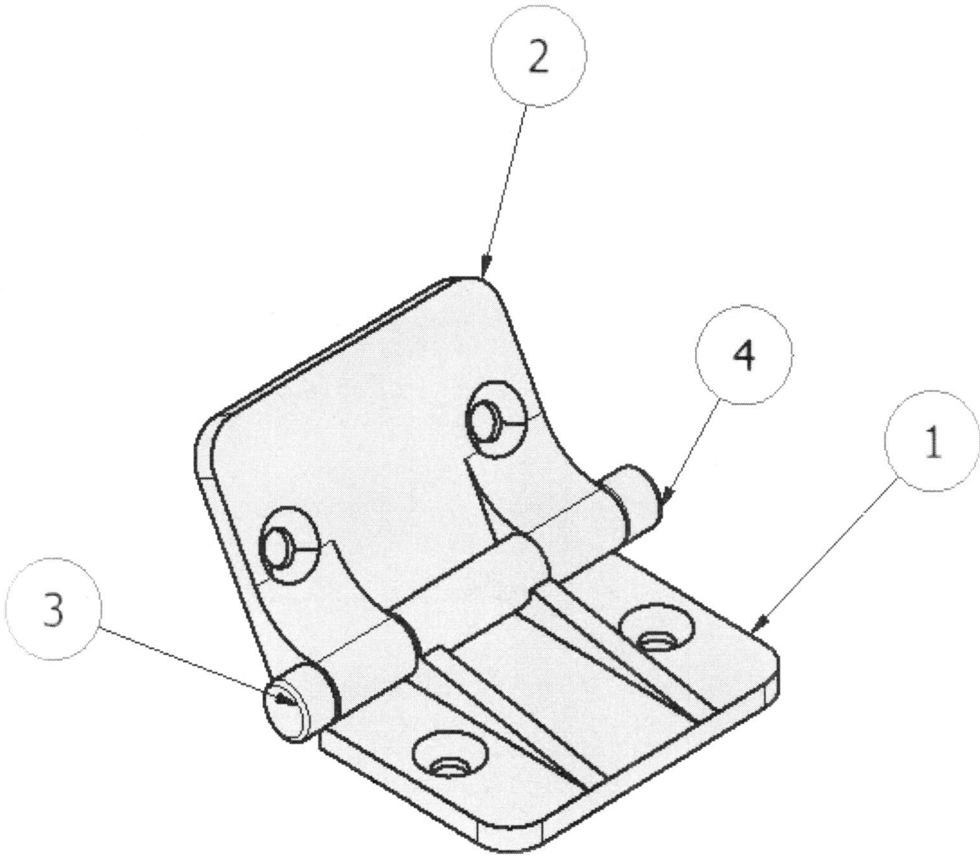

- ▶ 품명 1 : 경첩 A
- ▶ 품명 2 : 경첩 B
- ▶ 품명 3 : 축
- ▶ 품명 4 : 캡

연습문제

■ 예제 - 부품 1(경첩 A) 1

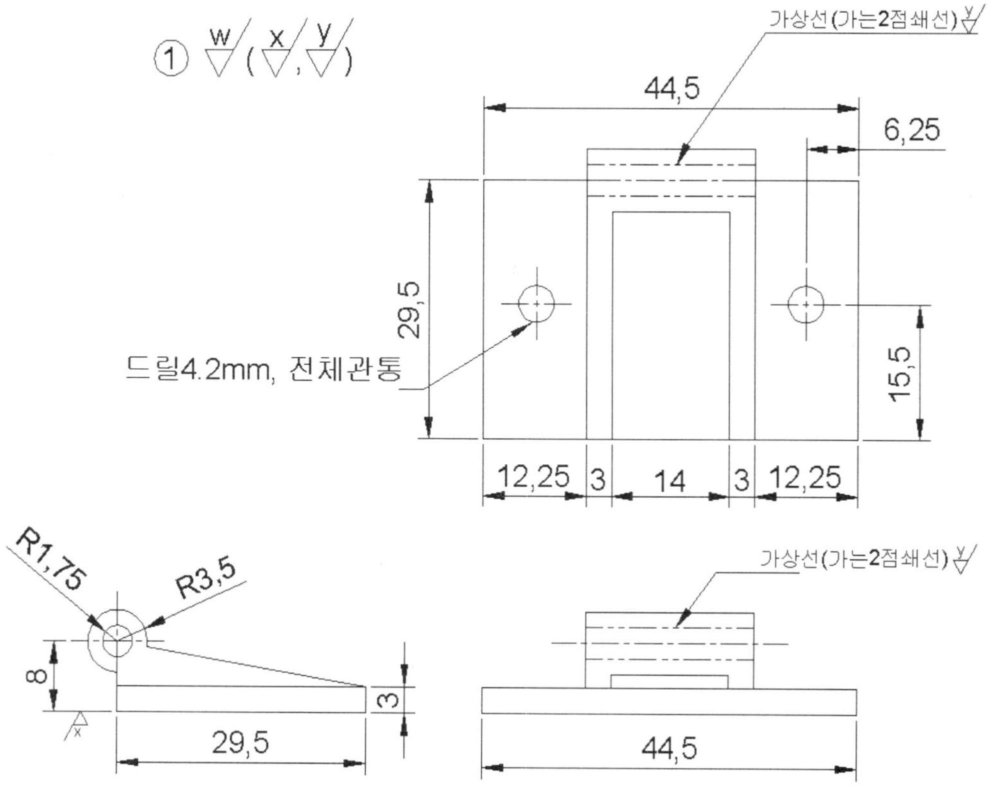

연습문제

■ 예제 - 경첩 2(경첩B)

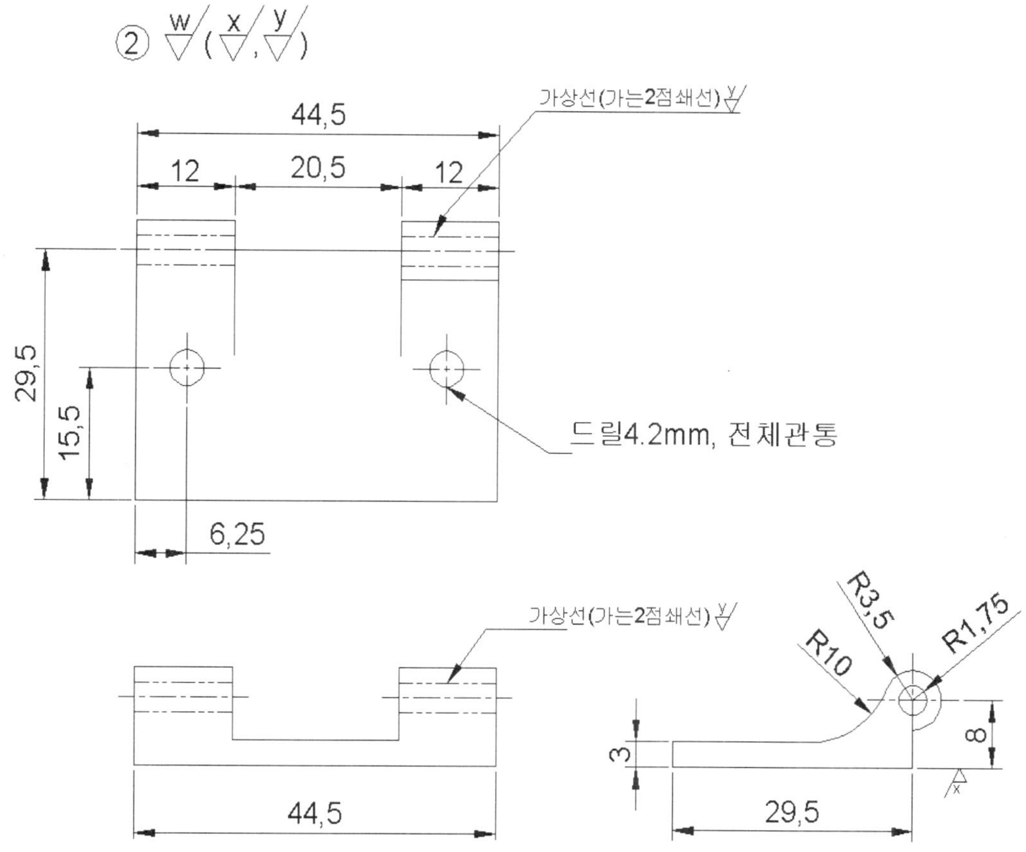

연습문제

■ 예제 - 부품 3,4(축과 캡)

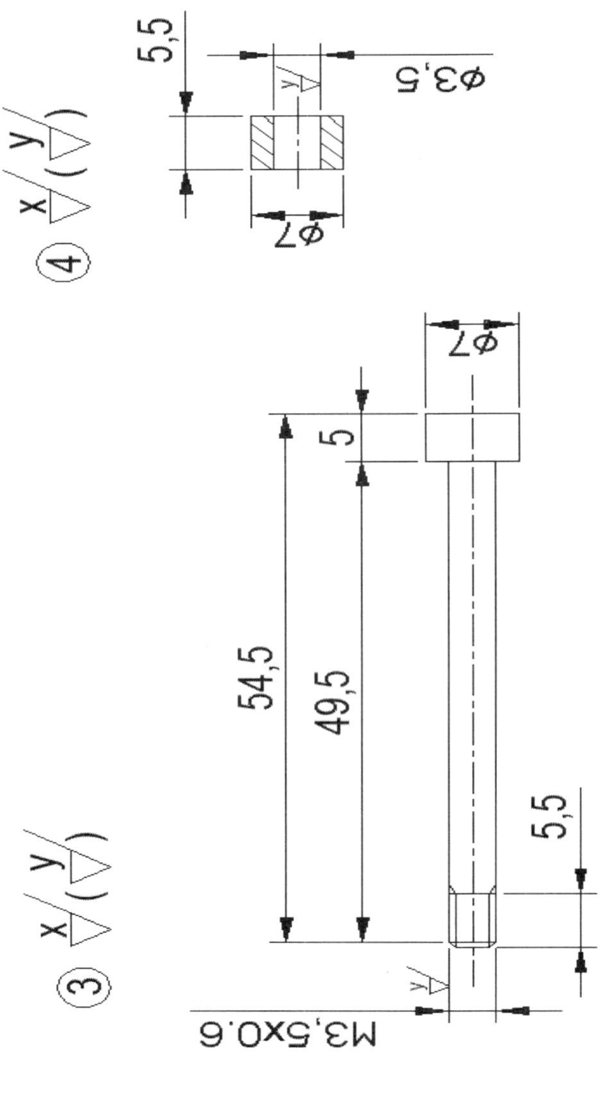

연습문제

■ 예제 - 레이저 건 장치(조립도와 부푸도)

▶ 아래의 그림을 완성하시오.

▶ 품명 : 레이저 건 장치 3차원 모형 형상

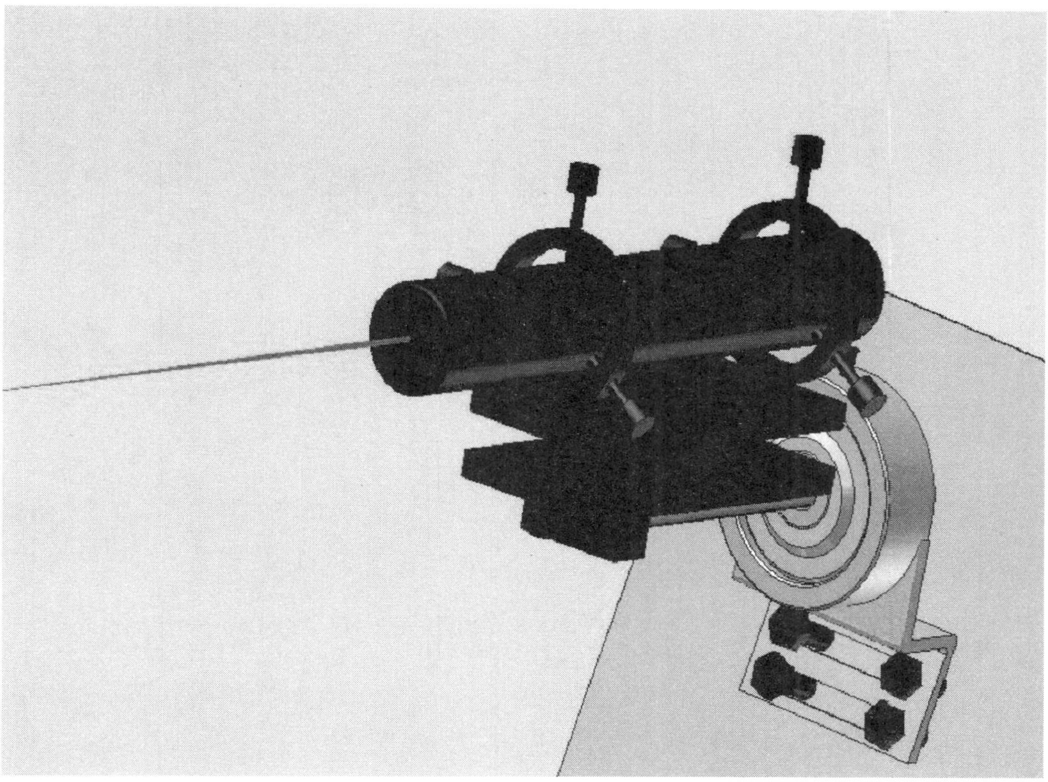

▣ MEMO

■ 예제 - 레이저 건 장치 (조립도)

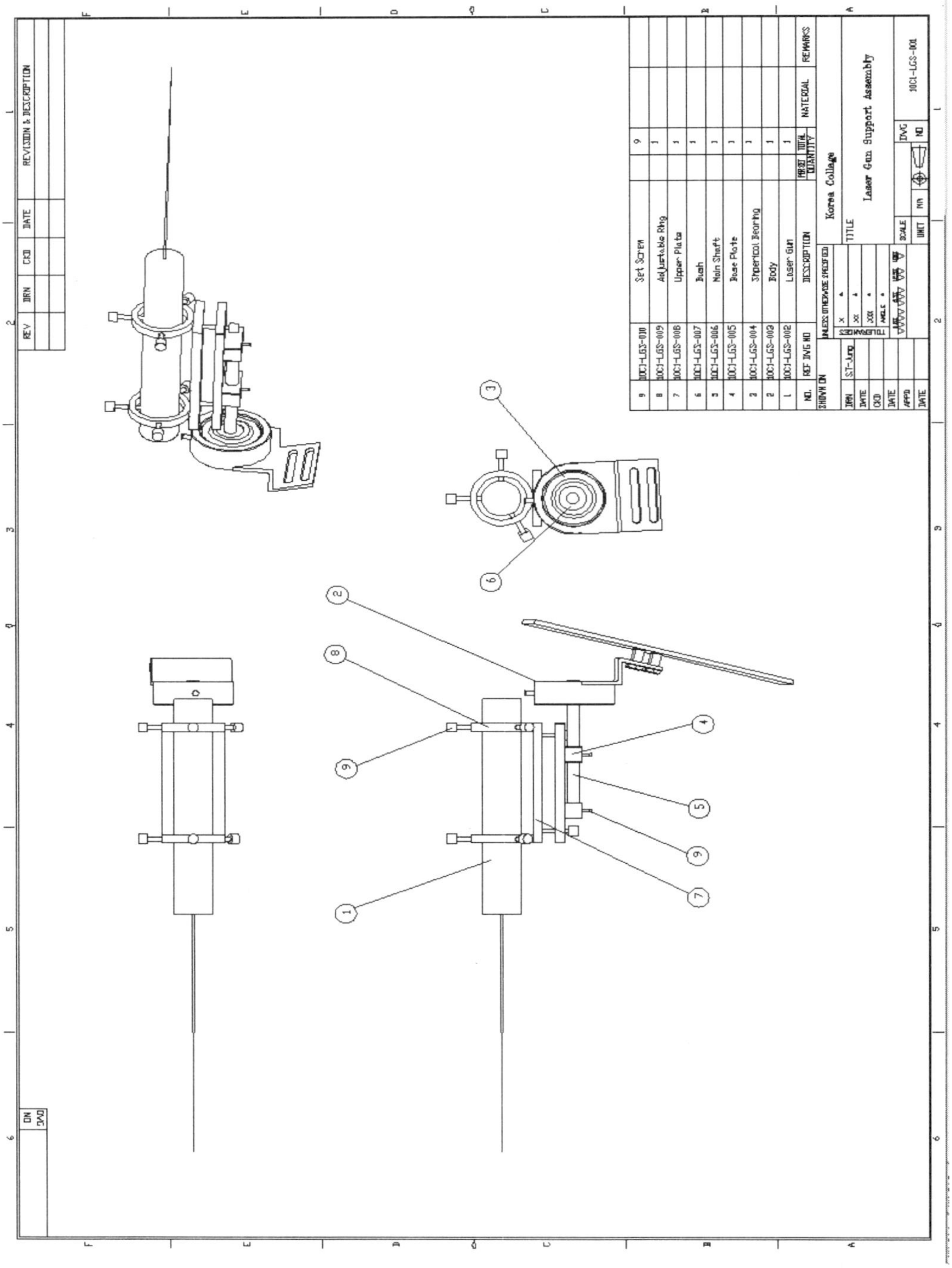

연습문제

■ 예제 - 부품 1(레이저 건)

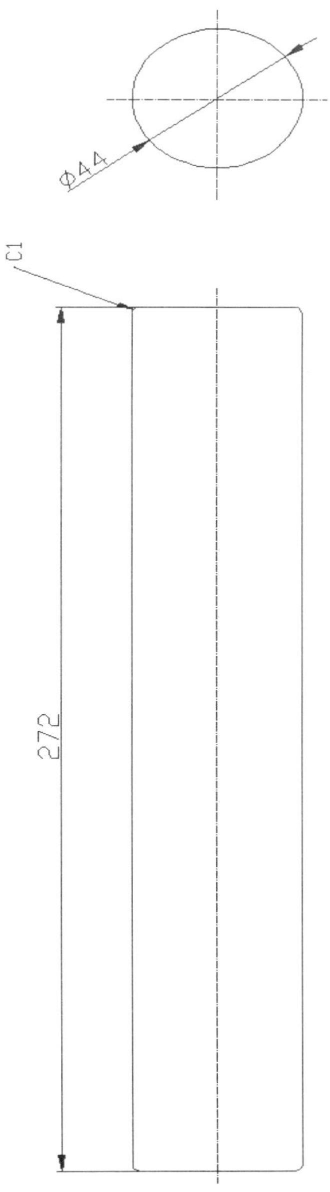

연습문제

■ 예제 - 부품 2(본체)

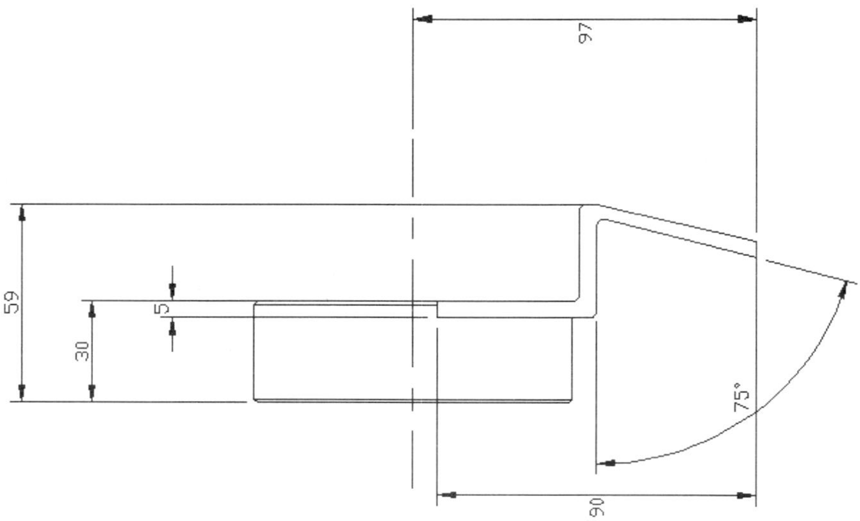

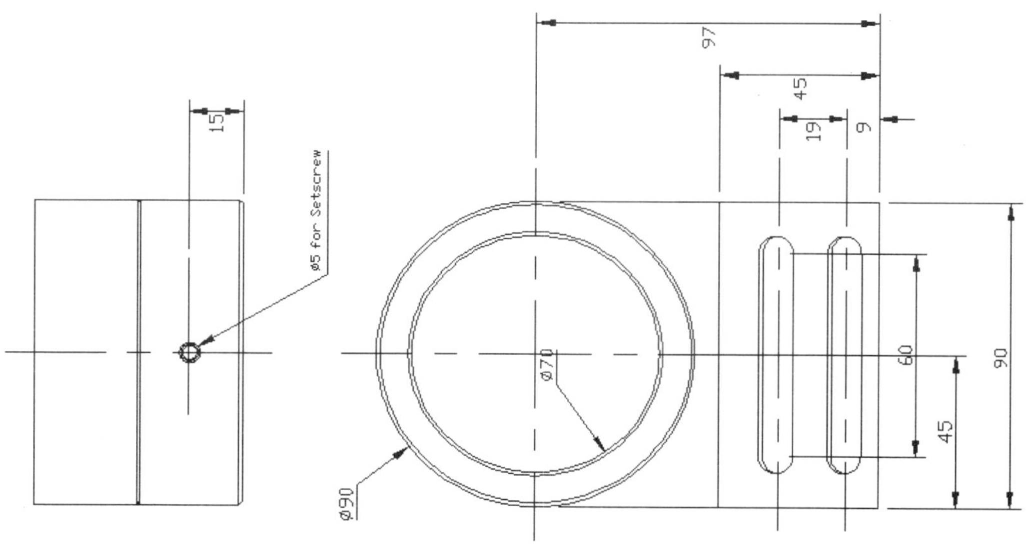

연습문제

■ 예제 - 부품 3(자동조심베어링)

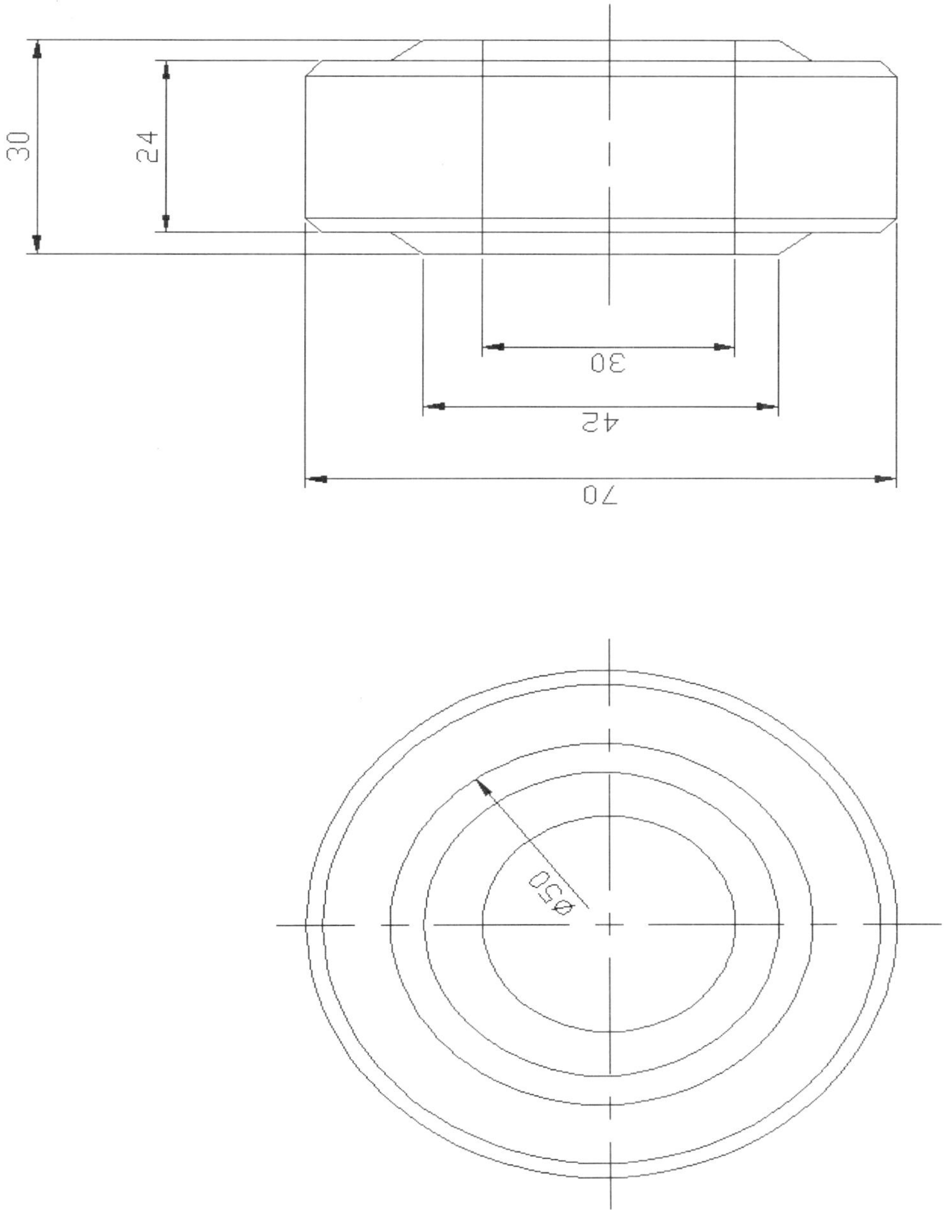

연습문제

■ 예제 - 부품 4(베이스)

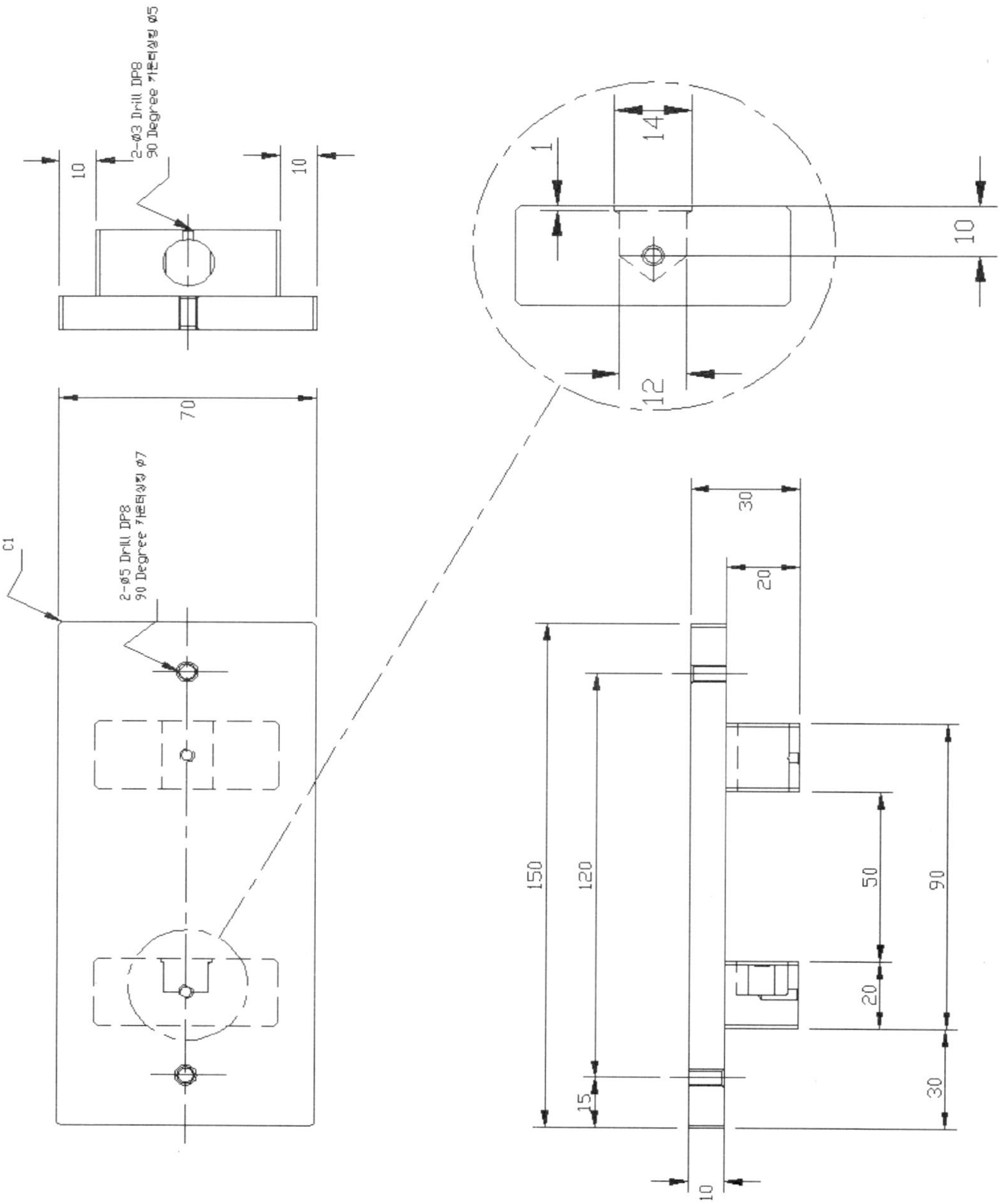

연습문제

■ 예제 - 부품 5(주축)

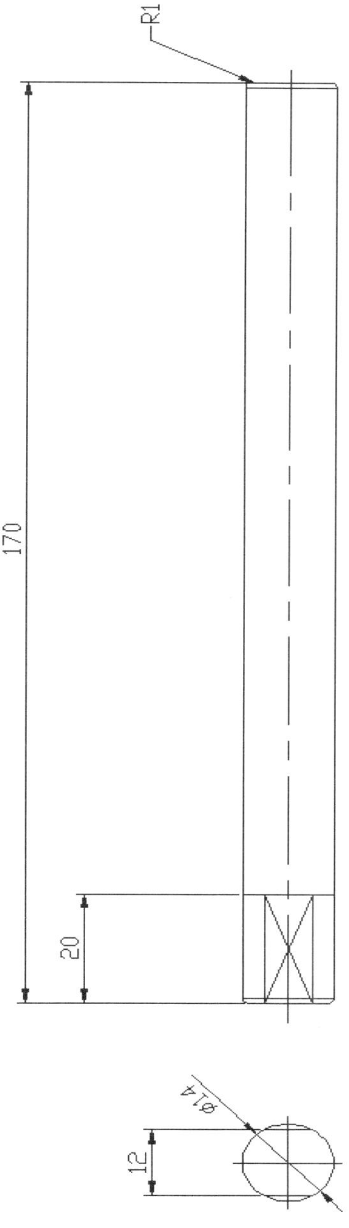

연습문제

■ 예제 - 부품 6(부시)

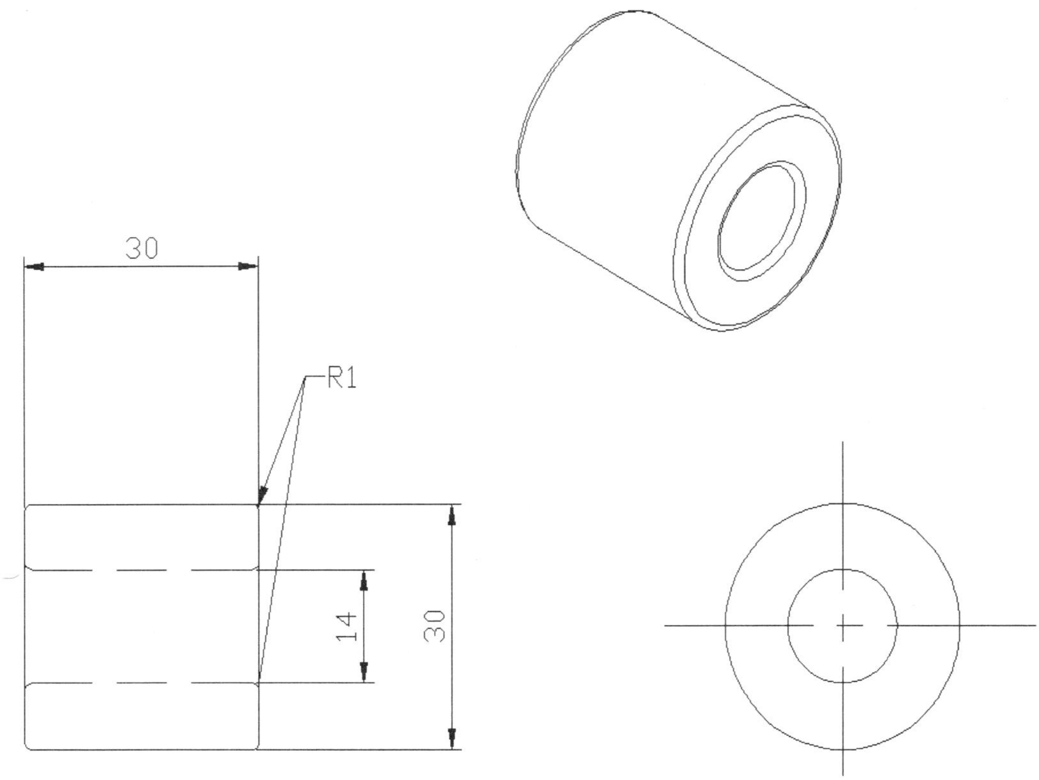

연습문제

■ 예제 - 압축기 장치(조립도와 부품도)

▶ 아래의 그림을 완성하시오.

▶ 품명 : 압착기 장치 3차원 모형 형상

▣ MEMO

■ 예제 - 압착기 (조립도)

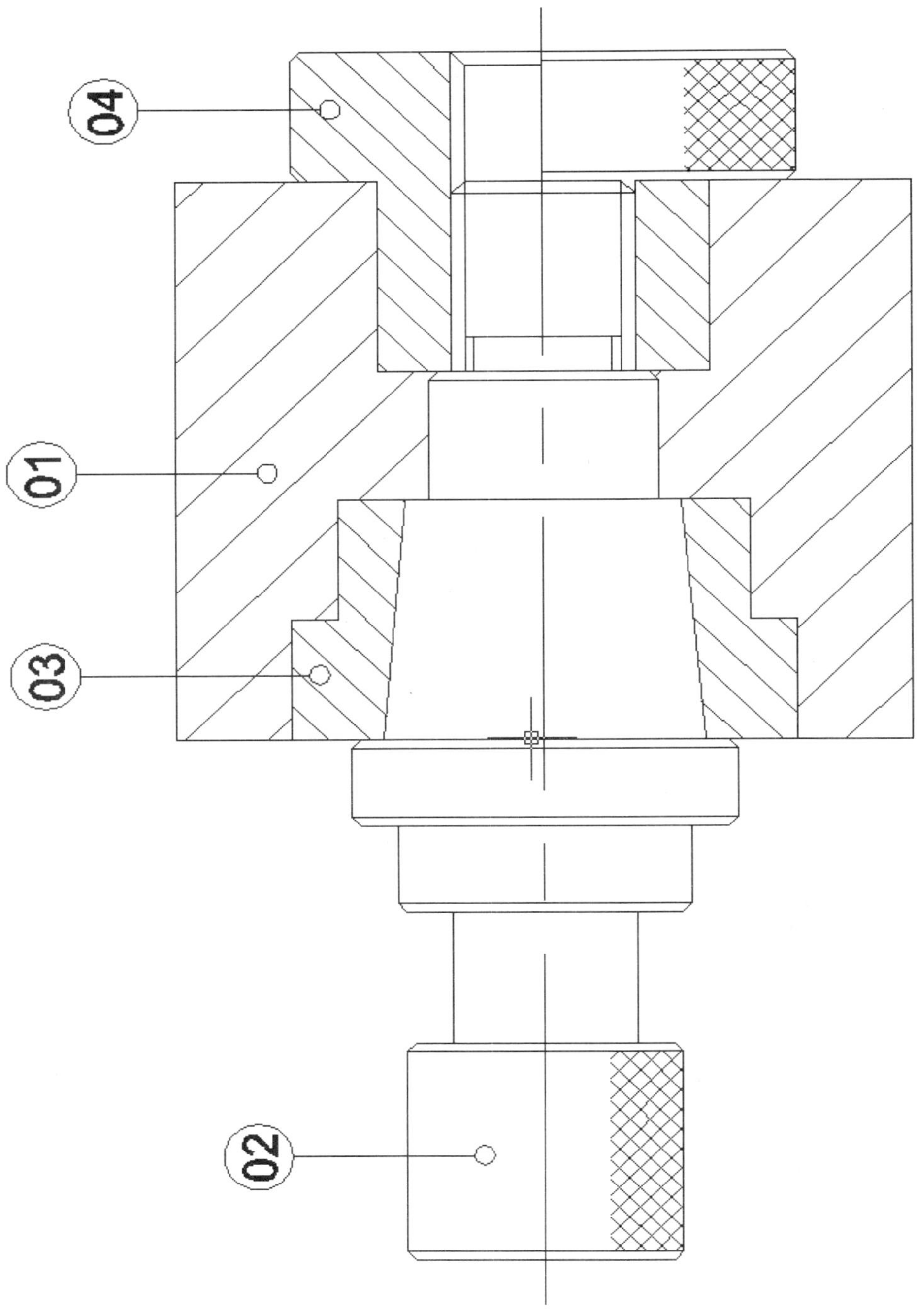

연습문제

■ 예제 - 부품 1(본체)

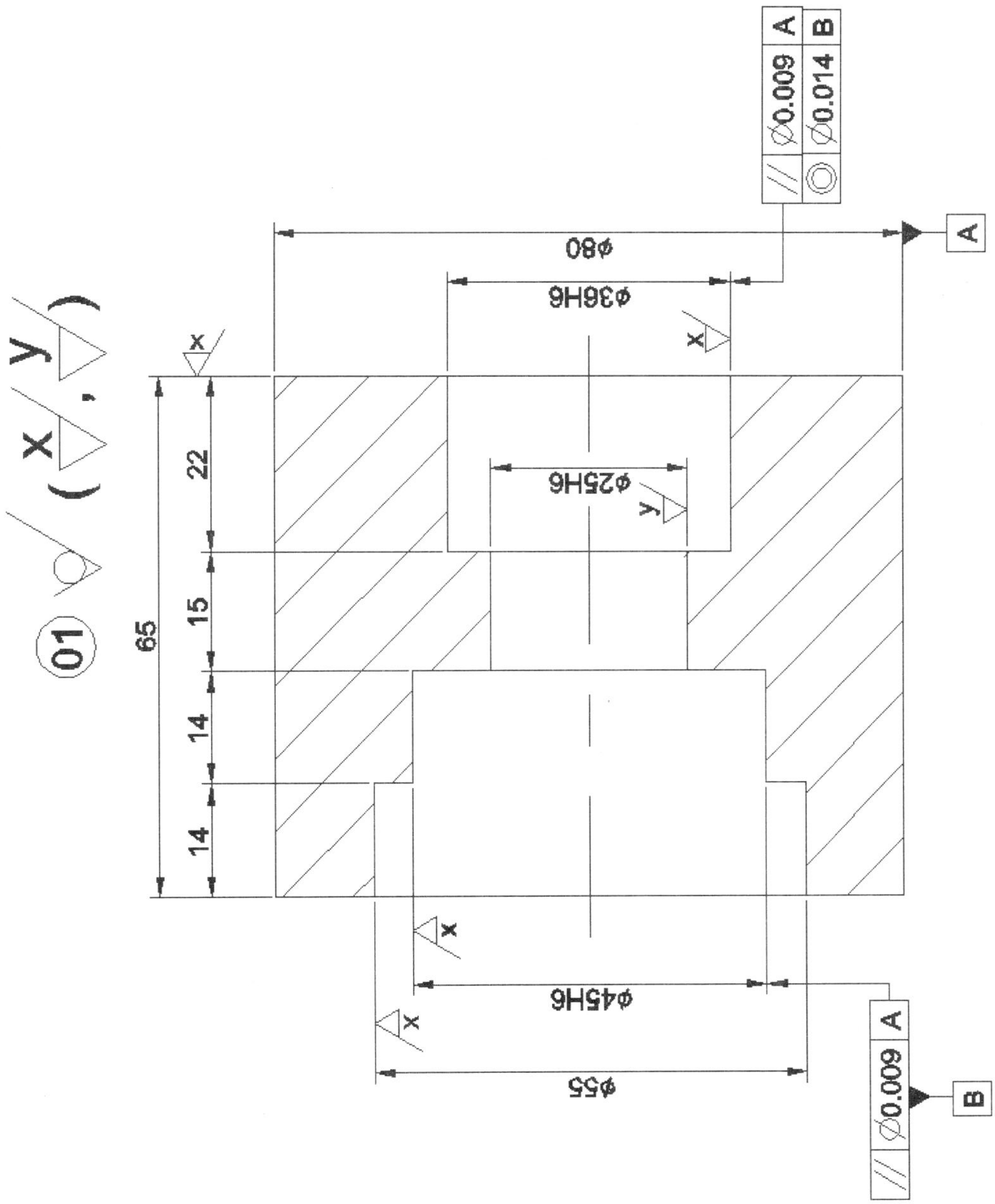

연습문제

■ 예제 - 부품 2(샤프트)

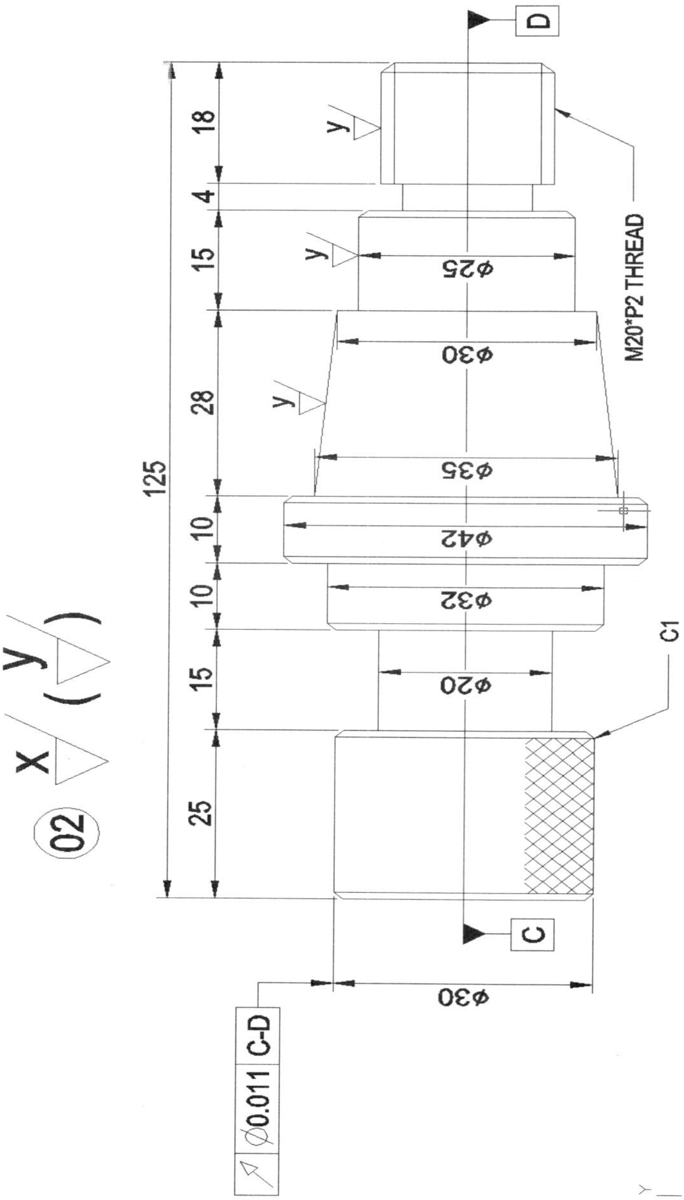

연습문제

■ 예제 - 부품 3(슬라이딩 가이드)

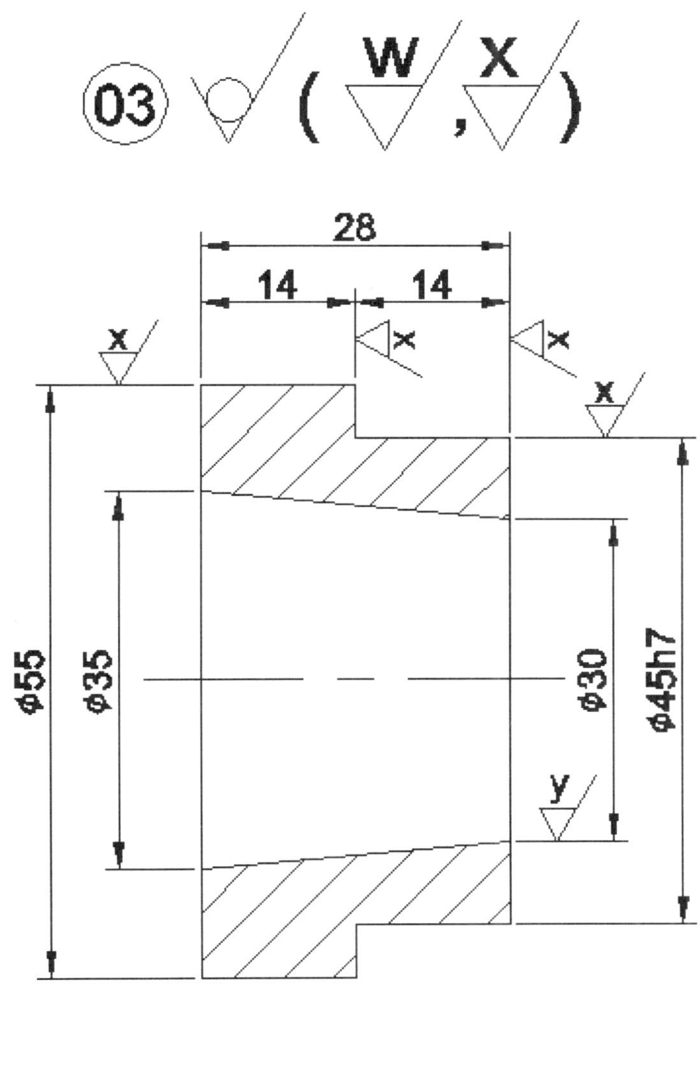

연습문제

■ 예제 - 부품 4(마감 캡)

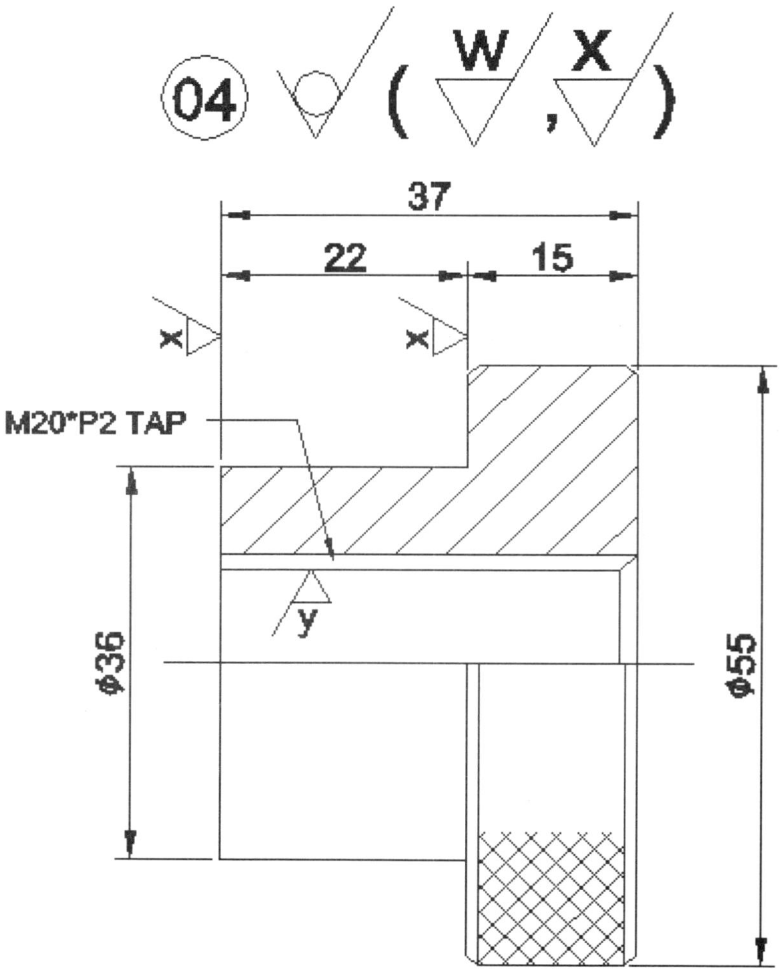

연습문제

■ 예제 - 전동기 장치(조립도와 부품도)

▶ 아래의 그림을 완성하시오.

▶ 품명 : 전동기 장치 3차원 모형 형상

▣ MEMO

연습문제

■ 예제 - 전동기(조립도)

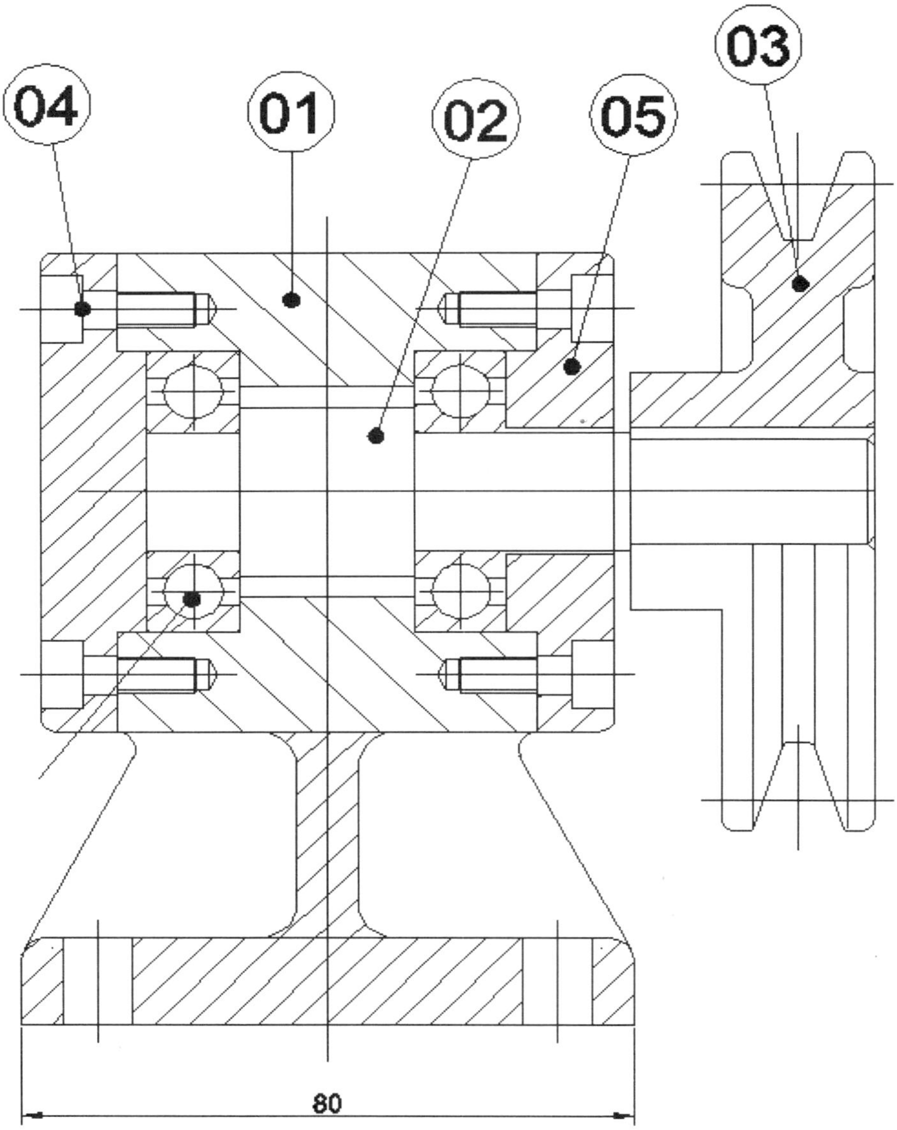

품명 : 전동기 장치 조립도

연습문제

■ 예제 - 부품 1(본체)

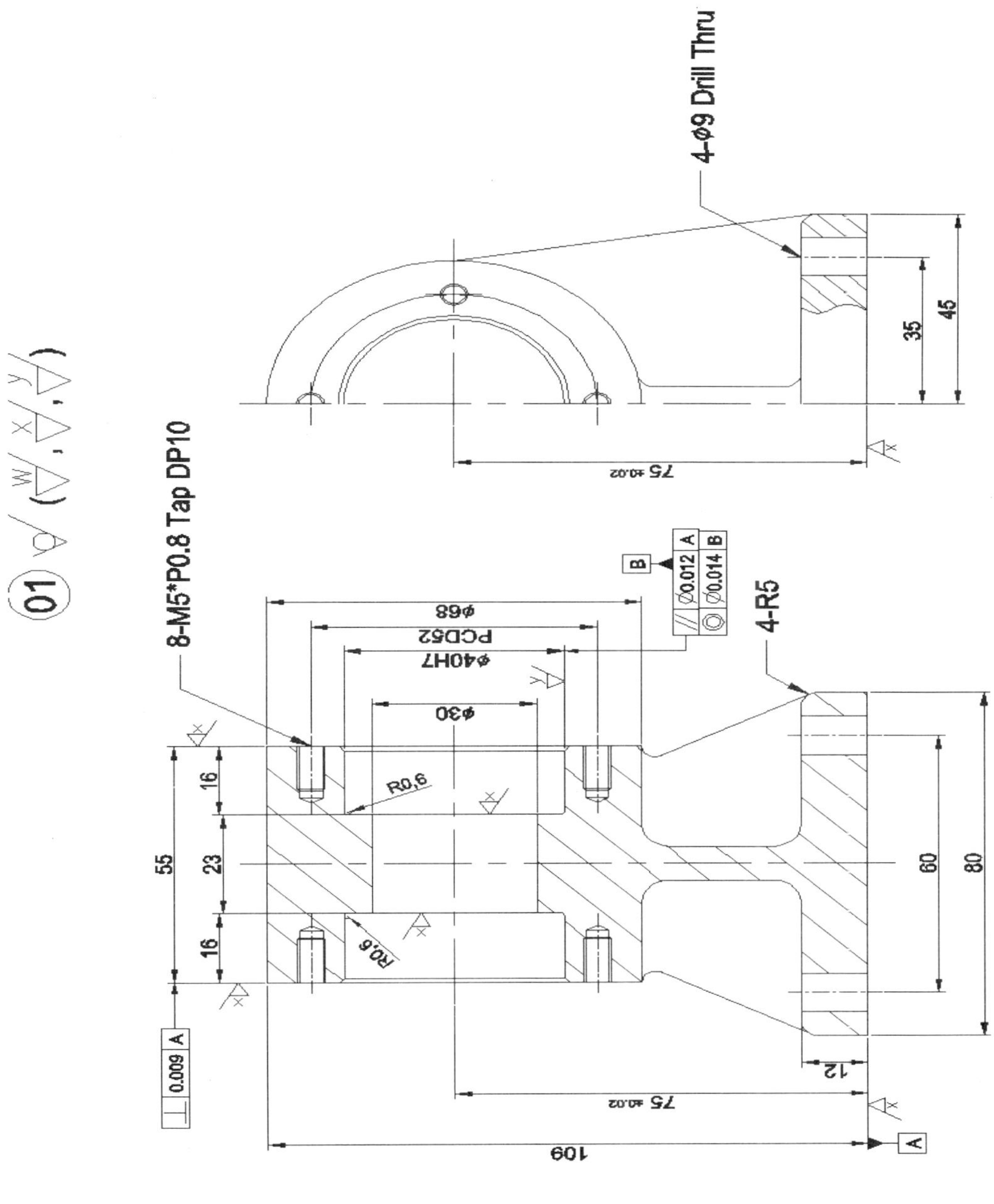

연습문제

■ 예제 - 부품 2(샤프트)

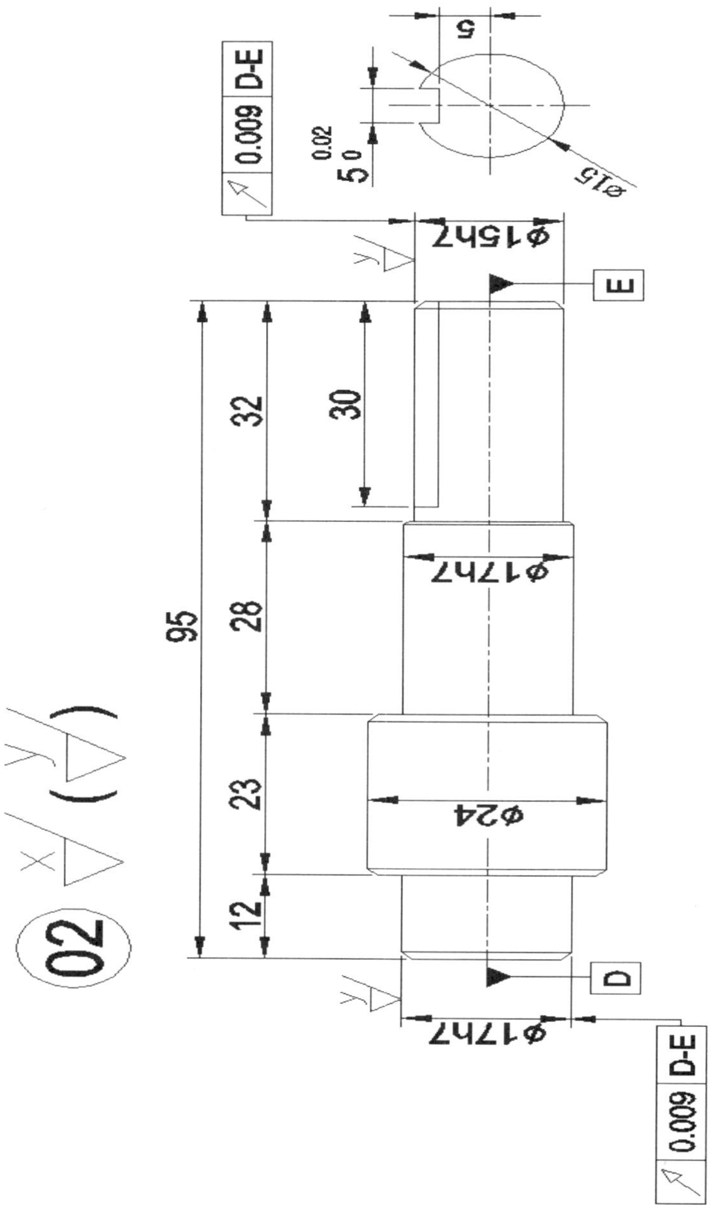

연습문제

■ 예제 - 부품 3(샤프트)

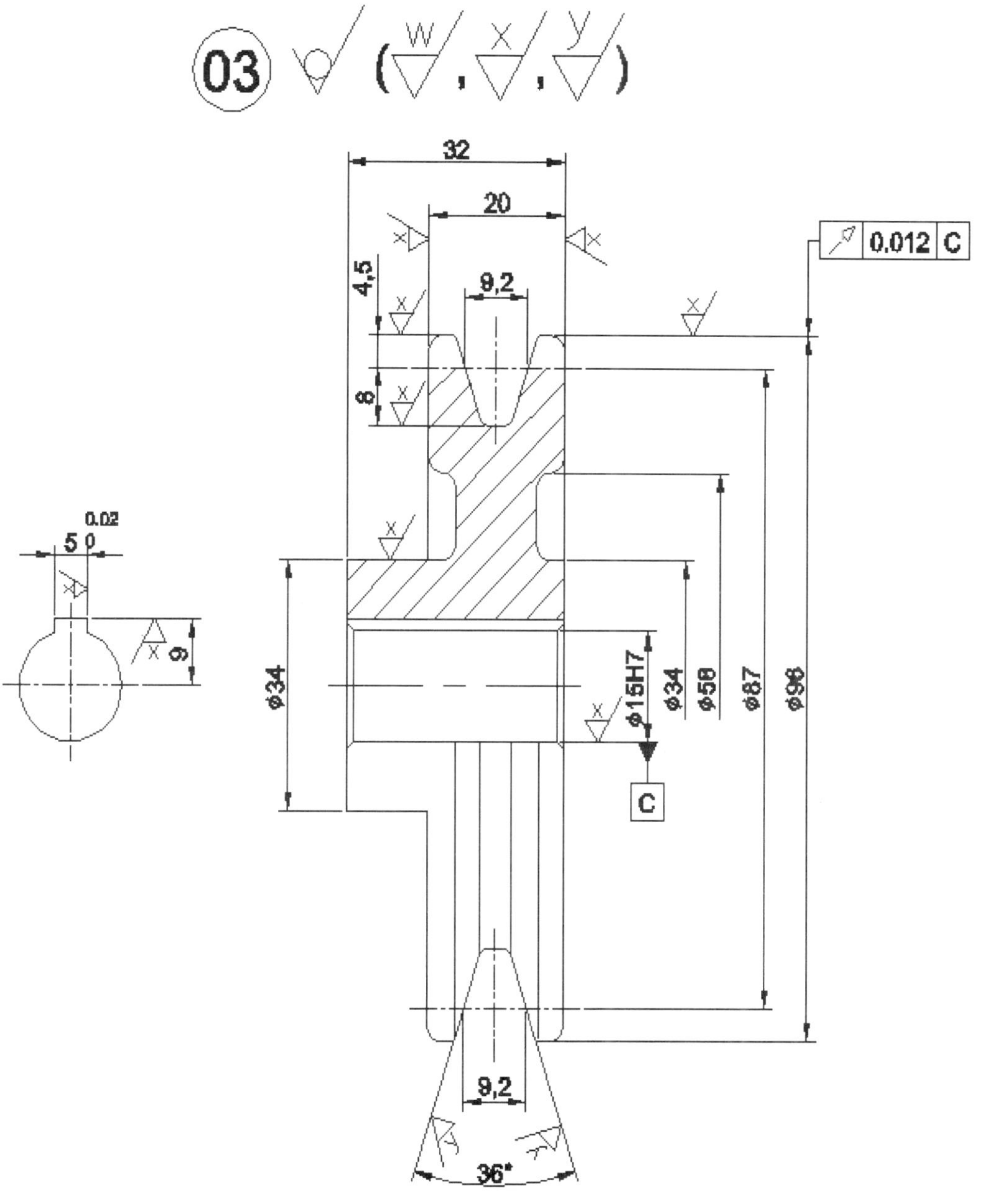

연습문제

■ 예제 - 부품 4(커버A)

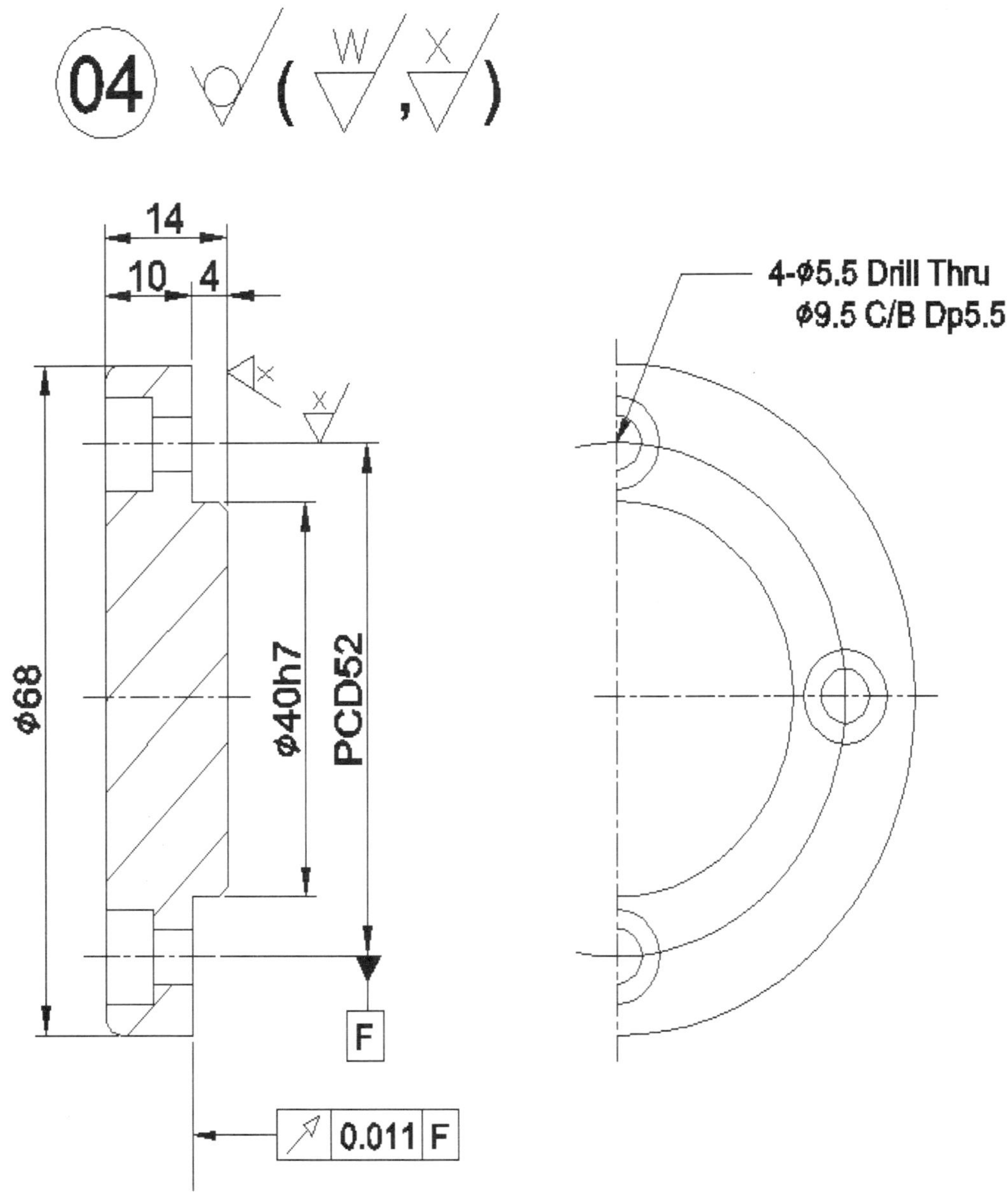

연습문제

■ 예제 - 부품 5(커버B)

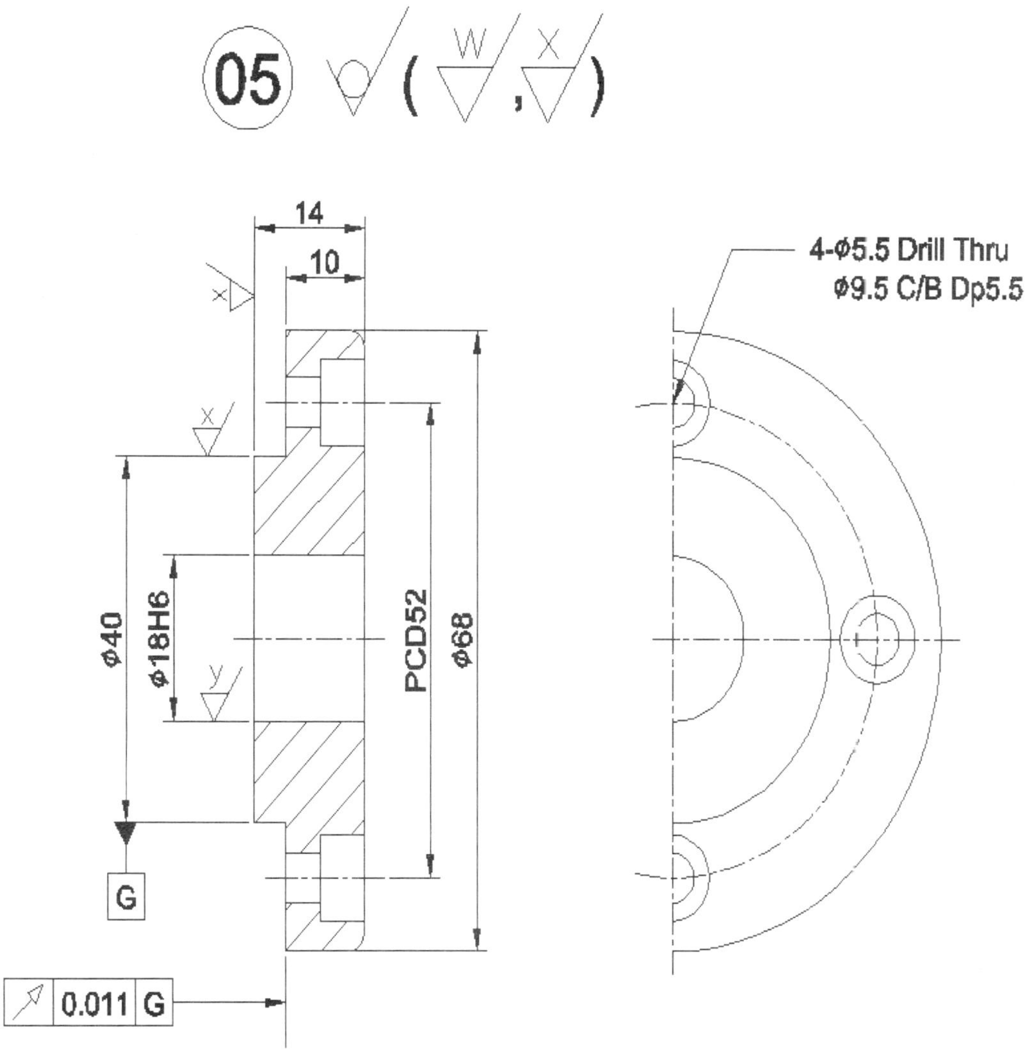

잠시 쉬어 가는 코너

부록

산업현장 실제도면

오토캐드를 이용하여 실제로 작성된 설계 도면
사례집을 실어 봅니다.

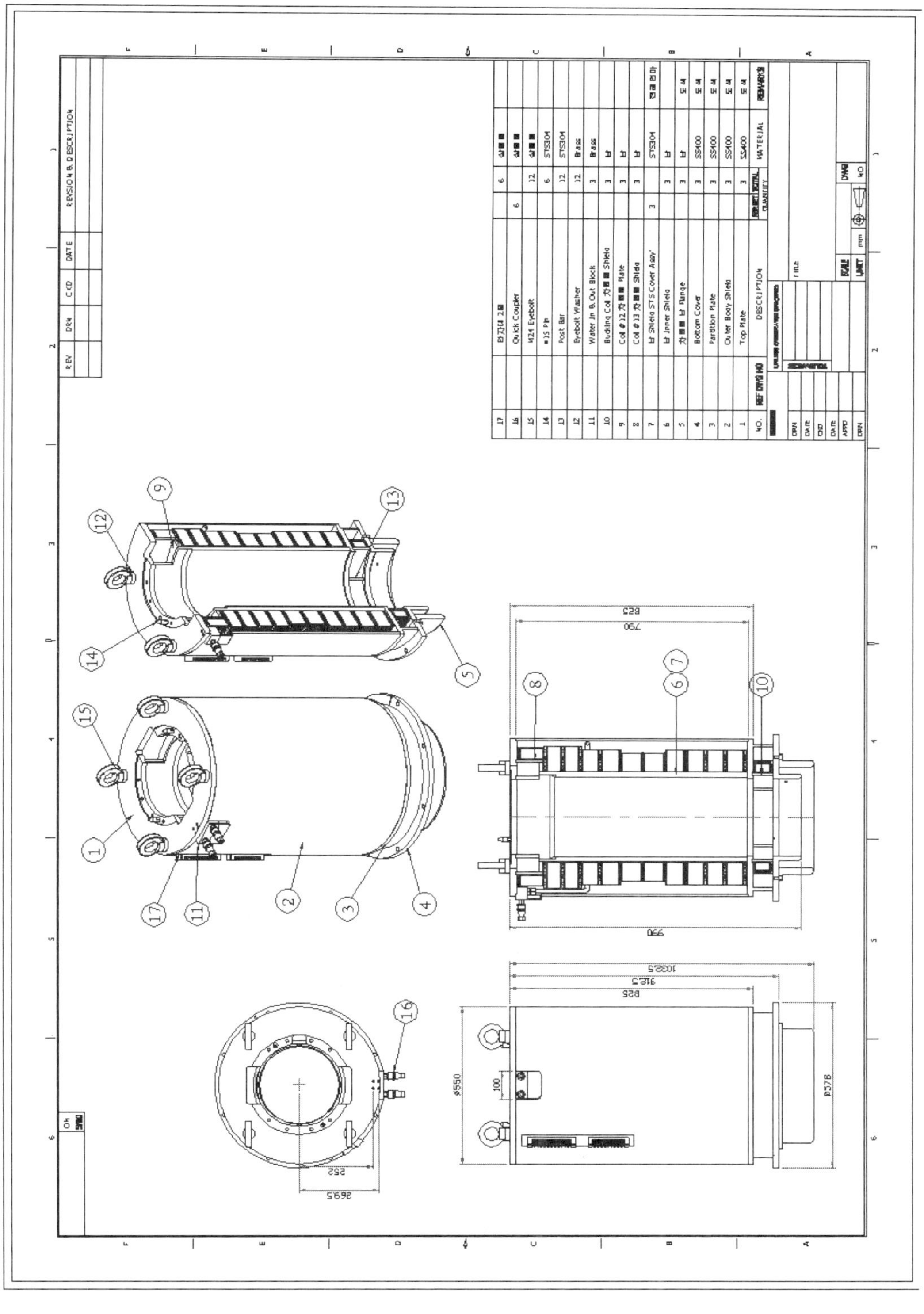
REVISION & DESCRIPTION
REV
DRW
CKD
DATE
NO.
REF DWG NO
DESCRIPTION
MATERIAL
QUANTITY
REMARKS
1 Top Plate SS400
2 Outer Body Shield SS400
3 Partition Plate SS400
4 Bottom Cover SS400
5 Flange
6 Inner Shield
7 Shield STS Cover Assy' STS304
10 Water In & Out Block Brass
11 Eyebolt Washer Brass
12 Post Bar STS304
13 Pin STS304
15 M24 Eyebolt
16 Quick Coupler
TITLE
SCALE
UNIT
mm
DRN
DATE
CKD
APPD
790
825
990
912.5
1032.5
Ø550
100
252
269.5
Ø578

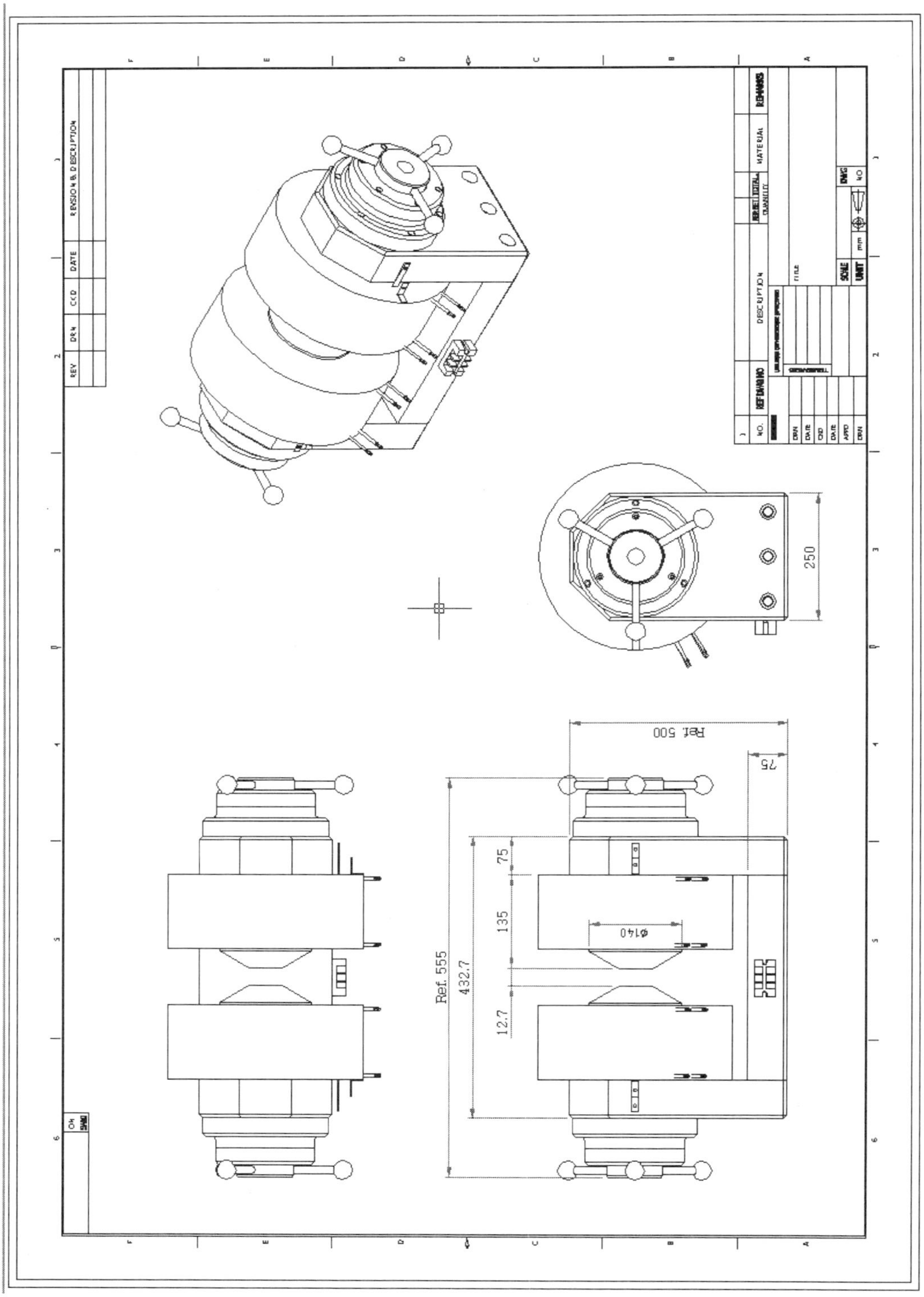

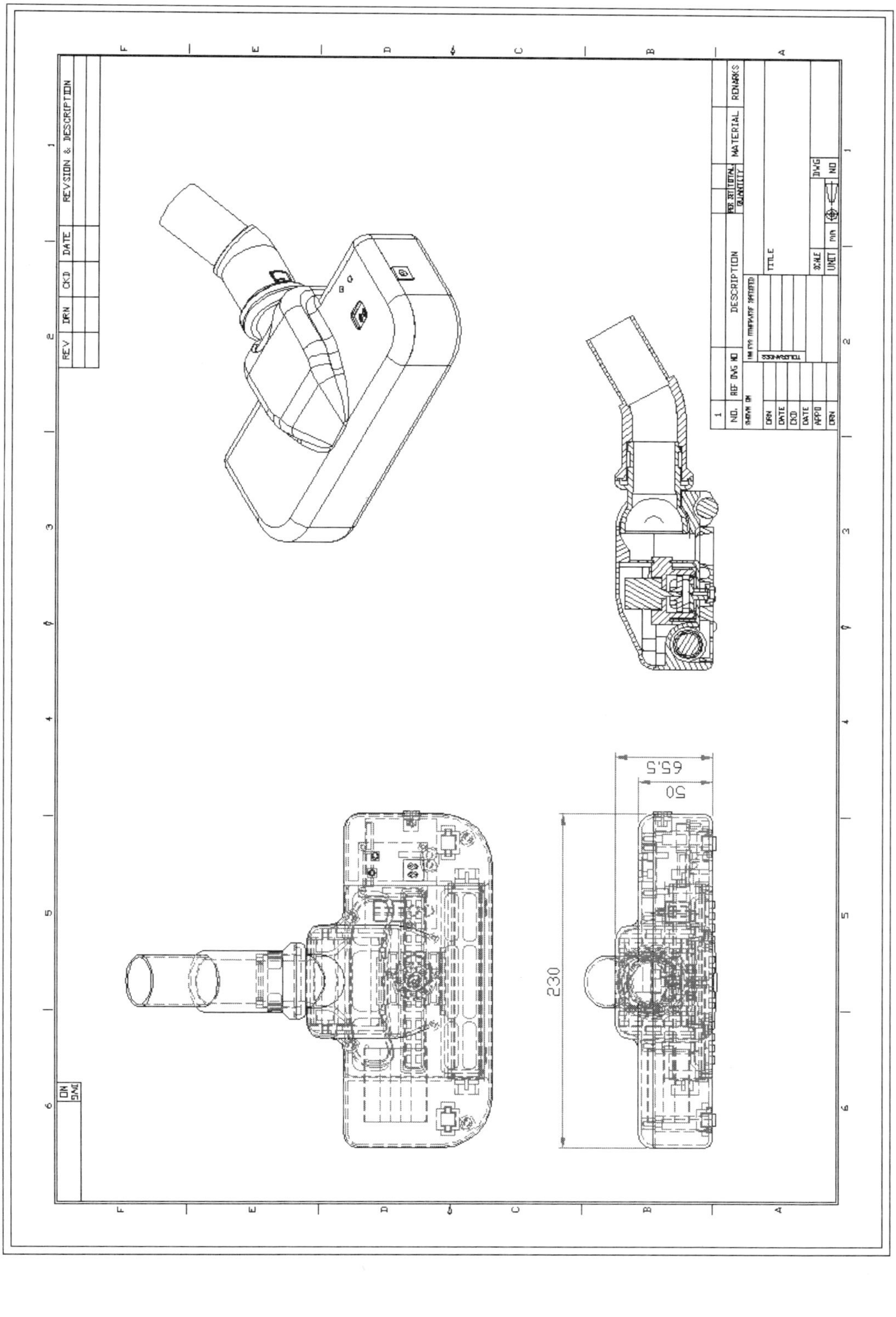
REVSION & DESCRIPTION
REV
DRN
CK'D
DATE
NO.
REF DWG NO
DESCRIPTION
MATERIAL
REMARKS
TITLE
SCALE
UNIT
DWG NO
230
50
65.5

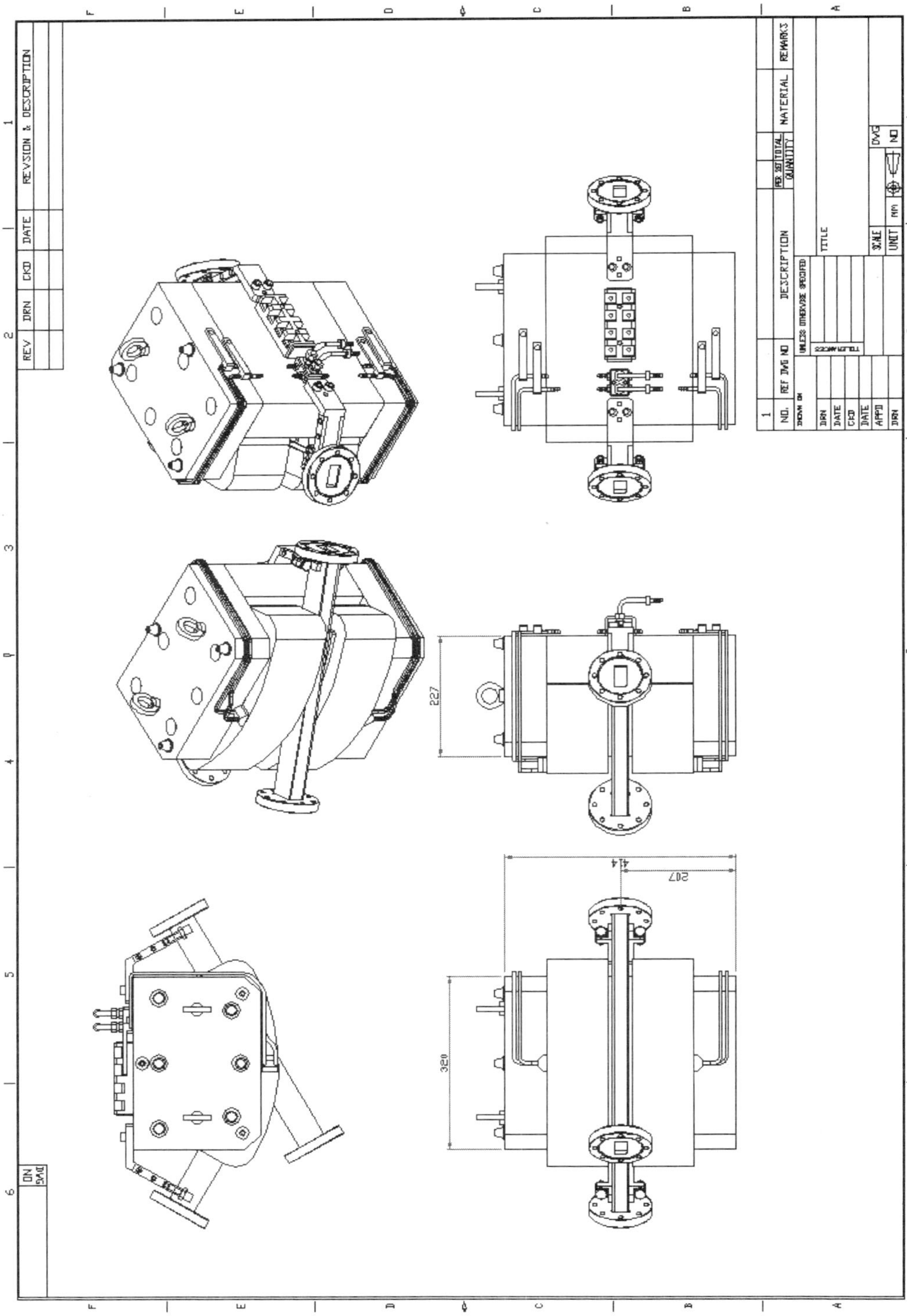
REV
DRN
CKD
DATE
REVSION & DESCRIPTION
NO.
DESCRIPTION
MATERIAL
REMARKS
TITLE
SCALE
UNIT
227
320
414
207

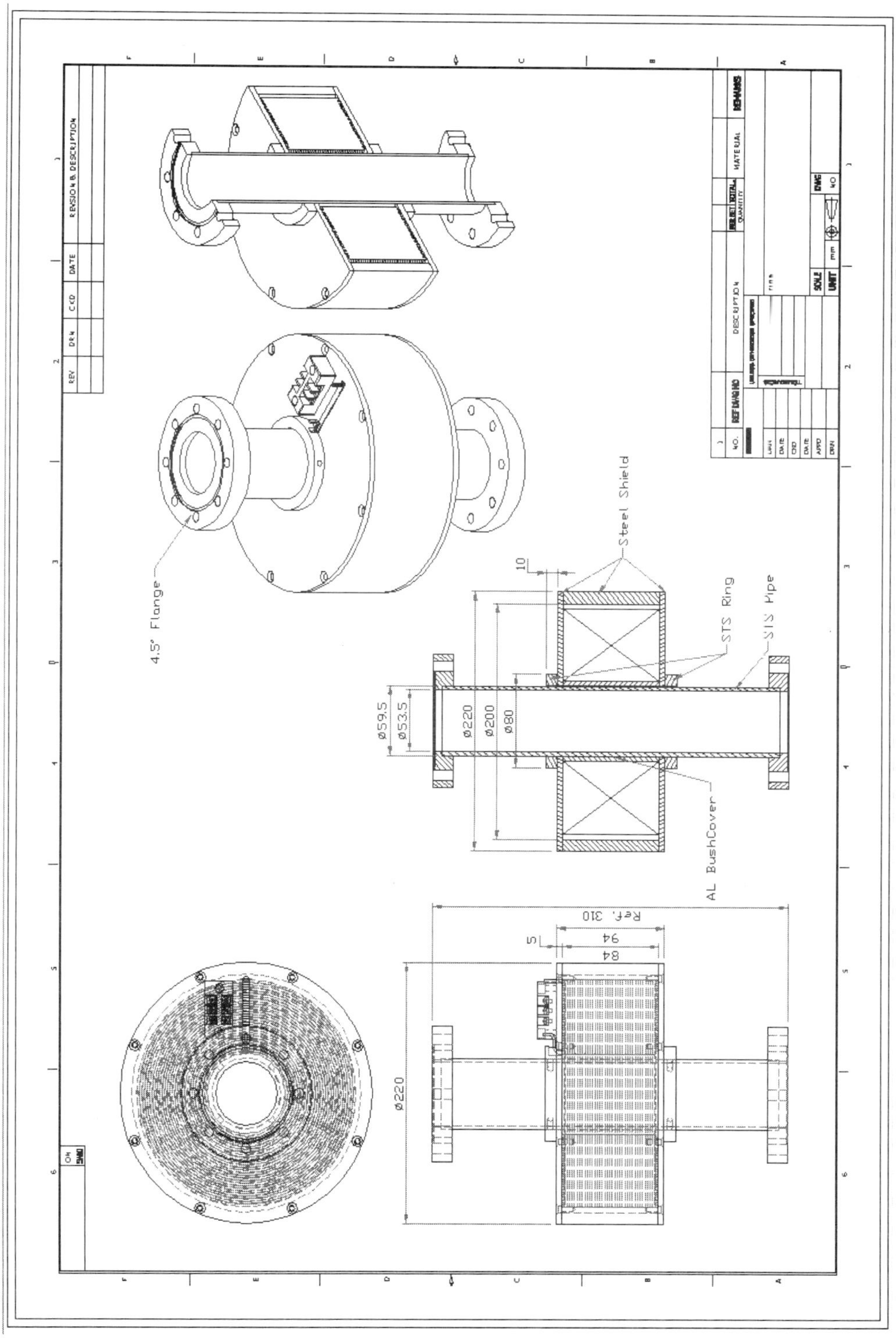
4.5° Flange
Steel Shield
STS Ring
STS Pipe
AL BushCover
10
Ø59.5
Ø53.5
Ø220
Ø200
Ø80
Ref. 310
94
84
5
Ø220
REVISION & DESCRIPTION
REV
DRW
CKD
DATE
DESCRIPTION
MATERIAL
REMARKS
SCALE
UNIT
mm
DWG NO

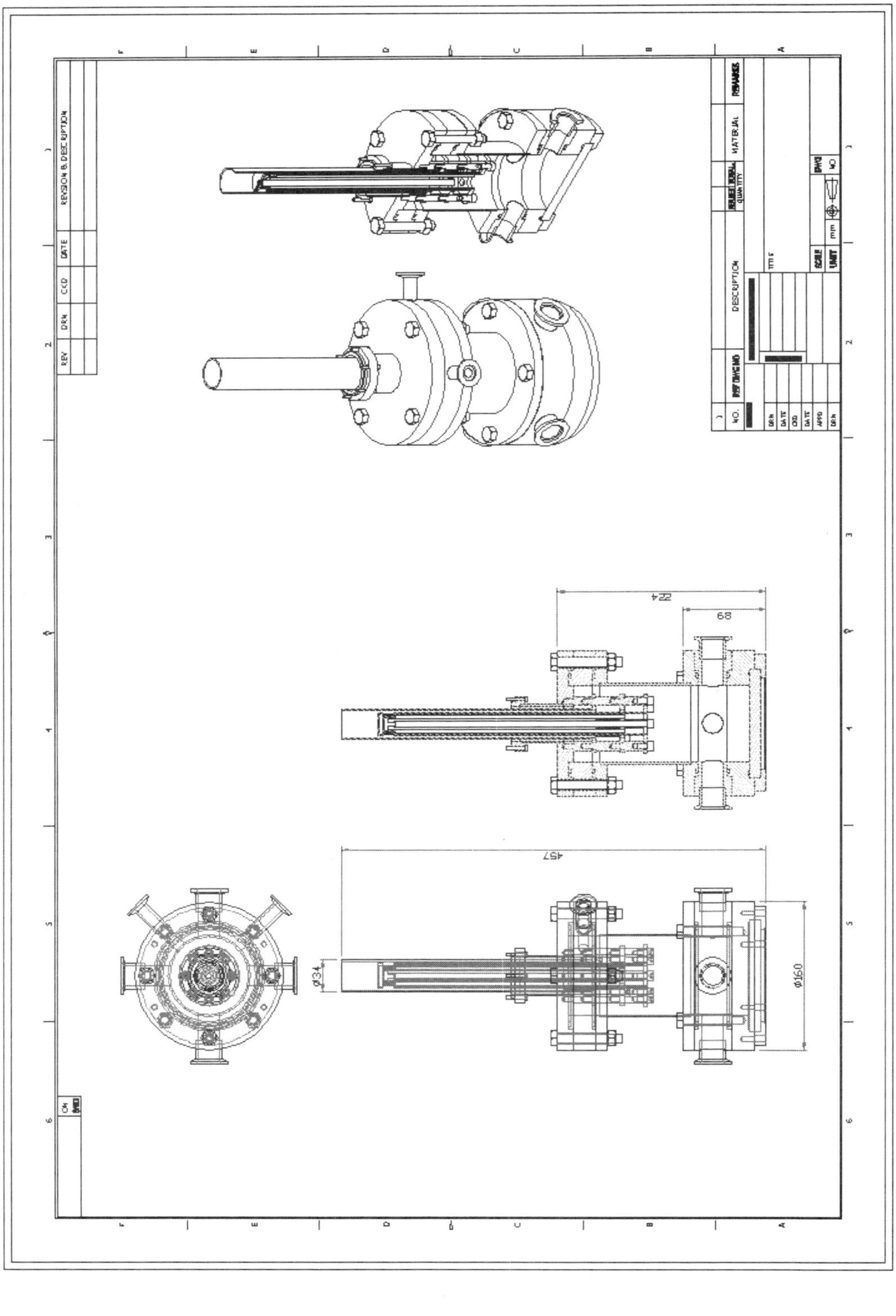

(1) 4극 전자석(Quadrupole Magnet) 모델링

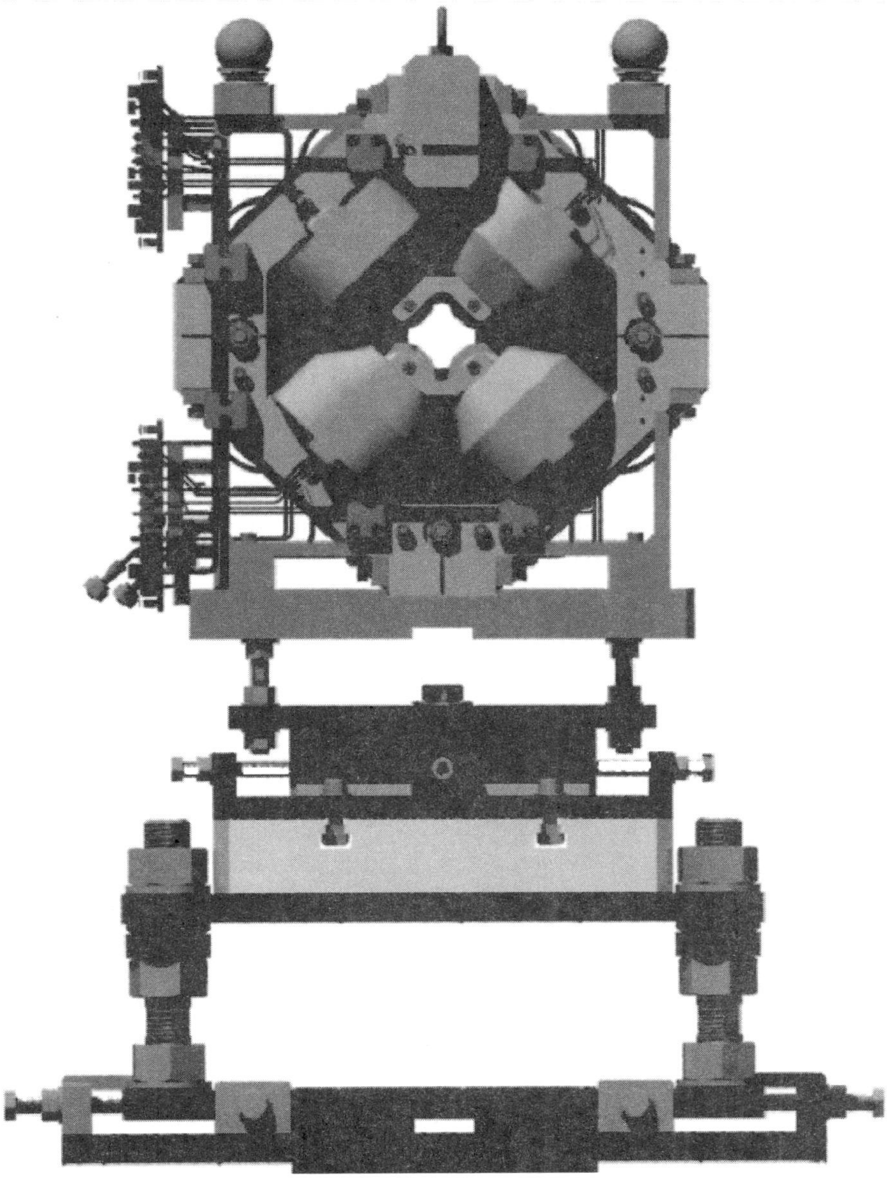

(2) 6극 전자석 (Sextupole Magnet) 3차원 설계

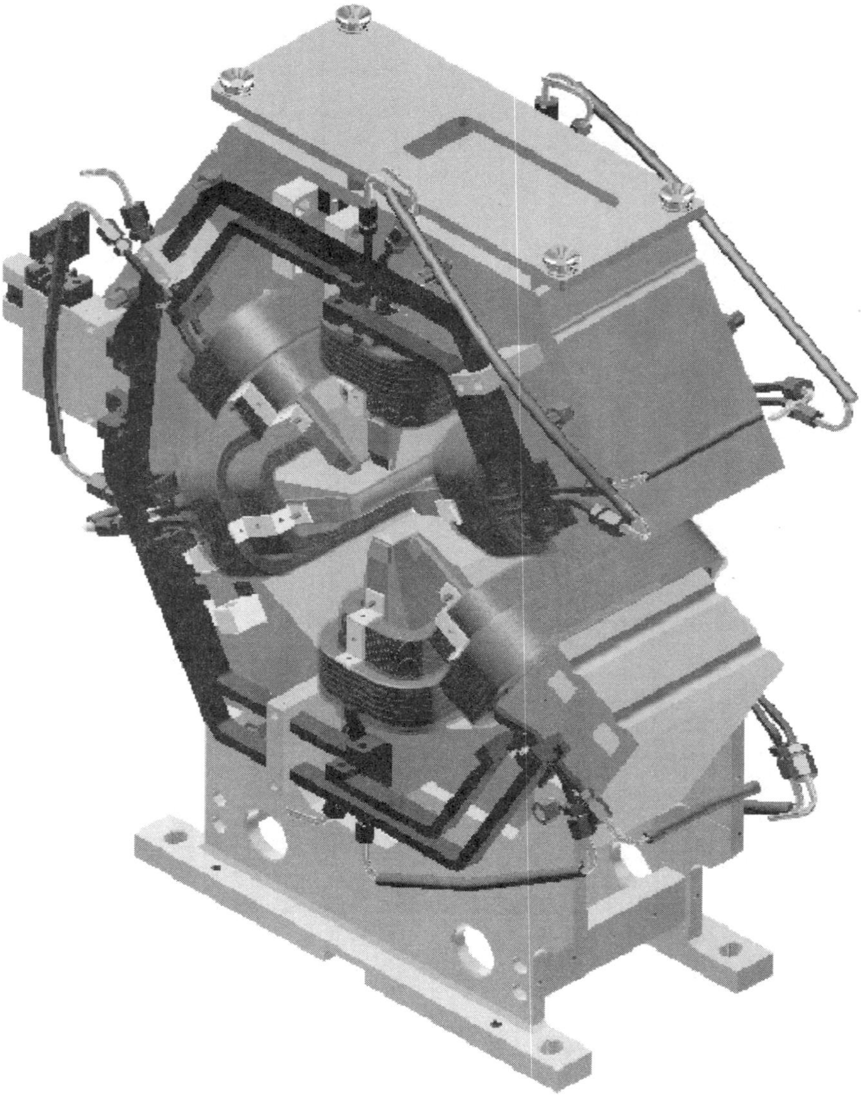

▶ 철을 심으로 하여 거기에 에나멜선을 감아 전류를 흐르게 하면, 철은 자석이 되는데 이런 자석을 전자석이라고 한다. 6개의 극(Sextupole)을 가진 전자석이며 가속장치 및 기초과학 연구에 활용된다.

(3) CAD로 설계 후 만들어진 제품들(Magnet)

▶ 인벤터로 모델링 된 도면을 기준으로 제작된 6극 전자석 제품의 모습

(4) 솔레노이드 (Solenoid) 모델링

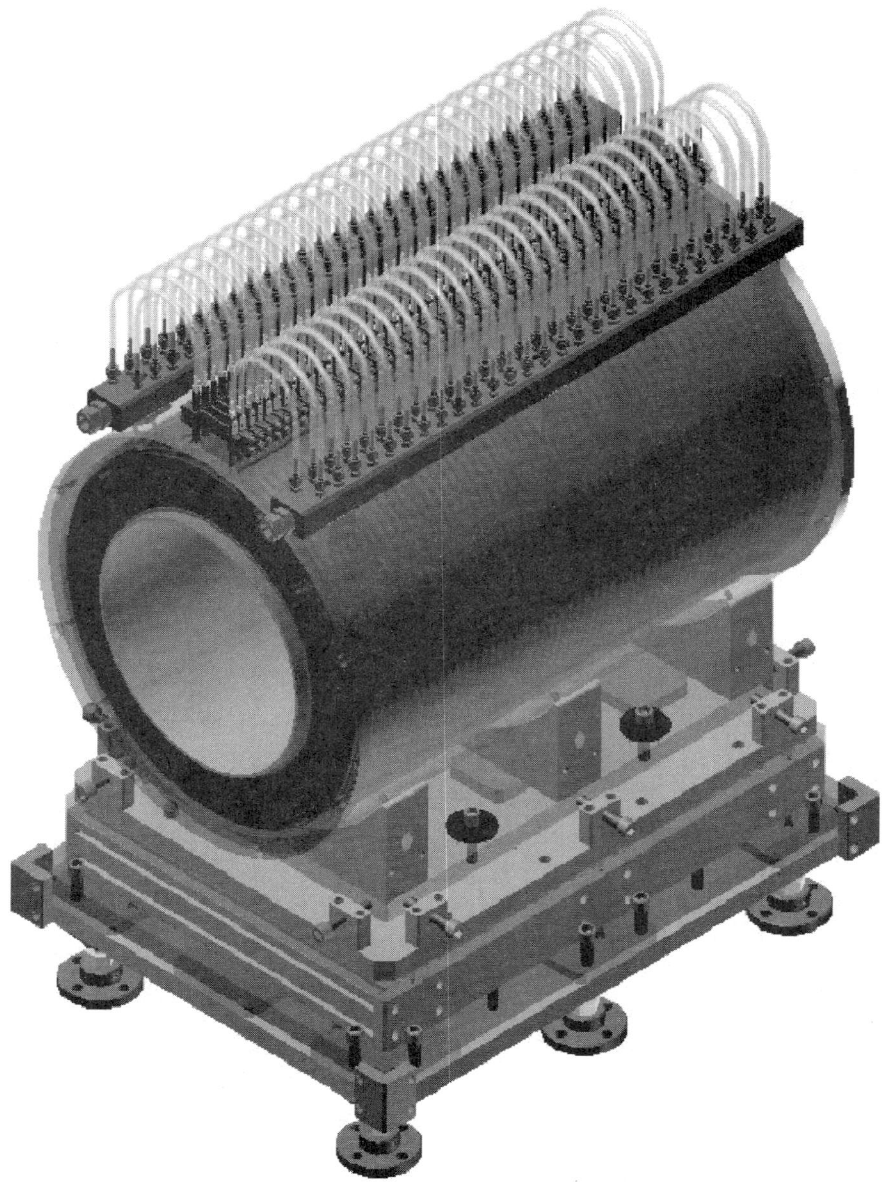

(5) 언듈레이터 (Undulator) 3차원 설계

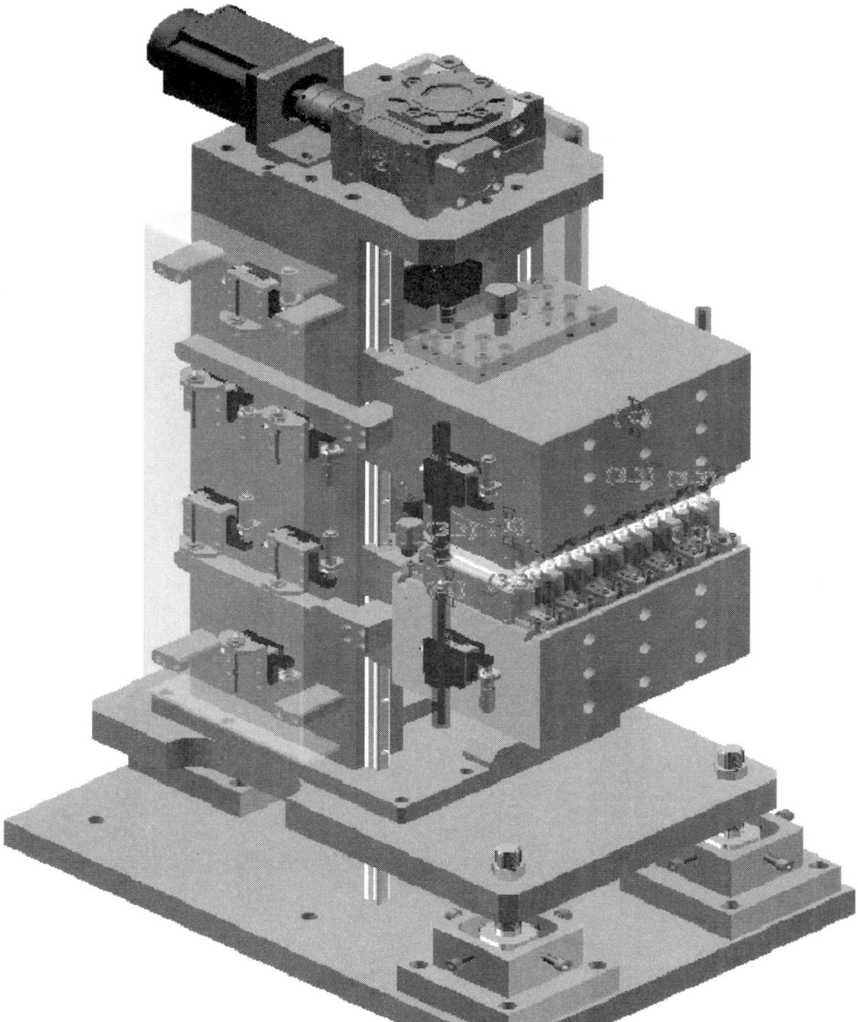

▶ 전자의 진행 방향을 따라서 주기적으로 변화하는 자계 분포를 가진 특정한 파장의 빛이 강하게 방사하는 장치

(6) 스테이지(Stage) 3차원 설계

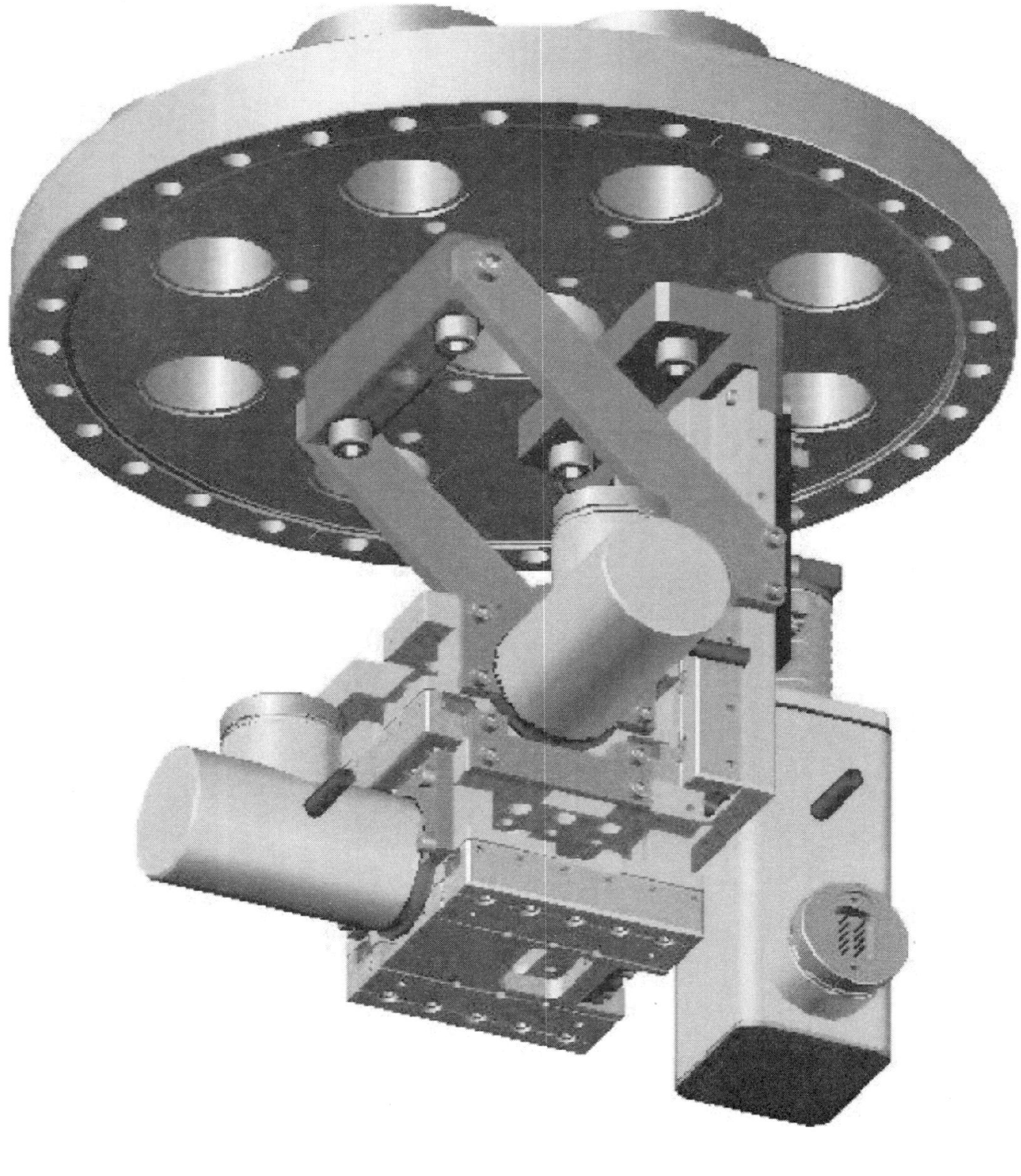

잠시 쉬어 가는 코너

저자 소개

정 상 태 (JUNG SANG TAE)

학사. 동국 대학교
석사. 영남대학교 대학원
박사. 영남대학교 대학원

포항공대 (POSTECH) 가속기 연구소 선임 연구원
E-mail : just@ynu.ac.kr / just@postech.ac.kr

설계 제도 활용을 위한 AutoCAD

발행 2015년 2월 20일	저 자 / 정상태
인쇄 2015년 2월 27일	발행자 / 김순선
	발행처 / 오토테크출판사
	주 소 / 서울시 관악구 신림본동 10-23
	등 록 / 105-90-35334
	전 화 / 02-877-0809
	F A X / 02-877-0730
	E-mail / kssooh@naver com.
	웹하드 / KSS2011
	정가 20,000원

* 낙장 및 파본은 교환해 드립